1000
QUESTIONS-RÉPONSES
POUR COMPRENDRE
LE MONDE

Éditions Play Bac, 33, rue du Petit-Musc, 75004 Paris. www.playbac.fr
www.caminteresse.fr

1000
QUESTIONS-RÉPONSES
POUR COMPRENDRE
LE MONDE

Ça M'intéresse
éditions PLAYBAC

Introduction

Aujourd'hui, les médias sont omniprésents dans notre vie et nous plongent en permanence au cœur de l'actualité. Mais avons-nous vraiment les moyens de tout comprendre ?

C'est en partant de ce constat que nous avons voulu faire un livre qui revienne sur l'actualité, sur les tendances de la société, sur ses progrès et ses avancées, sur les technologies de demain et ses promesses en matière de santé ou de développement durable...

Faut-il avoir peur du clonage ou des OGM ? Pourquoi les Français font-ils plus d'enfants que leurs homologues européens ? La télévision est-elle dangereuse ? Quelle est la situation des femmes en Afghanistan cinq ans après la chute du régime fondamentaliste taliban ? Le commerce équitable pourra-t-il changer le monde ? Peut-on refroidir la planète ?

Rédigé par une équipe de journalistes et de spécialistes, *1000 questions-réponses pour comprendre le monde* fait le bilan des connaissances actuelles sur les grands thèmes de l'actualité et vous permet de les décrypter. Un livre clair et synthétique pour tous ceux qui veulent être en prise avec leur temps et souhaitent comprendre le monde d'aujourd'hui sans le subir. Un livre pour une actualité durable...

SOMMAIRE

MONDE

GLOBALISATION

EUROPE

CÔTÉ FRANCE

SOCIÉTÉ

SOMMAIRE

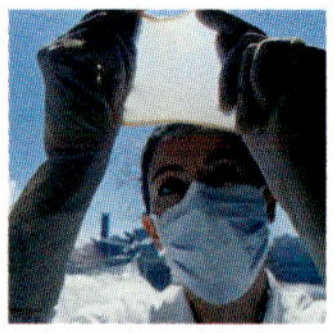

SANTÉ

SCIENCES

ENVIRONNEMENT

CULTURE ET LOISIRS

MONDE

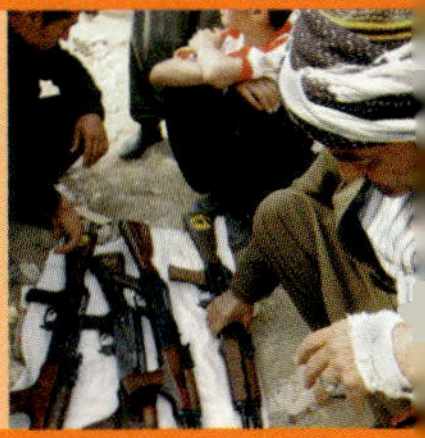

Chine : la croissance avant tout ?

« Quand la Chine s'éveillera, le monde tremblera », aurait prédit Napoléon en exil à Sainte-Hélène. Une prophétie reprise en 1973 par Alain Peyrefitte comme titre de son livre. Devenu un acteur de premier plan du commerce mondial, le troisième plus grand pays de la planète continue à fasciner par sa démesure, aussi captive que vorace.

Comment l'empire du Milieu est-il devenu un puissant dragon asiatique ?

En vingt-cinq ans, la Chine a fait un bond vertigineux vers la modernité. La production industrielle a été multipliée par 10, les exportations par 45 et le revenu par habitant par 4. Repliée sur elle-même jusqu'à la mort de Mao Zedong en 1976, essentiellement rurale, la République populaire de Chine s'est tournée vers l'économie de marché sous l'impulsion de Deng Xiaoping. Décollectivisations massives, apparition de sociétés privées, ouverture à la concurrence : dès le début des années 1980, de nombreuses multinationales étrangères ont parié sur le gigantisme de la Chine. Elles ont concouru à la croissance du PIB chinois, qui dépassait 11 % au second semestre 2006, et elles assurent environ la moitié de ses exportations selon les douanes chinoises. Cependant, bien que la Chine soit parvenue à extirper 250 millions de personnes de la pauvreté au cours des vingt-cinq dernières années, elle n'est qu'à la 85e place sur les 177 pays étudiés par le Rapport mondial sur le développement humain. Alors que le libéralisme engendre des disparités de revenus croissantes et un taux de chômage élevé (9 % dans les zones urbaines en 2004), le communisme traîne dans son sillage bureaucratie et lourdeur administrative. Enfin, conséquence de la politique de l'enfant unique, la société chinoise est celle qui vieillit le plus vite au monde…

C'EST VRAI ?

SHANGHAI, LA VILLE DU FUTUR

Bien que fondée il y a sept cents ans, la capitale cosmopolite et branchée de la Chine a tout d'une ville récente et les folies architecturales se multiplient dans la mégapole qui s'est bâtie autour des vieux quartiers. Avec environ 17 millions d'habitants en 2005, la ville la plus peuplée de Chine est la 13e ville du monde, le plus important port du globe et va sûrement prendre encore un peu de hauteur d'ici à l'Exposition universelle qu'elle accueillera en 2010 !

Usine du monde ou machine à polluer ?

Absorbant 8 % de la consommation mondiale de pétrole, 31 % du charbon et 40 % du ciment, la Chine est une sorte d'ogre industriel, qui digère les matières premières avant d'inonder la planète de produits compétitifs. La moitié des appareils photo numériques, 40 % des ordinateurs et trois quarts des jouets sont fabriqués dans ses usines. Conséquence : la Chine est le deuxième pollueur du globe, après les États-Unis. Elle compte 16 des 50 villes les plus polluées de la planète et 70 % de ses fleuves seraient contaminés au dire de Pékin… Si ce laxisme législatif nuit à la santé de la population (300 000 décès par an), il offre aux pays développés une opportunité lucrative de traiter leurs déchets : la Chine achète plus cher les déchets et le coût d'acheminement est moins élevé que localement. Mais serait-ce le signe d'une prise de conscience écologique ? Signataire du protocole de Kyoto, la Chine a rappelé en 2006 qu'elle souhaitait que les énergies renouvelables représentent 15 % de la consommation énergétique du pays d'ici à 2020.

UN ESPACE CONTRASTÉ, EN FORT DÉVELOPPEMENT

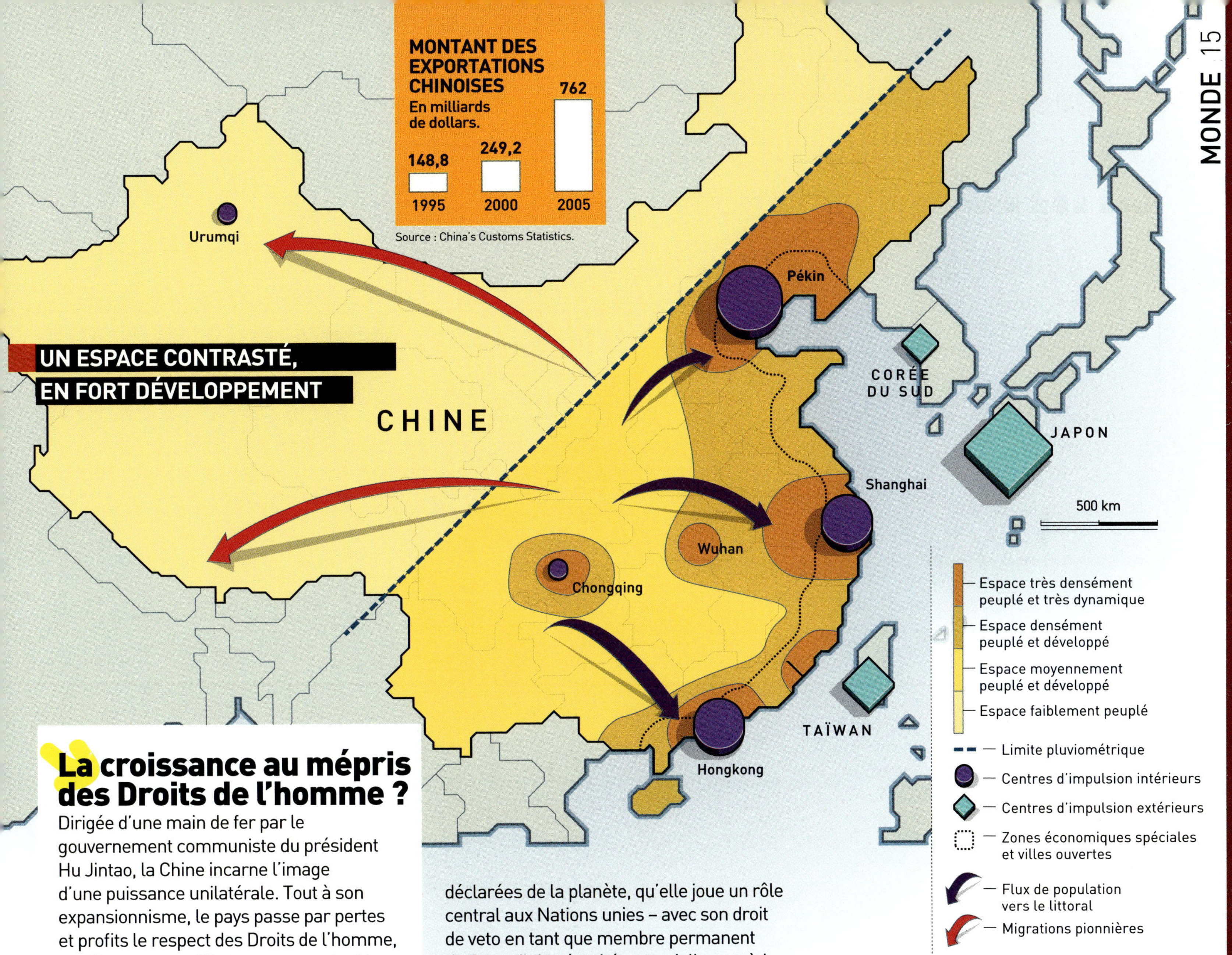

La croissance au mépris des Droits de l'homme ?

Dirigée d'une main de fer par le gouvernement communiste du président Hu Jintao, la Chine incarne l'image d'une puissance unilatérale. Tout à son expansionnisme, le pays passe par pertes et profits le respect des Droits de l'homme, en s'imposant au Tibet ou en muselant la presse et les minorités. Google, qui a lancé sa version chinoise en 2006, a dû s'adapter : les sites ou liens jugés trop critiques à l'égard du gouvernement chinois sont censurés et impossibles d'accès depuis la version chinoise du moteur de recherche. Sur la scène internationale, cet autocratisme suscite une attitude ambivalente ; si l'Union européenne, par exemple, observe un embargo sur les armes depuis la répression sanglante de la place Tian'anmen en 1989, elle prend garde à ne pas contrarier le pays dont elle est le premier partenaire commercial. D'autant que la Chine figure parmi les sept puissances nucléaires déclarées de la planète, qu'elle joue un rôle central aux Nations unies – avec son droit de veto en tant que membre permanent du Conseil de sécurité – et qu'elle possède de nombreux atouts (notamment le textile) pour s'imposer au sein de l'OMC, depuis son entrée en 2001.

La Chine, costumier de l'Europe ?

En 2004, la Chine fournissait 18 % du marché européen de l'habillement ; en 2007, elle devrait en contrôler la moitié selon la Banque mondiale : depuis janvier 2005, la levée des quotas sur le marché mondial du textile fait chanceler l'industrie de la confection européenne. Si les grandes chaînes d'habillement avaient déjà délocalisé leur production, les PME paient le prix de cette nouvelle donne. Les exportations chinoises, qui ont augmenté d'environ 50 % en 2005, menaceraient des milliers d'emplois sur les 2,5 millions du secteur textile européen (1 000 emplois par jour, selon Euratex). Tel est pris qui croyait prendre ? Les pays du Nord peuvent-ils pleurer leur manque de compétitivité ? Difficile, s'ils profitent parallèlement de la mondialisation du travail. Ainsi, en 2005, 600 entreprises françaises employaient 150 000 personnes en Chine, réparties sur 1 000 implantations pour un coût horaire de 0,60 dollar, contre environ 20 dollars en France.

L'Inde, naissance d'un géant ?

Plus de 1 milliard d'habitants pour un boom économique sans précédent : l'Inde se profile comme la puissance asiatique de demain. Pauvreté marquée dans les basses castes, surpopulation persistante, alphabétisation inégale : saura-t-elle vaincre ses vieux démons, freins à son expansion ?

Inde, unie malgré sa diversité ?

« L'Inde est une anarchie qui fonctionne » anticipait l'économiste américain John Kenneth Galbraith, ambassadeur à New Delhi dans les années 1960. Hébergeant plus de 1 milliard d'habitants, soit 17 % de la population mondiale, et devant détrôner la Chine comme premier foyer de peuplement dès 2035 selon les prévisions, le septième pays le plus grand du monde ménage l'autonomie politique de chacun de ses 28 États et sept territoires grâce à une organisation fédérale. Creuset religieux fervent, la république s'est par ailleurs dotée d'une Constitution laïque lors de son indépendance en 1947. Mais les tensions entre hindous et musulmans, respectivement 80,5 et 13 % de la population, restent vives et assassines. Autres fragilités : selon l'Unicef, 27 % d'Indiens vivent avec moins de 1 dollar par jour et près de 30 % de la population est illettrée. Autant d'enjeux qui mobilisent le parti du Congrès, la coalition présidée par Sonia Gandhi – veuve de l'ancien Premier ministre Rajiv Gandhi et belle-fille d'Indira Gandhi, fille du fondateur de l'Inde moderne, Nehru.

ET DEMAIN ?

LA DIASPORA, NOUVEAU LEVIER ÉCONOMIQUE ?

Les Indiens établis en dehors de leur pays génèrent 160 milliards de dollars de revenu annuel, soit 35 % du PNB indien ! Depuis 2000, le gouvernement indien multiplie les mesures pour fidéliser cette « diaspora », source potentielle d'investissements, de transferts de technologie et même d'appui politique sur la scène internationale.

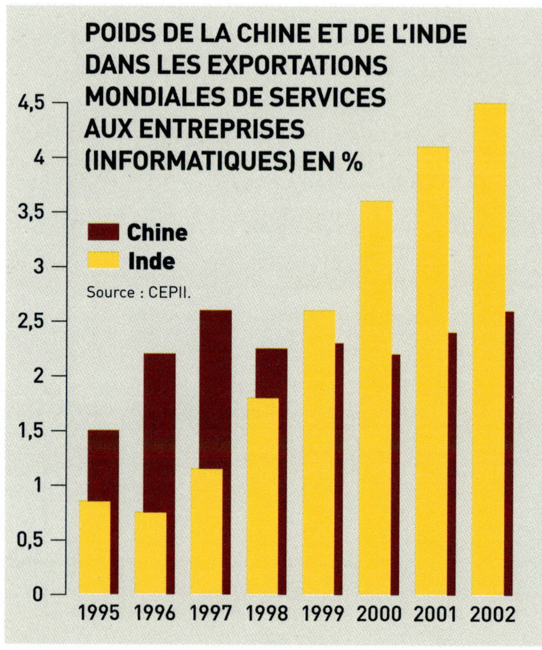

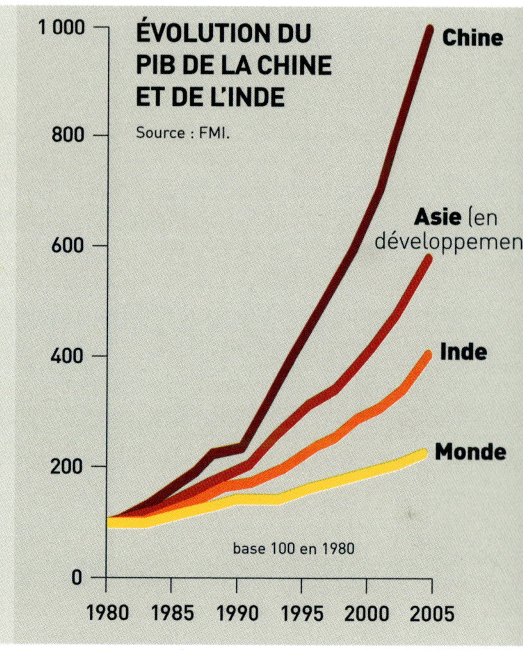

Un bureau satellite incontournable ?

Bien que plus de 50 % de la population continue à travailler dans le secteur agricole, l'Inde confirme chaque jour son décollage économique, avec une croissance de 8 % depuis 2003, et affiche clairement son objectif de dépasser au plus vite le géant chinois. Les services informatiques, notamment, ont connu une croissance annuelle de près de 50 % par an dans les années 1990, ignorant la crise asiatique. Instaurée dès 1984 par le gouvernement, la révolution des Technologies de l'information et de la communication comme vecteur de croissance s'épanouit à travers de multiples initiatives telles que l'équipement du territoire en liaisons à haut débit ou le développement d'une vingtaine de technopôles avec un guichet administratif unique qui permet de créer une nouvelle activité en quelques heures seulement. Entretenant un enseignement supérieur de haut niveau – 460 000 ingénieurs ont été diplômés en 2004 –, l'Inde recèle désormais le plus grand vivier de matière grise de la planète. Devant ces atouts, les entreprises étrangères n'hésitent pas à pratiquer l'« off-shore » : d'IBM à Hewlett-Packard, les plus grands acteurs américains du monde de l'informatique ont implanté des centres de développement en Inde ; compagnies aériennes, banques, hôtels, chaînes de télévision... font régulièrement appel à des sociétés de services et d'ingénierie en informatique (SSII) indiennes pour maintenir leurs avantages concurrentiels.

En Inde, publicité pour des chaussures de sport. Dans le pays, le fossé ne cesse de se creuser entre modernité économique et traditions ancestrales.

Inde-Pakistan, l’affrontement jusqu’au clash nucléaire ?

En 1947, l’effondrement de l’Empire des Indes britanniques donne naissance à deux États indépendants. Alors que l’Inde est laïque et majoritairement hindouiste, le Pakistan revendique son identité islamique, regroupant tous les musulmans du sous-continent indien dans ses parties occidentale et orientale (aujourd’hui le Bangladesh). Pomme de discorde, au nom de la religion : la région du Cachemire. À trois reprises, en 1947, 1965 et 1971, et malgré la ligne de cessez-le-feu fixée par l’ONU, les frères ennemis s’affrontent militairement pour la possession de ce territoire. En 2002, de fortes tensions ressurgissent, assorties de menaces nucléaires. Sous la pression de la communauté internationale, Delhi et Islamabad entament un processus de paix en 2003. Mesure symbolique en avril 2005 : la ligne d’autobus reliant Srinagar, capitale d’été du Cachemire indien, à Muzaffarabad, capitale du Cachemire pakistanais, a été rouverte.

LE CONFLIT DU CACHEMIRE

FOCUS

QUEL AVENIR POUR LES INTOUCHABLES ?

En matière de discriminations, la loi indienne est claire : la Constitution de 1947 interdit le système des castes et impose depuis les années 1990 un quota d’anciens intouchables dans la fonction publique (aujourd’hui de 15 %). Pourtant, ces millions de *dalits* (« opprimés ») qui représentent près d’un cinquième de la population, restent les parias de la société indienne. Car il y a un gouffre entre la législation et les textes sacrés de l’hindouisme, qui régissent la vie de tous les jours depuis près de trois millénaires et divisent le monde en quatre catégories : les prêtres, les guerriers, les commerçants et les serviteurs. Exclus de cette classification, les intouchables, réputés « impurs », sont cantonnés dans des besognes dégradantes. Comment échapper à ces humiliations ? Deux solutions : la conversion religieuse (depuis 2000, environ 1 million d’intouchables se seraient convertis), ou l’enrichissement, jusqu’à pouvoir former un groupe social assez puissant pour s’affirmer politiquement.

États-Unis : modèle ou repoussoir ?

Les États-Unis sont l'unique superpuissance militaire mondiale depuis la disparition de l'URSS. Mais cette domination est souvent rejetée par les opinions publiques du monde entier. Les États-Unis sauront-ils résoudre cette contradiction ?

LA PRÉSENCE MILITAIRE AMÉRICAINE DANS LE MONDE

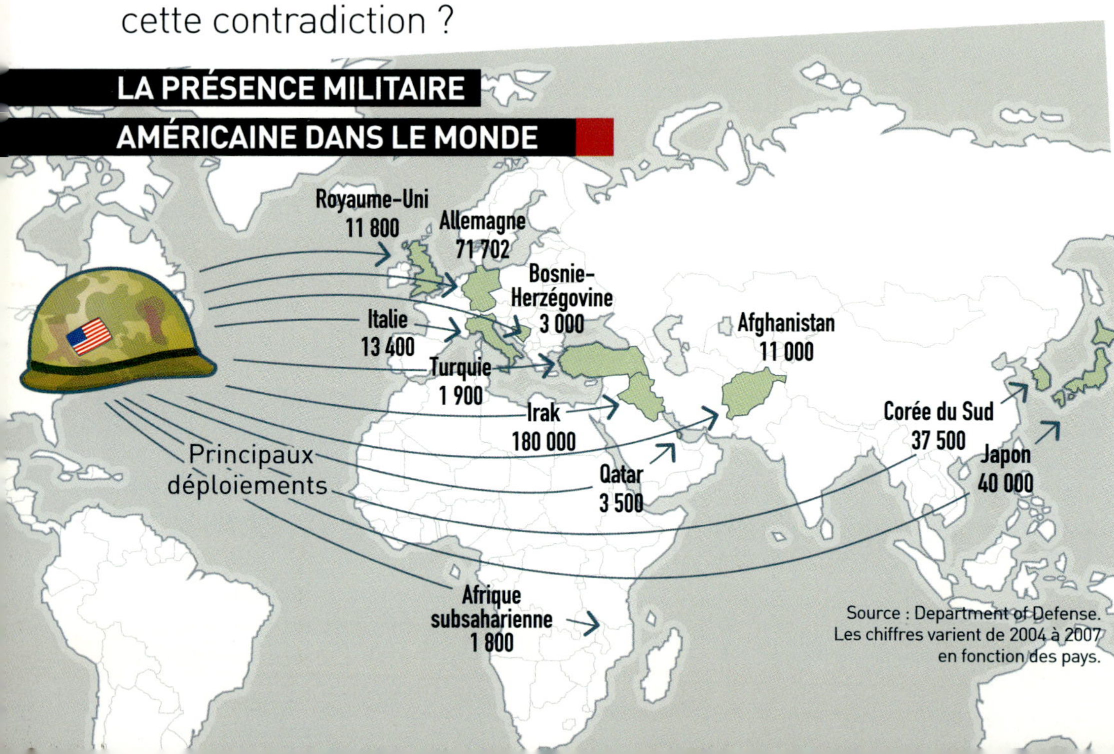

Source : Department of Defense. Les chiffres varient de 2004 à 2007 en fonction des pays.

Les États-Unis, une superpuissance en question ?

Les États-Unis n'ont connu que deux conflits militaires sur leur sol, la guerre d'Indépendance (1776-1783) et la guerre de Sécession (1861-1865). En 2001, l'attentat terroriste du World Trade Center fut donc doublement symbolique : attaque contre un emblème de la puissance nord-américaine et preuve que l'Amérique n'était pas un sanctuaire invulnérable. Le président George W. Bush a répondu par l'intervention en Afghanistan, qui a renversé la tyrannie des talibans. Mais en Irak, les Américains ont plutôt contribué à installer le chaos et les États du monde entier ont été tenus de se ranger dans leur camp, sous peine d'être traités en adversaires. Les États-Unis ne sortent donc pas grandis de leur lutte contre le terrorisme. Des erreurs comme le mensonge sur les armes de destruction massive en Irak ou les tortures des prisonniers d'Abou Ghraib et de Guantánamo ont exacerbé le sentiment antiaméricain dans le monde.

Vue panoramique de Park Avenue, à San Jose en Californie. Cette ville est la plus grande de la Silicon Valley, une région de plus de 2 millions d'habitants, accueillant 6 000 entreprises de haute technologie et dont le PIB est équivalent à celui du Chili.

Des contradictions internes graves ?

Aux États-Unis mêmes, les critiques contre le modèle américain vont bon train. Car ce modèle ne semble pas soucieux d'égalité et de partage. Le drame du cyclone Katrina, à La Nouvelle-Orléans en 2005, a servi de révélateur au racisme de la société nord-américaine. Il a mis en évidence l'exclusion réelle des pauvres et, d'une façon plus générale, des catégories vulnérables de la population. La ville ayant été détruite, le but semble être aujourd'hui de la transformer : oublier la cité noire, berceau du jazz, pour en faire une métropole blanche, productive, fondée sur le profit et la réussite. Le cas de La Nouvelle-Orléans n'est pas une anecdote : 12,7 % des Américains vivent au-dessous du seuil de pauvreté et pas moins de 46,6 millions de personnes, dont 8,4 millions d'enfants, n'ont pas de couverture sociale (sur 300 millions d'Américains). La moitié des prisonniers des États-Unis sont des Afro-Américains, alors que ceux-ci ne forment que 13,5 % de la population. Pourtant, le pays continue de tourner, et le rêve américain, fondé sur l'accumulation des richesses, fascine encore.

Une économie puissante… ou fragile ?

« Combien de temps faudra-t-il pour que "la seule superpuissance restante du monde" soit universellement considérée comme une économie criblée de dettes, qui a désespérément besoin d'un renflouement par le Fonds monétaire international ? » interpelle l'économiste Paul Craig Roberts, un pilier de l'administration Reagan. Réélu en 2004, George W. Bush a poursuivi le recours aux déficits, qui battent des records. Paradoxalement, ce déficit alimente indirectement la machine économique américaine. Les banques centrales asiatiques, qui détiennent d'énormes quantités de dollars grâce aux excédents commerciaux, les investissent aux États-Unis, contribuant à fournir au Trésor public, aux particuliers et aux entreprises des liquidités qui entretiennent la croissance. Malgré la primauté du dollar comme monnaie de réserve autant que d'échange, l'équilibre économique est fragile à long terme tant il dépend des investissements étrangers et de la consommation intérieure, d'une façon encore plus marquée que dans les autres pays développés.

Quartier de La Nouvelle-Orléans, entièrement détruit par le cyclone Katrina en 2005. Les autorités américaines n'avaient pris aucune mesure pour prévenir la catastrophe pourtant annoncée depuis longtemps.

L'Amérique latine : barre à gauche toute ?

L'Amérique latine est un continent en perpétuelle ébullition qui connaît depuis un demi-siècle des mutations continues. Les dernières en date : un boom de la gauche démocratique. Mode passagère ou réel ancrage dans le socialisme ?

La vague rose va-t-elle faire renaître l'Amérique latine ?

De Bolívar, qui tenta d'unir les colonies espagnoles au XIXe siècle, jusqu'au Forum social mondial de Porto Alegre en 2001, en passant par la Cuba socialiste et la tentative révolutionnaire de Guevara en Bolivie, l'Amérique latine a toujours été un laboratoire d'expériences politiques socialistes, ou du moins socialisantes. Avec le Brésilien Lula, le Vénézuélien Hugo Chávez, le Bolivien Evo Morales et l'Équatorien Rafael Correa, l'Amérique latine poursuit son ancrage à gauche. Ces dirigeants sont considérés par les États-Unis, à des degrés divers, comme des menaces : ils ne sont pas prêts à laisser Washington agir à son aise dans le sous-continent. Le sentiment d'hostilité et de jalouse indépendance à l'égard du voisin du nord ne suffit pas à expliquer le virage à gauche de l'Amérique latine. Dans les années 1980-2005, les politiques néolibérales et les gouvernements orientés à droite ont échoué à résoudre les problèmes criants du continent : pauvreté persistante, manque d'accès au système éducatif, chômage, violence quotidienne. C'est la gauche qui, aujourd'hui, représente la seule solution crédible. À elle de faire ses preuves sur tous ces terrains !

Les Amérindiens, une force politique incontournable ?

Privées de leurs droits et dépossédées de leurs terres depuis l'arrivée des Européens au XVIe siècle, souvent même exterminées, les populations amérindiennes s'affirment aujourd'hui comme des forces politiques majeures. L'élection d'Evo Morales en Bolivie en 2006, premier Amérindien à devenir président d'un pays du continent sud-américain, est un signe fort du réveil des communautés autochtones. Son premier geste a été de nationaliser les ressources énergétiques du pays afin que ce soient les Boliviens qui en touchent les revenus… Au Mexique, les Indiens du Chiapas continuent le combat qu'ils ont commencé le 1er janvier 1994 contre le traité de libre-échange nord-américain et contre un système économique qui signifie le pillage de leurs ressources naturelles. Même si, aujourd'hui, leur lutte n'est plus autant médiatisée que dans les années 1990 et qu'elle n'a pas non plus apporté de solutions à leurs problèmes, elle se poursuit. Et elle montre que d'autres valeurs que le profit et l'accumulation existent. Tel est le message politique fondamental que les Amérindiens adressent au monde contemporain.

Le Brésilien Lula.

Le Vénézuélien Hugo Chávez.

Le Bolivien Evo Morales.

L'Équatorien Rafael Correa.

L'Armée zapatiste de libération nationale, fondée en 1994 et dirigée par le sous-commandant Marcos, lutte pour que les 10 % d'Indiens du Mexique, négligés par les pouvoirs politiques, aient accès à une meilleure éducation et à un niveau de vie plus élevé.

Le Brésil, une locomotive ?

Cinquième plus grand pays du monde par sa population et sa dimension, au douzième rang mondial par son économie, le Brésil est considéré comme une grande puissance régionale et globale. Le pays a pris la tête d'un combat pour une mondialisation plus conforme aux intérêts des pays en développement. Le Forum social mondial de Porto Alegre, dont la première édition s'est tenue en janvier 2001, a montré la capacité d'innovation de ce pays, avec un slogan qui l'illustre : « Un autre monde est possible. » Mais le Brésil n'est pas dirigé par des rêveurs : Lula applique la plupart des recettes du Fonds monétaire international. Les résultats sont à l'image de sa politique : contrastés. Ainsi, les inégalités persistent : la moitié la plus pauvre de la population recevait 14,5 % du revenu total en 2000 (contre 13 % en 1991), alors que le dixième le plus riche bénéficiait de 46 % du revenu total (contre 49 % dix ans auparavant). Plus du tiers de la population vit au-dessous du seuil de pauvreté et la classe moyenne (25 % de la population) est très vulnérable. La croissance économique réalise un score moyen de 2,3 % en 2005, et le Brésil reste le plus endetté des pays en développement, avec un service de la dette qui correspondait, en 2004, à 46,8 % de ses exportations.

Focus

LA VIOLENCE, UNE CONSTANTE RÉGIONALE ?

En Amérique latine, le taux d'homicides est très élevé, dépassant 50 personnes pour 100 000 habitants par an en Colombie, au Honduras et au Salvador (moins de 1 pour 100 000 en France), et les enlèvements sont une pratique courante. En revanche, les guérillas qui s'étendaient du Guatemala jusqu'en Argentine dans les années 1970 se sont presque toutes éteintes. La principale guérilla est désormais celle des Forces armées révolutionnaires de Colombie (Farc), connues dans le monde entier car elles détiennent depuis 2002 Ingrid Betancourt en otage. La violence des États est elle aussi moins vive qu'il y a un quart de siècle. Les dictatures ont cédé la place à des systèmes démocratiques en Argentine, au Brésil, au Guatemala, au Chili... Mais l'alcoolisme, les violences conjugales et les bagarres sont le lot d'une grande partie de la population. Les inégalités et la misère persistante sont à l'évidence des facteurs qui favorisent ce fléau continental.

et demain?

CUBA SANS CASTRO ?

Cuba fait figure d'exception dans toute l'Amérique latine. Depuis les années 1960, l'île tient tête aux États-Unis. Et si les Cubains ont économiquement souffert de la fin de l'Union soviétique, leur principal allié, ils ont su améliorer leur vie quotidienne grâce au tourisme et à l'exploitation du nickel. L'alphabétisation de la population avoisine 100 % (96,8 %) ; les Cubains ont une espérance de vie à la naissance de 76,5 ans ; l'île compte 1 médecin pour 170 habitants, contre 1 pour 613 dans le reste de l'Amérique latine. Des chiffres pondérés par le mauvais bilan démocratique du régime cubain, qui fonctionne toujours avec un parti unique, contrôlant toute la vie du pays.

L'ex-URSS, un espace en

Depuis l'effondrement du bloc soviétique en 1991, la renaissance de la Russie s'accompagne d'un mouvement d'émancipation des anciennes républiques communistes. Objectif : l'Union européenne.

À quoi ressemble la Russie aujourd'hui ?

Plus grand État du monde, s'étendant sur 11 fuseaux horaires, l'ex-URSS dispose de nombreux atouts. À commencer par ses ressources en hydrocarbures, qui alimentent une croissance stable, aux alentours de 6 % en 2006 selon le FMI. Pourtant, lorsque Boris Eltsine accède au pouvoir en 1991, les 89 « sujets » qui composent la Fédération de Russie sont meurtris. Économies et institutions sont asphyxiées par soixante-dix ans de communisme ; en 2005, 17 % de la population vit en dessous du seuil de pauvreté. La pilule magique de la « transition » va conduire le pays sur la voie du libéralisme et de la démocratisation politique. En accédant au Kremlin en mars 2000, Vladimir Poutine se fixe pour objectif de « rattraper l'économie du Portugal d'ici quinze ans ». Si l'ancien agent du KGB gouverne d'une main de fer, muselant les médias et contrôlant la justice, il reste confronté à de nombreuses difficultés. Les oligarques, ces magnats enrichis dans le business douteux de l'ère postsoviétique, contrastent avec l'extrême misère du pays. Trafic de drogue et prostitution prospèrent, orchestrés par la mafia russe. Sur le plan extérieur, Moscou cherche à rester une grande puissance. Le Kremlin affiche depuis le 11 septembre 2001 des liens étroits avec les États-Unis dans la lutte contre le terrorisme. Moscou s'impose aussi comme un interlocuteur majeur de l'Union européenne. En outre, la Russie possède le deuxième arsenal nucléaire au monde, un siège permanent au Conseil de sécurité de l'ONU et elle aimerait intégrer l'Organisation mondiale du commerce (OMC).

La Tchétchénie est-elle une nouvelle usine à terroristes ?

« Buter les Tchétchènes jusque dans les chiottes » : c'est par les armes que Vladimir Poutine avait promis à son arrivée au pouvoir de répondre aux revendications d'indépendance tchétchènes. Depuis onze ans, cette république musulmane en bordure du Caucase, membre de la Fédération de Russie, est ravagée par la guerre, l'occupation et les violences perpétrées par l'armée russe. Les deux périodes de conflit avec Moscou, de 1994 à 1996 et depuis 1999, ont provoqué un véritable « génocide » et de multiples exactions condamnées par la Cour européenne des droits de l'homme. Dans ce contexte de société déchirée, l'islam radical progresse. Entre surenchère religieuse parmi les chefs de la guérilla et dérives mafieuses, cette zone de non-droit sert de camp d'entraînement à al-Qaida : c'est le nouveau foyer du terrorisme islamiste, justifie Poutine. Conséquence de cette répression ? L'Union européenne redoute l'afflux sur son territoire de réfugiés, de trafiquants et de terroristes issus de la « filière tchétchène ».

FOCUS

LA CEI, UNE UNION EUROPÉENNE BIS RESTÉE LETTRE MORTE

Le 8 décembre 1991, l'URSS cesse d'exister et, le 21 décembre 1991, le traité de Minsk fonde la Communauté d'États indépendants (CEI) composée de la Fédération de Russie et des ex-républiques soviétiques, à l'exception de l'Estonie, de la Lettonie et de la Lituanie (membres depuis 2004 de l'Union européenne). La position dominante de la Fédération de Russie est perçue comme une volonté de réinstaurer sa seule autorité et conduit les États nouvellement indépendants à développer d'autres alliances pour rééquilibrer ce rapport de force.

mutation ?

Pourquoi ces révolutions colorées dans l'ex-URSS ?

Fatigués de la tutelle de Moscou, une nouvelle génération de leaders nationalistes s'empare du pouvoir dans les pays de l'ancien bloc soviétique, avec pour objectif d'intégrer l'Union européenne. À l'hiver 2004, la « révolution orange » enflamme l'Ukraine, un an après la « révolution des roses » en Géorgie. Le gouvernement pro-occidental de Viktor Iouchtchenko est élu. Mais ces nouveaux gouvernements rompent-ils réellement avec les dérives passées ? Par exemple, la presse ukrainienne a révélé que la vente des produits dérivés de la « révolution orange » aurait rapporté près de 81 millions d'euros au propre fils de Viktor Iouchtchenko… Pour les pays les plus pauvres d'Asie centrale, pas question d'élans démocratiques : les régimes autoritaires d'Ouzbékistan et d'Azerbaïdjan restent soumis au Kremlin et leurs économies asphyxiées par la transition de 1991.

Vers une guerre du gaz ?

Avec près de 11 % du pétrole mondial en 2005, à la deuxième place derrière l'Arabie saoudite, et un tiers des réserves de gaz, la Russie possède un avantage stratégique vis-à-vis des pays dépendants. Elle peut ainsi faire pression sur les anciennes républiques soviétiques, en riposte à leur émancipation politique : en froid avec Kiev depuis la « révolution orange », Moscou a menacé l'Ukraine de lui couper son robinet énergétique, début 2006, si elle n'acceptait pas une hausse radicale des prix. Une crise qui a sonné comme un avertissement pour l'Europe, bien que premier investisseur et fournisseur d'aide à la Russie : c'est via l'Ukraine principalement qu'elle a importé de Russie 40 % de son gaz et un tiers de son pétrole en 2005. Une dépendance dont la Russie ne manque pas de jouer dans ses négociations, y compris avec l'Ukraine…

Ukrainiens célébrant, en 2005, le premier anniversaire de la « révolution orange » avec des panneaux à l'effigie de leur héroïne, Iulia Tymochenko.

Israël–Palestine : à quand et demain?

Depuis la naissance de l'État d'Israël en 1948 sur le sol palestinien, nationalismes juif et arabe s'affrontent, condamnant les négociations successives à l'échec. La paix aura-t-elle raison d'un demi-siècle de conflit, aussi amer que destructeur pour les deux camps ?

Une terre pour deux peuples ?

Le **sionisme*** naît à la fin du XIXe siècle. Parmi les Juifs d'Europe émerge l'idée que le peuple qu'ils constituent a droit à son propre État. Pour des raisons culturelles et religieuses, des migrants fondent ce « foyer national juif » en Palestine, dès 1870 pour les tout premiers d'entre eux. À partir de 1916, ils reçoivent l'appui de la Grande-Bretagne, à qui la Société des Nations donne mandat en 1922 pour organiser la colonisation, ce qui déclenche la révolte des Arabes de Palestine, écrasés par les Britanniques. Le mouvement sioniste accentue sa pression pour obtenir un État après 1945. Cet État allait permettre l'accueil des rescapés de la Shoah. En 1947, l'ONU vote la résolution 181 pour mettre fin au conflit : le territoire palestinien est divisé en deux États. Alors qu'Israël voit le jour le 14 mai 1948, les États arabes s'arc-boutent. Dès le 15 mai, des forces égyptiennes, jordaniennes et irakiennes s'en prennent au tout jeune État, qui résiste et remporte sa première victoire. Les Palestiniens, eux, perdent leurs terres ; plus de 700 000 s'exilent...

Quel avenir pour les réfugiés palestiniens ?

En 1948, l'exil face aux colons juifs constitue, pour les Palestiniens, la « catastrophe », la Nakba. Le droit au retour des réfugiés sur leur lieu d'habitation ou sur celui de leurs ascendants reste au cœur des revendications palestiniennes. Ce droit s'appuie sur la résolution 194 de l'ONU, du 11 décembre 1948, qui prévoit le retour des réfugiés et l'indemnisation des biens perdus. Légitime en principe, ce projet semble incompatible avec la reconnaissance mutuelle signée en 1993 par les Israéliens et les Palestiniens. Il entraînerait en effet la rapide transformation d'Israël en un pays à majorité arabe. Le retour des 4 millions de réfugiés palestiniens enregistrés à l'United Nations Relief and Works Agency (UNRWA) en Israël porterait la population israélienne à environ 9,5 millions d'habitants, dont 5 millions de Juifs et 4,5 millions d'Arabes, mais l'écart de croissance démographique inverserait vite le rapport. On peut alors prévoir qu'Israël disparaîtrait en tant qu'État juif, alors que tel était le but de la création de ce pays en 1948. Pour réussir la paix, les deux parties doivent donc s'entendre sur une application limitée du droit au retour, dont les termes restent à définir.

Un nouvel accord de paix est-il possible ?

Intifada* à partir de 1987, reconnaissance mutuelle de l'Organisation de libération de la Palestine (OLP) et d'Israël par les accords d'Oslo en 1993... Affrontements violents et accords se succèdent entre Israéliens et Palestiniens. La diplomatie internationale en a fait un thème géopolitique majeur, ce qui exacerbe les enjeux, aucune décision ne pouvant être prise sans l'accord des États-Unis. Quant à l'économie palestinienne, elle dépend du bon vouloir israélien, que ce soit pour la fourniture de l'eau, vitale pour l'agriculture dans cette région semi-désertique, ou pour les transports des marchandises vers l'étranger, les Palestiniens ne disposant d'aucun port important. Les idéologies nationalistes et les extrémismes religieux contribuent à dévaloriser les options modérées, pourtant présentes autant chez les Juifs israéliens que chez les Arabes palestiniens. Pour être durable, un nouvel accord de paix ne devra négliger aucun de ces facteurs.

QUEL SERA LE STATUT DE JÉRUSALEM ?

Capitale du royaume hébreu sous le règne de David et centre de la vie religieuse juive, berceau du christianisme, troisième ville sainte de l'islam, Jérusalem est une ville de la plus haute importance pour les trois grandes religions monothéistes. Une histoire qui rend plus difficile encore la négociation de son statut. Bien que sous autorité civile israélienne depuis la guerre des Six-Jours (1967), Jérusalem est en réalité séparée par une « ligne verte » entre la partie Ouest et la partie Est, revendiquée comme capitale par les Palestiniens. Les deux communautés ont choisi une stratégie de renforcement de leur présence, les Juifs en édifiant de nouveaux quartiers et les Palestiniens en migrant vers les villes proches de Jérusalem.

la paix ?

À QUOI SERT LA « BARRIÈRE DE SÉCURITÉ » ?

Des familles séparées, des agriculteurs privés de leurs champs, c'est la situation dramatique que vivent les Palestiniens depuis qu'en 2002 Ariel Sharon, Premier ministre israélien, a lancé la construction d'une « barrière de séparation », ou « mur de la honte », entre la Cisjordanie et les territoires israéliens. Longue de 700 km, cette succession de murs, de tranchées et de portiques électroniques a pour but d'empêcher les incursions de terroristes palestiniens en territoire israélien. Le mur devrait coûter plusieurs milliards de dollars. Depuis le début des travaux, les pertes israéliennes civiles ont diminué. S'il semble efficace, son tracé est controversé car il empiète sur les terres palestiniennes et les Nations unies s'opposent à la poursuite de sa construction.

glossaire

SIONISME :
Mouvement politique qui affirme le droit à l'existence d'un État juif en Palestine, dont le nom est dérivé de Sion, une colline de Jérusalem. En 1897, l'écrivain juif hongrois Theodor Herzl fonde le mouvement politique sioniste moderne.

INTIFADA :
Soulèvement populaire des Palestiniens habitant la bande de Gaza et la Cisjordanie, territoires occupés par Israël.

PLUS DE 4 MILLIONS DE RÉFUGIÉS PALESTINIENS

Selon l'UNRWA, créée en 1949 pour prendre en charge les réfugiés palestiniens dans la bande de Gaza, en Jordanie et au Liban, ces derniers atteignaient 4,3 millions en 2005 et leur nombre ne cesse d'augmenter. Près de 30 % d'entre eux vivent dans une soixantaine de camps, à l'intérieur de la Palestine et dans les pays arabes environnants.

Quelles sont les causes du chaos en **Irak ?**

Déstabilisé par le régime de Saddam Hussein puis par l'occupation occidentale, l'Irak ne parvient pas à s'extraire du chaos. Quelles sont les perspectives de ce pays exsangue et déchiré, autrefois terre fertile, berceau d'une puissante civilisation ?

L'actuelle poudrière irakienne, héritage de Saddam ?

L'Irak devient une république en 1958. Dès les années 1960, le parti nationaliste arabe Baath s'impose comme l'acteur central de la vie politique, avec Saddam Hussein à sa tête à partir de 1979. Celui-ci sait profiter de la hausse des prix du pétrole, à partir de 1973, pour renforcer le rôle de l'Irak. La montée en puissance de l'Iran chiite, avec la révolution islamique de 1979, inquiète Hussein, qui se lance dans une guerre contre l'Iran, longue (1980-1988) et désastreuse. Puis, à partir de février 1991, lors de la guerre du Golfe, une coalition internationale à prédominance américaine repousse les troupes irakiennes du Koweït, qu'elles avaient envahi en août 1990 pour s'assurer un débouché portuaire sur le golfe Persique. Saddam Hussein reste au pouvoir, mais son peuple subit un embargo terrible, qui, selon l'ONU, provoque la mort d'un demi-million d'enfants irakiens de moins de 5 ans. 1996 voit la levée partielle de l'embargo par l'ONU, en vue de protéger la population. En 2003, bien que la commission d'enquête des Nations unies n'ait découvert aucune arme de destruction massive dans le pays, l'Irak est envahi lors d'une offensive militaire américano-britannique. Saddam Hussein est capturé en décembre 2003, jugé et pendu en décembre 2006. Il laisse un pays en proie aux affrontements et livré au terrorisme.

L'offensive militaire américano-britannique de 2003 a renversé le régime de Saddam Hussein. Ici à Bagdad, comme partout en Irak, la rue reste sous haute surveillance.

Chiites et sunnites, frères ennemis ?

Les sunnites ont longtemps été les maîtres de l'économie irakienne. Dans un contexte de croissance économique, grâce à la manne pétrolière, cette prépondérance n'était pas mal ressentie par les chiites, qui ont même participé à l'effort de guerre irakien contre l'Iran chiite, de 1980 à 1988. Mais, depuis la guerre de 2003, la situation s'est dégradée : les antagonismes entre les deux branches principales de l'islam refont surface. Les élections de janvier 2005, tenues dans un climat de violence persistante, devaient permettre de sortir de l'imbroglio politique. La victoire électorale des chiites (avec Jalal Talabani comme président), puis dernièrement l'exécution de Saddam Hussein, un sunnite, exacerbent les tensions. Le défi est d'empêcher l'éclatement ou la dissolution de l'État irakien dans une violence communautariste. Même si le chiisme est souvent perçu, en Occident, comme un islamisme intégriste depuis l'avènement de Khomeiny en Iran, il a longtemps incarné un islam spirituel et tolérant. Une qualité indispensable pour que l'Irak ne devienne pas le lieu d'affrontements de frères ennemis.

OPÉRATION « LIBÉRATION DE L'IRAK » EN 2003

Sources : US Department of Energy, AIE, Opep, ministères britannique et américain de la Défense.

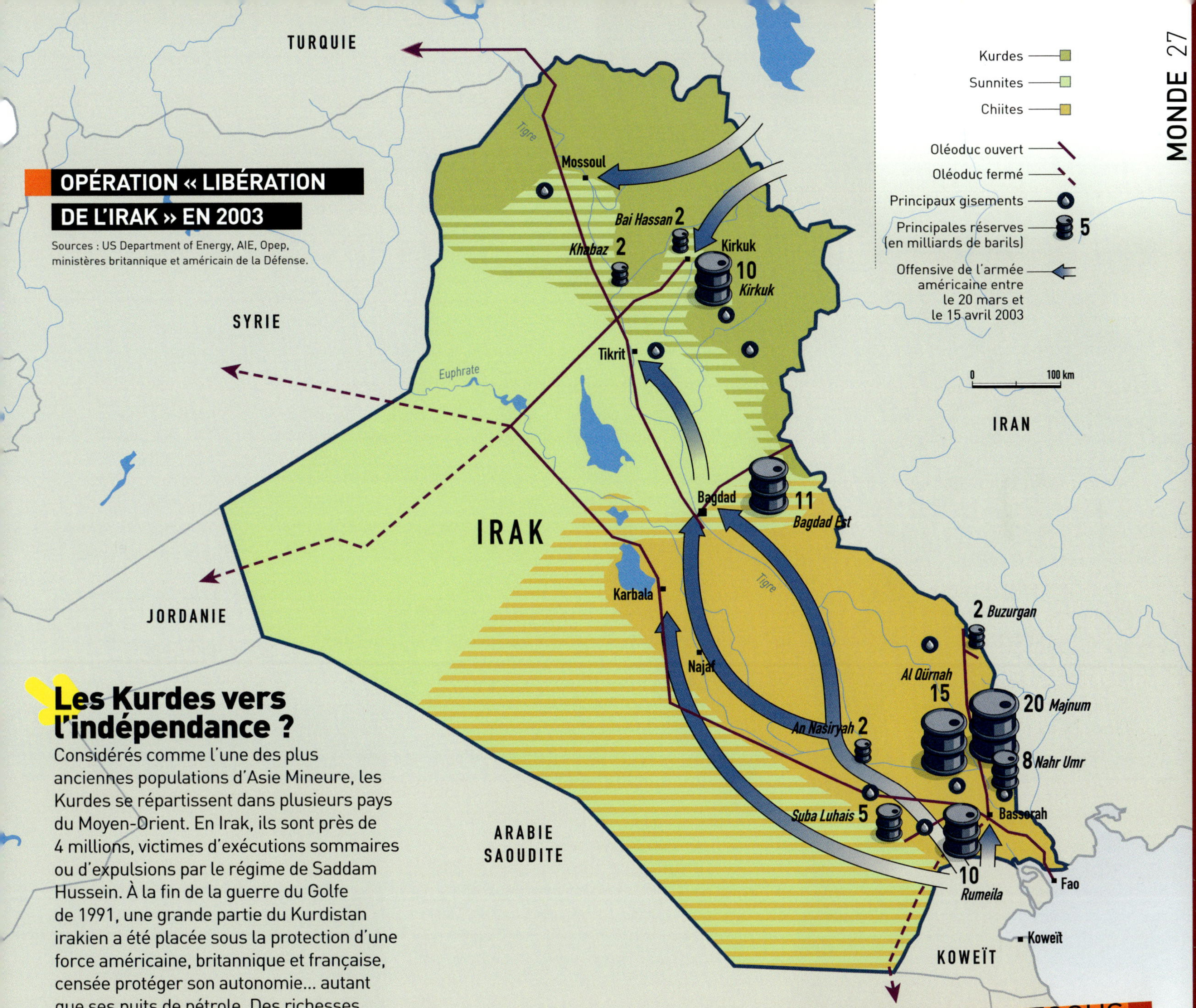

Les Kurdes vers l'indépendance ?

Considérés comme l'une des plus anciennes populations d'Asie Mineure, les Kurdes se répartissent dans plusieurs pays du Moyen-Orient. En Irak, ils sont près de 4 millions, victimes d'exécutions sommaires ou d'expulsions par le régime de Saddam Hussein. À la fin de la guerre du Golfe de 1991, une grande partie du Kurdistan irakien a été placée sous la protection d'une force américaine, britannique et française, censée protéger son autonomie... autant que ses puits de pétrole. Des richesses que défendent les Kurdes irakiens : s'ils ont abandonné l'idée d'indépendance pour une autonomie via la mise en place d'un État fédéral en Irak, ils revendiquent aussi la ville pétrolière de Kirkuk et entendent conserver leurs forces armées. Leur statut reste un sujet brûlant pour toute la région : l'Iran, la Turquie et la Syrie s'inquiètent de la montée en puissance d'un peuple qu'ils nient sur leur territoire et susceptible de donner des envies d'émancipation à leurs « compatriotes » voisins.

FOCUS

AUX ORIGINES DU CONFLIT SUNNISME-CHIISME

La sunna est l'ensemble des paroles et des actes de Mahomet. C'est sur cette tradition que rapporte la sunna que doit s'appuyer tout musulman pour agir au quotidien. Des querelles ont surgi dès le premier siècle de l'islam autour de la question de la tradition : lorsque les textes sacrés ne permettent pas de trancher, les chiites sont plus favorables à une liberté d'opinion tandis que les sunnites procèdent par déduction ou par consensus. Les deux branches sont nées lors de la désignation du quatrième calife successeur de Mahomet, entre ceux qui soutenaient Ali, cousin et gendre de Mahomet, et ceux qui étaient contre. Ainsi, les sunnites reconnaissent tous les califes successeurs de Mahomet, alors que les chiites ne reconnaissent que les imams descendants d'Ali.

Un taliban, littéralement, « celui qui étudie dans une école religieuse ».

Afghanistan, vers la démocratie ?

Malgré le fondamentalisme et le trafic d'opium et d'héroïne, l'un des pays les plus pauvres de la planète parie sur la démocratie pour renaître.

Qu'est devenu l'Afghanistan depuis l'intervention américaine ?

Septembre 2001 : au lendemain de l'attentat terroriste du World Trade Center, les troupes américaines de l'opération Liberté immuable bombardent puis envahissent l'Afghanistan en signe de riposte. Elles s'allient aux résistants afghans de l'Alliance du Nord pour lutter contre le régime taliban, soupçonné d'abriter Oussama Ben Laden, le cerveau présumé du 11 septembre. Les accords de Bonn, destinés à achever la reconstruction politique du pays et à redonner le pouvoir aux autorités afghanes, sont signés avec la communauté internationale fin 2001, sous l'égide des États-Unis. L'élection présidentielle de 2004 confirme Hamid Karzai dans son rôle de président de l'Afghanistan, approuvé par Washington. Une nouvelle Constitution est rédigée, prévoyant régime présidentiel et Assemblée nationale élue au suffrage universel. Malgré ces avancées, la situation politique reste fragile : les chefs armés qui ont combattu l'occupation soviétique refusent de se soumettre au gouvernement central de Kaboul, tout comme les rebelles talibans chassés du pouvoir qui multiplient les attentats.

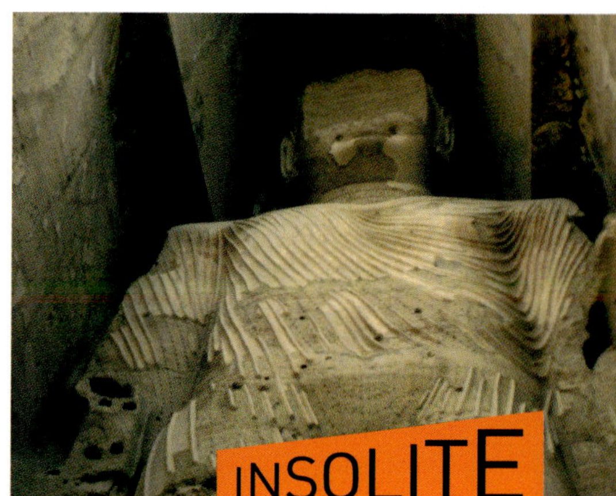

FOCUS

QUE SONT DEVENUS LES TALIBANS ?

Les « étudiants en théologie », menés par leur chef religieux, le mollah Omar, ont pris le pouvoir en 1996, instaurant un régime islamiste ultrarigoriste dans le pays. Accusés d'abriter l'ennemi public numéro un de la planète, Oussama Ben Laden, ils ont été chassés du pouvoir par les Américains en 2001, mais ils n'ont pas disparu pour autant. Disposant du soutien de riches fondamentalistes en Arabie saoudite ou au Pakistan, ils ont repris des opérations de guérilla dans les montagnes du sud et de l'est du pays.

INSOLITE

LA RÉSURRECTION DES BOUDDHAS DE BAMIYAN

Ils étaient vieux de mille cinq cents ans, hauts de 55 m et jugés « anti-islamiques » par les talibans qui les ont bombardés pendant près d'un mois en mars 2001. Huit ans après, les bouddhas de Bamiyan (ci-dessus), dont les contours et quelques parties sont encore reconnaissables dans les cavités, devraient retrouver vie grâce à un artiste japonais. En juin 2009, Hiro Yamagata compte recréer temporairement leur silhouette grâce à un show laser, apportant du même coup l'électricité à toute la vallée.

Électeur dans un bureau de vote. Accusé de sérieuses failles dans son processus démocratique, l'Afghanistan a tenu sa première élection présidentielle en 2004.

Le pays peut-il survivre sans assistance internationale ?

Pour aider l'Afghanistan à se relever de vingt-cinq ans de guerre contre l'ex-URSS et de conflits civils, plus de 25 milliards de dollars ont été investis depuis 2001 par la communauté internationale, dont 20 % versés au gouvernement afghan et le reste à travers des ONG. Pour autant, en 2004, l'espérance de vie plafonnait à 46 ans, un enfant sur quatre décèdait avant 5 ans selon l'Unicef, et 3,7 millions d'Afghans se sont réfugiés en dehors du pays en 2002. Quant à la croissance afghane, elle dépend de la « perfusion » internationale, qui représente 93 % du budget du pays. Indéniablement, l'administration doit sa survie à la force internationale d'assistance de sécurité (Isaf) sous le commandement de l'Otan, comptant 11 000 soldats : sans cette mission mandatée par l'ONU et les 20 000 hommes de la coalition américaine, le président Hamid Karzai pourrait difficilement gouverner ce pays de 31 millions d'habitants.

Pourquoi l'Afghanistan reste-t-il le dealer de l'Europe ?

Premier producteur d'héroïne du globe, l'Afghanistan a fourni en 2006 plus de 90 % de l'offre mondiale de l'opium nécessaire à sa fabrication. Un business qui représente 45 % du PNB du pays. Raffinée en Turquie ou sur place, la drogue en provenance de Kaboul rejoint l'Europe de l'Ouest par les Balkans, puis l'Allemagne et les Pays-Bas. En 2004, l'Afghanistan aurait fourni près de 90 % des opiacés destinés au marché européen et 4 % au marché américain. L'abolition des frontières de l'Union européenne, consécutive aux accords de Schengen, a favorisé ce déferlement. Si la Constitution prévoit une diminution de la surface des cultures de pavot, l'« or vert » afghan reste la seule source de revenu pour plus de 12 % de la population et les surfaces cultivées ont augmenté de 59 % entre 2005 et 2006.

La situation des femmes s'est-elle améliorée ?

« La femme aux fourneaux ou au tombeau » commande un vieux proverbe pachtoune (une des deux langues officielles, avec le dari). L'égalité des sexes, bien que reconnue par la nouvelle Constitution, est loin d'avoir atteint la sphère familiale. Selon la loi, les femmes doivent être représentées dans l'administration publique et leurs droits fondamentaux, comme le droit au travail, garantis. Mais l'Afghane reste une citoyenne de seconde zone. Cinq ans après la chute du régime fondamentaliste taliban, les mariages forcés de mineures et les exécutions publiques ne sont pas des cas isolés. Pour justifier ces violations, maris, pères et frères invoquent les codes tribaux au nom de la tradition et de la religion et constituent ainsi une justice parallèle : dans les zones rurales, les crimes d'honneur restent une affaire privée. Le droit à l'instruction et aux soins, priorités pour l'avenir et devoirs de l'État selon la Constitution, favoriseront-ils l'émancipation des femmes ?

Quel avenir pour **l'Afrique ?**

Populations pauvres, sous-alimentées et peu alphabétisées, matières premières surexploitées et sous-payées sur les marchés mondiaux, VIH-sida, paludisme… Après le drame de l'esclavage, l'Afrique resterait-elle une terre de fléaux ?

Un cercle vicieux ?

Guerres, épidémies, famines, analphabétisme, pauvreté : autant de fléaux interdépendants. Ainsi, au Swaziland, le pays le plus touché au monde par l'épidémie de sida avec plus de 40 % de la population adulte séropositive, les bras manquent pour cultiver la terre, alors qu'en Afrique l'agriculture fait vivre 70 % de la population. Le corps enseignant est décimé par la maladie, tandis que la plupart des 70 000 orphelins du sida sont contraints de déserter l'école pour gagner leur vie. Or, sans éducation, il n'est pas facile de lutter contre la corruption, une autre véritable gangrène de l'Afrique. Comment en effet empêcher certains fonctionnaires véreux d'exercer leur tyrannie, d'autant que souvent ceux-ci ne sont pas payés et trouvent dans le monnayage de leurs « services » une ressource indispensable ? Les États doivent donc mettre en œuvre des stratégies permettant d'agir contre tous ces problèmes sans en créer de nouveaux.

Bientôt une « renaissance africaine » ?

Une « renaissance africaine », expression du président sud-africain Thabo Mbeki, s'oppose à l'« afro-pessimisme » des années 1990, qui prédisait la chute du continent dans la misère et la ruine. La renaissance africaine s'appuie sur un retour à un passé précolonial glorieux, mettant entre parenthèses la colonisation et ses effets néfastes. L'un de ses principaux outils est désormais le Nouveau partenariat pour le développement de l'Afrique (Nepad), mis en œuvre depuis le sommet de l'Organisation de l'unité africaine (OUA), en 2001, à l'initiative de l'Afrique du Sud, de l'Algérie, de l'Égypte, du Nigeria et du Sénégal. Ce plan de sauvetage du continent africain affiche beaucoup d'excellentes intentions, comme la lutte contre la marginalisation économique de l'Afrique à l'échelle mondiale, l'éradication de la pauvreté, la croissance et le développement économique durable, ou encore le renforcement des capacités et du rôle des femmes dans la vie des sociétés africaines. La bonne gouvernance est présentée comme le premier moyen d'atteindre ces résultats.

SITUATION POLITIQUE, ÉCONOMIQUE ET SANITAIRE DE L'AFRIQUE

COMMENT AGIR CONTRE LA FAIM ?

Quelles causes ? Les facteurs naturels (sécheresse, inondation, épidémie…) cèdent la place aux facteurs politiques : une guerre civile ou une mauvaise gestion, tel l'échec de la réforme agraire au Zimbabwe. Quelle aide ? Difficile de déterminer quand intervenir face aux risques de casser le marché alimentaire local, de lasser les donateurs et de voir l'aide détournée. À privilégier : la prévention, avec le développement agricole et la lutte contre la désertification.

LES ORPHELINS DU SIDA, UNE BOMBE À RETARDEMENT ?

Sur les 15 millions d'orphelins du sida dans le monde, 12 millions vivent en Afrique. Ce chiffre atteindrait 25 millions en 2010. Une bombe à retardement est enclenchée, avec toute une génération privée de valeurs familiales qui met en danger les fondations de la société. Des traitements pour les malades et l'encadrement éducatif, matériel et psychologique de ces orphelins font partie des défis du siècle.

FOCUS

LE TÉLÉPHONE PORTABLE, FACTEUR DE PROGRÈS

L'Afrique met le turbo sur le téléphone portable ! La progression en nombre d'appareils y est la plus rapide du monde : 65 % par an entre 1998 et 2003, contre 35 % en Europe. Il est vrai que le continent a le réseau fixe le plus faible de la planète. Si 9 % seulement des Africains ont un portable, le nombre d'abonnés devrait atteindre 200 millions en 2009. Le cellulaire permet par exemple de pallier le manque d'infrastructures. Tandis que des producteurs ivoiriens de cacao suivent les cours mondiaux en temps réel, un réseau de sages-femmes au Malawi peut intervenir au plus vite dans la brousse…

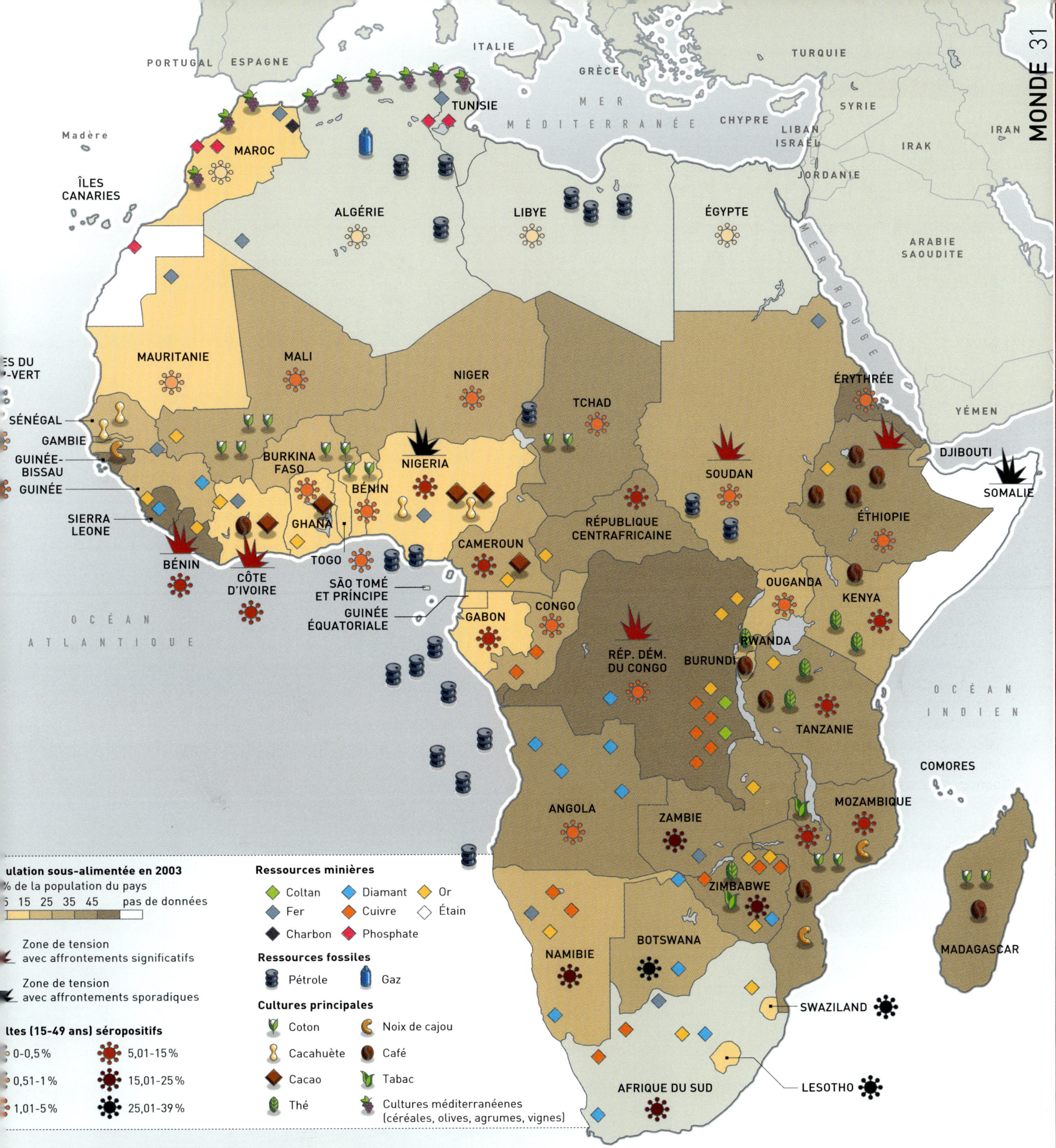

Sources : Onusida 2004, Ifri 2007, FAO 2003.

Inégalités mondiales : comment éviter le grand écart ?

L'écart entre pays riches et pays pauvres se creuse depuis une trentaine d'années et seuls certains pays du tiers-monde ont tiré leur épingle du jeu. Comment alors réduire ces inégalités mondiales ?

L'aide au développement, leurre ou réalité ?

À peine sortis de la Seconde Guerre mondiale, les États-Unis entament une longue lutte contre le communisme que l'URSS tente de propager dans les pays les plus pauvres de la planète. La stratégie des Américains consiste, outre ses aspects militaires, à développer les économies des pays pauvres pour leur faire apprécier les bienfaits de la civilisation et du modèle américains. Les théories économiques affirment alors que les pays pauvres vont rattraper les pays riches, d'autant plus facilement que les pays développés les aideront à ne pas commettre les mêmes erreurs qu'eux dans leurs choix stratégiques. C'est ce qu'on appelle la « convergence ». En réalité, les économistes reconnaissent aujourd'hui que le développement du tiers-monde n'a réussi que pour quelques pays, comme la Corée du Sud, Taïwan, Singapour... Le développement a plutôt conduit à une « divergence » : un écart croissant entre pays riches et pays pauvres. Cet écart était estimé de 1 à 3 vers 1850 ; il est de nos jours de 1 à 80, selon le Fonds monétaire international (FMI). Les politiques de développement sont les principales accusées !

Vers quelles politiques d'aide au développement se dirige-t-on ?

Jusque dans les années 1990, les pays pauvres ont souvent compté sur l'aide des pays riches. C'est ce qu'on appelle l'« aide publique au développement ». Il s'agissait en réalité surtout de crédits et, dans une faible part seulement, de dons. Cette forme d'aide n'est plus considérée comme le meilleur moyen de soutenir les pauvres par les organismes financiers internationaux, qui doutent de l'efficacité de l'aide directe. Selon eux, la meilleure aide aux pays pauvres consiste non pas à prêter de l'argent mais à favoriser leur croissance économique, par exemple pour amener l'eau courante dans un bidonville. L'économie est prioritaire : si celle-ci tourne, les pauvres sortiront de la misère. Que reste-t-il alors comme solution aux pauvres si les pays riches renoncent à les aider directement ? Vont-ils devoir attendre que la croissance de l'économie mondiale se produise enfin et que cette croissance finisse par les faire sortir de la misère ? C'est en tout cas ce que pensent la plupart des décideurs financiers du monde contemporain.

Élèves dans une classe d'école primaire dans un bidonville de Nairobi, au Kenya. Bien que le gouvernement kényan ait déclaré la gratuité de la scolarité pour tous les enfants, il n'y a pas d'école publique dans ce bidonville. Ce sont des associations qui ont œuvré pour l'ouverture de classes et pour la réduction des frais de scolarité.

Publicité pour un opérateur téléphonique au Bangladesh, où l'on trouve les téléphones les moins chers du monde. Ils deviennent des outils de développement accessibles aux plus pauvres.

Le développement humain en priorité?

Beaucoup, y compris dans les pays du tiers-monde, prônent le développement humain plutôt que l'économie à tout prix. La lutte contre la pauvreté passe alors par la lutte contre l'analphabétisme, par la construction de logements, par une amélioration des structures de santé... La démocratie, elle aussi, permet une véritable diffusion de l'information et une meilleure compréhension par chacun de ce qui se passe et de ce qui le concerne, sur le plan tant économique que social. C'est ainsi tout un nouveau modèle économique qui se met parfois en place, comme l'explique l'économiste indien Amartya Sen, Prix Nobel d'économie en 1998. Selon lui, c'est sur la démocratie, la justice et la liberté que l'on peut espérer fonder de nouvelles politiques de lutte contre la pauvreté, beaucoup plus efficaces que les politiques exclusivement axées sur le développement économique.

insolite

L'INFORMATION : VERS LA RÉDUCTION DU GOUFFRE ?

Être informé est une voie obligatoire pour s'intégrer dans la société. L'utilisation du téléphone portable au Bangladesh illustre la façon dont les pauvres peuvent se défendre grâce à une meilleure circulation de l'information. Dans ce pays, la Grameen Bank (banque rurale) pratique le micro-crédit et prête exclusivement aux pauvres. La Grameen avait remarqué que les paysans rencontraient beaucoup de problèmes dans leurs contacts avec les administrations ainsi qu'avec les acheteurs de leurs productions. En 1997, le projet Village Phone est lancé pour ouvrir un réseau de téléphones portables dans tout le pays. Les téléphones de la Grameen sont les moins chers du monde et on les trouve désormais dans la plupart des villages du Bangladesh !

Condamnés dès la naissance à la pauvreté ?

Dès la naissance, on peut prédire sans trop de risques de se tromper qu'un enfant connaîtra la pauvreté. Naître dans une famille pauvre représente un handicap quasi insurmontable...

... surtout si l'on est une fille : elles sont le plus souvent moins bien traitées que les garçons, les parents les envoient moins volontiers à l'école et parfois même leur donnent moins à manger ;

... surtout si les parents sont eux-mêmes illettrés, car ils ne voient pas l'intérêt de donner une instruction à leurs enfants : au lieu d'aller en classe, ils peuvent travailler et rapporter un peu d'argent à la maison ;

... surtout s'il n'existe pas de système d'accès aux soins de santé efficace et gratuit : une mauvaise santé empêche de suivre une scolarité normale et les soins, s'ils ne sont pas gratuits, mobilisent une part très importante du budget d'une famille pauvre.

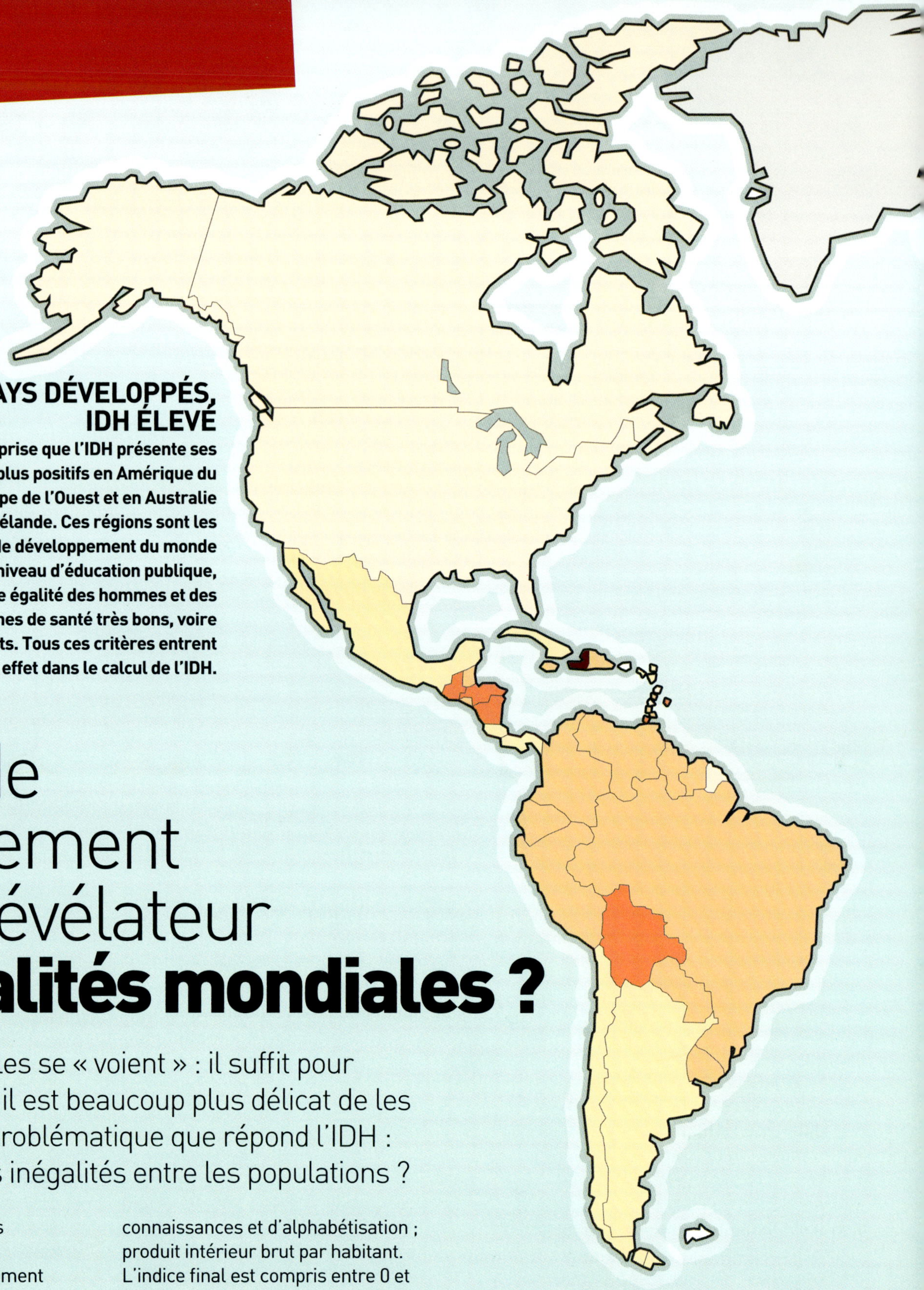

À PAYS DÉVELOPPÉS, IDH ÉLEVÉ

C'est sans surprise que l'IDH présente ses scores les plus positifs en Amérique du Nord, en Europe de l'Ouest et en Australie – Nouvelle-Zélande. Ces régions sont les modèles de développement du monde entier : bon niveau d'éducation publique, relative égalité des hommes et des femmes, systèmes de santé très bons, voire excellents. Tous ces critères entrent en effet dans le calcul de l'IDH.

L'Indice de développement humain, révélateur des **inégalités mondiales ?**

Les inégalités mondiales se « voient » : il suffit pour cela de voyager ! Mais il est beaucoup plus délicat de les décrire. C'est à cette problématique que répond l'IDH : comment mesurer les inégalités entre les populations ?

Le Programme des Nations unies pour le développement (PNUD) propose un « Indice de développement humain » qui se calcule à partir de plusieurs données : espérance de vie à la naissance ; niveau de connaissances et d'alphabétisation ; produit intérieur brut par habitant. L'indice final est compris entre 0 et 1. Les pays développés ont ainsi des indices supérieurs à 0,8. La France obtient 0,942.

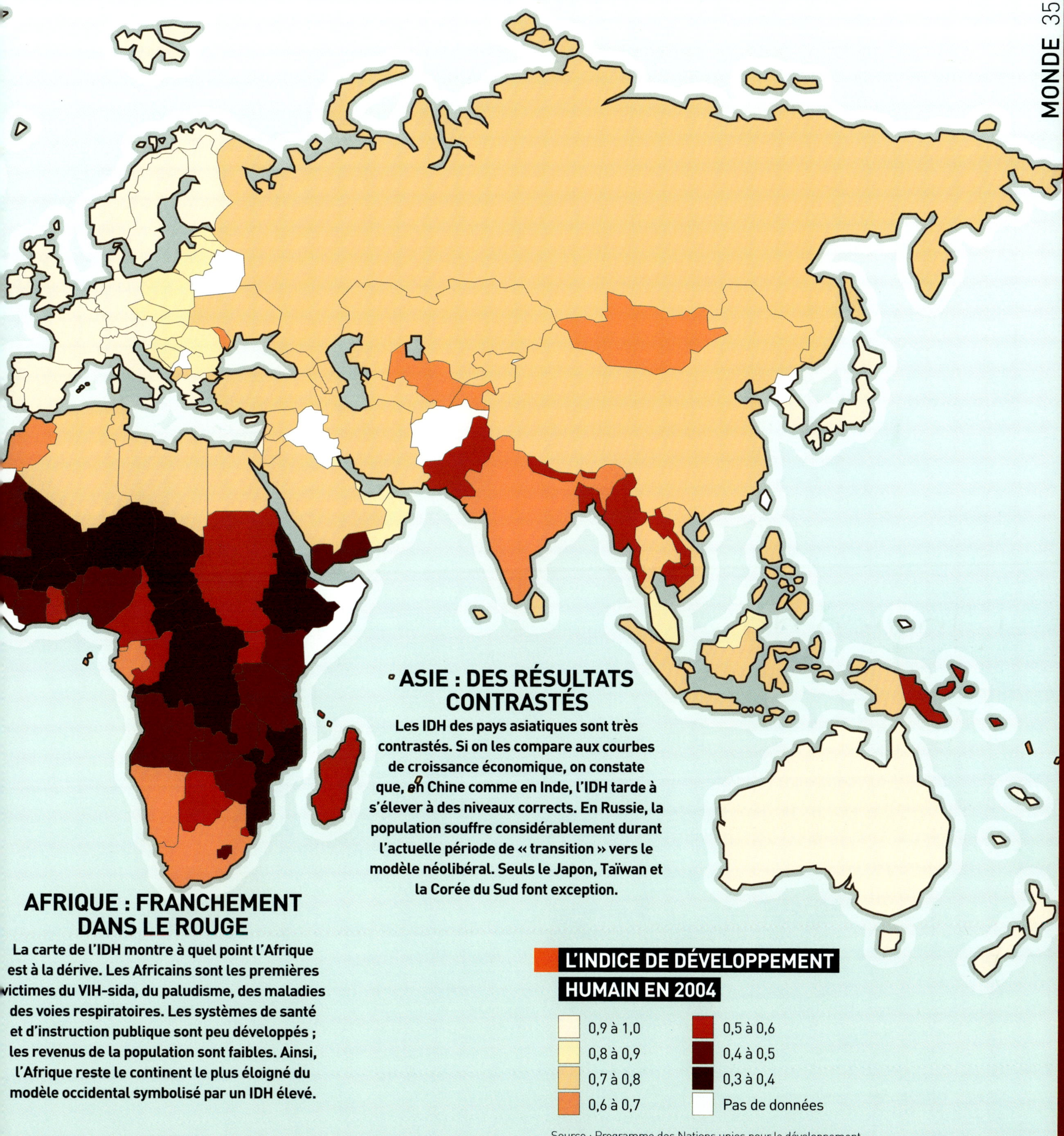

Source : Programme des Nations unies pour le développement.

ASIE : DES RÉSULTATS CONTRASTÉS

Les IDH des pays asiatiques sont très contrastés. Si on les compare aux courbes de croissance économique, on constate que, en Chine comme en Inde, l'IDH tarde à s'élever à des niveaux corrects. En Russie, la population souffre considérablement durant l'actuelle période de « transition » vers le modèle néolibéral. Seuls le Japon, Taïwan et la Corée du Sud font exception.

AFRIQUE : FRANCHEMENT DANS LE ROUGE

La carte de l'IDH montre à quel point l'Afrique est à la dérive. Les Africains sont les premières victimes du VIH-sida, du paludisme, des maladies des voies respiratoires. Les systèmes de santé et d'instruction publique sont peu développés ; les revenus de la population sont faibles. Ainsi, l'Afrique reste le continent le plus éloigné du modèle occidental symbolisé par un IDH élevé.

La menace terroriste : épée de

Depuis le 11 septembre 2001 et l'attaque des tours jumelles du World Trade Center, le monde a basculé dans une nouvelle ère. Celle de l'angoisse à l'égard d'un terrorisme meurtrier et désormais très organisé.

Le terrorisme, nouvelle guerre planétaire ?

Au début du XXIe siècle, la mondialisation n'est pas seulement économique : elle concerne aussi le terrorisme. Même si le fléau des poseurs de bombes existe depuis longtemps, la tendance est à la surenchère. Après les revendications politiques ou la lutte pour l'indépendance, le facteur religieux est devenu aujourd'hui le mobile numéro un des terroristes. Nombre d'islamistes radicaux poursuivent ainsi une « guerre sainte », le djihad, contre un Occident jugé dépravé. Depuis les spectaculaires attentats perpétrés par al-Qaida, le 11 septembre 2001 à New York, le phénomène terroriste s'est intensifié : c'est une nouvelle manière de combattre en même temps qu'une véritable déclaration de guerre, qui n'épargnent aucune grande puissance. Œil pour œil, dent pour dent, prône le président américain. En guise de représailles à la mort de plus de 2 900 civils, George W. Bush a envahi militairement l'Afghanistan puis l'Irak, désignés comme deux des pays constituant l'« axe du Mal ». Vindicte : ces États « voyous » abritent et encouragent les viviers de terroristes.

PRINCIPAUX ATTENTATS REVENDIQUÉS PAR AL-QAIDA

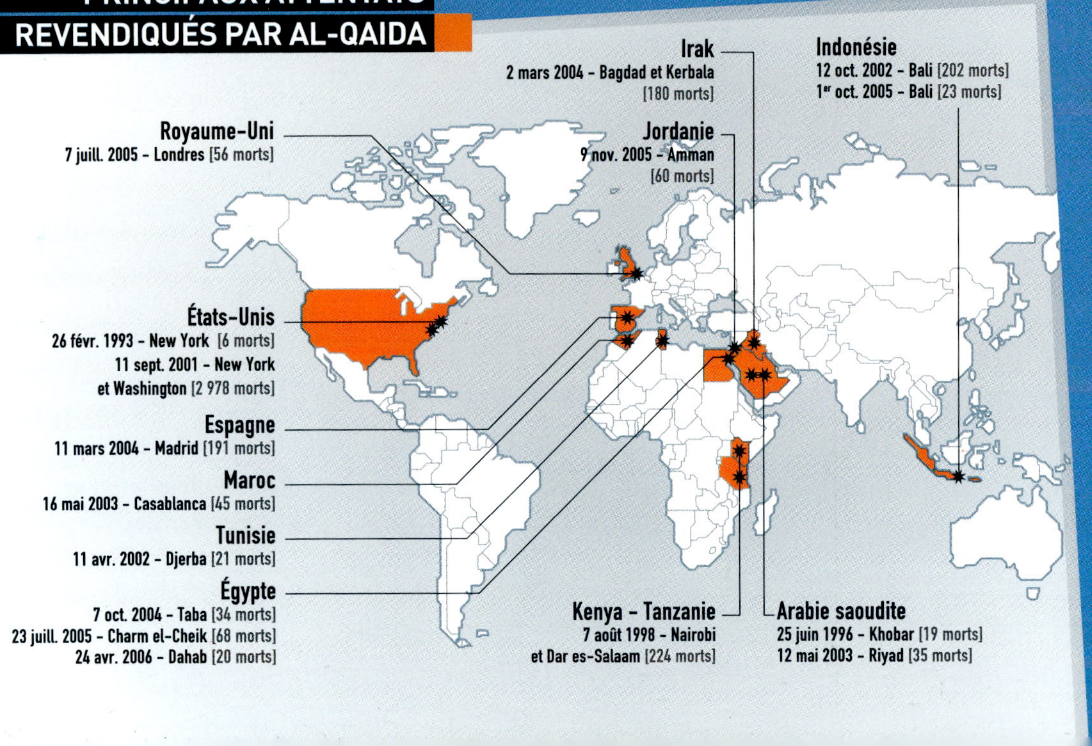

Qui se cache derrière la pieuvre al-Qaida ?

Al-Qaida, la « Base » en arabe, aurait été fondée en 1988 en Afghanistan par des musulmans luttant contre l'occupation soviétique, les fameux moudjahidin. Dirigée par Oussama Ben Laden, un milliardaire d'origine saoudienne, l'organisation, peu centralisée, est une vaste nébuleuse religieuse aux ramifications mondiales : environ 100 000 hommes seraient passés dans ses « camps d'entraînement » officieux établis sur les ruines de pays en guerre dans les années 1980 et 1990. La cible de prédilection du réseau reste les États-Unis, autant diabolisés pour leur impérialisme libertaire que condamnés pour les guerres d'Afghanistan et d'Irak, sans compter leur soutien à Israël.

Quels sont les différents types de menace ?

En raison des mesures draconiennes de sécurité dans les aéroports, les détournements d'avions se raréfient. Par ailleurs, si l'arme nucléaire apparaît comme la menace ultime, la plupart des groupes terroristes n'ont ni l'argent ni la technologie nécessaires pour l'acquérir ; un attentat contre une centrale atomique est plus à leur portée. Les terroristes privilégient donc les attentats à la bombe, voire les attaques kamikazes dans des endroits très fréquentés, susceptibles de provoquer la mort de nombreuses victimes civiles. Quant au bioterrorisme, le danger est pris très au sérieux par les autorités. En mars 1995, l'attaque au gaz sarin par la secte japonaise Aum Shinrikyo (« Vérité suprême ») avait fait 12 morts et plus de 5 000 blessés dans le métro de Tokyo. Comment lutter contre la dispersion

…Damoclès ?

malveillante de substances chimiques ou de virus, tel celui de la variole ? Dans le cadre de son plan Vigipirate, la France a mis en place dès 1999 le volet spécialisé Biotox, associant dispositifs de veille, d'alerte et d'intervention. Mais l'arme de demain est peut-être le cyberterrorisme. Aujourd'hui déjà, le faible degré de protection et de confidentialité d'Internet permet à de jeunes hackers de pirater les systèmes des entreprises.

Comment lutter contre le terrorisme ?

C'est sur le proverbe « Mieux vaut prévenir que guérir » que s'accordent la plupart des pays occidentaux. Prônant une stratégie de dialogue, les Européens s'efforcent de désamorcer la menace terroriste en freinant le recrutement et la radicalisation des jeunes. C'est l'un des objectifs de la décision-cadre relative à la lutte contre le terrorisme adoptée en 2001 par Bruxelles : harmonisant les dispositifs antiterrorisme des États membres, elle optimise la coopération policière et judiciaire. Quant au Système d'information Schengen (SIS), il impose déjà des normes biométriques pour les passeports et prévoit de sécuriser les moyens de transport commerciaux. Couper les vivres des organisations suspectes, en combattant le blanchiment d'argent sale notamment, est une autre tactique privilégiée pour s'attaquer aux racines du mal. La fin justifie-t-elle les moyens ? Certaines ONG, comme Amnesty International, dénoncent une atteinte aux libertés civiles : allongement des délais de garde à vue des terroristes présumés, expulsions préventives, enregistrement des conversations téléphoniques…

D'AUTRES ORGANISATIONS TERRORISTES

ETA. Armée clandestine séparatiste qui réclame l'autonomie des régions espagnoles et françaises du Pays basque. Créée en 1959, l'ETA a annoncé en mars 2006 une « trêve indéfinie ou cessez-le-feu permanent » avec le gouvernement espagnol.

IRA. Armée républicaine irlandaise luttant pour l'indépendance de l'Irlande. Créée en 1919, l'organisation a déposé les armes en juillet 2005.

HAMAS. Mouvement de la résistance islamique qui souhaite renverser l'État juif d'Israël et instaurer une république islamiste en Palestine. Créé en 1987, le Hamas a opté pour une reconversion politique et a remporté les élections législatives palestiniennes en janvier 2006.

GIA. Groupe islamique armé qui, dans les années 1990, entendait mettre en place un régime islamiste en Algérie. L'organisation est aujourd'hui marginalisée grâce aux initiatives d'amnistie du président algérien Bouteflika.

QUI EST-CE ?

Le 11 septembre 2001, deux avions de ligne détournés percutent le World Trade Center de New York.

Quel débat autour de **la peine de mort ?**

Au tournant du XXIe siècle, la majorité des États ont aboli la peine de mort, en droit ou en pratique. Les États-Unis, dont 38 États la conservent dans leur législation, focalisent le débat international. Allons-nous vers son abolition totale ou vers un renouveau de ce châtiment ?

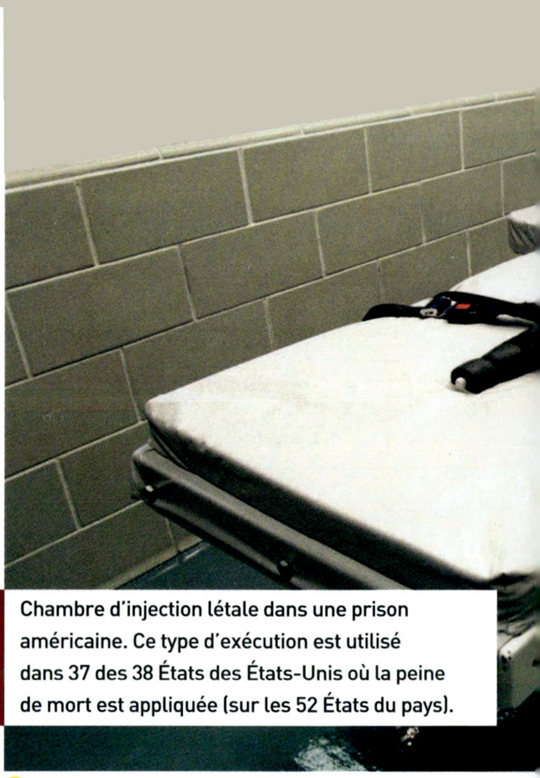

Chambre d'injection létale dans une prison américaine. Ce type d'exécution est utilisé dans 37 des 38 États des États-Unis où la peine de mort est appliquée (sur les 52 États du pays).

Un moyen efficace de lutte contre la criminalité ?

Les partisans de la peine capitale affirment qu'elle est la seule peine dissuasive. Certains avancent également des arguments religieux comme la loi du talion – la mort pour la mort ! – ou encore la « nécessité » pour la famille de la victime d'obtenir réparation grâce à la vengeance. Pourtant, selon un bilan dressé par les Nations unies en 1988 et mis à jour en 1996, aucune étude n'établit scientifiquement la corrélation entre la peine de mort et une baisse du taux d'homicides. Les États-Unis en sont le meilleur (contre-)exemple, avec des exécutions fréquentes de condamnés (plus de 1 000 en trente ans) et un taux d'homicides élevé. En revanche, le Canada, pays voisin à la culture comparable, est abolitionniste depuis 1976 et connaît une criminalité bien moindre. Ainsi, le taux d'homicides y est trois fois moins élevé qu'aux États-Unis : 1,8 pour 100 000 habitants, contre 5,5. Et à Ottawa, capitale du Canada (822 000 habitants), le taux d'homicides est 40 fois moins élevé qu'à Washington (572 000 habitants) !

L'injection létale est-elle u

Plébiscitée par de plus en plus de pays non abolitionnistes, l'injection létale – par piqûre d'un poison violent – est loin d'être indolore. Un rapport de Human Rights Watch, d'avril 2006, a rappelé que l'utilisation du chlorure de potassium, censé provoquer un arrêt cardiaque rapide, est si douloureuse que même les règlements vétérinaires interdisent son usage tant que l'on n'est pas certain que l'animal à euthanasier se trouve bien dans un coma profond… D'autant que certaines de ces

HISTOIRE DE L'ABOLITIONNISME EN FRANCE

1764 « Si je prouve que la peine de mort n'est ni utile ni nécessaire, j'aurai fait triompher la cause de l'humanité », lance le marquis de Beccaria en s'interrogeant sur l'utilité et la justice de cette « profusion de supplices ». Dans le contexte du siècle des Lumières, son opuscule *Des délits et des peines* a un retentissement considérable et marque la naissance du courant abolitionniste.

1791 La Constituante rejette le premier projet d'abolition de la peine de mort, mais décide de supprimer la torture alors que l'Assemblée uniformise les peines : « Tout condamné à mort aura la tête tranchée. » Cette disposition célèbre au style lapidaire demeurera dans le Code pénal jusqu'en 1981.

1848 Si le gouvernement provisoire de la IIe République abolit par décret la peine de mort en matière politique, Victor Hugo échoue à faire passer le projet d'abolition totale qu'il défend à la Chambre.

1906 Le président de la République Armand Fallières (1906-1913), partisan de l'abolition de la peine de mort, gracie systématiquement tous les condamnés à mort, la première année de son septennat.

1939 Déjà soulevée à plusieurs reprises, la question des exécutions en place publique resurgit avec le scandale de l'exécution d'un meurtrier allemand, Weidmann, le 16 juin 1939 à Versailles. L'exécution eut lieu en retard et les journalistes purent prendre de nombreuses photos. Ils donnèrent de l'événement une description mensongère, marquée d'antigermanisme. Cela poussa le gouvernement, réuni en conseil extraordinaire, à adopter un décret-loi supprimant la publicité des exécutions capitales.

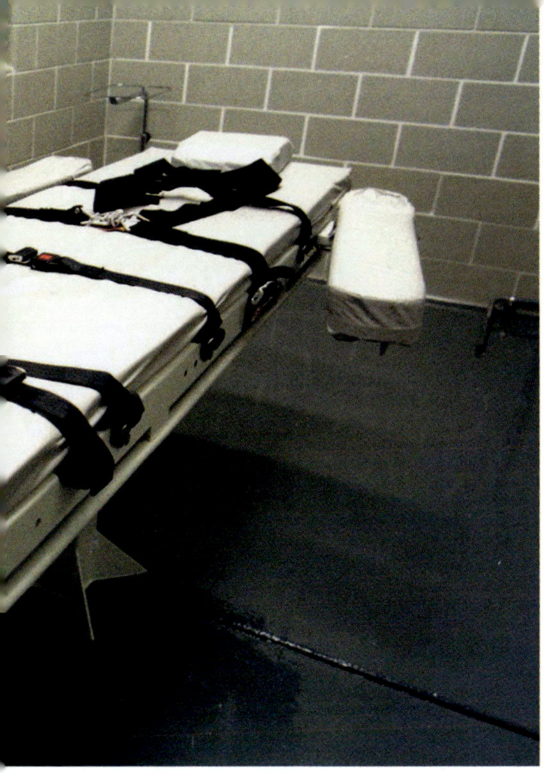

bonne » solution ?

exécutions se sont déroulées dans des conditions pénibles : fin 2006, un détenu est mort une heure et demie seulement après l'injection létale. Des pays comme l'Iran ou l'Afghanistan continuent de pratiquer la lapidation, mais le peloton d'exécution est aujourd'hui encore la méthode la plus utilisée. Environ 70 pays y ont recours, avec une particularité pour la Chine et la Russie où la mort est donnée par une balle dans la nuque ; pour conserver en bon état les organes vitaux, revendus pour des greffes.

France : la perpétuité pire que la peine de mort ?

Depuis l'abolition de la peine de mort, en 1981, le nombre de condamnés à perpétuité en France est passé de moins de 200 à près de 600 aujourd'hui. D'une manière générale, les peines prononcées par les tribunaux sont de plus en plus lourdes et la durée moyenne de détention a plus que doublé. En 2006, dix prisonniers à perpétuité français ont demandé à être condamnés à mort et exécutés. Ils jugent la perspective de vivre tout le reste de leur vie en prison plus intolérable encore que la mort, d'autant que les conditions de vie dans les prisons françaises sont très difficiles. Cette prise de position pourrait relancer le débat sur la peine de mort. Dans le monde, entre 1995 et 2006, trois pays l'ont ainsi rétablie après l'avoir abolie : la Gambie, l'Irak et le Pakistan.

LA PEINE DE MORT DANS LE MONDE

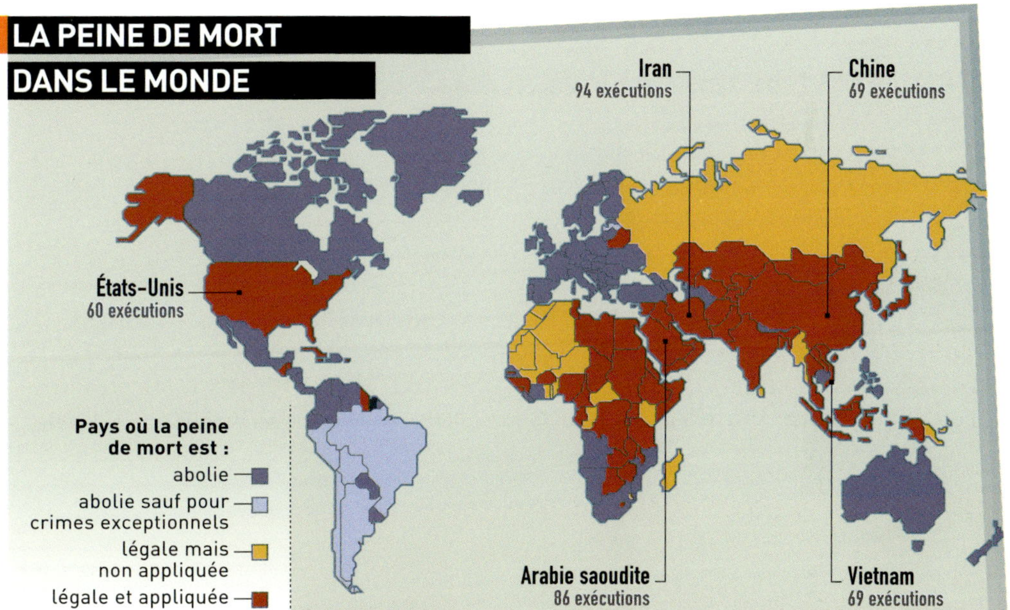

Source : Amnesty international, 2007 (carte) et 2005 (nombre d'exécutions).

1940 Régime de Vichy : rompant avec une tradition quasi cinquantenaire, le maréchal Pétain envoie huit femmes à l'échafaud, dont cinq condamnées de droit commun.

1949 Germaine Godefroy, condamnée à mort pour assassinat, est la dernière femme guillotinée en France. Deux ans plus tôt, le président Vincent Auriol avait refusé de gracier une autre femme.

1977 Condamnation à la réclusion à perpétuité de Patrick Henry, pour avoir enlevé et assassiné un petit garçon à Troyes en janvier 1976. La presse, qui se montre étonnée, considère ce verdict comme annonciateur de « la mort d'une peine ».
À la prison des Baumettes à Marseille, Hamida Djandoubi, condamné à mort pour assassinat après tortures et viol, sera la dernière personne guillotinée en France.

1981 L'abolition de la peine de mort figure au programme des « 110 propositions » de la gauche pour l'élection présidentielle de mai 1981. François Mitterrand et Pierre Mauroy sont rejoints par Jacques Chirac.
Après approbation du Conseil des ministres, l'Assemblée nationale, réunie en session extraordinaire le 9 octobre, adopte le projet de loi portant abolition de la peine de mort, défendu par le garde des Sceaux Robert Badinter dans un discours devenu célèbre.

1984-1995 L'abolition de la peine de mort ne clôt pas pour autant le débat entre abolitionnistes et antiabolitionnistes : 27 propositions de loi visant à rétablir la peine de mort sont déposées au Parlement.

2002 À l'instar de 30 autres pays, la France signe le Protocole n° 13 de la Convention européenne des droits de l'homme, relatif à l'abolition de la peine de mort en toutes circonstances, sans réserves ni dérogations, même en temps de guerre ou de danger imminent de guerre.

Les armes, des marchandises comme les autres ?

Les ventes légales d'armes de guerre dans le monde atteignent des records. Une partie de ces armes prend la direction d'États très peu démocratiques… Le commerce de la guerre n'est-il pas un vrai danger pour la paix dans le monde ?

À qui rapportent les ventes d'armes ?

En 2005, selon l'Institut international de recherche sur la paix de Stockholm (Sipri), les dépenses militaires dans le monde auraient atteint la somme astronomique de 1 118 milliards de dollars. Soit 173 dollars par être humain… Cela représente une augmentation d'un tiers en dix ans.

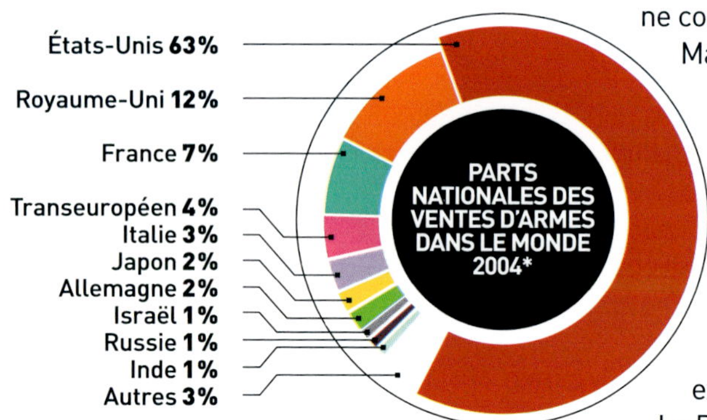

*Top 100 du Sipri des industries d'armement. Chine exceptée.

Les États-Unis sont le premier consommateur d'armes du monde : 48 %. Puis viennent le Royaume-Uni, la France, le Japon et la Chine avec, chacun, entre 4 et 5 % du total mondial. Les États-Unis sont aussi les principaux vendeurs avec 63 % du total. Viennent ensuite le Royaume-Uni (12 %) et la France (7 %). La Russie, Israël et l'Inde ne comptent que pour 1 % chacun. Mais les armes américaines alimentent d'abord leur propre marché, et peu d'armes sont exportées : environ 20 milliards de dollars en 2005. Si l'on se réfère aux seules exportations, la Russie fait jeu égal avec les États-Unis : 30 % chacun des exportations mondiales. La France arrive en troisième position, avec 9 %.

Le commerce illégal est-il en hausse ?

De nos jours, de nombreux conflits opposent des acteurs non étatiques. Narcoguérillas, extrémistes communautaristes, groupes terroristes aux ramifications internationales, groupes armés visant l'indépendance de leur pays ou de leur région… Autant d'acteurs qui ne peuvent s'accommoder des mesures de restriction du commerce des armes : ces groupes ont besoin d'armes et sont prêts à les obtenir par tous les moyens. Ainsi, à un important commerce légal entre États s'ajoute un commerce souterrain, illégal et délictueux, en augmentation importante depuis quelques années. En l'absence évidente de chiffres « officiels », c'est pourtant la conclusion que l'on peut tirer de l'évolution des conflits dans le monde.

Où en est-on des armes bactériologiques ?

Les armes bactériologiques ne sont pas des armes comme les autres : elles offrent du travail à de nombreux chercheurs et « justifient » des investissements coûteux en infrastructures – laboratoires, usines de production hautement sécurisées… En finir avec ce type d'armement ne sera pas aisé. Les États-Unis et la Russie n'ont détruit qu'une partie, difficile à évaluer, de leurs énormes stocks. Ainsi, de

Marine américain réalisant un exercice d'entraînement à une guerre bactériologique, avec des balises pour marquer les zones contaminées.

Marché à Chamchamal, en Irak. Armes et munitions sont vendues et achetées au même endroit que la nourriture ou les vêtements : 5 dollars la grenade, 200 dollars la kalachnikov, 350 dollars le pistolet russe ou chinois. Un commerce devenu tout à fait banal dans la vie quotidienne des Irakiens depuis le début de la guerre, en 2003.

modestes progrès ont été accomplis par ces deux pays, mais c'est désormais sur l'ensemble du monde que doivent porter les efforts. Trop de produits chimiques extrêmement toxiques sont manipulés dans de nombreuses unités de production qui ne répondent pas aux normes de sécurité internationales. Des substances hautement toxiques peuvent ainsi se muer en armes bactériologiques, même en l'absence de toute volonté militaire. Il est donc nécessaire de trouver, rapidement, des solutions de remplacement aux usines chimiques, mais aussi aux produits dangereux eux-mêmes, pour bannir, à terme, leur fabrication.

L'arme nucléaire, interdite de prolifération ?

La détente entre l'URSS et les États-Unis a entraîné la signature du traité sur la non-prolifération des armes nucléaires (TNP) entre les deux pays en 1968. Depuis, tous les pays l'ont signé, sauf trois : l'Inde, le Pakistan et Israël. Ces trois pays, qui possèdent des armes atomiques, échappent donc au processus de contrôle institué par le TNP. On estime qu'environ 12 000 têtes nucléaires sont déployées dans le monde (dont 5 500 par les États-Unis et autant par la Russie) et que 15 000 autres sont en stock. Les États-Unis prévoient, dans leur Concept Plan 8022, l'utilisation rapide de forces nucléaires et conventionnelles contre la menace posée par des États en possession d'armes de destruction massive ; le cas de l'Irak, qui n'en possédait pas mais a été attaqué, laisse supposer que, dans l'avenir, un État soupçonné de posséder des armes de destruction massive pourrait subir une attaque nucléaire. D'autre part, la Corée du Nord et l'Iran prétendent détenir déjà, ou bientôt, l'arme nucléaire ; face à ces menaces, l'enjeu est de contrôler le cycle de fabrication du combustible pour empêcher de nouveaux pays de fabriquer des armes nucléaires.

Jeune garçon à Dhaka, au Bangladesh, travaillant dans un usine de fabrication de pièces détachées pour rickshaws, des sortes de petits taxis.

Droits des enfants, fiction ou réalité ?

Les enfants sont le futur de ce monde. Pourtant, de nos jours, certains sont moins bien traités que les adultes, à l'inverse de ce qui serait une nécessaire évidence. Pourquoi les lois ne les protègent-elles pas davantage ?

Des droits différents de ceux des adultes ?

La Déclaration des droits de l'homme de 1948 reconnaissait aux enfants aide, assistance et protection spéciales. En 1959, la Déclaration des droits de l'enfant affirmait d'autres droits, enfin spécifiques aux enfants, comme de jouer ou de s'instruire. Cependant, cette déclaration resta non contraignante jusqu'au 20 novembre 1989 pour les 78 États alors membres de l'ONU qui l'ont ratifiée. Depuis cette date, les 191 États signataires de la convention sont sommés de présenter tous les cinq ans un rapport devant le Comité des droits de l'enfant, à Genève. La Somalie et les États-Unis n'ont pas ratifié cette convention car ils la considèrent comme une ingérence dans leurs propres affaires. Ces victoires juridiques sont essentielles, mais la réalité montre qu'elles ne sont pas suffisantes pour éradiquer les fléaux qui frappent l'enfance : misère, absence de soins corrects, travail dès le plus jeune âge, non-scolarisation.

Encore moins de droits quand on est une fille ?

Dans de nombreux pays, les filles sont moins bien traitées que les garçons. En Chine, en Inde ou au Pakistan, plutôt que d'avoir une fille, les mères choisissent parfois d'avorter, d'où un fort déséquilibre entre filles et garçons. Les corvées domestiques, le soin des frères et sœurs plus jeunes et les mariages précoces concourent ensuite à éloigner les filles de l'école. Selon l'Unesco, dans le monde,

TRAVAIL DES ENFANTS ET SCOLARISATION DANS LE MONDE

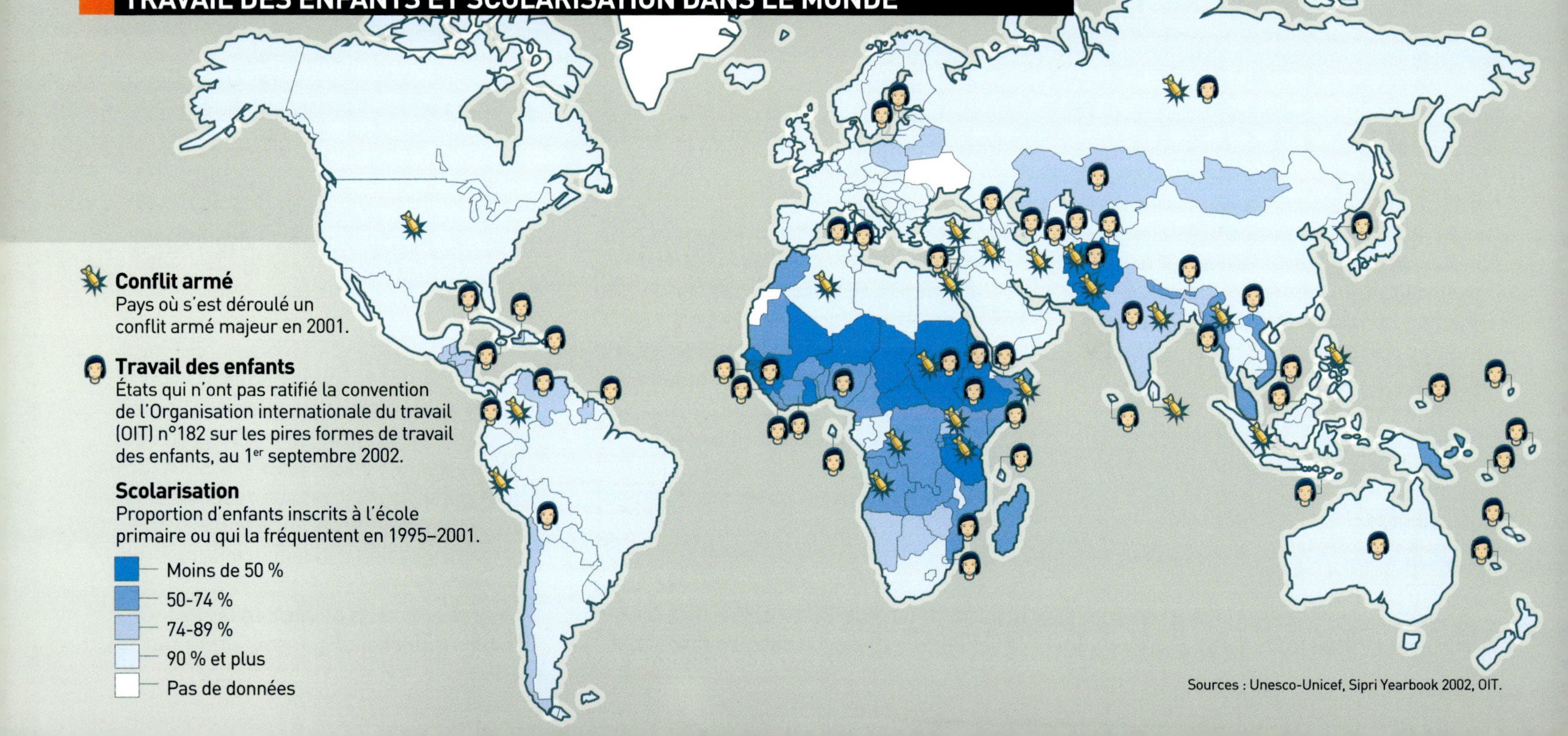

Sources : Unesco-Unicef, Sipri Yearbook 2002, OIT.

Tahrar, un soldat de 14 ans, enrôlé dans le Mouvement pour la justice et l'égalité (JEM), un groupe rebelle du Darfour, en Afrique.

les filles représentent plus de 56 % des 104 millions d'enfants estimés comme non scolarisés, 45 % des effectifs du primaire et 22 % de ceux du secondaire. Selon l'ONU, « cette inégalité de traitement n'est pas seulement de la discrimination, elle est aussi le signe d'une mauvaise analyse économique et d'une mauvaise politique sociale ». Chaque année de scolarisation supplémentaire correspond à une hausse des salaires, des femmes comme des hommes, de 10 % en moyenne. De plus, les mères instruites envoient davantage leurs enfants à l'école, ce qui est important pour briser l'engrenage de la pauvreté qui se transmet de génération en génération.

Peut-on éradiquer le travail des enfants ?

Domestiques, paysans, ouvriers, vendeurs à la sauvette... Quelque 220 millions d'enfants de moins de 15 ans travaillent, soit environ 30 millions de moins qu'en 2000, lorsque les chiffres de l'Organisation internationale du travail (OIT) ont atteint leur maximum. L'éradication du travail des enfants est le deuxième des huit Objectifs du Millénaire pour le développement : « Assurer l'éducation primaire pour tous » en 2015. Un objectif hors de portée... En effet, un grand nombre d'enfants travaillent dans des secteurs clandestins (prostitution, esclavage pour dettes...) et les inspecteurs de l'OIT sont menacés lorsqu'ils mènent leurs enquêtes. Dans les secteurs légaux, le travail des enfants permet d'atteindre les coûts de production les plus bas, par exemple dans l'industrie textile où la concurrence est féroce. C'est tout le système économique mondial qui, à l'heure actuelle, tolère le travail des enfants. Les lois existent et la quasi-totalité des États se sont même engagés à abolir le travail des enfants, mais la loi du moindre coût est bien plus puissante que le droit !

Les enfants, doubles victimes de la guerre ?

Ils sont 300 000 enfants soldats répartis dans plus de 30 pays : République démocratique du Congo, Colombie, Sri Lanka... Comment retrouver des repères après avoir exercé un pouvoir de vie et de mort, y compris sur des membres de sa famille ? Ces enfants ont été enrôlés de force, maintenus en captivité et drogués pendant les exactions. Leur retour à la vie civile est leur véritable combat, d'autant que, fréquemment, leurs communautés les rejettent. Leurs proches ne les considèrent pas comme des victimes, mais comme des criminels. Les filles ont souvent un obstacle supplémentaire à surmonter : accepter leur bébé né d'un viol. En mai 2000, un protocole pour interdire l'implication d'enfants dans les conflits armés est venu renforcer la Convention internationale des droits de l'enfant, sans réel effet jusqu'à présent.

Démographie, combien serons-nous demain ?

6,58 milliards d'humains au 1er janvier 2007. Et demain ? Si les tendances se poursuivent, l'ONU prévoit un pic de population vers 2075 atteignant 9,2 milliards, puis une légère baisse, et une lente augmentation jusqu'en 2300. La planète nous supportera-t-elle jusque-là ?

Vers l'enfant unique ?

Partout dans le monde, les familles comptent de moins en moins de membres. La région la plus « féconde » est l'Afrique subsaharienne, avec une moyenne de 5,1 enfants par femme en 2005. Certains pays ont choisi de réduire volontairement le nombre d'enfants, comme la Chine avec sa politique de l'enfant unique pour stabiliser une population qui devrait atteindre 1,6 milliard d'habitants en 2030.
En Europe, le taux moyen de fécondité baisse pour des raisons souvent liées aux difficultés à trouver un emploi stable et un logement correct : 1,5 enfant par femme en 2005. En France, en 2006, le taux de fécondité est passé à 2, ce qui en fait l'un des pays d'Europe les plus dynamiques. Mais ce n'est pas encore suffisant pour le renouvellement des générations ; le minimum est en effet de 2,1 enfants par femme. Quant au taux mondial, il est en baisse depuis plusieurs décennies, avec 2,6 enfants par femme en 2005. La planète entre donc dans la phase de transition démographique. La population mondiale croît moins vite et devrait se stabiliser vers 2050-2075, si les tendances actuelles se confirment.

Vers un déséquilibre hommes-femmes ?

Sur l'ensemble de la planète, les écarts entre filles et garçons sont faibles et restent stables. Une réalité très différente en Asie, où les taux de natalité ne baissent pas de façon homogène selon les sexes, du fait d'une sélection prénatale en faveur des garçons. En Chine, un héritier mâle perpétue la lignée et le culte des ancêtres. En Inde, un fils est chargé des rites funéraires au décès de ses parents. Dans les deux pays, une fois mariée, une fille part vivre dans sa belle-famille avec une dot. Élever une fille revient donc à « cultiver le champ d'un autre », comme l'enseigne un dicton chinois. Aujourd'hui, l'excédent de garçons à la naissance est de 12 % au-dessus du niveau normal en Chine et de 6 % en Inde, malgré des politiques antidiscrimination, comme l'interdiction faite aux médecins de dévoiler le sexe de l'enfant. Plus globalement, les démographes estiment qu'il « manque » environ 100 millions de femmes dans le monde et qu'il en manquera le double en 2025. Au-delà d'un problème de célibat forcé dans les pays concernés, cette situation génère une conséquence plus grave : la marchandisation des femmes via des trafics d'épouses.

La répartition de la population sur la planète change-t-elle ?

En 1950, la population des pays riches était de 813 millions, contre près du double pour les pays en voie de développement (1 705 millions). En 2002, l'écart s'est creusé : 1 203 millions d'un côté, contre 5 098 millions de l'autre, soit un rapport de 1 à 4 ! La répartition entre urbains et ruraux est elle aussi en évolution : en 2007, la moitié de la population mondiale vit dans les villes, et ce pourcentage atteindra 60 % en 2030. Enfin, la moitié de la population mondiale vit à moins de 100 km du littoral ou sur les rives d'un grand fleuve, car c'est dans ces zones que l'activité économique est la plus soutenue, souvent depuis des siècles. Ainsi, l'intérieur des continents est en voie de désertification, tandis que les côtes des mers et des océans risquent d'être bientôt surpeuplées.

Vers une autosuffisance alimentaire mondiale ?

En 2050, même si aucune hausse vertigineuse de la population africaine ne se produit, il faudra nourrir 9 milliards d'humains, soit un tiers de plus qu'aujourd'hui. Les principales solutions sont de trois types. Agronomique : améliorer les rendements des principales cultures ; cependant, les experts hésitent entre la généralisation de la monoculture, très consommatrice d'engrais et de pesticides, et la réorientation vers des polycultures planifiées qui demandent davantage d'agriculteurs. Politique : un État peut choisir de limiter sa population de façon autoritaire ou incitative, depuis la promotion du planning familial jusqu'à l'imposition par la loi d'un enfant unique. Sociale : en intensifiant l'accès des filles à une scolarité correcte, on remarque qu'elles contrôlent en général mieux leurs maternités ; le taux de fécondité baisse, et on peut s'attendre à une meilleure répartition de l'alimentation entre tous.

Campagne de propagande en faveur de la politique gouvernementale de l'enfant unique visant à freiner le développement démographique en Chine.

et demain?

LES SCÉNARIOS EXTRÊMES DE L'ONU

(POPULATION EN MILLIARDS)

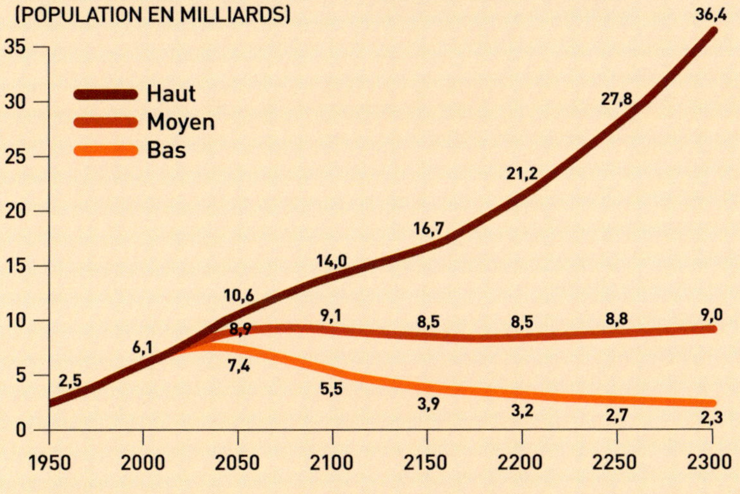

Les scénarios extrêmes des Nations unies ne nous apprennent rien de vraiment nouveau. Si la fécondité se maintenait partout autour de 2,1 enfants par femme à partir de 2050, la population mondiale serait alors stabilisée, y compris dans l'écart béant entre populations des pays développés et des pays sous-développés. Si les taux actuels (1,5 en Europe, contre 4,8 en Afrique par exemple) restaient constants, l'Afrique atteindrait 114 000 milliards d'habitants, un chiffre totalement irréaliste, tandis que l'Europe n'existerait quasiment plus ! À l'inverse, si le taux de fécondité s'effondrait partout, il n'y aurait pas plus de 2 milliards d'humains dans trois siècles.

Ces scénarios catastrophes, très peu probables, ont cependant un mérite : ils montrent que, si nous n'agissons pas, nous ne trouverons aucune solution tolérable, pour la planète, pour l'humanité dans son ensemble et pour les individus en particulier.

Évolution de la population mondiale, de 1950 à 2300, selon trois scénarios : fécondité haute (2,35 enfants par femme), moyenne (2,1 soit le taux de remplacement des générations), basse (1,85). Source : World population to 2300, Nations unies, 2004.

GLOBALISATION

Vers **une mondialisation plu**

La Triade (Amérique du Nord, UE, Japon) domine des puissances locales (Inde, Chine, Brésil) et des État

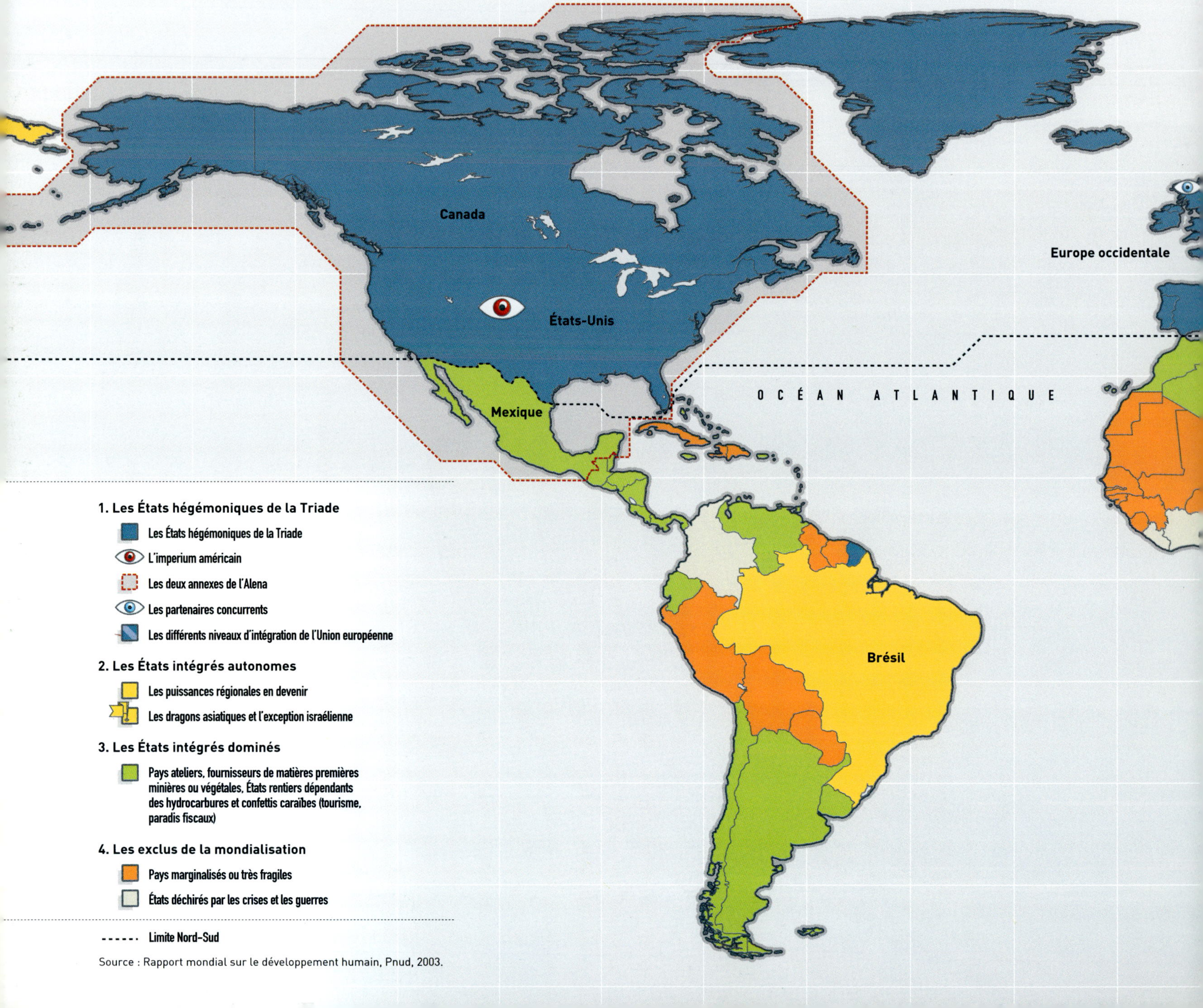

Source : Rapport mondial sur le développement humain, Pnud, 2003.

équitable ?

ouvent peu dotés en matières premières, qui sont les perdants, voire les exclus, de la mondialisation.

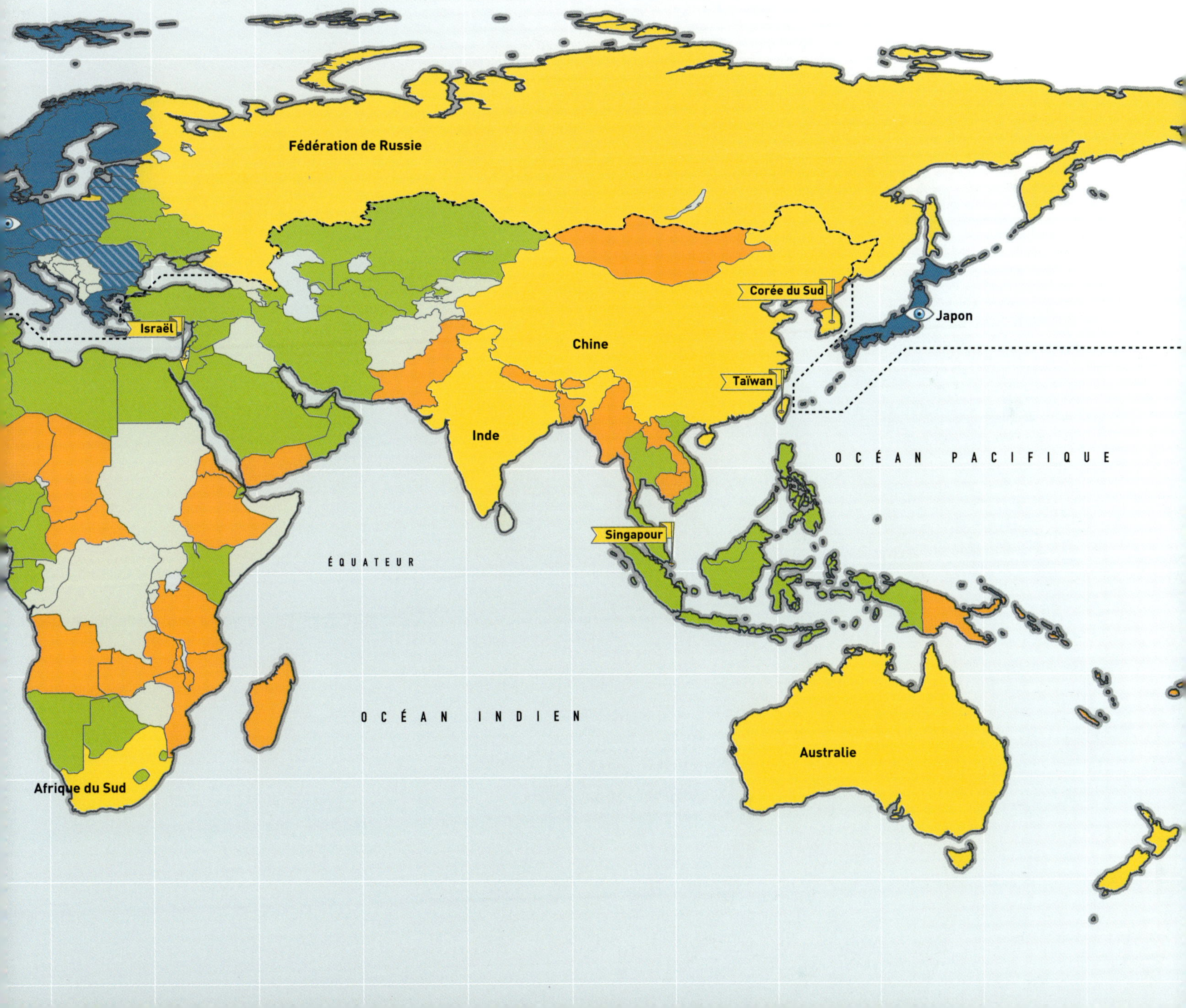

Faut-il se méfier de **la mondialisation ?**

Entre 1948 et 2005, le volume du commerce mondial a bondi de 58 à 8 800 milliards de dollars. Les sociétés multinationales dominent l'économie. Les travailleurs, eux, semblent ballottés par le marché de l'emploi planétaire. La mondialisation tend-elle vers l'harmonie ou vers le chaos ?

Le monde sera-t-il un jour dirigé par les multinationales ?

Les entreprises multinationales sont plus de 70 000 dans le monde. Avec un demi-million de filiales, elles règnent sur le tiers des échanges commerciaux planétaires. Les 100 premières d'entre elles concentrent 20 % de la richesse mondiale. La plus importante, Wal-Mart, une société nord-américaine de distribution en hypermarché et par Internet, réalise un chiffre d'affaires supérieur au produit national brut (PNB) de la Turquie. Pour prospérer, les multinationales ont besoin d'un monde stable. Leur rôle politique va dans ce sens. Ainsi, les sociétés pétrolières, qui comptent parmi les plus gigantesques des multinationales, s'accommodent des régimes dictatoriaux, comme Total Fina Elf en Birmanie. Mais si le contexte politique est défavorable, elles n'hésitent alors pas à faire pression pour obtenir des lois favorisant leur expansion. La transnationale des biotechnologies Monsanto (États-Unis) demande ainsi à l'Union européenne d'autoriser les OGM dans l'alimentation humaine, alors que les sondages montrent qu'une forte majorité d'Européens les rejettent.

DES MULTINATIONALES AUSSI RICHES QUE DES ÉTATS

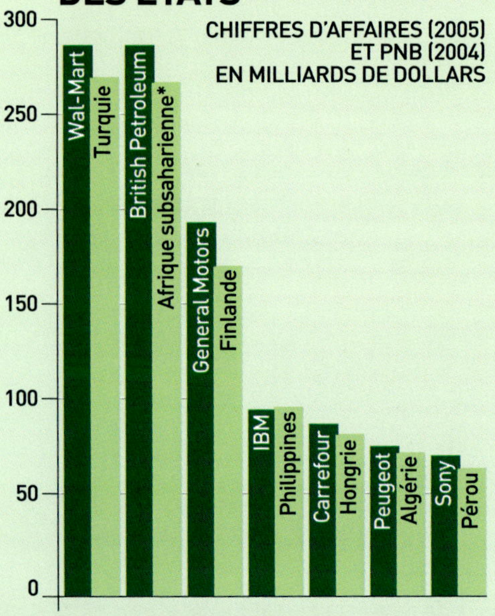

*sans l'Afrique du Sud.
Sources : « Standard & Poor's Compustat » dans *BusinessWeek*, décembre 2005 ; Banque mondiale, 2005.

Les délocalisations menacent-elles nos emplois ?

Entre fermetures d'usines et plans sociaux, les délocalisations creuseraient notre tombe. Pourtant, elles ont concerné moins de 5 % des emplois industriels européens, pendant que se créaient 36 millions d'emplois dans des secteurs stratégiques où prime l'innovation : automobiles, cartes à puce, médicaments... Les Investissements directs à l'étranger (IDE) auraient même, tout compte fait, un effet positif sur le progrès économique et social du pays qui délocalise. Le pouvoir d'achat des ménages augmente en effet puisque le prix des biens de consommation baisse. De plus, les facteurs de production sont réaffectés à la création de biens et services à plus grande valeur ajoutée, dans les secteurs de pointe. Enfin, les investissements productifs dans les pays en développement se traduiraient pour eux par des perspectives de croissance, et donc par des marchés à venir pour les pays les plus avancés. Le monde se diviserait ainsi entre pays producteurs de marchandises de haute technologie et pays en développement proposant des biens de consommation courante.

En 2002, en Inde, les marques Coca-Cola et Pepsi ont fait scandale en peignant leurs logos sur les rochers d'une zone protégée de l'Himalaya.

Le patriotisme économique a-t-il un sens ?

Au premier semestre 2006, un bras de fer mémorable a opposé le numéro un européen de la sidérurgie, le « français » Arcelor, au numéro un mondial, l'« indien » Mittal Steel. Ce dernier est sorti vainqueur de l'offensive fin juillet, ce qui a déclenché des cris d'orfraie dans le monde politique et financier parisien. Pourtant, le premier n'est pas plus français que le second n'est indien : Arcelor est européen, tandis que Mittal est installé en Grande-Bretagne. Ainsi, la victoire de Mittal est d'abord la victoire d'une Europe sidérurgique au sens large, qui renforce sa prééminence mondiale, même si les capitaux ne sont pas strictement européens. D'ailleurs, le temps des grosses sociétés attachées à un seul pays est révolu. Et si l'on veut conserver les emplois dans un pays donné, il faut alors accepter que les capitaux proviennent de sources diverses, établies à l'étranger.

FOCUS

L'OMC, CHEF D'ORCHESTRE DE LA MONDIALISATION ?

Née en 1995, l'Organisation mondiale du commerce (OMC) regroupait 150 pays fin 2006 (contre 192 pour les Nations unies). L'OMC a pour mission de promouvoir une économie mondialisée en libéralisant les échanges des biens et services. Baisse des tarifs douaniers, désignation des secteurs ouverts à la concurrence internationale : elle encadre les négociations sur ces thèmes, arbitre les conflits commerciaux grâce à son bras judiciaire, l'Organe de règlement des différends (ORD). Depuis 2001, un nouveau cycle de négociations entre les pays membres, dit « Programme de Doha pour le développement », vise notamment à organiser un commerce agricole mondial prenant mieux en compte les pays pauvres. Les négociations sont difficiles, faute d'accord de la part des pays industrialisés sur la baisse des droits de douane à l'importation de produits agricoles et sur la réduction des subventions qu'ils versent à leurs agriculteurs. Mais les pays émergents, dont le Brésil, l'Inde, la Chine ou encore l'Afrique du Sud, demandent la reprise des négociations générales. Ces pays craignent que, en l'absence d'un accord global, les pays en voie de développement ne pèsent pas assez lourd pour négocier, au cas par cas, avec les pays riches.

Commerce mondial : le faux a la cote !

Jouets frauduleux, médicaments pirates... La contrefaçon, dopée par la croissance des échanges mondiaux, touche désormais tous les secteurs. Nous sommes loin du cliché de la... « Ralex » achetée à la sauvette.

Acheter un faux est-il un délit ?

« Si vous êtes pris la main dans un faux sac, vous risquez de vrais ennuis. » Affiché dans tous les aéroports, cet avertissement de la douane française s'adresse de façon claire au touriste qui s'est offert un faux Lacoste en Tunisie. En théorie, l'acheteur risque un emprisonnement de trois ans mais, en pratique, il bénéficiera d'une transaction douanière... Le durcissement de la loi s'applique avant tout aux réseaux mafieux, qui se livrent à un trafic à grande échelle et dont l'activité s'est accrue : depuis 2004, ils sont passibles de cinq ans d'emprisonnement et de 500 000 euros d'amende au pénal.

Dior, Chanel, Vuitton : comment combattent-ils la contrefaçon ?

Cibles privilégiées des faussaires, les grandes marques dépensent des sommes colossales pour se protéger des contrefaçons qui affectent leur image. Avec 47 % du marché mondial des produits de luxe, la France est en première ligne : Louis Vuitton ou Hermès, par exemple, dépensent près de 2 % de leur chiffre d'affaires annuel dans cette lutte contre les faux. La plupart des marques de luxe sont aussi membres d'organismes combattant la contrefaçon, tels que le Comité national anti-contrefaçon (Cnac), créé en 1995 à l'initiative du ministère de l'Industrie, notamment pour optimiser les actions de répression et sensibiliser les acheteurs comme les industriels. Les autres pays de l'Union européenne disposent de groupements similaires, tel le groupe anti-contrefaçon (Anti-Counterfeiting Group – ACG) au Royaume-Uni. Chargée de la surveillance des frontières, la douane joue un rôle central dans cette lutte. En France, elle mène des opérations de contrôle sur le territoire national, faisant appel si besoin aux autorités des pays producteurs ou à Interpol.

Quand et où y a-t-il contrefaçon ?

La contrefaçon vise à créer la confusion avec un modèle original, copié de façon plus ou moins réussie ou reproduit frauduleusement en tout ou en partie. Si les consommateurs sont parfois des victimes de bonne foi, ce sont souvent des victimes consentantes qui s'offrent ainsi à bas prix une fausse marque de renom ! Jusqu'à la fin des années 1980, la contrefaçon affectait avant tout l'industrie du luxe alors qu'aujourd'hui tous les produits de consommation courante sont touchés, en particulier les produits audiovisuels (notamment via le téléchargement illégal), les articles de prêt-à-porter et les jouets. La production de contrefaçons s'est aussi mondialisée : la Chine, Hongkong, la Corée restent les premiers fournisseurs, mais de nouveaux faussaires montent en puissance – le Brésil, la Russie, l'Inde, l'Europe orientale, la Turquie... et les États-Unis !

RÉPARTITION EN NOMBRE D'ARTICLES SAISIS PAR TYPE D'OBJET

Source : Commission européenne, 2004.

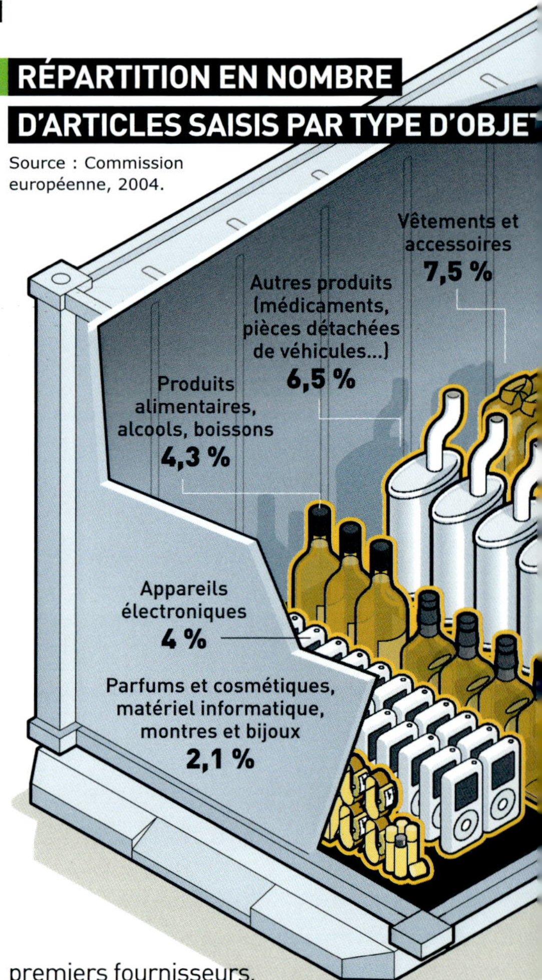

Quelles sont les retombées de ce commerce illégal ?

Contrefaçon et commerce mondial sont, pour ainsi dire, nés ensemble... Des amphores gallo-romaines portant des inscriptions imitant celles des vins de Campanie et datant de plus de huit mille ans ont été découvertes ! En chiffre d'affaires, la part des produits de contrefaçon atteindrait aujourd'hui de 5 à 10 % du commerce

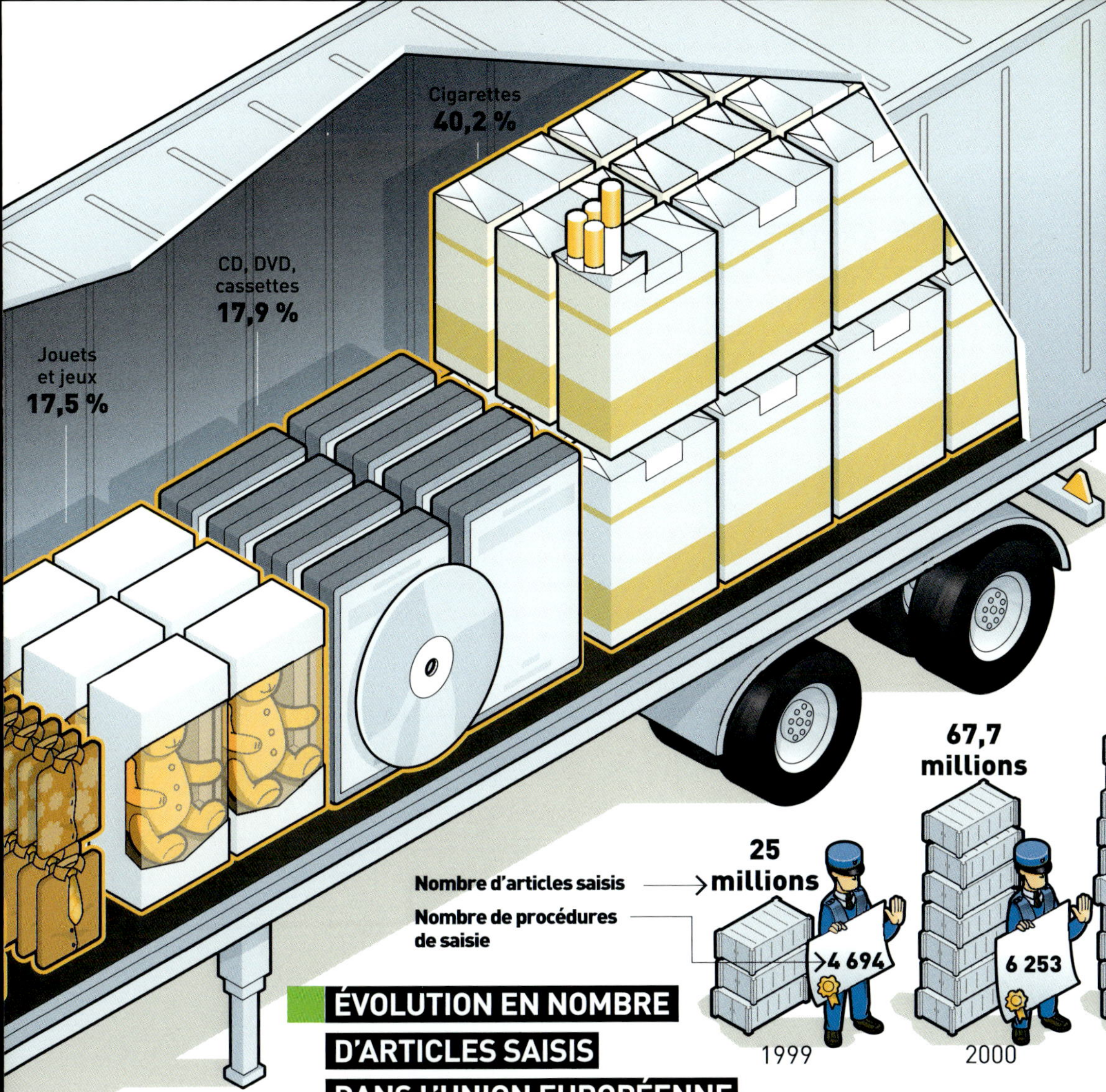

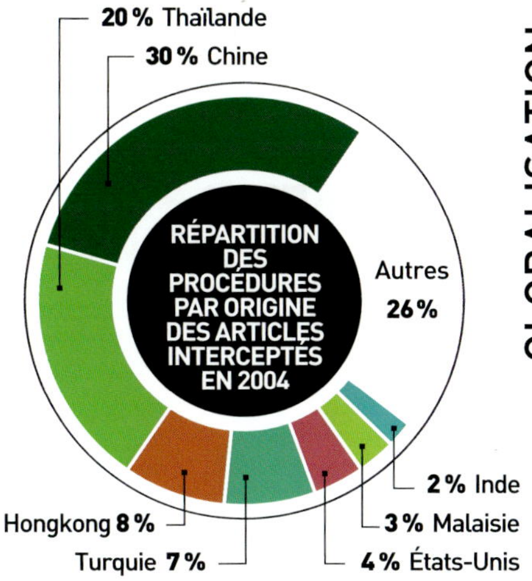

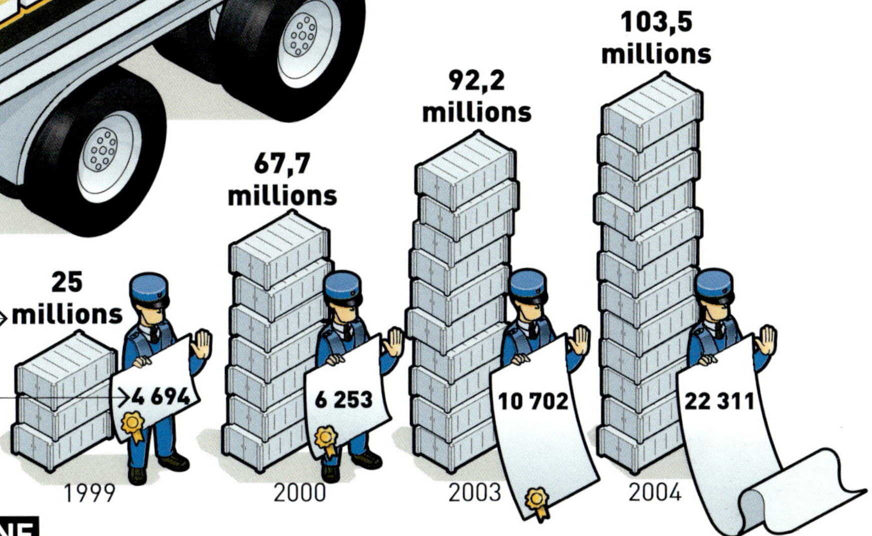

ÉVOLUTION EN NOMBRE D'ARTICLES SAISIS DANS L'UNION EUROPÉENNE

Source : Commission européenne, 2004.

mondial, générant un manque à gagner estimé à plus de 200 milliards d'euros par an, la perte annuelle de 100 000 emplois dans l'Union européenne (dont 30 000 en France) et, dans certains cas, le recours au travail des enfants. Plus grave encore, la multiplication de produits de grande consommation frauduleux comme des jouets ou des pièces d'automobile expose les consommateurs à de grands dangers en raison du non-respect des certifications de sécurité les plus élémentaires. En 2004, une conductrice espagnole a ainsi été décapitée par un faux capot Renault qui ne répondait pas aux normes de sécurité… À noter enfin, l'implication fréquente de groupes terroristes dans le trafic de produits de contrefaçon.

C'EST VRAI ?

FAUSSES PILULES, VRAI POISON ?

Pour contourner les lois des pays développés, Internet est idéal pour les contrefacteurs, qui écoulent du pseudo-Viagra et autres fausses pilules, exposant ainsi les consommateurs aux dangers de médicaments falsifiés. Mais c'est dans les pays émergents que reste vendue une grande partie des médicaments pirates : la demande y est forte, les circuits de contrôle et de distribution sont sous-développés. Estimée à près de 6 % du chiffre d'affaires de l'industrie pharmaceutique mondiale par l'OMS (10 % par certains), cette contrefaçon est dans la ligne de mire de l'organisation mondiale qui pointe les dangers de ces médicaments sous-dosés ou fabriqués sans contrôle de qualité. Dans le meilleur des cas, le médicament est inefficace, mais il peut aussi favoriser une résistance de la maladie, voire provoquer la mort s'il contient une substance toxique ou s'il ne soigne pas un patient atteint d'une maladie grave. Ce qui ne laisse pas d'inquiéter les responsables de l'OMS et les autorités médicales du monde entier. « Toutefois, estime Jacques Pinel, permanent de Médecins sans frontières (MSF), je ne pense pas que de puissantes organisations mafieuses se livrent à ce genre de pratiques criminelles. Il s'agit plutôt de petites bandes locales qui remplissent les flacons ou les capsules avec ce qui leur tombe sous la main. »

Les paradis fiscaux, oasis de la mondialisation ?

On les trouve aux Caraïbes, mais aussi en Europe et aux États-Unis. Ils abritent mafieux et terroristes, et aussi les délinquants en « col blanc ». À croire que les paradis fiscaux sont un rouage essentiel du capitalisme moderne.

Quels sont les ressorts des paradis fiscaux ?

États à part entière ou dépendances d'autres pays, les paradis fiscaux sont des territoires alliant secret bancaire strict et faible taxation des avoirs, qu'il s'agisse des revenus de particuliers, des bénéfices des entreprises ou des investissements immobiliers. Ce qui n'a rien d'illégal en soi. Le secret bancaire est une obligation établie par la loi et les politiques fiscales relèvent de la souveraineté nationale. En revanche, la facilité d'installation de sociétés et la densité du secteur financier concourent, avec des législations peu regardantes, à ce que fonds propres et argent sale se côtoient dans la plus grande opacité. C'est avec le développement du commerce mondial et les événements troubles de l'histoire contemporaine que sont apparus les premiers paradis fiscaux. L'effort de guerre pendant 1914-1918, la crise économique de 1929 et la montée du communisme ont poussé les détenteurs de capitaux à soustraire leur argent aux taxes, dévaluations et réquisitions. Au point qu'Hitler cherchera une parade, rendant la détention par des Allemands de capitaux à l'étranger passible de la peine de mort. Enfin, la décolonisation des années 1960 a engendré une myriade de petits États, qui choisissent de couver des capitaux étrangers à défaut de disposer de ressources naturelles ou productives.

COMMENT FONCTIONNE LE BLANCHIMENT D'ARGENT ?

1 PHASE DE PLACEMENT

Le blanchisseur introduit ses bénéfices illégaux dans le système financier.
COMMENT ? L'une des procédures les plus courantes consiste à fractionner de fortes quantités d'espèces en petites sommes, moins suspectes et qui ne sont pas soumises à déclaration. Ces sommes sont déposées sur un compte bancaire.
OÙ ? Zone proche du délit.

2 PHASE D'EMPILEMENT

Les fonds sont dispersés grâce à des conversions ou à des déplacements en série.
COMMENT ? Les fonds sont virés sur des comptes à travers le monde, pour brouiller leur origine. Ils peuvent également faire l'objet de placements financiers ou servir à l'achat de biens et de services.
OÙ ? À ce stade, ce sont les paradis fiscaux qui peuvent accueillir les fonds.

3 PHASE D'INTÉGRATION

Les fonds sont réintroduits dans des activités économiques légitimes.
COMMENT ? L'immobilier, les produits de luxe, la création d'entreprises...
OÙ ? Une fois blanchis, les fonds reviennent vers des États dont les systèmes financiers sont stables. Le criminel peut alors en tirer profit.

Sources : Gafi, FMI.

Danseuse de carnaval portant un costume en billets de banque à Trinité-et-Tobago, l'un des paradis ficaux américains.

Qui sont les blanchisseurs d'argent ?

Le blanchiment permet au criminel d'utiliser au grand jour de l'argent « sale » du fait de son origine illicite, par la réinjection dans les circuits financiers légaux. Les ventes illégales d'armes, la contrebande, les activités de la criminalité organisée (trafic de drogue, réseaux de prostitution...), mais aussi l'escroquerie, les délits d'initié, la corruption ou encore la fraude informatique produisent autant de gains mal acquis à légitimer, que le Fonds monétaire international (FMI) chiffre entre 600 et 1 500 milliards de dollars par an ! Mondialisée, cette économie frauduleuse fonctionne comme la mondialisation elle-même : les activités sont délocalisées à différents stades pour être optimisées, leurs maîtres d'œuvre sont copieusement rémunérés et les sommes dégagées, à l'instar des flux licites, sont « recyclées » dans de grandes institutions financières ou des paradis fiscaux. Conséquence : traquer un blanchisseur revient à chercher une aiguille dans une botte de foin ! Le blanchiment peut avoir de graves coûts sociaux et politiques, notamment dans les pays en développement, à la fois demandeurs d'investissements et inexpérimentés dans l'identification de l'origine des fonds. L'économie comme les dirigeants politiques peuvent ainsi être corrompus par les fonds illégaux.

Le secret bancaire protège-t-il le blanchiment ?

Ne pas livrer des informations à des tiers, tel est le secret professionnel qui lie les banques à leurs clients. Les altermondialistes y voient surtout un ferment au blanchiment d'argent mafieux, aux fraudes fiscales et au financement du terrorisme. « Respect de la propriété et de la vie privée ! » rétorquent les libéraux. À défaut d'une levée intégrale, certaines législations nationales ont aménagé cette obligation légale. En France, impôts, douanes, Banque de France..., accèdent automatiquement aux informations qu'ils demandent ; depuis 1990, les établissements bancaires doivent par ailleurs signaler toute transaction suspecte. En Suisse, seule la justice peut obtenir la levée du secret professionnel dans le cadre d'une procédure pénale. Secret bancaire ou non, la lutte contre le blanchiment d'argent implique surtout une coopération juridique internationale. Ainsi, depuis la fin des années 1980, les Nations unies et l'Union européenne se sont attaquées au problème. En 1989, lors du sommet du G7 à Paris, le Groupe d'action financière sur le blanchiment de capitaux (Gafi) a été créé pour lutter « contre l'utilisation criminelle du système financier ». Plus modestement, le Fonds monétaire international et la Banque mondiale apportent une assistance technique (formation, information) aux États.

Énergies : vers un troisième choc pétrolier ?

Attisé par la demande internationale, le marché du pétrole s'enflamme : les plus pessimistes craignent que le baril d'or noir atteigne un jour 100 dollars. Si cette remontée des coûts, sans plafond annoncé, n'a pas déstabilisé nos économies comme les crises précédentes, elle inaugure une ère inédite d'un pétrole cher, car rare...

Pourquoi une flambée des prix ?

Le cours du pétrole, par ailleurs soumis à la spéculation sur le dollar, n'échappe pas aux lois du marché. Or la demande s'accélère depuis 2003, avec l'augmentation de la consommation chinoise, sans que l'offre suive. Dans le même temps, divers facteurs ont entravé la production de certains pays : la guerre en Irak, une grève en 2003 au Venezuela, le passage de l'ouragan Katrina aux États-Unis qui a paralysé les plates-formes du golfe du Mexique, une rébellion au Nigeria ou encore des batailles politico-économiques en Russie. Les incertitudes géopolitiques ajoutent à cette tension du marché. « Même la situation de petits acteurs comme le Tchad, la Bolivie ou le Pérou nourrit une crainte de pénurie du pétrole, qui concourt de 35 à 40 % à la hausse », estimait en 2006 Moncef Kaâbi, spécialiste des matières premières chez Natixis. Ce spectre du manque est-il fondé ? Pour les prochaines années, tous les observateurs s'accordent sur une hausse continue de la demande, et donc du prix du pétrole. La seule question est : jusqu'où ?

À qui profitent les pétrodollars ?

En premier lieu, aux pays producteurs. Au total, la manne de leurs exportations a dépassé 350 milliards de dollars en 2005. Mais ces profits ne sont pas toujours partagés : les populations des pays de l'Organisation des pays exportateurs de pétrole (Opep), premiers producteurs de pétrole, y ont-elles réellement et équitablement accès ? Le Nigeria, qui a engrangé plus de 300 milliards de dollars de recettes pétrolières depuis son indépendance en 1960, occupe le 158e rang mondial (sur 177) en matière de développement humain, la corruption et les conflits locaux privant la population des revenus du pétrole. L'envolée des prix du brut entraîne, bien sûr, la fortune des compagnies pétrolières, elles-mêmes exploitantes de gisements, qui engrangent des profits exceptionnels grâce à leur maîtrise des techniques d'exploration, de transport, de raffinage et de distribution : en 2006, Exxon Mobil a affiché un résultat net de 39 milliards de dollars, Total, plus de 12 milliards d'euros... Les partenaires commerciaux des pays producteurs

ÉVOLUTION DU PRIX DU BARIL DEPUIS 1950 (EN DOLLARS)

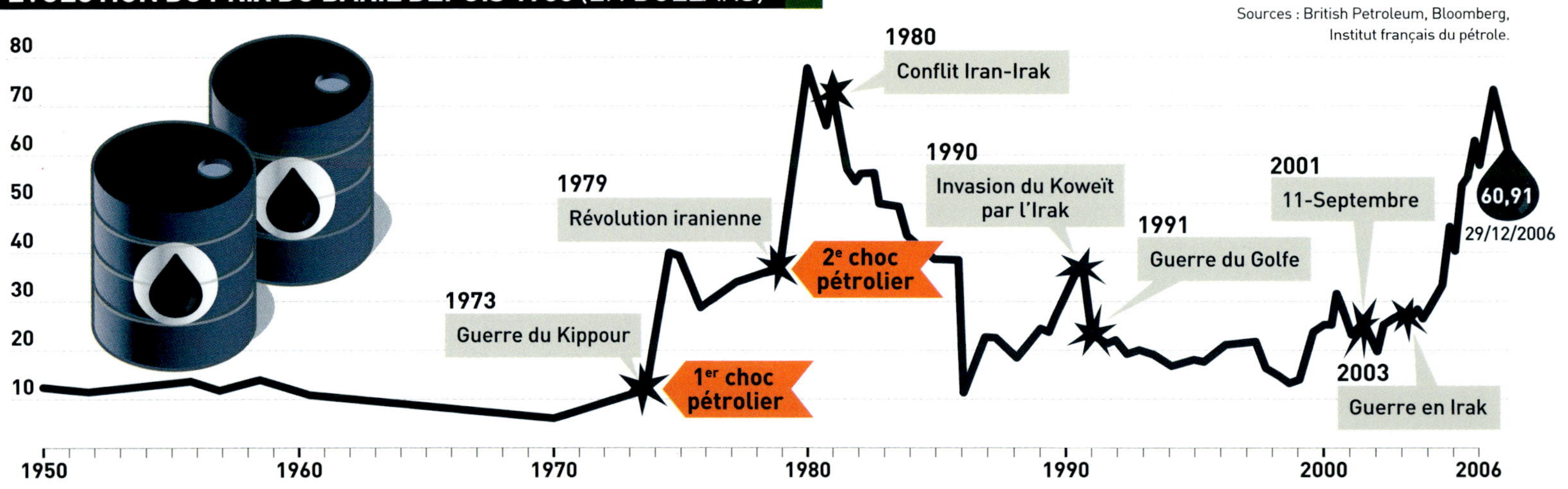

Sources : British Petroleum, Bloomberg, Institut français du pétrole.

Pompier de la société américaine Red Adair, tentant de maîtriser un puits de pétrole endommagé par les soldats irakiens lors de la guerre du Golfe (1990-1991).

FOCUS

DOIT-ON CRAINDRE DAVANTAGE DE GUERRES DU GOLFE ?

Depuis le forage du premier puits en 1859, les hommes se battent pour l'or noir et ses fabuleux revenus. Emblématiques, les deux guerres du Golfe (1990-1991 et depuis 2003) ont confirmé que l'énergie était le carburant de rivalités géopolitiques et économiques. Les pays occidentaux ont beau essayer de diversifier leur production, leur dépendance vis-à-vis d'un Moyen-Orient qui concentre plus de la moitié des réserves mondiales de pétrole n'est pas près de s'arrêter. Notamment les États-Unis, qui importent plus de la moitié du pétrole qu'ils consomment. « Le mode de vie des Américains n'est pas négociable », avait asséné Bush père ; Bush junior l'a pris au mot.

profitent aussi des retombées financières. Les membres de l'Opep, en augmentant leurs importations de biens et services, font, entre autres, le bonheur de l'Union européenne, premier exportateur mondial. Enfin, les États consommateurs voient leurs recettes fiscales augmenter. En France, la Taxe intérieure sur les produits pétroliers (Tipp) représente la quatrième recette fiscale du budget de l'État, derrière la TVA, l'impôt sur le revenu et l'impôt sur les sociétés.

Comment vivre sans pétrole ?

Issu de la décomposition de substances végétales, le pétrole est vieux comme le monde : les peuples de Mésopotamie l'utilisaient déjà comme mortier ! Des caméras à l'asphalte de nos routes, du chauffage au transport en passant par la fabrication de tous les plastiques, le pétrole est omniprésent dans notre vie quotidienne. En principe, les réserves actuelles devraient permettre de tenir jusqu'en 2040. Mais il est déjà plus qu'urgent de réfléchir aux scénarios d'un « après-pétrole » respectant un développement durable. Réunie en janvier 2007 à Paris, la communauté scientifique internationale a appelé les dirigeants politiques à un effort sans précédent pour développer les énergies et matières renouvelables. Énergies éolienne, solaire, géothermique, hydroélectrique, utilisées seules ou combinées, permettent de créer chaleur et électricité. Ainsi, en Allemagne, Fribourg, l'une des écovilles les plus en pointe au monde, tire plus de 5 % de son électricité des énergies renouvelables et vise les 10 % pour 2010. Par ailleurs, l'industrie permet également de substituer des matières premières végétales au pétrole dans la chimie, les matériaux (emballages, isolation) et l'énergie (biocarburants). Enfin, au niveau individuel, consommer différemment en mangeant des produits de saison, cultivés localement et en plein air, vendus sans suremballage, est aussi un moyen d'alléger considérablement la facture pétrolière.

Le commerce équitable peut-il

« Attention, le café que vous buvez est capable de réveiller tout un village. » En 2000, cette publicité à l'arôme citoyen aurait sans doute laissé les consommateurs sur leur soif ; mais aujourd'hui, une personne sur deux a entendu parler de l'achat équitable et responsable !

Acheter équitable ruine-t-il le porte-monnaie ?

« Du commerce, pas de l'aide. » Pour aider les producteurs des pays en voie de développement à améliorer leurs conditions de vie, le commerce équitable optimise leur rémunération en éliminant les intermédiaires, notamment les grossistes. Néanmoins, un surcoût s'affiche à la caisse. Il faut compter de 2,30 à 3,35 euros pour un café Max Havelaar, contre environ 1,80 à 3 euros pour un café classique. Ce sont les pays à fort pouvoir d'achat qui adhèrent le plus.
Si, en 2005, les Français consacraient en moyenne 2 euros aux produits labellisés Max Havelaar, ils étaient devancés par les Suisses (19,21 euros) et les Britanniques (4,69 euros), mais se plaçaient devant les Allemands (0,86 euro). Entre 2001 et 2005, la consommation des produits équitables labellisés en France a été multipliée par 10 et représente aujourd'hui 10 % de la consommation internationale.

DÉCOMPOSITION DU PRIX D'UN PAQUET DE CAFÉ

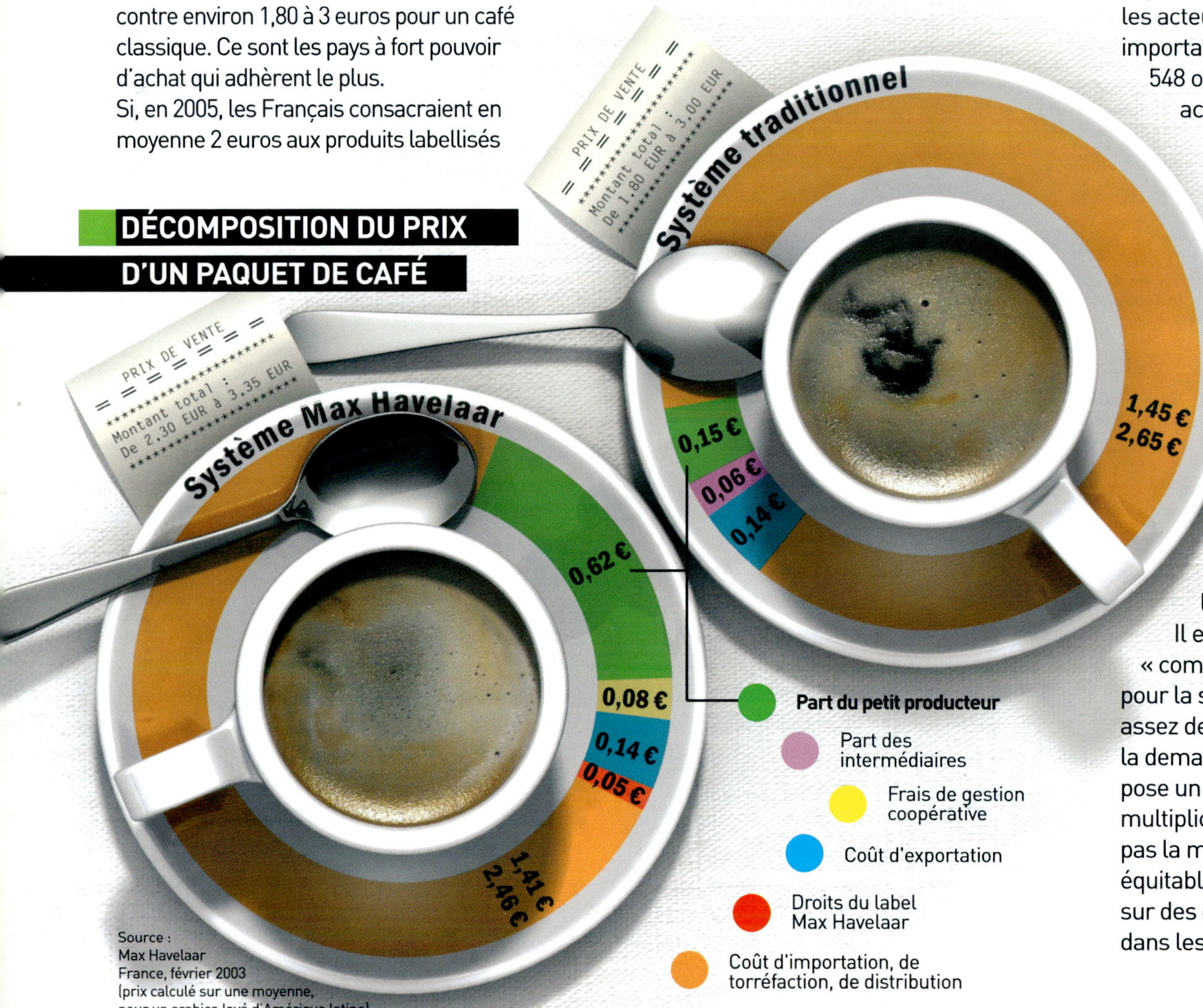

Source : Max Havelaar France, février 2003 (prix calculé sur une moyenne, pour un arabica lavé d'Amérique latine).

Vous avez dit équitable... Peut-on acheter équitable les yeux fermés ?

À l'échelle mondiale, la Fairtrade Labelling Organizations (FLO) est le seul organisme habilité à certifier les organisations de producteurs et à agréer les acteurs économiques (exportateurs, importateurs, fabricants...). Les 548 organisations de producteurs actuellement labellisées dans le monde sont visitées une fois par an par un inspecteur qui vérifie une liste de 250 points de contrôle. Les acteurs économiques sont également contrôlés sur 70 points. Depuis 2003, 38 certificats ont été retirés, souvent en raison d'un manque de transparence dans l'utilisation des profits. En effet, il existe un grand flou entourant les entrepôts et les personnes qui réalisent l'ensachage et la livraison du café. Il est arrivé que du café estampillé « commerce équitable » ne le soit pas, pour la simple raison qu'il n'y avait plus assez de café équitable pour répondre à la demande. Ce contrôle autoadministré pose un problème de principe, ainsi que la multiplication de labels qui ne pratiquent pas la même éthique. Faut-il un label équitable garanti par les pouvoirs publics, sur des critères objectifs ? Le projet est dans les cartons de l'Union européenne...

changer le monde ?

Pesée des feuilles de thé au retour de la cueillette. À la limite entre les États du Kerala et du Tamil Nadu en Inde, ces jardins des monts d'Annamalai produisent un thé issu du commerce équitable, estampillé du label Max Havelaar.

Ce type de commerce est-il vraiment plus juste ?

Allons voir au Mexique, chez les caféiculteurs de Tehuantepec, dans l'État d'Oaxaca. Là-bas, sur le prix d'un sac de café de 100 livres garanti par la FLO à 126 dollars, 15 dollars sont reversés pour l'action sociale. Regroupés en association, les caféiculteurs ont pu acheter un autobus, faire construire un hôpital et des routes. Pour les communautés indigènes, cette possibilité d'écouler leur production au prix fort est une aubaine, surtout lorsque les cours sont bas, comme cela a été le cas entre 2001 et 2004. Mais c'est aussi une contrainte lorsque le cours du café remonte car il y a alors un manque à gagner. Pour arrondir les fins de mois, certains tentent leur chance à la ville, dans les chantiers de construction par exemple. Entre 2004 et 2005, le volume du commerce équitable a augmenté de 37 %. Mais les pays du Sud ne sont pas devenus plus riches pour autant. Certes, le commerce équitable est sorti d'un cercle confidentiel pour toucher les consommateurs sur la vente de quelques produits-phares : café, chocolat, bananes, jus d'orange, riz. Mais il ne remet pas en cause l'influence des multinationales sur les échanges commerciaux, notamment dans l'agroalimentaire. Nestlé ou Carrefour peuvent ainsi s'acheter une vertu en écoulant quelques tonnes de produits Max Havelaar, sans pour autant afficher une transparence sur la structure des prix vis-à-vis des consommateurs (notamment des marges) et sans réellement partager avec eux le surcoût sur le prix d'achat !

Est-ce qu'il s'applique aussi à nos agriculteurs ?

Zoom sur un appartement parisien, où des personnes d'horizons divers et de tous âges se répartissent des arrivages de légumes et d'œufs. Bien que l'affaire ait l'air d'un marché noir, c'est pourtant bel et bien du commerce équitable ! Des consommateurs s'accordent avec un agriculteur sur les légumes à cultiver et sur le prix d'une souscription. En saison, ils ont donc acheté à l'avance leur part de la récolte. Apparues dans les années 1970 au Japon, les Associations pour le maintien d'une agriculture paysanne (Amap) font évoluer la vie en milieu urbain. Cet « abonnement légumes » garantit un revenu à l'agriculteur ; les produits sont frais et bio ; la proximité de la ferme réduit les coûts (intermédiaires, transport, emballage). Finis les tomates insipides et les choux hors de prix : pas étonnant que ces coopératives fassent des émules !

QUI EST-CE ?

MULTATULI

C'est sous le pseudonyme de Multatuli qu'Edouard Douwes Dekker, écrivain néerlandais, a créé le héros Max Havelaar en 1860. Son roman, *Max Havelaar ou les Ventes de café de la compagnie commerciale des Pays-Bas*, met en scène un négociant de café défendant les droits des agriculteurs de l'île de Java. Dekker est alors le premier à dénoncer un système commercial injuste qui, déjà, sous-rémunérait des millions de Javanais. Bien plus tard, un prêtre ouvrier, Frans Van der Hoff, et un humanitaire, Nico Roozen, s'inspireront de ce combat pour créer l'association du même nom, en 1988.

Comment

Pauvreté chronique, pandémies, mortalité infantile, dette extérieure écrasante... Les pays pauvres font figure d'oubliés de la croissance mondiale. Comment les aider à sortir la tête de l'eau ?

Pourquoi certains pays sont-ils si pauvres ?

Après plus de quarante ans d'aide au développement, la situation ne semble pas s'être améliorée dans les pays pauvres. Malgré la croissance de la richesse mondiale, l'écart avec les pays riches continue de se creuser et, aujourd'hui, 2,8 milliards d'êtres humains vivent avec moins de 2 dollars par jour. Les causes de la pauvreté sont aussi complexes que multiples : au sein des États, des conflits armés hérités des découpages coloniaux, des conditions géoclimatiques difficiles (désertification, inondations...), la mauvaise gouvernance, la corruption ou encore l'absence de moyens du système scolaire empêchent un développement stable et continu. Parallèlement, la compétition économique mondiale accrue par la mondialisation ainsi qu'un endettement extérieur excessif maintiennent les pays pauvres en position de faiblesse dans leurs échanges économiques. Autant de facteurs qui, en se conjuguant, s'aggravent les uns les autres et contribuent à la pauvreté, malgré l'action – plus ou moins efficace et adaptée – de la communauté internationale.

Femme du Tchad portant des conserves d'huile fournies par le gouvernement américain par le biais du Programme alimentaire mondial des Nations unies.

sauver **les pays pauvres ?**

Pourquoi et comment les aider ?

Les raisons qui sous-tendent l'aide au tiers-monde sont multiples. Humanistes : est-il acceptable que 800 millions de personnes ne mangent pas à leur faim ? Historiques : l'aide au développement serait une réparation des États développés vis-à-vis de leurs anciennes colonies ; ainsi, la France aide-t-elle en priorité l'Afrique francophone. Ou peut-être tout simplement économiques : la croissance mondiale a toujours besoin de nouveaux débouchés, donc de nouveaux consommateurs... Quelles que soient les raisons, c'est surtout la manière de venir en aide aux pays pauvres qui importe. Les organisations internationales comme l'ONU ou la Banque mondiale attribuent des fonds et mettent en place des services spécialisés pour aider les pays à développer certains secteurs (santé, éducation, infrastructures...). Les États financent directement ou indirectement des prêts et des programmes. Les Organisations non gouvernementales (ONG) s'engagent dans des actions clairement définies (Action contre la faim, par exemple), et peuvent coopérer avec les institutions internationales. Sur le plan individuel, les citoyens peuvent agir en donnant du temps ou de l'argent pour soutenir les causes qui les touchent le plus : accès à l'eau potable, aide à l'éducation, aide médicale... En tant que consommateurs, ils peuvent aussi acheter équitable.

Effacer la dette : la solution miracle ?

Effacer les 2 600 milliards de dollars de dette du tiers-monde, voilà ce que préconisent des mouvements altermondialistes, comme l'Association pour la taxation des transactions financières pour l'aide aux citoyennes et citoyens (Attac), qui estiment que les pays pauvres, pris dans la spirale des taux d'intérêt, ont déjà remboursé entre 5 et 7 fois le montant initial de leur emprunt... et que ce remboursement les prive des fonds nécessaires à leur développement intérieur. En 2005, les membres du G8 ont annulé la dette due par 19 pays parmi les plus endettés au FMI, à la Banque mondiale et à la Banque africaine de développement. Mais cette annulation suffira-t-elle ? Pour en bénéficier, les États ont dû mener pendant six ans des réformes libérales drastiques obligeant à maintenir les populations dans la misère. Selon les altermondialistes, la seule annulation de la dette ne suffit pas ; elle ne doit être que le prélude à une profonde réforme permettant aux pays du Sud de retrouver une réelle souveraineté économique et de ne plus vivre sous la tutelle des institutions internationales.

La taxe de solidarité sur les billets d'avion, une goutte d'eau dans l'aide aux pays du Sud ?

La taxe de solidarité sur les billets d'avion a été adoptée en juillet 2006 par une quinzaine de pays parmi lesquels la France, le Brésil, la Jordanie et la Corée du Sud. Cette taxe variera entre 1 et 40 euros. Elle a pour but de financer la lutte contre le sida, le paludisme et la tuberculose, dont meurent 6 millions de personnes par an. À l'échelon mondial, cette taxe rapporterait entre 2,7 et 10 milliards de dollars par an. Bien loin des 18 milliards de dollars nécessaires pour la seule lutte contre le sida en 2007 !

et demain?

POUR UN MONDE MEILLEUR

À l'orée du XXIe siècle, l'ONU a fixé HUIT OBJECTIFS FONDAMENTAUX du Millénaire pour le développement (OMD) à atteindre d'ici à 2015.

1 Réduire de moitié la proportion de la population dont le revenu est inférieur à 1 dollar par jour et de celle souffrant de la faim.

2 Assurer l'éducation primaire pour tous.

3 Promouvoir l'égalité des sexes et l'autonomisation des femmes.

4 Réduire de deux tiers le taux de mortalité des enfants de moins de 5 ans.

5 Réduire de trois quarts le taux de mortalité maternelle.

6 Combattre le VIH-sida, le paludisme et d'autres maladies.

7 Assurer un environnement durable en intégrant les principes du développement durable dans les politiques nationales, en réduisant de moitié le pourcentage de la population qui n'a pas accès à l'eau potable et en améliorant la vie d'au moins 100 millions d'habitants de taudis.

8 Mettre en place un partenariat mondial pour le développement.

FOCUS

LE MICROCRÉDIT, PANACÉE POUR UNE CROISSANCE RETROUVÉE ?

Octobre 2006 : le prix Nobel de la paix est remis à la Grameen Bank et à son fondateur, Muhammad Yunus. Prêter de petites sommes à des personnes insolvables pour leur permettre d'entreprendre tout en échappant aux usuriers : le microcrédit est-il l'une des clés du développement ? Actuellement, plus de 3 000 établissements dans le monde pratiquent le microcrédit et comptent plus de 100 millions de clients.

Une mondialisation durable est-elle possible ?

La globalisation entraîne une croissance mondiale durable. Une part grandissante de la population voit son pouvoir d'achat augmenter. Cependant, des inégalités subsistent ; d'autres se creusent. Et la planète est surexploitée. Une autre mondialisation est-elle possible ?

Quelles conditions pour une mondialisation durable ?

Pour que le processus d'intégration de tous les pays dans un marché mondial, un « village global », soit durable, il faudra corriger certaines tendances à l'éclatement, par exemple entre riches et pauvres. De cela, tout le monde est conscient, notamment aux Nations unies. Ainsi, les inégalités se creusent entre les nations et, à l'intérieur de chaque pays, entre riches et pauvres. De plus, la planète est surexploitée : chaque année, nous consommons en ressources naturelles 1,25 planète Terre. Soit un quart en trop ! Si nous poursuivons à ce rythme, le problème revêtira une telle ampleur que l'utopie du « village global » ne se concrétisera jamais. Or la réduction des inégalités et des sources de pollution ne sont que deux des défis majeurs pour réussir la mondialisation. Le respect des cultures, de leur diversité, et la fin des affrontements religieux sont d'autres buts, à la fois politiques et sociaux, que doit se fixer l'humanité pour une cohabitation générale heureuse et durable.

Une impulsion Sud-Sud ?

En mai 2006, la Chine, grand pays agricole et premier producteur dans le secteur de la pêche dans le monde, a conclu un accord avec les Nations unies destiné à fournir, pour une période de six ans, les services d'au moins 3 000 techniciens pour améliorer la productivité des petits exploitants agricoles et pêcheurs de pays en développement. C'est loin d'être une première pour Pékin, qui a commencé à aider les pays du tiers-monde à l'époque maoïste, dans le but politique de rompre son isolement à l'échelle mondiale. Longtemps restée modeste, la coopération Sud-Sud a pris de l'ampleur avec les booms chinois et indien, alors que le commerce entre l'Afrique et les pays émergents d'Asie a augmenté de 50 % entre 1995 et 2001. Selon les Nations unies, cette impulsion pourrait modifier le paysage des relations internationales en renforçant les liens Sud-Sud, aujourd'hui encore quasi anecdotiques sur le plan géopolitique. Cette nouvelle donne concerne en particulier les domaines du commerce, de la finance, de l'aide au développement et de l'intégration régionale.

Attac* milite pour la reconquête par les citoyens du pouvoir accaparé par la sphère financière.

Les altermondialistes, nouveaux acteurs de la mondialisation ?

Démocratie, justice économique, écologie, humanisme : autant de valeurs que partagent les altermondialistes. Selon eux, le néolibéralisme n'est pas la meilleure solution pour réaliser ces vieux rêves de l'humanité. Mieux vaut commencer par changer l'organisation économique et politique de notre monde. Ce qui compte alors est d'étendre l'espace public, ce que l'on appelle la « société civile ». Et développer les compétences de cette société civile, afin de lui permettre d'intervenir à tous les niveaux des prises de décision. Dans les pays du Sud, les altermondialistes s'opposent ainsi au règlement de la dette et au diktat général des institutions internationales

Manifestation d'agriculteurs australiens contre la tenue du meeting du Cairns Group. Ce dernier représente un tiers des exportations agricoles mondiales et se positionne en faveur de la libéralisation des échanges.

financières, autant de décisions prises bien loin des sociétés civiles concernées. Après une mobilisation massive lors du sommet de l'OMC, à Seattle, aux États-Unis, en décembre 1999, le Forum social mondial de Porto Alegre, au Brésil (2001), a donné une dimension internationale aux altermondialistes. Ce laboratoire social est devenu le symbole d'une mondialisation solidaire et durable. « Penser global, agir local ! » est l'un des slogans des altermondialistes et l'axe de leur combat.

glossaire

ATTAC :
Association pour la taxation des transactions financières pour l'aide aux citoyennes et citoyens.

Focus

DES INSTITUTIONS INTERNATIONALES À RÉFORMER ?

Les institutions financières internationales, notamment la Banque mondiale et le Fonds monétaire international (FMI), font face à deux défis majeurs. Le premier n'est pas nouveau puisqu'il s'agit de la dette des pays en voie de développement, dont le montant avoisine désormais 2 600 milliards de dollars. Pour la diminuer, certains chefs de gouvernement approuvent le plan Marshall suggéré par Tony Blair : annuler la dette des pays les plus pauvres, doubler l'aide internationale au développement et supprimer les barrières protectionnistes des pays riches. Le second défi consiste à redonner de la crédibilité aux institutions financières internationales, notamment en revoyant les modes de décision. Actuellement, la règle est « un dollar, une voix » : chaque pays a autant de droits de vote qu'il apporte d'argent. Ce sont donc les pays riches, notamment les États-Unis, qui mènent la danse. Il faudrait trouver un autre mode de décision, plus loyal et démocratique à l'échelle du « village global ». D'autre part, la modernisation de l'ONU s'impose : si le Conseil de sécurité reflète le rapport de force issu de la Seconde Guerre mondiale, il néglige certains pays, aujourd'hui au premier plan. Enfin, l'Organisation mondiale du commerce (OMC) ne devrait pas échapper aux réformes, pour faire une plus large place à la concertation entre nations riches et nations pauvres.

EUROPE

L'UE : crise de la cinquantaine ou second souffle?

Mal remise du rejet du Traité constitutionnel par la France et les Pays-Bas en 2005, l'Union européenne – et ses 27 États – peine à trouver un mode de fonctionnement adapté à sa nouvelle dimension. Alors que l'UE vient de célébrer les 50 ans du traité de Rome, saura-t-elle se renouveler ?

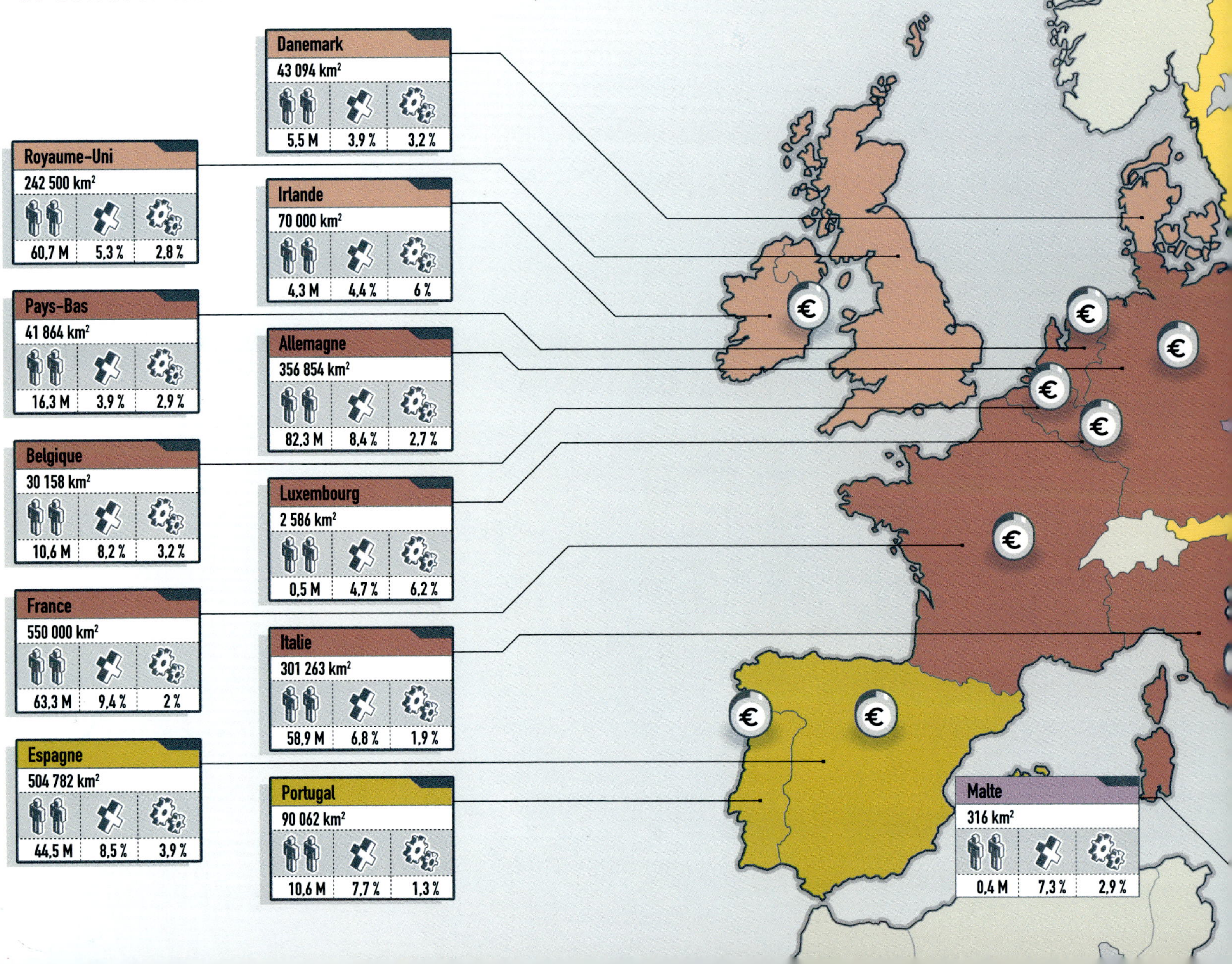

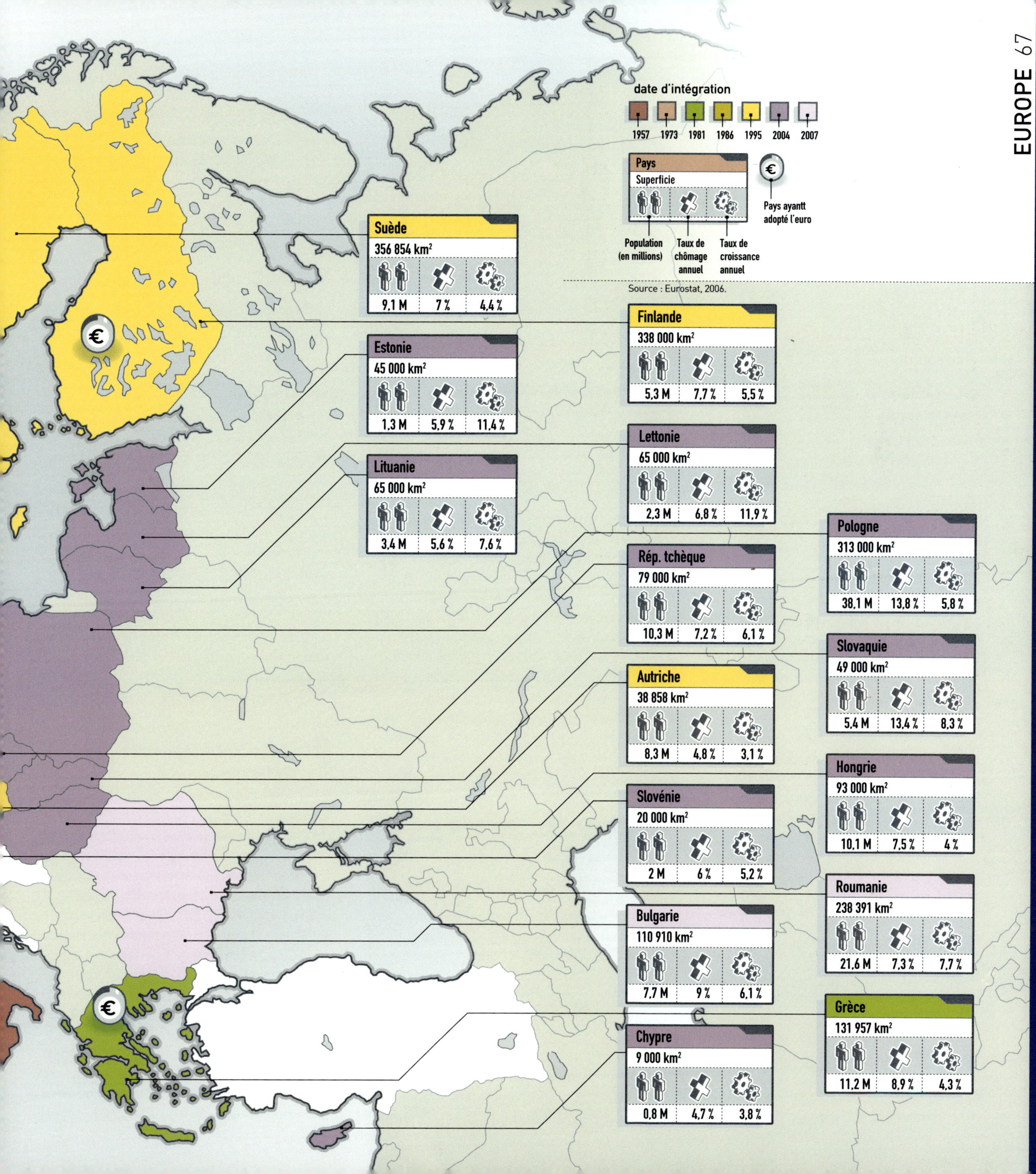
date d'intégration
1957
1973
1981
1986
1995
2004
2007
Pays
Superficie
Population (en millions)
Taux de chômage annuel
Taux de croissance annuel
Pays ayantt adopté l'euro
Source : Eurostat, 2006.
Suède 356 854 km² 9,1 M 7 % 4,4 %
Estonie 45 000 km² 1,3 M 5,9 % 11,4 %
Lituanie 65 000 km² 3,4 M 5,6 % 7,6 %
Finlande 338 000 km² 5,3 M 7,7 % 5,5 %
Lettonie 65 000 km² 2,3 M 6,8 % 11,9 %
Rép. tchèque 79 000 km² 10,3 M 7,2 % 6,1 %
Autriche 38 858 km² 8,3 M 4,8 % 3,1 %
Slovénie 20 000 km² 2 M 6 % 5,2 %
Bulgarie 110 910 km² 7,7 M 9 % 6,1 %
Chypre 9 000 km² 0,8 M 4,7 % 3,8 %
Pologne 313 000 km² 38,1 M 13,8 % 5,8 %
Slovaquie 49 000 km² 5,4 M 13,4 % 8,3 %
Hongrie 93 000 km² 10,1 M 7,5 % 4 %
Roumanie 238 391 km² 21,6 M 7,3 % 7,7 %
Grèce 131 957 km² 11,2 M 8,9 % 4,3 %

L'Union à 27, un mariage passionné ?

Vingt-sept États en 2007, près de 492 millions d'habitants, 4 millions de km^2 de l'Irlande à la Grèce, 23 langues officielles, 300 « minorités » nationales autochtones, une construction qui continue malgré quelques crises... La diversité fait l'Union !

Comment s'est formée l'Europe à 27 ?

En avril 1951, France, République fédérale d'Allemagne, Italie, Belgique, Pays-Bas et Luxembourg, souhaitant établir des « bases communes de développement économique », signent le traité de Paris, qui institue la Communauté européenne du charbon et de l'acier (Ceca).

En mars 1957, les traités de Rome instaurent la Communauté européenne de l'énergie atomique (Euratom) et la Communauté économique européenne (CEE). C'est un modèle politique sans précédent : les États restent indépendants, mais inscrivent leur souveraineté dans un cadre commun.

En février 1992, avec le traité de Maastricht, la CEE devient l'Union européenne (UE), qui compte 27 États membres depuis 2007.

Des conférences intergouvernementales, des traités, une Constitution : pour quoi faire ?

Traité de Paris sur la Ceca en 1951, traités de Rome sur la CEE et l'Euratom en 1957, traité de Maastricht sur l'Union européenne en 1992 : ces quatre textes, auxquels l'ensemble des États membres adhère démocratiquement, définissent les politiques économiques, sociales, environnementales et régionales de l'Union européenne. Ils ont été modifiés par des conférences intergouvernementales (CIG) en 1986 (Acte unique européen), 1997 (traité d'Amsterdam) et 2001 (traité de Nice). Les traités de Rome visaient avant tout à assurer paix et prospérité aux pays meurtris par la Seconde Guerre mondiale. Le traité de Maastricht instaure notamment une coopération entre les États membres dans certains domaines : politique étrangère, sécurité, justice, affaires intérieures. En 2004, les États membres ont décidé de remplacer ces traités par un seul, instituant une Constitution pour l'Europe, dont le but était de clarifier la répartition des compétences entre États membres et Union et d'améliorer le fonctionnement des institutions. Mais ce traité ne peut entrer en vigueur que s'il est ratifié par tous les membres... En 2007, 18 d'entre eux l'ont accepté, la France et les Pays-Bas l'ont refusé et les autres pays doivent encore se prononcer (lire l'article *Après un double « non » à la Constitution, oui à quelle Europe ?*).

Pourquoi rejoindre l'Union ?

L'UE remplit les objectifs des fondateurs : aucun conflit n'a eu lieu entre ses membres depuis soixante ans. C'est une aire démocratique et une zone de libre-échange, favorisant un niveau de vie élevé. L'Espagne, par exemple, connaît aujourd'hui une croissance de 3 %, 930 000 emplois créés en 2005, une société démocratique qui accueille un immigrant de l'UE sur trois et exporte aussi bien la marque de prêt-à-porter Zara que le cinéma d'Almodóvar. Où sont les « envahisseurs », tant redoutés en 1986 ? Si le Portugal n'affiche pas les mêmes succès, il a su profiter de l'UE pour se démocratiser, se moderniser et a donné à la Commission son président actuel, José Manuel Barroso.

Signature du traité de Rome, le 25 mars 1957, entre la France, la Belgique, le Luxembourg, les Pays-Bas, l'Italie et la République fédérale d'Allemagne, établissant la Communauté économique européenne (CEE).

LE TRIANGLE INSTITUTIONNEL DE L'UE

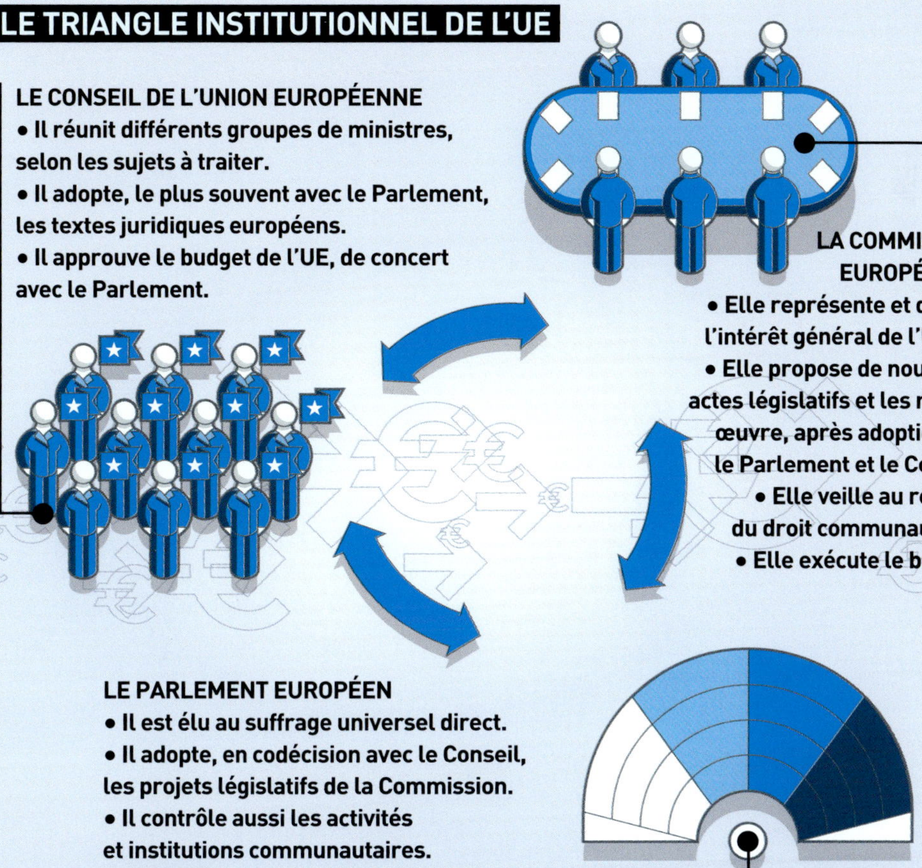

LE CONSEIL DE L'UNION EUROPÉENNE
- Il réunit différents groupes de ministres, selon les sujets à traiter.
- Il adopte, le plus souvent avec le Parlement, les textes juridiques européens.
- Il approuve le budget de l'UE, de concert avec le Parlement.

LA COMMISSION EUROPÉENNE
- Elle représente et défend l'intérêt général de l'Union.
- Elle propose de nouveaux actes législatifs et les met en œuvre, après adoption par le Parlement et le Conseil.
- Elle veille au respect du droit communautaire.
- Elle exécute le budget.

LE PARLEMENT EUROPÉEN
- Il est élu au suffrage universel direct.
- Il adopte, en codécision avec le Conseil, les projets législatifs de la Commission.
- Il contrôle aussi les activités et institutions communautaires.
- Il participe à l'élaboration du budget.

DATES-CLÉS

Dans la famille européenne, je demande :

1951 République fédérale d'Allemagne, France, Italie, Belgique, Pays-Bas, Luxembourg ; **1973** Royaume-Uni, Irlande, Danemark ; **1981** Grèce ; **1986** Espagne, Portugal ; **1990** Allemagne réunifiée (incluant la RDA) ; **1995** Autriche, Finlande, Suède ; **2004** Hongrie, Pologne, République tchèque, Slovaquie, Slovénie, Estonie, Lettonie, Lituanie, Chypre, Malte ; **2007** Bulgarie, Roumanie.

Peut-on vraiment s'entendre à 27 ?

Difficile de gouverner à 27 ! Si de nombreuses décisions se prennent à la majorité qualifiée au Conseil de l'Union européenne (plus la population d'un pays est importante, plus ce pays a de voix), certains sujets (fiscalité, immigration…) exigent l'unanimité. Soit 27 occasions de veto ! Au Parlement, 785 eurodéputés débattent dans les 23 langues de l'Union. Sans compter les craintes vis-à-vis des « autres », malgré la volonté d'élargissement. Avec l'entrée de dix nouveaux pays en 2004, les 15 premiers membres redoutaient l'arrivée massive de travailleurs de l'Est, même si, depuis mai 2006, la plupart d'entre eux donnent accès à leur marché de l'emploi ou ouvrent peu à peu leurs frontières. De plus, si les délocalisations sont pour l'Est un facteur de développement, elles restent perçues comme une menace à l'Ouest. À l'inverse, les pays d'Europe centrale et orientale craignent de ne pas bénéficier d'autant d'aides que les pays de l'Ouest, d'être inondés de produits occidentaux et de voir les prix flamber avec l'euro. Catalyseur de toutes ces interrogations, la ratification de la Constitution européenne est l'occasion d'un vaste débat sur l'avenir de l'Union.

L'Auberge espagnole, de Cédric Klapisch (2002), avec Romain Duris et Audrey Tautou. Ou la mise en pratique de l'Europe à travers la cohabitation de sept étudiants de différents pays.

Je bouge dans l'Union !

En 2006, 2 millions de jeunes ont étudié en Europe dans un autre pays que le leur grâce à des programmes d'échanges tels qu'Erasmus ! Environ 900 000 Français vivent dans un autre État membre de l'UE que le leur. Pourquoi pas moi ? Je pars vivre ou travailler dans le pays de mon choix (en justifiant de ressources ou d'un emploi) ; je voyage avec ma carte d'identité ou mon passeport ; j'achète ce que je veux autant que je veux (les biens circulent librement) ; je règle en euros dans 13 pays de l'Union ; et mon permis de conduire est valable partout. Un pépin ? Je compose le 112. J'accède à des soins (presque) gratuits avec ma carte européenne d'assurance-maladie. Je peux voter aux élections municipales et européennes.

glossaire

BRUXELLES :
Siège du Conseil de l'Union européenne, de la Commission européenne et du Parlement européen pour une part de ses activités. « Bruxelles » désigne couramment les institutions de l'Union.

Élargissement : l'Europe jusqu'où ?

Avec l'adhésion de 12 États depuis mai 2004, l'Union a presque doublé ! Et d'autres frappent à sa porte. Jusqu'où peut aller l'Europe sans que son équilibre soit menacé ? À quel rythme s'élargir pour que chacun y trouve sa place ?

L'Europe, une notion géographique ou culturelle ?

La mer semble clairement dessiner les contours de l'Europe au nord, à l'ouest et au sud. Mais nul ne sait où s'arrête l'Europe sur sa marge orientale. Ainsi, seuls 3 % de la Turquie se situent en Europe, si l'on admet que le Bosphore sépare ce continent de l'Asie. Pourtant, sa candidature a été acceptée. Qu'est-ce qui détermine alors les frontières de l'Europe : la géographie, la politique, l'économie ? Selon le traité de Maastricht, tout candidat doit être « européen et démocratique » ; la Commission européenne valide ces deux conditions. En 1993, les obligations des candidats ont été précisées par les dirigeants européens dans les Critères de Copenhague : avoir des institutions stables garantissant la démocratie, la primauté du droit, le respect des Droits de l'homme et des minorités ; posséder une économie de marché viable et concurrentielle ; mettre en œuvre les règles et politiques communes qui constituent le corps législatif de l'Union européenne (UE). En somme, ce sont les valeurs de citoyenneté européenne qui dessinent les frontières de l'UE !

glossaire

ACQUIS COMMUNAUTAIRE : Ensemble des droits et obligations des pays membres de l'Union, que les candidats doivent transposer dans leur législation nationale.

Intégrer l'Union, un marathon ?

Pour s'assurer qu'un candidat est « compatible » avec l'UE, un processus d'adhésion rigoureux a été mis en place. Sa durée dépend de la situation du pays (institutions, économie, finances...), par rapport aux membres de l'UE. L'intégration n'a lieu que si les États membres la votent à l'unanimité.

LES ÉTAPES D'INTÉGRATION À L'UNION

1 — Dépôt de candidature
La candidature doit être validée par la Commission européenne pour que le pays devienne candidat.

2 — Stratégie de préadhésion
Le candidat se familiarise avec les procédures et les politiques de l'UE. Il peut percevoir des aides financières et participer à des programmes communautaires.

3 — Négociations d'adhésion
Elles ne sont ouvertes que si le critère politique des Critères de Copenhague est rempli. Le candidat élabore une position sur les 31 chapitres de l'acquis communautaire comme base de négociation, qu'il améliore en fonction des conférences bilatérales avec l'UE pendant une phase plus ou moins longue.

4 — Signature du traité d'adhésion
Le résultat des négociations est incorporé dans un traité d'adhésion, soumis au Conseil européen pour approbation et au Parlement européen pour accord.

5 — Adhésion à l'Union européenne
Le traité est transmis aux États membres et au candidat pour ratification par voie parlementaire ou par référendum. Il prend effet à la date d'adhésion arrêtée, et le pays candidat devient alors un État membre de l'UE.

Le 1er janvier 2007, la Bulgarie fêtait à la fois la nouvelle année et son entrée dans l'Union européenne.

Après dix nouveaux pays en 2004, à qui le tour ?

La Bulgarie et la Roumanie ont rejoint l'Union européenne le 1er janvier 2007, tout en restant soumises à une « haute surveillance ». Elles remplissent les critères économiques et politiques, mais doivent encore renforcer l'État de droit et lutter contre la corruption. Les Balkans occidentaux devraient suivre. L'UE a aussi ouvert les négociations d'adhésion avec la Croatie (octobre 2005), tandis que la Macédoine a obtenu le statut de candidate (décembre 2005). Des accords de stabilisation et d'association, préparant à une éventuelle intégration, sont négociés avec la Bosnie-Herzégovine, le Monténégro nouvellement indépendant et la Serbie, mais les pourparlers avec cette dernière ont été suspendus en mai 2006. Bien que l'Albanie ait signé un accord de stabilisation et d'association en juin 2006, elle ne devrait pas intégrer l'UE avant une quinzaine d'années – trafics d'êtres humains et de drogues lui sont notamment reprochés. L'UE s'est engagée à étudier la candidature du Kosovo, mais l'indépendance de cette région reste incertaine.

La Turquie a-t-elle vocation à rejoindre l'Union ?

Officiellement candidate depuis 1999, soit plus de quarante ans après sa demande d'adhésion, la Turquie est en phase de négociations depuis octobre 2005, ce qui ne garantit pas son adhésion – celle-ci ne devrait pas être tranchée avant dix ou quinze ans ! Pour ses partisans, l'arrivée de ce grand pays étendra la zone de paix, renforcera le poids géostratégique de l'Europe et ouvrira un marché de plus de 75 millions de consommateurs. Certains dirigeants politiques européens sont favorables à ce rééquilibrage vers le sud. Les opposants, eux, craignent une dilution politique et sociale de l'Europe. Aujourd'hui, le processus de réforme de la Turquie s'est ralenti, et les progrès sont jugés insuffisants par le Parlement européen dans des domaines tels que la liberté d'expression, les droits des femmes et des minorités, la corruption. Quant aux réformes réalisées, sont-elles irréversibles ? Les Européens, que l'adhésion d'un grand pays musulman inquiète, restent sceptiques...

C'EST VRAI ?

IRLANDE : HIER TERRE D'ÉMIGRATION, AUJOURD'HUI ELDORADO ?

• 1973 : lorsque l'Irlande rejoint la CEE, c'est un pays pauvre (son PIB est inférieur à celui de l'Espagne), qui souffre encore d'une très forte émigration.

• 2005 : grâce notamment à un impôt sur les sociétés très faible (12,5 %), l'Irlande bénéficie de la plus forte croissance de la zone euro (5,1 %) et du taux officiel de chômage le plus bas de l'UE (4,3 %) ! Les immigrants, venus en majorité des nouveaux pays de l'Union, représentent à présent un tiers des actifs.

Revers de la médaille : Dublin est la deuxième capitale la plus chère d'Europe et l'Irlande, un pays marqué par la faiblesse de ses infrastructures et l'inégalité sociale.

Immigration : Europe forteresse ou sans frontières ?

Des frontières intérieures en partie abolies mais une pression qui s'accroît aux portes. Comment appréhender les flux migratoires, intégrer les étrangers, répondre au drame des clandestins ? L'Union européenne peine à définir une politique d'immigration...

Immigration : de quoi parle-t-on ?

Si les demandeurs d'asile fuient des persécutions dans leur pays, les immigrants, légaux ou illégaux, cherchent une situation économique meilleure. En matière d'immigration légale, les États restent souverains : ils déterminent le nombre et les conditions d'admission sur leur territoire. Mais peu à peu s'ébauche un cadre réglementaire commun. Le programme de La Haye 2005-2010 prévoit de lutter contre l'immigration clandestine, de développer un plan d'immigration légale, de renforcer l'intégration, d'améliorer la gestion des frontières extérieures. Par ailleurs, des travaux sont en cours pour harmoniser les conditions de regroupement familial et les droits des étrangers. Un permis de séjour et un visa unifiés sont déjà en vigueur, ainsi qu'une liste commune des pays nécessitant un visa d'entrée.

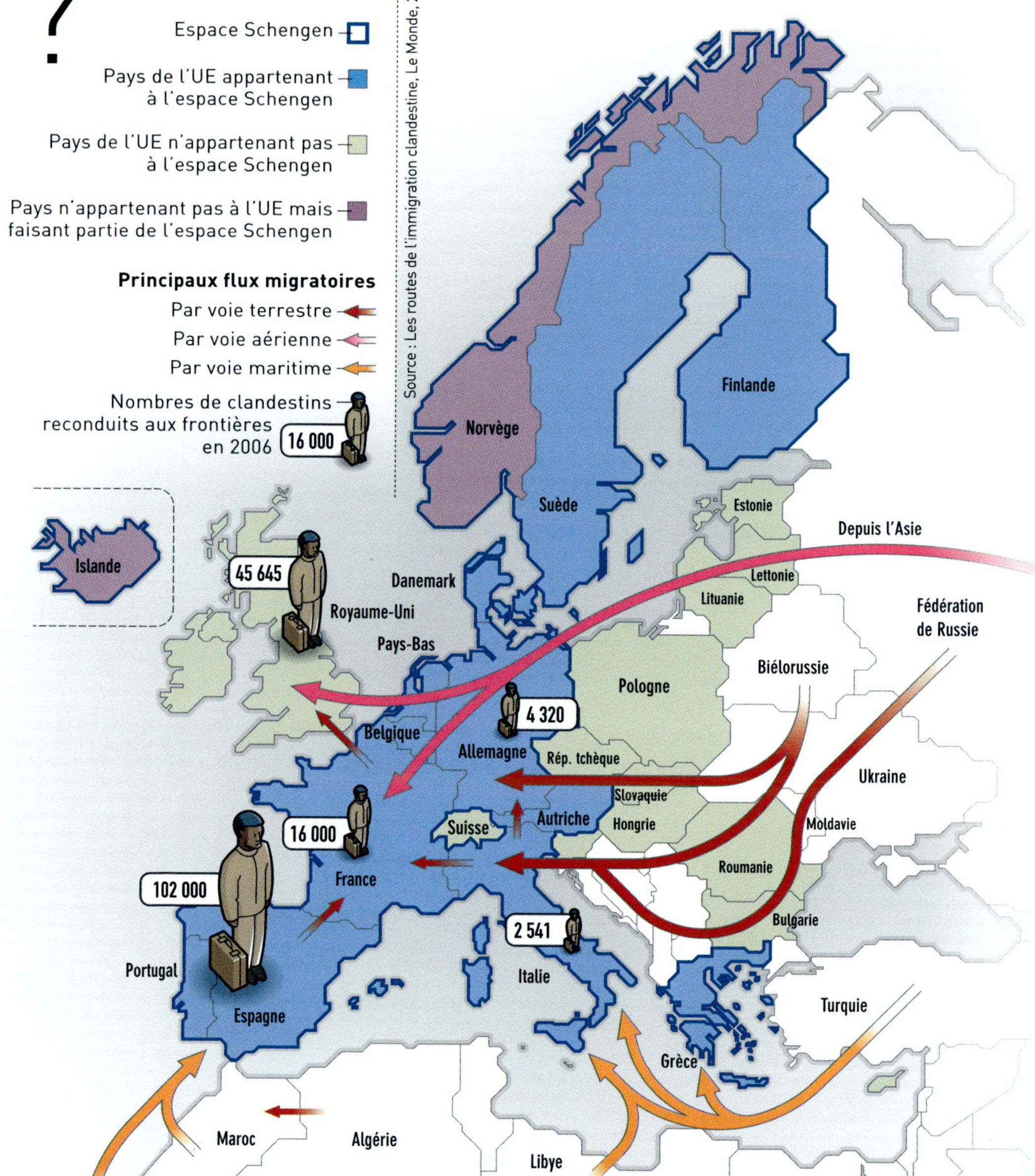

ESPACE SCHENGEN AU 30 MARS 2007

Au sein de cette zone, une personne (munie d'une pièce d'identité d'un des pays de la zone) peut circuler librement et franchir les frontières entre États membres sans être contrôlée, sauf cas exceptionnel. Seuls des contrôles sont effectués aux frontières extérieures, selon des procédures uniques.

Sikhs (Indiens pratiquant la religion sikh) portant la rosette du parti travailliste anglais et agitant l'Union Jack lors d'une campagne électorale.

LE SAVIEZ-VOUS ?

DEVENIR EUROPÉEN PAR LE MARIAGE ?

Dans certains pays, le mariage avec un ressortissant national donne automatiquement droit à sa nationalité, donc à la citoyenneté européenne. Ainsi, s'il suffit au conjoint d'un Italien de résider au pays depuis six mois, il faut attendre quatre ans de mariage et trois ans de résidence en France. Dans d'autres pays, le mariage permet juste une naturalisation plus rapide. Au Danemark, il faut de six à huit ans de résidence, selon la durée du mariage ; en Espagne, un an de mariage et de résidence suffit.

Comment les États contrôlent-ils l'immigration ?

Actuellement, la tendance est au durcissement : la mise en place de quotas et la sélection de travailleurs qualifiés sont à l'œuvre ou en projet au Royaume-Uni, en Espagne, en Allemagne et en France. L'Italie, en principe, délivre un permis de séjour aux détenteurs d'un contrat de travail. Le Danemark, longtemps réputé pays d'accueil, impose désormais des conditions drastiques : en 2005, les demandes d'asile ont chuté de 75 % ! Mais parallèlement aux mesures de limitation des flux, beaucoup d'États ont recours à la régularisation des clandestins. C'est le cas de l'Italie, qui a régularisé 700 000 personnes en 2003. Même chiffre pour l'Espagne en 2005, qui a ainsi régularisé des personnes sous contrat de travail sans avertir ses voisins ! Cette décision est en partie à l'origine des épisodes sanglants des enclaves espagnoles au Maroc, prises d'assaut par des migrants africains. Ces événements ont abouti à une coopération avec l'Espagne dans l'urgence. À terme, il est prévu que la surveillance des frontières, le rapatriement des clandestins ou la construction de camps de rétention relèvent de financements communautaires. Et les autres États doivent désormais être consultés avant toute régularisation massive.

L'intégration est-elle en panne ?

Les États ont du mal à conduire sereinement une réflexion sur l'intégration. Les immigrés sont perçus comme des concurrents sur le marché du travail et les partis extrémistes attisent les peurs en associant islam et islam radical. Respectant les diversités culturelles et la représentation politique des communautés, les Pays-Bas ont longtemps fait référence. L'idée était que les étrangers n'avaient pas besoin de s'adapter car ils n'étaient que de passage. Tolérance ? Indifférence ? L'assassinat en 2004 de Theo van Gogh, cinéaste ayant dénoncé l'islam intégriste, a pulvérisé ce concept. En retirant provisoirement son passeport à Ayaan Hirsi Ali, une députée d'origine somalienne qui avait menti pour obtenir la nationalité néerlandaise, le gouvernement a voulu montrer sa fermeté à l'égard des immigrants. Certains États s'interrogent : peut-on définir une « culture nationale » ? Les étrangers doivent-ils s'y conformer ? Le modèle pluriculturel britannique semble remis en cause et l'intégration en Allemagne par assimilation à la « culture allemande » fait débat. En Espagne ou en Belgique, la question est explosive.

L'Europe a-t-elle besoin d'immigrés ?

Pourtant, l'immigration est une nécessité économique et démographique, même si elle ne peut résoudre les maux d'une Europe vieillissante. Sans l'apport étranger, sa population active pourrait chuter de 6 % en vingt ans, et sa population totale baisser de 31 millions de personnes d'ici à 2050, voire plus selon certaines estimations. Avec pour conséquences un manque de dynamisme, de compétitivité et un grave déséquilibre entre retraités et cotisants. De plus, les flux de migrations et la globalisation de l'économie rendent l'immigration inéluctable. Il importe donc d'en définir clairement les règles.

0123456789 chiffres-clés

L'Europe est devenue le premier continent d'immigration au monde.

1 400 000 étrangers

par an immigrent légalement dans un État de l'Union européenne.

500 000 étrangers

par an entreraient illégalement dans l'UE.

Après un double « non » à la Constitution, **oui à quelle Europe ?**

Fin 2006, une Constitution devait être le mode d'emploi de l'Union. Quid du pouvoir des États ? De la politique sociale ? De la laïcité ? De la zone euro ? Suspendue en plein survol démocratique, elle aura servi de révélateur aux interrogations des citoyens…

Pourquoi une Constitution ?

Six États en 1957, 27 aujourd'hui : depuis plusieurs années, avec les élargissements successifs, il devient urgent de préciser les missions de l'Union européenne (UE) et d'adapter ses instruments et procédures de décision. Comment procéder à ces réformes ? Réunis en Conseil en décembre 2001, les chefs d'État et de gouvernement confièrent à une Convention la tâche de simplifier, clarifier, voire réaménager les traités existants – éventuellement les fusionner en un texte constitutionnel –, en vue d'une Europe plus démocratique, plus transparente et plus efficace. Pilotée par l'ancien président de la République française Valéry Giscard d'Estaing, cette Convention comptait 105 membres, représentants des chefs d'État ou de gouvernement et membres des Parlements nationaux (des pays membres et candidats), et représentants des institutions communautaires. Lancés en février 2002, les travaux se déroulèrent sous forme de réunions publiques, sur le principe du consensus pour entériner les décisions. Une gageure, mais un pari tenu : un projet de traité établissant une Constitution pour l'Europe est remis à la présidence de l'Union en juillet 2003 et sa version définitive, signée par les dirigeants européens en octobre 2004. Mais le processus de ratification des peuples par voie référendaire ou parlementaire a enrayé l'entrée en vigueur de cette Constitution : alors que dix États avaient approuvé le projet de traité, Français puis Néerlandais s'y sont opposés par référendum au printemps 2005.

Le plombier polonais, tête de Turc ?

Ce double rejet a-t-il été l'expression d'une europhobie ? Les raisons de la colère sont plus subtiles, a confirmé un sondage Eurobaromètre mené auprès des Français le lendemain du référendum du 29 mai 2005 : 88 % jugeaient l'appartenance à l'Union européenne positive, 78 % se déclaraient enthousiastes et confiants à l'égard de la construction européenne, 75 % considérant même qu'une Constitution était indispensable… Laquelle, alors ? En fait, le traité n'a pas constitué le véritable enjeu du référendum, de nombreux Français ayant dit « non » en réaction à des thèmes extérieurs tels que la situation économique et sociale, jugée mauvaise, et, à un moindre titre, l'entrée de la Turquie dans l'Union ou la directive dite « Bolkestein », source de vives polémiques ! Si le « non » néerlandais résulte aussi en partie de considérations politiques internes, il traduit surtout un refus de toute Constitution, qui empiéterait sur la souveraineté nationale.

Y a-t-il un plan pour sortir l'Union de l'ornière ?

Au sommet européen de juin 2005, l'Union semble dans l'impasse. Contrairement à ce que de nombreux Français croyaient, il n'y a jamais eu de « plan B » pour relancer la construction européenne. L'absence de projet politique révèle une crise de confiance sans précédent : le double refus arrive après une décennie d'abstention croissante, tandis que les Européens témoignent d'une frilosité identitaire liée à l'élargissement, exacerbée par une mondialisation galopante. Le Conseil européen, conscient du malaise, propose le 17 juin une pause de un an, largement prolongée depuis. Sept États décident alors de reporter la ratification du traité. Malgré tout, sur le front des institutions européennes, les initiatives se multiplient pour tenter de « rétablir la confiance ». José Manuel Barroso, président de la Commission européenne, lance en octobre 2005 son « plan D »,

Affiches appelant à voter pour le référendum français du 29 mai 2005 lors du projet de traité de Constitution européenne. Résultats : « non », 54,68 % ; « oui », 45,32 %.

pour « impulser le dialogue, le débat et la démocratie ». Mais surtout, les « non » français et néerlandais n'ont pas sonné le glas de la ratification : depuis, huit États (Luxembourg, Lettonie, Malte, Belgique, Chypre, Estonie, Roumanie et Bulgarie) ont ratifié le traité, majoritairement par voie parlementaire. Enfin, alors que son pays prenait la présidence du Conseil de l'Union en janvier 2007, la chancelière allemande Angela Merkel affirmait sa volonté de dresser pour la mi-2007 une « feuille de route » indiquant comment concrétiser un nouveau traité constitutionnel.

Vers un référendum européen ?

Dans un premier temps, les États ayant ratifié le traité s'opposaient à toute renégociation. Mais, cette position évolue. Réunis en janvier 2007, les 18 États signataires se déclaraient prêts à améliorer le traité. Ils soulignaient cependant que le texte leur semblait toujours le plus adapté aux besoins de l'UE. Reste à savoir quelle sera la portée des modifications à apporter. Des voix se font aussi entendre pour supprimer le terme de « Constitution », qui entretient les craintes souverainistes d'une Europe fédérale. Une autre initiative viendrait-elle du Parlement ? Celui-ci a appelé les États à organiser de grands débats et a lui-même mis en place des « forums citoyens » rassemblant eurodéputés et société civile : représentants des travailleurs et des chefs d'entreprise, universitaires, médias… Le but est de faire progresser le débat sur des sujets concrets, tels que les missions et les rouages de l'UE, ses orientations sociales et économiques, sa politique de sécurité, l'organisation de sa justice, son financement et ses objectifs d'intégration, le tout pour fixer dès le second semestre 2007 une marche à suivre. Les initiatives de la Présidence, des États signataires et du Parlement européen parviendront-elles à se rejoindre ? Ira-t-on alors vers un grand référendum européen, pour donner une voix directe et enfin simultanée aux citoyens des États qui composent l'Union ?

Budget européen : chacun

Un budget qui stagne alors que 12 pays viennent de rejoindre l'Union : les États se donnent-ils les

QUI DÉCIDE ? QUI CONTRÔLE ?

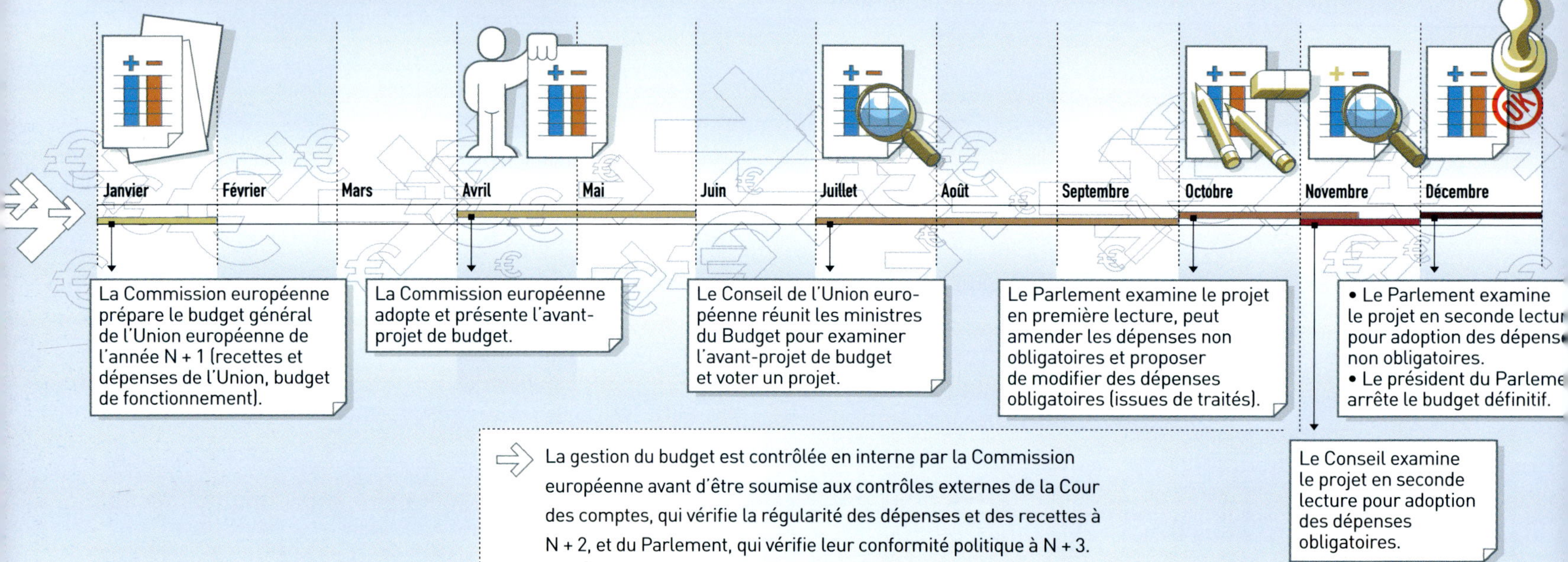

La gestion du budget est contrôlée en interne par la Commission européenne avant d'être soumise aux contrôles externes de la Cour des comptes, qui vérifie la régularité des dépenses et des recettes à N + 2, et du Parlement, qui vérifie leur conformité politique à N + 3. Les États membres ont l'obligation de coopérer avec la Commission et l'Office européen de lutte antifraude (Olaf) pour garantir que les fonds sont gérés correctement.

0123456789 chiffres-clés

UN BUDGET MODIQUE

Le budget européen ne représente en crédits d'engagement que 1,09 % du revenu national brut (RNB) de l'Union, soit un peu moins de 240 euros par habitant par an. De plus, le montant des contributions de chaque État membre est plafonné à 1,24 % du RNB total de l'Union. En 2005, le budget de l'Union représentait 116,55 milliards d'euros, alors que le seul budget français s'élevait à 242 milliards d'euros.

Va-t-on couper les vivres aux agriculteurs ?

Définie en 1957 par le traité de Rome, la Politique agricole commune (PAC) est au cœur des tensions sur le budget. À l'origine, elle avait pour objectif principal d'assurer l'autosuffisance alimentaire des États membres. Depuis 2005, elle vise davantage à assurer l'évolution du monde rural, à préserver l'environnement et à garantir la sûreté alimentaire. Les pays du tiers-monde et l'Organisation mondiale du commerce (OMC) la dénoncent, car elle impose des droits de douane élevés pour protéger le marché intérieur de l'Union européenne (UE). En Europe, elle oppose les pays agricoles, emmenés par la France ou la Pologne, à ceux que la PAC concerne peu, tel le Royaume-Uni qui prône une diminution de ce budget, au profit de la recherche, notamment. Si la PAC a conservé un financement constant pour 2007-2013, elle n'échappera pas à la révision du budget. Après 2013, l'UE continuera-t-elle de subventionner sa production agricole ? La suspension en juillet 2006 des pourparlers sur la libéralisation du commerce international laisse la question ouverte...

oour soi ?

noyens de faire pleinement fonctionner l'Union européenne ?

glossaire

SOLDE NET :
Différence entre ce qu'un État membre verse au budget communautaire et ce qu'il reçoit de ce budget au titre des politiques communautaires.

D'OÙ VIENT L'ARGENT DE L'UNION ?

L'Union dispose, dans le cadre du budget communautaire, de trois types de ressources propres :

❶ les droits de douane sur les produits agricoles, le sucre et les autres produits importés ;
❷ un prélèvement sur la TVA perçue par chaque État membre (0,3 % de l'assiette TVA) ;
❸ un prélèvement sur le revenu national brut (RNB) de chaque État membre, proportionnel à son poids dans le RNB communautaire, représentant en 2006 près de 72 % des recettes.

Par ailleurs, les budgets pluriannuels fixent en termes financiers les objectifs politiques de l'UE. Pour la période 2007-2013, l'enveloppe budgétaire s'élève à 864,4 milliards d'euros.

OÙ VA L'ARGENT DE L'UNION ?

Source : Commission européenne.

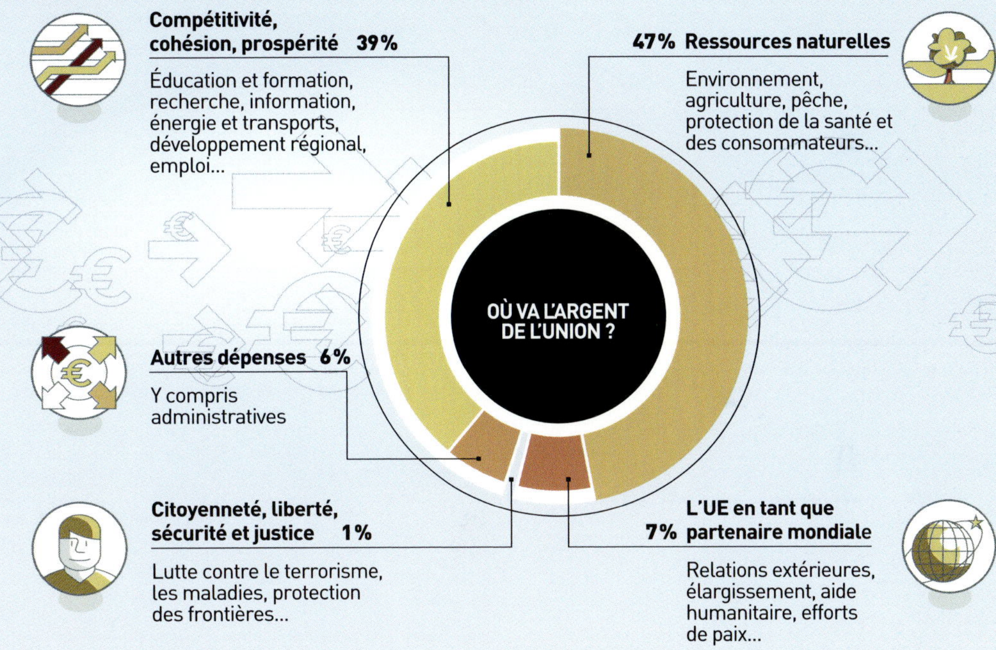

L'Europe doit-elle rendre la monnaie ?

Le début des années 1970 marque la mise en place d'un financement autonome de la Communauté européenne par des « ressources propres », perçues en vertu de politiques communautaires et non plus contrôlées par les Parlements nationaux. Mais les dépenses ne profitent pas de façon équitable à tous les États. C'est ainsi qu'en 1979 le Royaume-Uni, désavantagé par la PAC, exigea la fameuse « ristourne » sur sa contribution. Depuis, plusieurs pays réclament un « juste retour » de leurs contributions respectives. Or cette logique va à l'encontre de la solidarité communautaire. Elle occulte également les « retombées positives » : subventionner des paysans, par exemple, c'est aussi soutenir toute une filière, du producteur d'aliments pour bétail à l'installateur de machines. De plus, il est moins onéreux pour un État de participer à une politique commune que de la financer seul. Mais les égoïsmes nationaux ont la vie dure : quand sont débattues les contributions nationales, les pays continuent à raisonner en **solde net***.

Vers un impôt européen ?

Actuellement, le système de financement du budget est complexe et de plus en plus insuffisant. D'où l'idée récurrente d'un impôt européen qui, ajouté aux ressources actuelles, permettrait de doubler le budget de l'UE. Impôt sur les bénéfices des sociétés, TVA européenne, taxe sur certains carburants, les suggestions ne manquent pas. Et, quelle qu'en soit l'assiette, cet impôt serait voté et levé par le Parlement, ce qui renforcerait le poids des eurodéputés.

Zone euro : la forme la plus abouti

Le 1er janvier 2002, plus de 300 millions d'Européens ont eu dans leurs poches une monnaie unique. Mais, si l'inflation reste modérée au sein de la zone euro, la croissance stagne et le plein-emploi n'est pas au rendez-vous : l'euro a-t-il atteint tous ses objectifs ?

Pourquoi une monnaie unique ?

Non mentionnée dans le traité de Rome en 1957, la monnaie unique s'est peu à peu imposée comme une suite logique au Marché commun : celui-ci se transforme en un grand Marché unique, puis en une véritable Union économique et monétaire, instaurée par le traité de Maastricht. L'euro est lancé comme prévu le 1er janvier 1999, devenant la seule monnaie officielle de certains États de l'Union européenne (UE). Mais les particuliers ne disposeront de pièces et de billets en euros qu'en 2002. L'euro répond à plusieurs objectifs : supprimer le coût du change pour favoriser au maximum les échanges au sein de la Communauté ; favoriser la transparence des prix (pour stimuler la concurrence entre les entreprises) ; renforcer l'intégration de l'économie européenne ; instaurer la stabilité monétaire ; faire face à la mondialisation et contrer l'hégémonie du dollar. Par ailleurs, les Européens peuvent voyager plus facilement en Europe, utiliser leur carte bancaire sans surcoût et comparer les prix d'un pays à l'autre. Le basculement ne s'est pas fait sans craintes, ne serait-ce que pour remplacer les 13 milliards de billets et 70 milliards de pièces qui ont circulé jusqu'au 30 juin 2002… Mais tout comme le saut dans l'an 2000, le passage progressif à l'euro s'est opéré sans bug, ni technique ni psychologique !

Les règles sont-elles trop contraignantes ?

Le Pacte de stabilité et de croissance (PSC) est l'instrument de coordination des politiques budgétaires des États de la zone euro ; ces politiques sont fondées sur le contrôle des déficits. Le Conseil Ecofin, qui regroupe les ministres de l'Économie et des Finances de l'UE, veille au respect du PSC. Lorsqu'un État franchit le seuil autorisé, le Conseil lui adresse une série de recommandations puis, éventuellement, impose des sanctions (à terme, une amende). Certains « mauvais élèves » (France, Allemagne, Italie) affichent régulièrement un déficit supérieur à 3 % et plaident pour une réforme du Pacte, que les pays « vertueux » souhaitent maintenir en l'état. Face à ces dépassements et au ralentissement de la croissance, le Pacte a été assoupli en 2005 : les États ont désormais deux ans pour résorber un déficit excessif, et celui-ci peut dépasser le seuil de 3 % en cas d'investissements visant à réformer l'économie. Désormais, l'idée est d'aider plutôt que sanctionner.

La valse des étiquettes, ou comment, grâce à l'euro, arrondir les prix.

de l'intégration ?

Quel est l'objectif principal de la Banque centrale européenne ?

Siégeant à Francfort (Allemagne), la Banque centrale européenne a été créée en 1998. Elle met en œuvre la politique monétaire de la zone euro, qu'elle définit en concertation avec les banques centrales des 27 États membres de l'UE. Elle a pour priorité le maintien de la hausse des prix à la consommation dans la zone euro en deçà de 2 %, pour préserver le pouvoir d'achat de l'euro. En cohérence avec cet objectif principal, elle fixe notamment les taux d'intérêt, gère les réserves de change et autorise l'émission de billets de banque.

L'euro fait-il flamber les prix ?

C'est la perception qu'en ont les Européens. Les prix de certains produits (baguette, café, petite épicerie...) ou services de proximité (restaurants, cafés ou salons de coiffure) ont effectivement fait un bond. Cette augmentation a concerné le commerce très local, sans réelle concurrence, les petits détaillants profitant de l'euro pour augmenter leurs prix. Mais ce sont précisément ces produits de consommation courante qui influencent notre perception de l'inflation ; dans le même temps, d'autres prix sont restés stables ou ont baissé (ordinateurs, matériel photo ou hi-fi). Les sondages Eurobaromètre indiquent ainsi un décrochage entre l'inflation perçue (5 %) et l'inflation réelle (de 2 à 3 % par an). Il n'en reste pas moins que l'inflation reste difficile à maintenir sous la barre de 2 %, notamment en raison du coût actuel de l'énergie. En 2005, la zone euro affichait une inflation légèrement supérieure (taux d'inflation moyen sur douze mois de 2,4 %) à celle de l'UE dans son ensemble (2,2 %). L'alcool, le tabac, le logement et les transports ont le plus augmenté. Il a fallu cent ans au dollar américain pour s'imposer comme monnaie. Sept ans après son lancement, l'euro peine à contenir l'inflation, à relancer l'économie et à respecter le Pacte de stabilité. On peut penser à de simples défauts de jeunesse...

FOCUS

POURQUOI TROIS PAYS MEMBRES DE L'UE NE VEULENT PAS DE L'EURO ?

Pragmatique, le Royaume-Uni demande à « juger sur pièces » : il adoptera « un jour » l'euro, s'il estime que son économie est « en phase » avec la zone euro. Pour l'heure, le pays estime sauvegarder ses taux d'emploi et de croissance élevés en s'abstenant de rejoindre la zone euro, qui souffre de récession. Au nord, les gouvernements suédois et danois s'appuient sur des opinions publiques aussi hostiles qu'au Royaume-Uni pour refuser la monnaie unique.

ZONE EURO AU 1ER JANVIER 2007

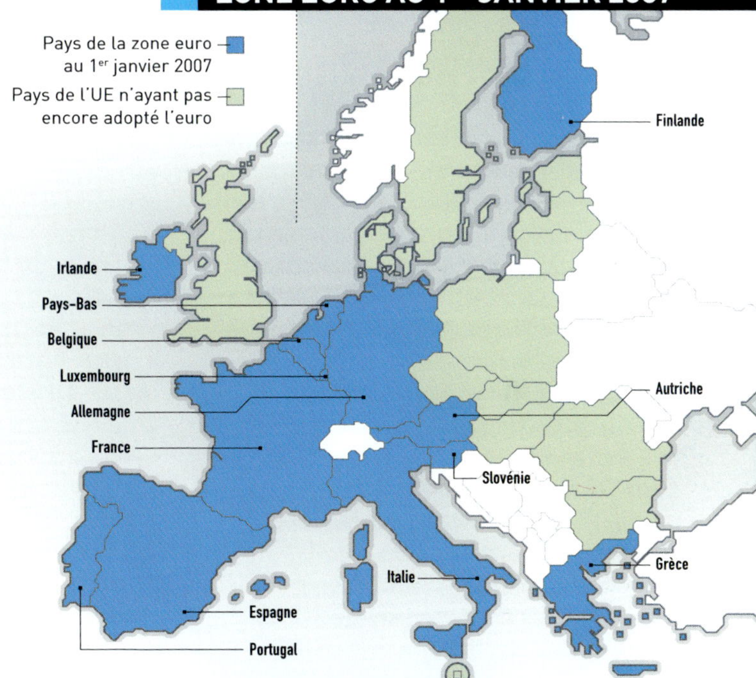

Comment fonctionne la zone euro ?

Onze pays ont intégré la zone euro le 1er janvier 1999, rejoints en 2001 par la Grèce et en 2007 par la Slovénie. Tous répondent aux critères de convergence, dits de « Maastricht » : une inflation, des taux d'intérêt à long terme, une dette publique et des taux de change contrôlés, ainsi qu'un déficit public inférieur à 3 % du PIB. D'autres pays ayant rejoint l'UE depuis 2004 devraient adopter l'euro d'ici à 2010.

Un marché unique, des consommateurs européens ?

Cheddar pasteurisé ou camembert au lait cru ? Concrétiser le marché unique pour les consommateurs n'est pas seulement une question de goût : l'informer, le protéger, lui garantir le meilleur, est aussi au menu.

Un marché unique et unifié ?

En 1957, le traité de Rome marque l'ouverture du Marché commun, destiné à intégrer progressivement les économies européennes. Suppression des droits de douane entre États membres ; interdiction d'appliquer une différence de traitement entre produits ou services nationaux et communautaires ; transposition des directives communautaires dans les législations nationales : par étapes, l'Union européenne (UE) développe une politique de la consommation, de l'environnement et de la santé publique. Si la circulation des personnes et des services n'est pas encore uniforme, un marché de 492 millions de consommateurs est réellement en train d'émerger. L'UE doit y assurer la même protection à tous : harmonisation des règles de consommation et de sécurité, droit à l'information, recours en cas de litige, consultation des associations de consommateurs...

Qu'est-ce que l'abus de position dominante ?

L'ouverture des marchés n'autorise pas n'importe quelle pratique. Interdiction, par exemple, d'abuser de sa position de leader économique pour entraver ou éliminer ses concurrents. L'UE avait ainsi opposé son veto au rachat intégral des éditeurs du groupe Vivendi par le groupe Hachette, qui aurait donné à ce dernier le quasi-monopole de l'édition et de sa distribution. Volkswagen, qui avait tenté d'imposer des prix à ses revendeurs, a été rappelé à l'ordre. Actuellement, les opérateurs français Orange, Bouygues et SFR sont sur la sellette car la Commission les soupçonne de s'entendre sur des tarifs élevés concernant les appels intracommunautaires et veut les obliger à une réelle concurrence. En 2005, la Commission a établi une liste noire de pratiques commerciales déloyales. Cette liste protège les « consommateurs sensibles » ; finies les publicités incitant directement les enfants à l'achat. L'envoi de produits avec facture à qui n'a rien demandé, la publicité appât ou encore le harcèlement par téléphone, sont désormais réprimés dans toute l'Union.

LE SAVIEZ-VOUS ?

Tétines sous surveillance ?

Interdiction des tétines et jouets dont le PVC contient du phtalate ; normes sur les aliments de régime ; liste noire des compagnies aériennes dangereuses ; étiquetage des produits solaires ou cosmétiques... : la surveillance de la Commission s'étend à tous les domaines de la vie courante.

Bientôt une Europe de la santé ?

Des Britanniques qui se font poser des prothèses en France, des Luxembourgeois qui achètent des lunettes en Belgique, des Allemands qui soignent leurs dents en Pologne... Lorsque les délais dans leur pays sont trop longs ou s'il existe des hôpitaux de pointe juste de l'autre côté de la frontière, de plus en plus d'Européens vont se faire soigner dans un autre État membre. Certes, depuis janvier 2006, la carte européenne d'assurance maladie permet de se faire rembourser des soins reçus dans un autre État membre... au cours d'un voyage. Mais

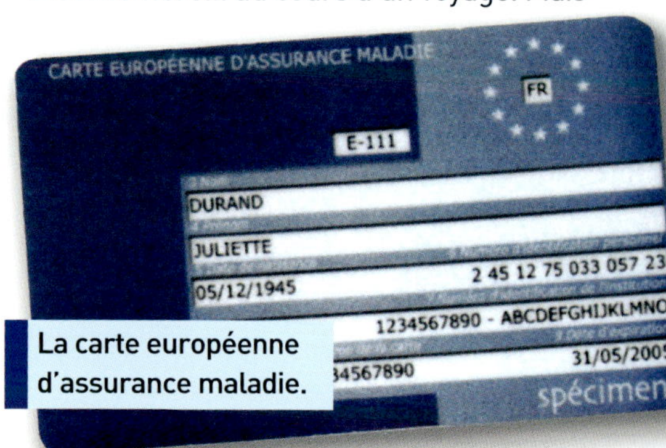

La carte européenne d'assurance maladie.

elle ne permet pas d'aller de son propre chef se faire soigner dans un pays voisin. Cette démarche est encore soumise à autorisation des caisses nationales. L'Europe du tourisme médical n'est pas encore une réalité. Certains patients sont ainsi en litige avec leur caisse d'assurance maladie pour le remboursement de soins reçus hors de leur pays ; parallèlement, les médecins sont favorables à la libre circulation des patients. Bruxelles réfléchit donc aux conditions d'une Europe médicale : assouplir les demandes d'entente préalable, créer une autorité de santé...

Étal de fruits et légumes biologiques du marché bio de Berlin, le plus important marché de produits alimentaires biologiques et naturels de l'Union européenne. 60 % des Allemands achètent occasionnellement des produits bio.

Une nouvelle « vache folle » peut-elle empoisonner nos assiettes ?

« Vache folle », poulet à la dioxine, peste porcine... les grands scandales des années 1990 ont accéléré la mise en place d'une législation communautaire sur la sécurité alimentaire. Cette législation, constamment renforcée, assure le contrôle des produits « de l'étable à la table ». Les exploitants agricoles et les producteurs alimentaires sont tenus de répondre à des normes draconiennes assurant l'innocuité de leur production. L'obligation de traçabilité leur impose de connaître à chaque étape la provenance et la conformité des produits utilisés. Ils doivent signaler au plus vite tout dysfonctionnement. Enfin, avec la création de l'Autorité européenne de sécurité des aliments (Efsa – European Food Safety Authority), la Commission et les États disposent à présent d'un centre d'information chargé de l'assistance scientifique et technique lors des crises. En cas d'urgence, la Commission peut suspendre ou encadrer les mises sur le marché, confiner...

glossaire

PRINCIPE DE PRÉCAUTION :
Pour la Commission européenne, il peut être invoqué pour une intervention urgente face à un possible danger pour la santé humaine, animale ou végétale, ou pour la protection de l'environnement, lorsque les données scientifiques ne permettent pas une évaluation complète du risque. Il permet, par exemple, d'empêcher la distribution ou même de retirer du marché des produits susceptibles d'être dangereux pour la santé. Il ne peut être invoqué arbitrairement, ni utilisé à des fins protectionnistes. Son libellé dans les textes, son statut juridique et ses modes d'application varient selon les pays.

L'Europe assure-t-elle le service après-vente ?

Dans toute l'Europe, le réseau des Centres européens des consommateurs (CEC) offre aux citoyens un véritable « guichet unique » de la consommation, permettant de se renseigner lors de l'achat de biens et services dans un État membre. En cas de litige, les consommateurs peuvent également y trouver le formulaire européen de réclamation. Ce document, rédigé par les services de la Commission, guide le consommateur dans la formulation de sa réclamation et peut constituer un élément de preuve en cas de règlement judiciaire.

De grands projets pour une grande Europe ?

À travers de grands projets de coopération, l'Europe a su s'affirmer en matière de recherche et de coopération scientifique. Mais se donne-t-elle les moyens de toutes ses ambitions ?

Comment cogite l'Union de la recherche ?

L'Agenda de Lisbonne prévoit de faire de l'économie européenne la plus compétitive et la plus dynamique du monde d'ici à 2010. Pour atteindre ces objectifs, les économistes exhortent l'Union européenne (UE) à s'engager dans une économie de la recherche et de l'innovation, clés de la compétitivité. L'UE a ainsi déterminé des domaines scientifiques prioritaires : biotechnologies de santé, matériaux intelligents, aéronautique et espace, sûreté alimentaire… Le 7e programme-cadre (2007-2013) « Bâtir l'Europe de la connaissance » pour la recherche et le développement technologique vise à créer des pôles d'excellence européens et à favoriser la collaboration scientifique entre États membres. Ce programme veut attirer les futurs chercheurs du monde entier vers les universités européennes et retenir les 4 % d'étudiants de l'UE qui partent finir leur cursus aux États-Unis. Mais ces efforts seront-ils suffisants ? L'Agenda préconise de hisser l'investissement européen dans la recherche à 3 % du PIB d'ici à 2010. Or les États-Unis et le Japon y consacrent déjà une part plus importante de leur budget. Pour combler son retard, l'UE doit favoriser l'excellence scientifique, renforcer les liens entre science et industrie, accroître la mobilité des hommes, des capitaux et de la connaissance à travers des plates-formes technologiques communes. Dans son rapport du printemps 2005, la Commission européenne a proposé la création d'un Institut européen de la technologie (IET), comme contribution significative à la croissance et à la compétitivité européennes.

Lanceur *Ariane 5* transportant *Smart-1*, la première sonde lunaire européenne, et deux satellites de télécommunications (*Insat*, satellite indien et *e-Bird* pour Eutelsat).

Des Européens iront-ils un jour sur la Lune ?

L'Agence spatiale européenne (ESA) est une organisation intergouvernementale, indépendante de l'UE, financée par les contributions de 17 États calculées en fonction du PNB de chaque État. L'accès de l'Europe à l'espace est garanti par Arianespace, société européenne commercialisant les lanceurs de type *Ariane*, dont les actionnaires viennent de huit États de l'UE, de Suisse et de Norvège. Actuellement, l'une des priorités de l'ESA est la compréhension de notre environnement spatial et l'étude des conditions d'émergence de la vie, grâce notamment à l'exploration de Mars. L'UE a également pour priorité de développer des applications (Galileo, par exemple), mettant les nouvelles technologies au service des citoyens. De leur côté, les Américains ont annoncé leur volonté d'un retour des hommes sur la Lune dès 2018. D'autres États (Chine, Inde) veulent suivre les Américains dans cette voie, ce qui a amené les Européens, pour qui notre satellite n'était pas une priorité, à réfléchir à l'envoi de spationautes sur la Lune. Une réflexion qui aboutira fin 2008.

Prototype de l'Airbus A380, le plus gros avion civil jamais construit, pouvant transporter entre 545 et 880 passagers et 150 t de fret dans sa version cargo. Il est le premier avion à disposer d'un double pont intégral.

Galileo va-t-il déboussoler le GPS ?

Avec 30 satellites en orbite dès 2010, Galileo vise à assurer l'indépendance européenne en matière de radionavigation. Grâce à ce système, toute personne équipée d'un récepteur pourra connaître sa position au mètre près, soit une précision 15 fois supérieure à celle du GPS de l'armée américaine. Fluidifier et sécuriser les transports, optimiser les opérations de sauvetage, améliorer la logistique des grands travaux, identifier les pollueurs en mer, localiser une voiture volée… les applications civiles de Galileo sont infinies. Sans compter les usages militaires, qui font encore l'objet d'une réflexion prudente. Galileo est surtout le plus grand projet industriel piloté par l'UE, le premier partenariat public-privé à l'échelle européenne. La phase de développement a été financée à parts égales par l'Union et l'ESA. Les phases de déploiement et d'exploitation ont été confiées à un concessionnaire privé pendant vingt ans, sous le contrôle de l'Autorité de surveillance, une agence communautaire chargée de la gestion et du contrôle de l'utilisation des fonds européens affectés au programme. Moins connu, GMES, programme européen de surveillance environnementale, permettra dès 2008 de comprendre et de prévenir les cataclysmes.

Airbus contre Boeing : ça plane pour qui ?

Véritable entreprise européenne, Airbus est né en 1970 de la fusion des aéronavales française, allemande, espagnole et britannique. D'emblée, l'aviateur civil se positionne en concurrent du constructeur américain Boeing sur le marché des gros-porteurs. Dans la course à l'innovation, Airbus s'est imposé en inventant le biréacteur puis les commandes automatisées, et, depuis 2000, a pris l'avantage en termes de ventes et de commandes d'avions. À la concurrence commerciale s'ajoute une bataille juridique récurrente, chaque société accusant l'autre de percevoir des subventions publiques, ce que l'OMC interdit. En 2001, afin de consolider l'industrie aéronautique européenne, Airbus est devenu filiale d'EADS, premier groupe européen du secteur, doté d'une direction franco-allemande.
Mais, depuis 2006, le groupe a traversé de fortes turbulences ; deux ans de retard sur le projet de l'A380, gel des embauches et réductions de coûts, crises à répétition à la tête du groupe et, finalement, un nombre inférieur de commandes par rapport à Boeing qui a repris sa place de numéro un mondial. Néanmoins, Louis Gallois, nouveau dirigeant d'Airbus et coprésident d'EADS, se montrait satisfait d'un niveau de livraisons (434 en 2006) toujours supérieur à celui de l'avionneur américain.

FOCUS

LOGICIELS : LA GUERRE PLANÉTAIRE DES BREVETS ?

En principe, toute innovation est protégée par un brevet qui rémunère l'investissement en recherche et développement. Mais pour les logiciels, la Commission européenne juge qu'ils ne sont que l'application d'une logique mathématique. De plus, une fois brevetés, ils deviennent trop chers pour les PME, qui sont alors privées de leurs innovations. L'UE des « logiciels libres » s'oppose ainsi aux États-Unis et au Japon, défenseurs des logiciels brevetés.

Économie, tourisme, cerveaux…

Déjà attractifs pour les investisseurs, les nouveaux pays membres de l'Union européenne issus de l'Europe de l'Est ne se contentent pas d'être une vaste zone de production bon marché. Leur adhésion les a rendus soudain plus proches et accessibles.

Pourquoi ces nouveaux membres sont-ils attractifs ?

Des coûts de production très inférieurs à ceux de l'Ouest, une main-d'œuvre industrielle qualifiée et une délocalisation « proche » ; les anciens États communistes d'Europe ont tout pour séduire. Entre 2002 et 2005, ils ont accueilli plus de 50 % des emplois créés par des multinationales, notamment allemandes, japonaises et coréennes. Textile, ameublement, électronique grand public y sont produits à moindre coût qu'à l'Ouest. Mais c'est surtout le secteur de l'automobile qui y crée le plus d'usines : Volkswagen, Peugeot, Toyota, Renault, General Motors…, sont déjà présents, et, vers 2010, une voiture sur cinq vendues en Europe devrait être produite dans les Pays d'Europe centrale et orientale (Peco). Pour les entreprises, il est important de s'installer sur place pour mieux répondre à la demande locale. Sans oublier que ces anciens « pays frères » sont une tête de pont vers la Russie et son immense marché. Par ailleurs, ces nouveaux venus au capitalisme n'hésitent pas à tester de nouvelles idées. La Slovaquie est devenue captatrice de capitaux étrangers grâce à un taux unique de 19 % pour la TVA, pour l'impôt sur les sociétés et pour l'impôt sur le revenu, ce qui simplifie les démarches des investisseurs. Une position « dans l'air du temps » qui pourrait faire des émules…

Des destinations tendance ?

En 2005, un fringant plombier polonais promeut son pays : « Je reste en Pologne, venez nombreux ! » Message reçu : la Pologne a accueilli plus de 11,9 millions de touristes de janvier à septembre 2006. Depuis leur adhésion à l'Europe, les pays de l'Est ont soudain semblé plus proches et plus sûrs. De plus en plus présents dans les catalogues des agences, ils suscitent la

QUI SONT LES PAYS D'EUROPE CENTRALE ET ORIENTALE (PECO) ?

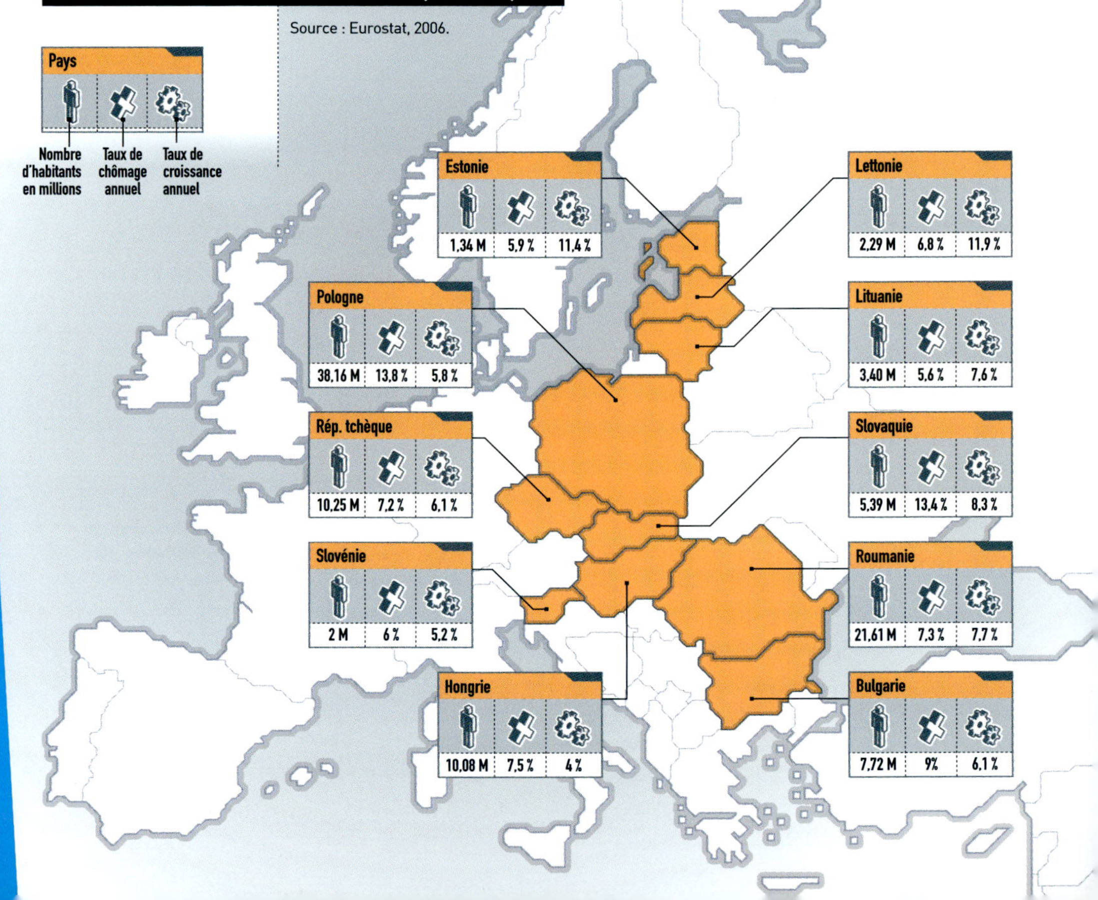

FOCUS

E-ESTONIE !

Un gouvernement qui adopte le « zéro papier » dès l'an 2000 et garantit l'accès à Internet comme un droit constitutionnel, un Conseil des ministres en réseau et même des élections législatives en ligne en 2007 ; le plus petit des États baltes est un pionnier européen en matière de nouvelles technologies.

l'avenir se lève à l'Est ?

curiosité et proposent un rapport qualité/prix très séduisant ; on peut réveillonner quatre jours à Vilnius pour 470 euros ou crapahuter une semaine dans les Carpates pour moins de 900 euros, le tout dans des hôtels trois étoiles. Une vie culturelle intense avait déjà fait de Prague et Budapest des destinations « bobos ». Si les séjours à thème et le tourisme vert ont le vent en poupe en Pologne, les pays Baltes, méconnus, se dévoilent. L'Estonie a ainsi accueilli près de 2 millions de visiteurs en 2006 ; de plus en plus d'Italiens, d'Espagnols et de Français sont séduits par ses établissements thermaux soignés et sa vie nocturne trépidante. Tout au sud, Italiens, Allemands et Autrichiens redécouvrent la douceur de vivre et la gastronomie slovènes. Ljubljana s'est même offert une campagne de promotion mondiale sur la chaîne américaine CNN.

Ligne d'assemblage d'une usine de fabrication de voitures de la société américaine General Motors en Pologne. Les entreprises américaines ont fortement investi dans les pays de l'Est dans les années 1990.

Les habitants sont-ils aussi riches que leurs pays ?

Si les Peco ont eu une croissance supérieure à la moyenne de l'UE en 2005, les populations ne profitent pas toutes à parts égales de ce dynamisme. Alors que le salaire moyen est de 30 000 euros annuels à l'Ouest, il n'atteint que 7 000 euros dans les Peco. Un Slovaque ou un Estonien ne touche que 4 euros de l'heure, un Tchèque, 6, tandis qu'un Allemand en perçoit 26. Si le taux de chômage est inférieur à 8 % en République tchèque, en Estonie, en Hongrie et en Slovénie, il atteint 14 % en Pologne et 13 % en Slovaquie. Si l'adoption d'une fiscalité à taux unique en Slovaquie a donné d'excellents résultats en termes de croissance et de dynamisme du pays, les classes moyennes ont souffert d'une hausse des prix alors que les salaires restaient peu élevés.

De la fuite dans les idées ?

À l'Ouest, l'ouverture britannique aux travailleurs de l'Est a eu valeur de test. Entre 2004 et 2006, 600 000 travailleurs de l'Est se sont ainsi installés en Grande-Bretagne (ou ont régularisé leur situation). Les milieux d'affaires apprécient ces migrants jeunes (80 % ont entre 18 et 34 ans) et motivés qui ne viennent pas seulement travailler dans le bâtiment, mais aussi dans l'administration, le commerce et le management. Et sont autant de nouveaux contribuables ! Mais, vu de l'Est, la crainte est grande d'assister à l'érosion des « forces vives » et des cerveaux, partis chercher à l'Ouest des salaires plus élevés et davantage d'opportunités. Certes, nombreux sont les travailleurs du bâtiment ou le personnel de maison ; mais, loin des clichés, l'Est exporte aussi de hautes compétences telles que des chercheurs et médecins hongrois, du personnel médical polonais. Des Anglais ont même ouvert à Varsovie une école pour former des dentistes au système de santé britannique et pourvoir à 350 postes vacants ! À Londres, les informaticiens roumains sont très prisés des chefs d'entreprise. Erasmus offre des opportunités de départ dès l'université ; une fois partis, ces étudiants de l'Est reviendront-ils dans leur pays ?

Pourquoi **l'extrême droite** progresse-t-elle en Europe ?

Depuis les années 1980, la « droite de la droite » européenne a su gommer ses aspects les plus extrémistes. En répondant à sa façon à la peur du chômage et de la mondialisation, elle a constitué un solide électorat et occupe la scène politique dans plusieurs États de l'Union.

À l'ouest, répondre à l'angoisse ?

La participation de la Lega Nord ou du FPÖ aux gouvernements italien (1994 et 2005) et autrichien (2000), la présence de Jean-Marie Le Pen à l'élection présidentielle française de 2002, la reprise de leurs thématiques sur l'immigration et la sécurité par les formations politiques « classiques », ont cristallisé l'essor des droites extrémistes. À l'ouest, nombreux sont ceux que la globalisation, le multiculturalisme, l'immigration ou même la construction européenne inquiètent. À ceux-là, les droites extrêmes proposent le mirage rassurant d'une société fermée et de la préférence nationale. Pourtant, ces formations sont aussi ultralibérales, opposées à l'impôt et à l'État providence, positions qu'elles assouplissent vis-à-vis de leur électorat populaire. La défiance à l'égard des partis politiques, illustrée par l'abstention, conforte l'idée du « tous pourris ! » et le rejet de l'establishment. En Autriche, au Danemark ou aux Pays-Bas, où prévaut la culture du consensus, l'extrême droite apparaît comme le moyen de « casser » un jeu politique trop clos.

FOCUS

LES PRINCIPAUX PARTIS D'EXTRÊME DROITE EN EUROPE

ALLEMAGNE : Parti national-démocrate d'Allemagne (NPD) – Deutsche Volksunion (DVU, Union du peuple allemand).
AUTRICHE : Parti libéral d'Autriche (FPÖ) – Alliance pour l'avenir de l'Autriche (BZÖ).
BELGIQUE : Vlaams Belang (Intérêt flamand) – Front national.
DANEMARK : Dansk Folkeparti (Parti populaire danois).
FRANCE : Front national – Mouvement pour la France.
GRANDE-BRETAGNE : British National Party (BNP, Parti national britannique).
HONGRIE : Parti de la justice et de la vie hongroise (MIEP).
ITALIE : Lega Nord (Ligue du Nord) – Alleanza Nationale (Alliance nationale).
PAYS-BAS : Lijst (Liste) Pim Fortuyn.
POLOGNE : Prawo i Sprawiedliwosc (PiS, Droit et Justice) – Samoobrona (Autodéfense) – Ligue des familles polonaises (LPR) – Mlodziez Wszechpolska (Jeunesse de la Pologne éternelle).
SLOVAQUIE : Parti national slovaque (SNS).

Roman Giertych, président du Parti nationaliste et intégriste de la Ligue des familles polonaises et ministre de l'Éducation.

À l'est, effacer l'ère soviétique ?

À la chute du mur de Berlin, les nouveaux gouvernements d'Europe de l'Est adoptent des politiques très libérales pour amener leurs pays (« à marche forcée ») à l'économie de marché. Avec comme objectif l'intégration européenne. Or, malgré des taux de croissance importants, nombreux sont les laissés-pour-compte de la libéralisation : ainsi, le chômage atteint toujours 14 % en Pologne et 12 % en Slovaquie. Ces politiques libérales ayant été menées par les anciens dissidents autant que par les communistes modérés (et rebaptisés « socialistes »), l'extrême droite peut apparaître comme le seul recours pour exiger des réformes plus sociales. Par ailleurs, il n'est pas anodin que la percée du nationalisme dans l'est de l'Union se soit produite après l'adhésion de 2004. Des frustrations s'expriment : l'intégration n'a pas permis d'atteindre le même niveau de vie qu'à l'ouest. Il reste encore des efforts importants à faire pour adopter l'euro. L'Union, qui ne s'était qu'entrouverte aux travailleurs de l'Est en 2004, sera-t-elle réellement solidaire ? Dans ces États redevenus souverains il y a moins de vingt ans, où la vie politique est encore instable, la tentation nationaliste répond à ces angoisses. Et réveille au passage d'anciennes tensions xénophobes telles que le racisme anti-rom ou anti-hongrois en Slovaquie.

Manifestation du Front national, le 1er mai, à Paris, en hommage à Jeanne d'Arc et rassemblant entre 3 000 et 10 000 personnes chaque année.

Que peut l'Union contre les extrémismes ?

Dans une Union qui défend les Droits de l'homme, on imagine mal un dirigeant mettre en œuvre un programme autoritaire, nationaliste ou xénophobe. Pourtant, en 2006, deux élections ont permis à des mouvements extrémistes d'accéder au pouvoir par le biais de coalitions avec les gouvernements : Kaczynski en Pologne et Fico en Slovaquie. Quand, en 2000, des membres du FPÖ avaient rejoint le gouvernement autrichien de Schüssel, la riposte, immédiate, de l'Union s'était traduite par la suspension des relations bilatérales entre l'Autriche et ses voisins. Mais, rapidement, ces sanctions, jugées inefficaces et inapplicables, furent levées. En 2001, le traité de Nice institua des sanctions (suspension de certains droits de l'État en question, notamment du droit de vote au Conseil) en cas de violation des Droits de l'homme. Simples bonnes intentions ? Le « silence » qui a suivi les élections polonaises révèle un malaise ; ni les chefs de gouvernement, ni la Commission ne se sont exprimés. Les protestations officielles sont surtout venues du Parlement. En Slovaquie, l'alliance de Robert Fico avec les nationalistes lui a ainsi valu l'exclusion de son parti du groupe parlementaire socialiste.

En l'absence de violation concrète des Droits de l'homme, l'Union ne se prononce pas. Dans le cas autrichien, les sanctions étaient apparues dérisoires et l'extrême droite avait rapidement décliné. Peut-être les Européens attendent-ils que le phénomène retombe de lui-même. Au risque de laisser certaines idées gangrener lentement mais sûrement l'opinion...

Europe sociale : un vœu pieux ?

Après l'Europe des marchés, le temps est-il venu d'une Europe sociale ? Alors que les compétences en la matière restent aux mains des États, une harmonisation des revenus ou des niveaux de protection suscite autant d'attentes que de craintes.

L'UE peut-elle déterminer le Smic ou l'âge de la retraite ?

Non, cela reste du ressort de chaque État. Actuellement, il n'existe pas de politique sociale communautaire proprement dite, l'Union européenne (UE) ayant pour seule prérogative de garantir des normes minimales et de relever peu à peu le niveau d'exigence sociale des États. Toutefois, dès 1990, les principes de base de l'Europe sociale étaient définis dans la Charte communautaire des droits sociaux fondamentaux des travailleurs et mis en œuvre par le biais de directives, reprises par les États membres dans leurs programmes d'action nationaux. L'UE s'appuie aujourd'hui sur cinq programmes d'action portant sur l'emploi, l'insertion et la protection sociale, les conditions de travail, l'égalité hommes-femmes et la lutte contre la discrimination. Ils seront fusionnés dans le programme pour l'emploi et la solidarité 2007-2013. Il faut aussi noter le rôle fondamental des partenaires sociaux, qui dialoguent au niveau communautaire.

Manifestation contre la directive Bolkestein pour la libéralisation des services en Europe à Strasbourg, le 11 février 2006.

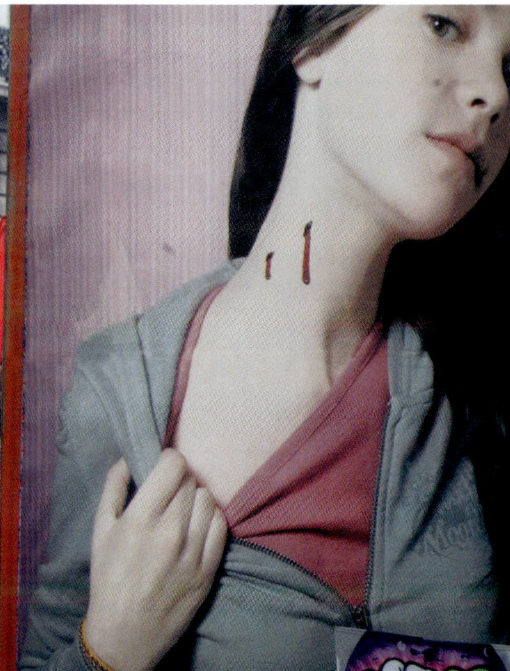

C'EST VRAI ?

« BOLKESTEIN », UN ÉPOUVANTAIL ?

Alors que le tertiaire génère 60 % du PIB de l'UE, la directive « Services » visait à faciliter la fourniture de services transfrontaliers et l'établissement d'une entreprise de services n'importe où dans l'Union. Le principe du pays d'origine, proposé par l'ancien commissaire Bolkestein, permettait à un prestataire détaché occasionnellement dans un État limitrophe d'appliquer certaines modalités légales de son pays, d'où la crainte de voir un plombier polonais offrir ses services pour un salaire dérisoire. Cette proposition a été abrogée, remaniée et votée en novembre 2006 pour application au plus tôt en décembre 2009. Elle exclut certains services sensibles et seul le droit du pays d'accueil du service fera loi.

Les modèles français et allemand ont-ils vécu ?

Longtemps, France et Allemagne ont incarné une certaine idée de « modèle social européen », associant une protection sociale élevée financée par des taxes sur la masse salariale, un droit du travail fortement réglementé et un État providence très présent. Différence notable, le poids des syndicats : alors que la « cogestion » se traduit par une participation active des salariés allemands aux orientations sociales des entreprises, les salariés français sont les moins syndiqués d'Europe… Mais ces deux États marquent le pas : le chômage avoisine 10 %, la croissance est assez faible, les déficits budgétaires dépassent 3 % du PIB. Prescription des voisins de l'UE ? Une réforme incluant une libéralisation de leurs secteurs publics et une moindre protection face au chômage. Actuellement des réformes dans ce sens sont en cours en Allemagne.

Bus portant une publicité d'offres d'emplois dans un centre d'appels pour le compte d'entreprises françaises à Rabat, au Maroc. De plus en plus de sociétés françaises délocalisent leurs centres d'appels en Afrique.

décentralisés et réduits (de 45 % en Suède, de 35 % en Finlande). Ils ont en outre adopté les méthodes du secteur privé : intéressement, prime au résultat... voire licenciement ! Les retraites ont été en partie privatisées. Allégée pour les entreprises, la pression fiscale grimpe jusqu'à 58 % pour les particuliers les plus riches. Résultats : sauvegardée, la protection sociale bénéficie à tous, handicapés, jeunes ou personnes âgées ; les congés parentaux durent de treize mois (Norvège, Danemark) à dix-huit mois (Suède) ; les chômeurs danois peuvent conserver jusqu'à 90 % de leur salaire pendant quatre ans. Et, dans le même temps, le taux de chômage plafonne officiellement à 6 % au Danemark et en Suède, et la croissance avoisine 3 %. Cependant, des interrogations surviennent : la culture de la négociation, base du système (plus de 80 % des travailleurs sont syndiqués), va-t-elle se maintenir ? Le taux du chômage déclaré ne sous-estime-t-il pas l'ampleur du non-emploi ? Et, alors que le travail au noir se développe, pourra-t-on continuer de financer l'eldorado social du Nord ?

La « troisième voie » britannique est-elle mieux éclairée ?

Avec Tony Blair, le nouveau Parti travailliste a imposé un autre modèle social, rompant avec le libéralisme thatchérien des années 1980. Côté familles, la fiscalité a été réduite, l'allocation pour la petite enfance, améliorée. Si les individus doivent épargner de plus en plus pour leur protection sociale (santé, maladie, retraite), les dépenses publiques ont été accrues, jusqu'à doubler la part du PIB allouée à la santé. Côté emploi, un salaire horaire minimal et une sorte de Smic-jeunes ont été instaurés en 1999. Avec une faible taxation des salaires et un marché de l'emploi flexible, le taux de chômage se maintient officiellement au-dessous de 5 %, attirant de nombreux travailleurs étrangers. Cependant, la « troisième voie » n'échappe pas aux critiques. Beaucoup de chômeurs sont contraints d'accepter des emplois mal payés, sous peine de suppression de leurs allocations. Entre 20 et 25 % de la population reste pauvre (revenu inférieur à 60 % du revenu médian européen). La poursuite de la privatisation du secteur public, inaugurée par la « dame de fer », est très controversée. Beaucoup plaident pour un État providence plus juste, pas seulement centré sur les plus pauvres.

Les Scandinaves ont-ils la solution ?

Flexibilité + sécurité = flexsécurité. Avec cette équation inédite, l'équilibre entre ultralibéralisme et forte protection sociale incarne le « miracle » des économies nordiques. Touchés par la crise des années 1990, la Suède, le Danemark et la Finlande se sont réformés en profondeur. Les services publics ont été à la fois

La mondialisation, ferment d'une Europe sociale ?

Concurrence internationalisée, mutations technologiques : comment faire rimer modèle social avec compétitivité et délocalisations ? Alors que la Commission européenne est souvent accusée de ne pas se préoccuper des travailleurs, c'est à son initiative que doit être instauré un Fonds européen d'ajustement à la mondialisation (FEM). Doté de 500 millions d'euros au maximum par an, il vise à aider temporairement les travailleurs européens ayant perdu leur emploi du fait de la mondialisation : reconversion ou création d'entreprise, jusqu'à 50 000 personnes seront accompagnées chaque année. La mondialisation fera-t-elle naître l'Europe sociale ?

CÔTÉ FRANCE

Bientôt **une nouvelle république ?**

Séisme du 21 avril 2002, « non » au référendum sur la Constitution européenne, progression constante de l'abstention : comment retrouver la confiance des citoyens ? Des voix réclament une VIe Constitution : utopie ou seule voie possible ?

Que reproche-t-on à la Ve Constitution ?

En 1958, la Ve Constitution installe un régime parlementaire « rationalisé » : le président est désigné par les parlementaires et les élus locaux. Mais, décidée en 1962, son élection au suffrage universel lui donne un rôle prépondérant dans les institutions et rompt l'équilibre. Ce président, qui n'a pas à répondre de son action devant le Parlement – il est dit « irresponsable » –, peut, en revanche, dissoudre l'Assemblée nationale. En cas d'impopularité du président, le Premier ministre sert de « fusible » : de Pierre Mauroy à Jean-Pierre Raffarin, en passant par Michel Rocard et Édith Cresson, la liste est longue de ceux qui en ont fait l'expérience. La cohabitation pose la question de la légitimité : en 1986, 1993 et 1997, François Mitterrand puis Jacques Chirac, pourtant désavoués par les électeurs, ont fait le choix de rester malgré tout au pouvoir et ont conservé d'importantes prérogatives (armée, diplomatie, référendum...). Est-ce démocratique ? Enfin, durant toute la durée de son mandat, le président dispose de l'immunité pénale.

Le général de Gaulle s'exprimant sur les grandes lignes de la Ve République le 16 juin 1946, à Bayeux.

Les députés ont-ils assez de pouvoirs ?

Le Parlement peut-il facilement assumer son rôle de contrôle de l'exécutif ? L'article 49.3 de la Constitution permet au gouvernement de faire adopter un texte en passant outre au vote des députés. Bien qu'en contre-partie, ceux-ci disposent d'une motion de censure, dans les faits, elle n'a été utilisée qu'une seule fois, en 1962, contre le gouvernement Pompidou. Celui-ci dut

L'Assemblée nationale est le haut lieu où siègent les 577 députés qui composent le Parlement. Dans l'hémicycle sont débattues et votées les futures lois de la République.

démissionner, mais fut aussitôt renommé par le général de Gaulle, qui, dans la foulée, dissolut l'Assemblée ! Enfin, du fait de la construction européenne, l'action législative relève désormais de l'Union européenne pour de nombreux secteurs (économie...).

RÉVISION DE LA CONSTITUTION, MODE D'EMPLOI

L'article 89 de la Ve Constitution encadre le processus de révision constitutionnelle, sans que soit mentionnée une limite ; pour la Convention pour une VIe République, il serait donc possible de l'utiliser pour réviser entièrement la Constitution... et donc en changer.

– Initiative : Parlement ou président de la République en accord avec le Premier ministre.

– Adoption du texte de révision : voté par les deux Assemblées, en termes identiques.

– Ratification : par référendum ou par le Congrès (réunion de l'Assemblée nationale et du Sénat).

Qui veut garder la Ve Constitution ?

Tous les partis s'accordent sur les problèmes de la vie politique française : abstention forte assez fréquente, pouvoirs importants pour un président « irresponsable », système ni tout à fait présidentiel, ni tout à fait parlementaire. Mais la volonté de changer de Constitution ne figure pas dans le programme des deux principaux partis politiques. Pour l'UMP, la Ve Constitution a prouvé sa stabilité et sa capacité d'adaptation : elle a d'ailleurs déjà fait l'objet de 19 révisions (parité, quinquennat, renforcement des pouvoirs du Parlement, question européenne...). Le parti de Nicolas Sarkozy souhaite une réforme optant plus clairement pour un régime présidentiel, où le chef de l'État présenterait lui-même sa politique au Parlement. L'usage de l'article 49.3 serait limité, voire supprimé.

Quelle VIe République ?

Pour d'autres, plutôt que continuer de réformer peu à peu la Constitution, mieux vaut la changer d'un coup pour retrouver la confiance des citoyens. Au sein du PS, à travers sa Convention pour une VIe République, Arnaud Montebourg souhaitait un régime parlementariste ; le Premier ministre, issu du groupe majoritaire à l'Assemblée, deviendrait le véritable chef de l'exécutif à la place du président de la République. Il serait responsable de son action devant un Parlement aux pouvoirs renforcés, à qui il présenterait son bilan chaque année. Le Sénat serait élu au suffrage universel. Le président de la République, désigné par les deux Assemblées, serait l'incarnation symbolique de la nation. Lors de sa campagne présidentielle, la candidate PS, Ségolène Royal, s'est aussi prononcée pour une VIe République. Partisan d'un régime présidentiel, l'UDF de François Bayrou propose de supprimer la fonction de Premier ministre. Dans cette optique, c'est le président qui, une fois par an, viendrait débattre de son action devant un Parlement renforcé, où l'Assemblée nationale serait élue avec une dose de proportionnelle. « Gendarme » des institutions, le Conseil constitutionnel pourrait prendre l'initiative d'intervenir en cas d'abus de pouvoir.

Aménagement du territoire : comment préparer notre futur ?

Aider les zones les plus dynamiques à développer leurs atouts, soutenir celles en difficulté, assurer partout l'accès aux infrastructures, aux technologies. Comment conjuguer solidarité et compétitivité ?

Aménagement du territoire : de quoi parle-t-on ?

L'objectif de l'aménagement du territoire est de favoriser un développement équilibré du pays, en agissant sur l'essor économique, les infrastructures (transport, communication...) ou encore l'habitat. Il relève de la Délégation interministérielle à l'aménagement et à la compétitivité des territoires (Diact), qui a remplacé la Délégation à l'aménagement du territoire et à l'action régionale (Datar) en 2005, sous l'autorité du ministère de l'Intérieur et de l'Aménagement du territoire.
Les grands chantiers actuels concernent les contrats de projets État-Régions, les mutations et l'attractivité économiques, l'accès aux nouvelles technologies, le développement rural, la politique de la ville.

Comment sauvegarder l'emploi des zones en difficulté ?

Suppression d'emplois dans le secteur de la chaussure à Romans ou à l'usine Kodak de Chalon-sur-Saône ; difficultés dans l'électronique à Laval ; précarisation dans le Pas-de-Calais ou à Saint-Dizier... Localement, l'État soutient les collectivités touchées par des difficultés économiques en débloquant des fonds pour la reconversion des salariés, l'aide à l'installation d'entreprises, la création de nouvelles zones d'activité, voire le réaménagement de liaisons routières.

ENA à Strasbourg (photo ci-contre) ou Commandement des écoles de gendarmerie à Rochefort, depuis 2002, des organismes sont transférés de Paris vers les régions, pour implanter localement des emplois publics.

FOCUS

QU'EST-CE QU'UN PÔLE DE COMPÉTITIVITÉ ?

Biotechnologie, aéronautique, cosmétique... chaque pôle de compétitivité est consacré à un secteur industriel. Sur un territoire donné, il regroupe des entreprises, un centre de formation et des unités de recherche qui mettent leurs efforts en commun pour développer des projets innovants. À l'heure de la mondialisation, l'objectif de ces pôles est de rassembler les compétences locales pour leur donner plus de visibilité et de compétitivité au niveau international. Après un appel à projets, l'État a labellisé 66 pôles de compétitivité début 2006, pour lequel un budget de 1,5 milliard d'euros sur trois ans a été débloqué.

Haut débit et TNT pour tous ?

En 2006, de nombreuses communes, rurales ou trop isolées, non rentables pour les opérateurs, n'avaient pas accès aux nouvelles technologies.
Pour permettre l'accès au haut débit à toutes les communes avant la fin de 2007, l'État a pris en charge l'équipement des communes défavorisées et développé des solutions telles que le Wi-Fi ou le satellite lorsque l'ADSL n'était pas utilisable. Pour les 3 000 communes non couvertes par la téléphonie mobile, l'État a cofinancé l'installation de sites-relais avec les opérateurs. Enfin, la création d'un bouquet satellite est prévue pour accélérer la diffusion de la télévision numérique terrestre (TNT) ; une parabole et un décodeur suffiront à la recevoir sans abonnement. Le basculement total à la TNT est prévu pour la fin de 2011.

Comment « vendre » la campagne ?

Afin d'attirer certains professionnels vers des zones rurales en déclin démographique et économique, l'État applique des mesures fiscales spécifiques : les médecins, chefs d'entreprise, investisseurs du tourisme, employeurs associatifs y bénéficient d'une exonération d'impôt sur le revenu ou sur les sociétés, d'une exonération de taxe professionnelle ou d'aides à l'installation.

VOIES DE COMMUNICATION ET PRINCIPAUX PÔLES DE COMPÉTITIVITÉ

La décentralisation garantit-elle l'égalité des collectivités territoriales ?

L'Acte II de la décentralisation, lancé en 2003-2004, assurera-t-il le même développement à toutes les collectivités territoriales ?

Que permet la décentralisation* ?

En mars 1982, la loi donne leur autonomie aux **collectivités territoriales***. Possédant des droits et des devoirs, elles acquièrent des attributions précises pour gérer certains secteurs (infrastructures, aide sociale, éducation…), en toute indépendance.

Pour ce faire, elles disposent :
• d'un budget propre (issu majoritairement d'impôts et de taxes) ;
• d'une administration et d'une assemblée élue (par exemple, le conseil municipal) ;
• de l'autonomie politique.

La décentralisation vise essentiellement à :
• mieux comprendre les besoins d'un milieu local (emploi, développement économique…) ;
• favoriser la démocratie locale et un meilleur contrôle des élus et des services publics ;
• favoriser la remontée des initiatives pour innover.

Le gouvernement Raffarin relance le processus en 2003-2004 et met l'accent sur la démocratie locale, l'initiative politique et l'autonomie financière des collectivités.

Quels nouveaux outils pour la démocratie locale ?

La loi de 2002 rend obligatoire la création de conseils de quartier pour les villes de plus de 80 000 habitants. Les conseils municipaux ont en charge leur dénomination, leur composition et leurs modalités de fonctionnement. Composés d'élus, d'associations, de personnes qualifiées, d'habitants, ils peuvent être consultés par le maire et lui faire des propositions sur des sujets aussi divers que l'aménagement de la voirie, l'accès pour les handicapés, la sauvegarde des espaces verts…

Les collectivités territoriales ont désormais la possibilité de soumettre leurs projets aux électeurs, grâce à un référendum dont elles prennent l'initiative ; il peut avoir valeur de décision ou de simple consultation. En 2004, les électeurs de Saint-Rémy-de-Provence (Bouches-du-Rhône) ont ainsi empêché le transfert d'une école primaire, tandis que, fin 2006, ceux d'Ivry-sur-Seine (Val-de-Marne) ont affirmé leur soutien à leur maternité. De plus, les électeurs disposent désormais d'un droit de pétition qui leur permet de demander l'inscription d'une question relevant de la compétence d'une collectivité à l'ordre du jour de son assemblée.

Quels nouveaux outils pour l'initiative locale ?

En 1997, sept régions « testent » leurs capacités à gérer le transport ferroviaire de voyageurs d'intérêt régional. L'essai étant réussi, en 2002, ces compétences sont transférées à chaque région française (hors Île-de-France et Corse). Depuis 2003, l'Alsace gère elle-même ses fonds européens : en 2013, le bilan dira si les autres régions peuvent faire de même.

Ce « droit à l'expérimentation » est désormais établi : une collectivité peut, de sa propre initiative, obtenir une dérogation aux lois et règlements (de cinq ans au maximum) pour mener une expérience ou tester une nouvelle compétence. Cette dérogation est validée par le Conseil constitutionnel ou le Conseil d'État. Après bilan, l'expérience est soit abandonnée, soit modifiée et prolongée de trois ans, soit généralisée à l'ensemble des collectivités de même niveau.

Le 1er janvier 2006, la gestion de 17 000 km de routes nationales a été transférée aux départements.

Quels nouveaux outils pour l'égalité entre les territoires ?

Deux nouveautés importantes organisent l'autonomie financière des collectivités. À chaque compétence transférée, l'État doit verser les financements permettant d'assumer ces nouvelles missions. Les collectivités peuvent (dans les limites fixées par la loi) gérer librement leurs ressources financières et voter les taux et assiettes des impôts qu'elles perçoivent. De plus, pour corriger les écarts de richesse, un mécanisme de redistribution entre les territoires a été mis en place.

Transferts financiers, le compte est-il bon ?

Jean-Yves le Drian, président de la région Bretagne, déclare qu'« il manque 200 millions d'euros ! » dans son budget. Le Conseil de Paris réclame 52 millions d'euros à l'État pour financer le Revenu minimum d'insertion (RMI)...
Depuis les élections de 2004, les présidents de région et département estiment que les transferts de compétences n'ont pas été suivis par les transferts financiers correspondants. L'État exige une meilleure gestion et des économies, mais a-t-il transféré les ressources financières nécessaires ? Pour les départements, qui doivent verser le RMI et l'Aide personnalisée à l'autonomie (APA), le budget social est le gros point noir.
Attendue depuis longtemps, préconisée par le Conseil économique et social fin 2006, une réforme de la fiscalité locale permettra-t-elle de trouver une solution ?

glossaire

COLLECTIVITÉS TERRITORIALES :
En charge d'un territoire, ce sont les communes, départements, régions, collectivités à statut spécial (Corse) et collectivités d'Outre-mer. Institutions publiques, elles se caractérisent par un mode d'organisation commun : élection d'une assemblée délibérante et désignation d'un exécutif local. Leur découpage est organisé par la loi.

DÉCENTRALISATION :
Elle vise à donner aux collectivités territoriales des compétences propres, distinctes de celles de l'État, à faire élire leurs autorités par la population et à assurer ainsi un meilleur équilibre des pouvoirs sur l'ensemble du territoire.

Les 35 heures sont-elles un acquis ?

Malgré une profonde réforme en 2005 et un bilan sur l'emploi en demi-teinte, les 35 heures sont désormais un fait acquis ayant modifié durablement le rapport au temps libre et les relations au sein de l'entreprise.

Bientôt la dernière heure des 35 heures ?

Dès 1996, la loi Robien incite les entreprises à partager le temps de travail pour créer ou maintenir des emplois. En 1998 et en 2000, alors que le chômage dépasse 11 %, les lois Aubry réduisent la durée du temps de travail de 39 à 35 heures. Les heures supplémentaires, majorées entre 25 et 50 %, sont limitées à 180 par an et une partie s'effectue sous forme de repos compensatoire. L'objectif est triple : créer des emplois ; inciter à la négociation collective ; permettre aux salariés de mieux concilier vie privée et vie professionnelle. Les entreprises de moins de 20 salariés disposent d'une dérogation jusqu'en 2002. De 2003 à 2005, les réformes Fillon assouplissent les 35 heures. Le plafond d'heures supplémentaires autorisées passe à 220 heures par an et le repos compensatoire est remplacé par une majoration de salaire. Les salariés ont désormais la possibilité de « vendre » leurs jours de repos ou de les stocker sur un compte épargne-temps. Faciliter le recours aux heures supplémentaires est contraire à l'esprit initial des 35 heures, qui était de limiter le temps de travail pour obliger les entreprises à recruter. Par ailleurs, le régime dérogatoire des petites entreprises est prolongé jusqu'au 31 décembre 2008. Des entreprises (Bosch, SEB, Fenwick, Euro Disney…) renégocient les accords.

Cette réforme a-t-elle transformé les relations au travail ?

Les lois sur les 35 heures avaient aussi pour objectif la relance de la négociation entre partenaires sociaux pour élaborer de nouvelles règles de durée de travail ; de fait, 200 000 accords d'entreprises et 300 accords de branches ont été signés à la suite des lois Aubry. Dans certains cas, l'émergence de l'arythmie a rendu les salariés plus autonomes ; mais, ailleurs, le contrôle des salariés a été renforcé. De grandes entreprises restent favorables aux 35 heures, car l'assouplissement des horaires, l'annualisation du temps de travail, les allégements de charges, la modulation, ont favorisé la productivité. De plus, les accords de réduction du temps de travail (RTT), ménageant les intérêts des salariés et des entreprises, ont été difficiles à mettre en place ; il serait encore plus compliqué de les remettre en cause. Dans certains secteurs (restauration, transport, BTP…), le recours aux heures supplémentaires est important. Mais ailleurs, l'annualisation, qui permet de moduler des horaires hebdomadaires plus ou moins chargés selon l'activité de l'entreprise, limite leur utilisation. Globalement, les heures supplémentaires restent peu élevées ; 55 heures par an et par salarié, pour un maximum autorisé de 220 heures.

Le 29 mars 2001, les 26 200 salariés de Michelin ont approuvé, par référendum organisé par la direction, un accord sur la réduction du temps de travail.

glossaire

DURÉE LÉGALE DU TRAVAIL : Seuil au-delà duquel les heures supplémentaires sont comptabilisées.

FOCUS

COMBIEN D'EMPLOIS LES 35 HEURES ONT-ELLES GÉNÉRÉS ?

Sur 2 millions d'emplois créés entre 1998 et 2000, 350 000 sont liés aux 35 heures, selon la Dares, au lieu des 600 000 à 700 000 escomptés. Les entreprises ont créé environ 5 % d'emplois supplémentaires, avec une forte disparité entre grandes et petites entreprises ; 4 millions de salariés de PME ne bénéficient pas du régime des 35 heures. En 2006, 80 % des salariés à temps complet d'entreprises de plus de dix salariés travaillaient moins de 36 heures.

La réduction du temps de travail souligne certaines inégalités : entre ceux qui ont une liberté de choix pour la prise et l'organisation de leurs RTT (cadres) et ceux qui ne l'ont pas (ouvriers, temps partiels).

Tous égaux devant les 35 heures ?

Une étude de la Direction de l'animation de la recherche, des études et des statistiques (Dares) de 2006 montrait que, parmi les salariés passés aux 35 heures, 49 % déclarent que leur vie au travail s'est améliorée, 33 % qu'elle n'a pas changé et 15 % (surtout les femmes peu qualifiées du tertiaire et à temps partiel), qu'elle s'est dégradée. Mais ces chiffres sont à nuancer. Une majorité de salariés pour qui les 35 heures n'ont rien changé bénéficiaient déjà de conditions de travail favorables : meilleur dialogue social, travail en équipe mieux organisé, autonomie plus importante… De fait, la réduction du temps de travail souligne certaines inégalités : entre ceux qui ont une liberté de choix pour la prise et l'organisation de leurs RTT (cadres) et ceux qui ne l'ont pas (ouvriers, temps partiels) ; entre salariés des grandes entreprises et les autres, du fait des dérogations dont bénéficient les PME. Ces inégalités se retrouvent en matière de loisirs : les cadres et les Franciliens, qui voyageaient déjà plus fréquemment, sont ceux qui ont davantage profité des 35 heures pour partir. Un bon niveau d'éducation et un environnement culturel riche permettent de mieux utiliser le temps dégagé.

Et ailleurs, quel est le temps de travail ?

Si le temps de travail a tendance à diminuer en Europe, c'est en France qu'il est le plus faible. Cependant, d'autres pays ont une culture plus développée du temps partiel (Allemagne, Pays-Bas, Scandinavie). La France possède également une autre spécificité par rapport à ses voisins : dans notre pays, la réduction du temps de travail a fait l'objet d'une loi ayant pour but de créer des emplois. Ailleurs, elle a été mise en place dans certaines entreprises, sous forme d'accord négocié entre partenaires sociaux, dans l'objectif de maintenir des emplois menacés.

Chômage et retraite : comment résoudre l'équation?

La peur du chômage et l'incertitude face au financement futur des retraites font partie des grandes préoccupations des Français. Deux défis majeurs à relever pour les gouvernements qui se succéderont.

Profession chômeur, un métier d'avenir ?

Avec plus de 2 millions de chômeurs, près de 9 % de la population active est actuellement sans travail. Ce taux, stabilisé depuis vingt ans avec un pic à 13 % en 1997, est l'un des plus élevés d'Europe. Comment stimuler la croissance et, gros handicap français, créer des emplois ? De contrats plus souples en emplois aidés, aucun gouvernement n'a sorti de son chapeau une recette miracle qui allierait les scores du modèle britannique – chômage plafonné à 5 % – sans ses revers – des emplois précaires et à temps partiel, une couverture sociale inexistante. Le papy-boom aura-t-il un effet baguette magique ? Ces trente prochaines années, en effet, 600 000 départs à la retraite sont attendus par an, contre 410 000 dans les années 1990. De là à une baisse radicale du chômage, rien n'est moins sûr, la productivité continuant à creuser l'écart entre l'offre et la demande de travail. Dans l'industrie, ces postes libérés sont, par exemple, une aubaine pour réduire les effectifs. Le vieillissement des actifs devrait toutefois avoir un effet positif : pour 2015, le ministère de l'Emploi table sur un taux de chômage de 7 %.

Le chômage, une nouvelle case obligatoire dans une carrière ?

La menace du chômage a pesé sur toute leur scolarité. Avec un taux de 22 %, les 16-24 ans sont les plus frappés. Parallèlement grandit le chômage des seniors : seul un tiers des 55-64 ans a un emploi. En vingt ans, les 25-55 ans sont devenus les chouchous du marché. À condition d'enterrer les modèles à l'ancienne, l'emploi à vie, par exemple : « Dans votre carrière, vous changerez plusieurs fois d'employeur et de fonction », assènent les cabinets de recrutement. Parallèlement à cette

et demain?

LES MÉTIERS QUI RECRUTENT

Attention, nouveaux métiers ! Des professions hybrides vont se développer, comme le bio-informaticien qui utilise à la fois la biologie et l'informatique dans la recherche génétique. Par ailleurs, le papy-boom commence déjà à doper le recrutement. La banque pourrait devenir le premier employeur du privé avec 30 000 à 40 000 embauches par an, suivie par l'assurance. De son côté, le ministère de l'Emploi a dressé la liste des métiers les plus porteurs en 2015. En tête : les assistantes maternelles et aides à domicile, les agents d'entretien et les professeurs. La santé, l'hôtellerie, le commerce, le bâtiment et la logistique figurent aussi parmi les filières porteuses. La gestion, l'informatique et la communication tireront leur épingle du jeu. Enfin, les entreprises auront un besoin croissant d'experts pour les audits, le conseil juridique et la formation.

Bio-informaticien visualisant en 3D la densité électronique de protéines virales.

À Paris, le 23 mars 2004, manifestation devant le Palais de justice lors du procès de chômeurs en fin de droits contre les Assedic.

mobilité, qui a pour clé la formation, une nouvelle division du travail se dessine. Les juniors et les seniors devront s'habituer aux emplois à mi-temps ; les 25-55 ans seront confrontés à des aménagements du temps de travail. Une nouvelle donne esquissée aux Pays-Bas, par exemple, qui affichent un taux de chômage de 6,5 % mais où 20 % des hommes travaillent à temps partiel.

Comment financer la retraite des papy-boomers ?

C'est en 2012 que le dispositif de retraite pourrait perdre l'équilibre, quand la courbe des plus de 60 ans croisera, puis dépassera celle des moins de 20 ans. En France, il repose sur le **système de répartition***. Comment concilier cette mécanique et la bascule démographique à venir ? En 2020, la facture devrait avoisiner 43 milliards d'euros par an ! Adoptée en 2003, la loi Fillon a allongé la durée de cotisation, portée à 41 ans en 2012 puis à 42,5 ans à partir de 2016, pour le secteur privé comme le public. Les partenaires sociaux évoquent d'autres issues, telles la hausse des cotisations salariales et patronales ou la taxation des revenus financiers. Se dessine également la perspective d'un régime mixte associant au système actuel la retraite par capitalisation, sur le mode des **fonds de pension***. Autant de scénarios à prendre en considération. D'après le Conseil d'orientation des retraites, la réforme Fillon ne permettrait plus de couvrir les besoins de financement dès 2020…

Une retraite à la carte ?

Le cap de l'âge légal de la retraite à 70 ans sera franchi en 2040, après une étape à 65 ans en 2020. Telles sont les projections du gouvernement français. S'ils rêvent de travailler moins, les Français s'attendent bien à un allongement de la durée de cotisation et à une détérioration des conditions financières de retraite. La fin du modèle industriel du travail laisse entrevoir un nouveau fonctionnement, qui a inspiré les 35 heures : on travaillera certes un peu plus longtemps, mais un peu moins chaque semaine ou chaque année. Chacun alternera périodes de loisirs, de travail et de formation, avant de choisir le moment où mettre fin à ses activités. Tout un rapport au travail à réinventer.

glossaire

FONDS DE PENSION :
Géré par le secteur privé. Généralisé dans les pays anglo-saxons, il s'agit d'un organisme de gestion collective d'un fonds constitué par une entreprise pour assurer le paiement d'une retraite à ses employés.

SYSTÈME DE RÉPARTITION :
Géré par l'État. Ce système se fonde sur une solidarité entre les générations : les actifs paient les pensions des retraités d'aujourd'hui, les actifs de demain financeront les retraites des actifs d'aujourd'hui.

Dette : la France frôle-t-elle la faillite ?

Plus de 1 000 milliards d'euros de dette en 2005 ! Un chiffre qui fait tourner la tête et fait craindre le pire pour l'avenir du pays. Mais est-ce aussi simple ? Se focaliser sur son remboursement est-il vraiment une priorité ?

Pourquoi existe-t-il une dette ?

La dette publique, c'est-à-dire l'argent dû par l'État, les administrations, la Sécurité sociale et les collectivités locales, a été multipliée par 5 entre 1980 et 2004, selon le rapport Pébereau pour le ministère de l'Économie et des Finances. Elle a atteint en 2006, selon l'Insee, 1 142,2 milliards d'euros. Un tel niveau dépasse l'endettement autorisé par le traité de Maastricht (60 % du PIB). Pourquoi cette dette abyssale ? Parce que les recettes des administrations (impôts, taxes, ventes d'entreprises publiques...) n'équilibrent pas leurs dépenses de fonctionnement. L'État se fait donc prêter de l'argent pour continuer de garantir essentiellement la couverture des risques sociaux, la santé et l'éducation...

À qui l'État doit-il de l'argent ?

Contrairement à un ménage endetté, l'administration ne se tourne pas vers une banque pour emprunter, mais émet des produits sur les marchés financiers (bons du Trésor, obligations). Ceux-ci entrent alors dans le portefeuille de fonds de pension, de compagnies d'assurances, de riches particuliers. D'après les chiffres de l'Agence France Trésor qui gère la dette de l'État, 58 % de ces créances de dettes sont détenues par des organismes étrangers, mais sont libellées en euros. La France doit très peu d'argent en une autre monnaie que la sienne et sa dette externe se retrouve donc très réduite (contrairement aux pays en voie de développement). Par ailleurs, les banques et entreprises françaises détiennent elles aussi des titres étrangers dans leurs portefeuilles.

La France en banqueroute ?

La situation apparaît très préoccupante car, à cette dette purement financière, le ministre de l'Économie et des Finances ajoute l'engagement de l'État de payer les retraites des fonctionnaires qui vont partir massivement dans les années à venir. La France va-t-elle être en faillite et obligée de vendre la tour Eiffel, comme le clamait en 2005 le statisticien Pascal Gobry ? C'est peu probable. D'abord, parce qu'un État endetté ne peut se comparer à un individu endetté, obligé de rembourser ses emprunts avant sa mort sous peine de ruiner ses descendants. Un État est « immortel », il peut donc rester perpétuellement endetté sans que cela inquiète ses créanciers. Par ailleurs, la capacité d'épargne française reste élevée (plus de 20 % du PIB en 2005), le pays apparaît donc comme parfaitement solvable. Les titres de la dette française, un placement très sûr, participent même à rassurer les agents financiers. Pour finir

de relativiser, le taux d'endettement de la France (63,9 % de son PIB) reste inférieur à celui de la zone euro (70,8 % selon Eurostat), l'Italie atteignant un déficit de plus de 100 % de son PIB. Il n'y a donc pas péril en la demeure. De plus, aucun tribunal ne peut imposer le remboursement de la dette d'un État (doctrine Drago).

Pour emprunter, l'État ne s'adresse pas aux banques, mais aux particuliers, en émettant des titres, tels les obligations ou les bons du Trésor. Ces derniers font l'objet de grandes campagnes de souscription, comme ici dans les années 1940.

Faut-il résorber la dette ?

Le remboursement, ou service, de la dette s'élevait en 2006 à 39,5 milliards d'euros, soit le montant de l'impôt sur le revenu. Il représente le deuxième poste budgétaire, après l'éducation. L'argent pourrait servir à autre chose. Il semble donc important de réduire la dette publique, à l'instar de la majorité des pays européens, et, comme le souligne le rapport Pébereau, plus on attend, plus l'effort à consentir sera important. Comme la Banque centrale européenne interdit à la France de créer de la monnaie pour rembourser ses créanciers, la réduction de la dette passe soit par une augmentation des revenus de l'État – et donc des impôts –, soit par une diminution des dépenses. Le rapport Pébereau préconise la seconde solution : il recommande une optimisation drastique du fonctionnement public, par la poursuite de la réforme des retraites, le retour à l'équilibre des assurances maladie et chômage et par la réorientation des dépenses vers les domaines des politiques de l'emploi, de l'enseignement supérieur et de la recherche. Cette question est au centre des débats politiques des années à venir. Les économistes de gauche soulignent que la part des dépenses publiques reste stable depuis 1984 (environ 50 % du PIB d'après Eurostat) et considèrent que la réduire ne ferait que ralentir la croissance. La priorité serait pour eux de doper la croissance par des investissements qui creuseraient la dette dans un premier temps, puis de taxer davantage les profits, donc de mieux redistribuer l'argent. Enfin, il convient de préciser que si le taux de croissance du pays est supérieur au taux d'intérêt la dette se réduit d'elle-même.

Existe-t-il des pays sans dette ?

Le plus faible endettement, selon les chiffres de la CIA en 2005, apparaît à Hongkong avec seulement 1,8 % du PIB. Seuls trois pays de l'Organisation de coopération et de développement économiques (OCDE) – Australie, Corée du Sud et Luxembourg – présentent en 2004 un endettement inférieur à 20 % de leur PIB. Mais il est difficile de lier la santé d'un pays à son niveau de dette publique tout comme d'établir la somme à partir de laquelle elle devient insoutenable. Par exemple, l'Australie possède un niveau d'endettement (17,8 % du PIB) et un niveau d'épargne très bas. Cela indique que les habitants vivent à crédit pour consommer et aussi pour payer les études des enfants ou les frais médicaux. La dette privée doit donc s'additionner à la dette publique pour qu'une image plus précise de la santé réelle d'un pays se dessine.

glossaire

CAPACITÉ D'ÉPARGNE :
Argent mis de côté par les ménages ou les collectivités locales, disponible pour être réinjecté dans des emprunts. Si elle est élevée, c'est l'indicateur d'une économie saine, mais peu confiante dans l'avenir.

DETTE PUBLIQUE DE LA FRANCE

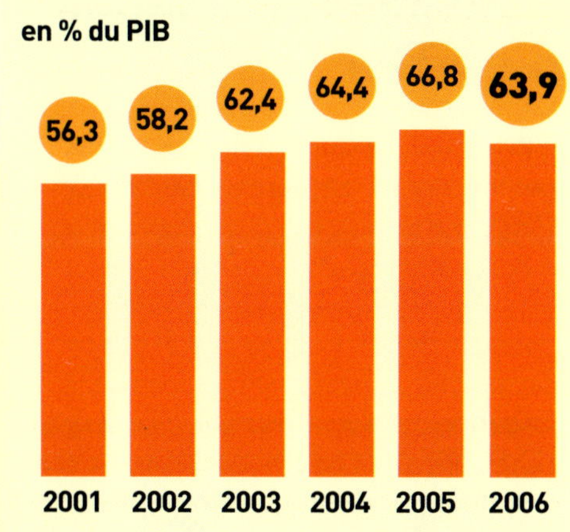

Source : Insee.

Manifestant anti-CPE dans les rues de Paris, en mars 2006.

Grève des salariés de la logistique Virgin pour une hausse de leur prime de productivité.

Service minimum : à l'assaut du droit de grève ?

Depuis plusieurs années, la question d'un service minimum garanti dans tous les grands services publics en cas de grève se pose ; les usagers le souhaitent, les syndicats s'y opposent vigoureusement.

La grève : quel mode d'emploi ?

Dépénalisé en 1864, le droit de grève est pleinement reconnu en France depuis son inscription dans la Constitution de 1946. Une grève est obligatoirement un mouvement collectif (au moins deux salariés) ; elle implique une cessation totale du travail. Les revendications ne peuvent être que d'ordre professionnel (salaires, conditions de travail, stratégie de l'entreprise…). Les grèves politiques sont illégales. Les grévistes doivent respecter les non-grévistes. Dans le secteur privé, les salariés peuvent cesser le travail dès que l'employeur a eu connaissance de leurs revendications.

Les Français, champions de la grogne ?

Comparée à ses voisins, la France se classe souvent en tête du nombre de jours de grève, même si ce nombre tend à diminuer. Or il s'agit aussi du pays le moins syndiqué d'Europe ; seuls 8 % des salariés adhèrent à un syndicat, contre 20 % en Allemagne, 29 % au Royaume-Uni, 35 % en Italie et 77 % en Scandinavie. Les grèves ne sont-elles alors pour les syndicats que le moyen d'« exister à tout prix » ? La réponse serait plutôt à chercher du côté de leurs missions, plus réduites que chez nos voisins. Entre autres exemples, la cogestion allemande associe les salariés à la direction des entreprises et l'Irlande engage des négociations sociales tous les trois ans. Cette culture de la négociation n'a pas réellement d'équivalent en France. La simple obligation de négocier pour toute réforme du Code du travail ne s'est imposée que fin 2006.

ITALIE, SERVICE MINIMUM

La Constitution italienne protège le droit à certaines prestations indispensables. En cas de grève, les syndicats doivent déposer un préavis d'au moins dix jours, annoncer la durée de la grève, communiquer cinq jours avant la grève les modalités et horaires du service minimum. Satisfaisantes dans les secteurs de l'énergie, de l'eau, de l'enseignement ou de la poste, ces mesures sont inefficaces en matière de transport, secteur où des grèves sauvages ont toujours lieu.

Employés de Telecom Italia en grève à Milan, le 3 octobre 2006, contre le plan de restructuration de l'entreprise.

Le service minimum existe-t-il déjà en France ?

Pour raisons de sécurité, certains secteurs n'ont pas le droit de grève : police, administration pénitentiaire, transmissions du ministère de l'Intérieur, magistrature, armée. Le service minimum existe déjà pour l'audiovisuel public et les établissements détenteurs de matériaux nucléaires. Le personnel de santé a l'obligation d'assurer les soins essentiels, notamment les urgences : les directeurs d'établissement sanitaire, voire le préfet lui-même, sont autorisés à « assigner » des agents. Au besoin, les médecins peuvent être réquisitionnés. Pendant l'hiver 1986-1987, une grève d'EDF particulièrement dure avait exaspéré les usagers, provoquant de vives réactions : manifestations, pétitions pour le « droit à l'électricité », occupation d'agences par des commerçants. Des accords internes furent alors signés en 1988 pour empêcher au maximum toute coupure sauvage. Près de 2 000 agents peuvent être réquisitionnés pour assurer ce service.

Loi ou accords d'entreprise, quelle différence ?

En France, les syndicats sont fortement opposés à une loi sur le service minimum. Elle serait pour eux un « grignotage » du droit de grève et entraînerait une tension des relations sociales. Depuis décembre 1995, le débat se focalise sur les transports publics. Le député Christian Blanc, ex-PDG de la RATP, bataille pour l'adoption d'une loi sur le service minimum dans ce secteur. Les syndicats pointent les difficultés pratiques d'un tel projet. Comment organiser un service minimum entre 7 et 9 heures, si ce n'est en obligeant 80 % du personnel à travailler ? Plus qu'une loi générale, inadaptée au cas par cas, les syndicats réclament un meilleur dialogue social et la signature d'accords. À l'initiative du ministère des Transports, une charte pour une prévisibilité du service public de transport en période de perturbations a ainsi été signée par l'Union des transports publics (UTP) en juillet 2006. Elle prévoit une information des usagers sur les services organisés (alerte par les médias, affichage informatif, numéro Vert...), et un plan de desserte adapté. Mais, surtout, elle recommande des procédures obligatoires de négociation ; la grève doit devenir le dernier recours.

FOCUS

LA GRÈVE DE LA PINCE

En 1990, une grève des contrôleurs SNCF a consisté à ne pas contrôler les billets. Les usagers ont pu voyager gratuitement. Or, le billet ayant valeur d'assurance, et les contrôleurs étant chargés du contrôle mais aussi de la sécurité, cette grève a été jugée illégale et les grévistes, sanctionnés.

La santé gratuite, combien ça coûte ?

Les Français sont attachés à leur système de santé fondé sur la solidarité et garantissant un égal accès aux soins. Ce système saura-t-il se réformer pour conserver ses acquis ?

Peut-on garder notre système de santé tel quel ?

En France, l'assurance-maladie est l'une des « branches » de la Sécurité sociale. Quatre types de recettes assurent son financement (lire ci-dessous). L'essentiel des recettes étant issu de prélèvements sur les salaires, lorsque le chômage ou les départs en retraite sont importants, les recettes de l'assurance-maladie diminuent significativement. De plus, ces cotisations pèsent sur le coût du travail. La Contribution sociale généralisée (CSG), un impôt direct prélevé à la source, a justement été créé pour apporter une autre source de financement. Côté dépenses, des raisons plus structurelles rendent les comptes de l'assurance-maladie déficitaires : l'allongement de la durée de la vie, les comportements consuméristes vis-à-vis du système de santé, ou encore l'augmentation des prises en charge à 100 % (pour les affections de longue durée). D'ores et déjà, le poids des dépenses médicales passées pèse sur les générations futures ; fin 2006, la reprise de dettes depuis 1996 était estimée à 102 milliards d'euros. Les Français se déclarent attachés à leur système de santé ; pourra-t-on le conserver tout en maîtrisant les dépenses ? C'est tout l'enjeu de la réforme décidée en 2004.

LES RECETTES DE L'ASSURANCE-MALADIE

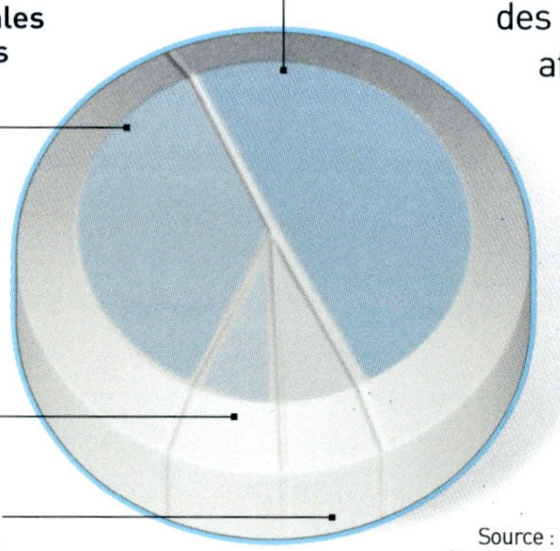

Source : Assurance-maladie, 2005.

La réforme comblera-t-elle le trou de la Sécu ?

Désormais, en France, les usagers sont invités à choisir un médecin traitant. C'est ce médecin qui décide si le patient doit consulter un spécialiste ou subir des examens médicaux : si le patient ne passe pas par lui, les consultations sont moins bien remboursées. La mise en place du dossier médical personnalisé obéit à la même logique : mieux suivre le parcours de soins des usagers, éviter le nomadisme d'un médecin à l'autre et limiter les dépenses inutiles. Fin 2006, près de 80 % des assurés avaient choisi un médecin traitant.

Parallèlement, les contrôles sur les arrêts de travail ont été renforcés ; la participation de 1 euro par consultation pour les usagers, le reversement par l'État des droits sur le tabac et l'augmentation de la contribution sociale des entreprises créent de nouvelles recettes.

Si ces mesures ont effectivement permis de diminuer le déficit de l'assurance-maladie, passé de 8,3 milliards d'euros en 2005 à 6 milliards en 2006, la branche maladie n'est qu'un des cinq postes de la Sécurité sociale, dont le déficit reste tout de même de 9,7 milliards. De plus, l'équilibre général des comptes, prévu au départ pour 2007, a été repoussé à 2009, car les nombreux départs en retraite des baby-boomers ont creusé le déficit de la branche vieillesse.

FOCUS

FAUT-IL DÉLOCALISER LES MÉDECINS ?

Si le nombre de médecins n'a jamais été aussi élevé en France (203 000 généralistes et spécialistes), la répartition géographique est inégalitaire ; 12 % du territoire sont déficitaires. Le Plan démographie des professions de santé gouvernemental vise à rééquilibrer l'offre médicale en incitant les praticiens à s'installer dans les zones sous-médicalisées : exonérations, meilleures rémunérations des remplaçants, aides au regroupement en cabinet…

L'hôpital est-il à bout de souffle ?

Depuis leur création dans les années 1960, les services d'accueil d'urgence connaissent une croissance régulière de leur activité ; ils ont enregistré ainsi 14 millions de passages en 2004, contre la moitié en 1990. Les causes en sont multiples : substitut à la médecine de ville qui semble gratuit (puisque l'on ne paie pas directement) ; prise en charge des populations à faible revenu ; volonté, pour des patients de plus en plus exigeants, de bénéficier d'un plateau technique. Or seul un patient sur cinq est réellement hospitalisé après son passage aux urgences. Mais, depuis 2003, cette progression marque le pas et, dans le public, le nombre de médecins et d'infirmiers a été renforcé. Malgré tout, l'hôpital public reste confronté à un manque de personnel depuis le passage aux 35 heures, ainsi qu'à une « évasion » vers le privé. Dans les hôpitaux de Franche-Comté et du Nord-Pas-de-Calais, près de 50 % des postes de médecins sont vacants. Pour pallier ces manques, les établissements ont recours aux médecins originaires de pays hors Union européenne, payés 10 % de moins à diplôme égal et précarisés, ou aux intérimaires de la santé, dont les salaires sont majorés et font exploser la masse salariale des hôpitaux. Enfin, la question de la qualité des soins se pose pour 113 petits hôpitaux ; en deçà de 2 000 opérations par an, il ne peut y avoir une équipe importante de chirurgiens. Or, si une opération tourne mal, il peut être vital de faire appel à un collègue disponible sur place...

La France compte le plus grand nombre d'hôpitaux par habitant au monde, soit 1 pour 20 000 habitants. La moyenne européenne est de 1 hôpital pour 40 000 habitants.

0123456789 chiffres-clés

- Dépenses de santé en France en 2004 : **10,5 % du PIB** (8,9 % en moyenne dans les pays de l'OCDE).
- Chaque Français débourse en moyenne **2 580 euros par an** pour les dépenses courantes de santé ; mais 5 % des assurés mobilisent 60 % des remboursements, avec près de 20 000 euros par personne et par an.
- L'assurance-maladie garantit le remboursement de **78 % des dépenses de santé,** le reste étant pris en charge par les complémentaires (environ 12 %) ou par les patients (environ 11 %).

Quelle laïcité aujourd'hui ?

En 2005, la commémoration de la séparation de l'Église et de l'État en France a relancé le débat sur la laïcité dans un pays encore marqué par l'« affaire du voile ». En Europe, la Constitution française est la seule à poser la laïcité comme principe. Dans une société de plus en plus multiculturelle, ce concept doit-il évoluer ? Et comment ?

La laïcité, une exception française ?

L'inscription de la laïcité dans la Constitution française garantit la neutralité de l'État par rapport aux religions, l'égalité des religions entre elles et la liberté de culte ; les autres pays de l'Union européenne garantissent eux aussi les valeurs principales de la laïcité, quel que soit le statut juridique accordé aux religions. C'est en fait la question de l'intégration qui souligne la spécificité de la laïcité « à la française ». Le modèle républicain y est diffusé de façon très volontariste, notamment grâce à l'obligation de neutralité des agents publics, à l'intégration scolaire, ou encore aux contrats d'accueil et d'intégration, destinés à assurer la maîtrise du français aux nouveaux arrivants.

Pour la plupart, nos voisins ont opté pour le multiculturalisme, qui reconnaît, voire encourage, les différences culturelles. À première vue plus respectueux des identités, ce modèle est aujourd'hui critiqué, même dans les États qui le défendaient le plus ardemment. Ainsi, aux Pays-Bas, on assiste à un véritable découpage communautaire de l'espace : écoles constituées uniquement d'enfants immigrés, peu de brassage entre les populations, langue néerlandaise non maîtrisée...

INSOLITE

L'AFFAIRE THORKILD GROSBOLL

Ce pasteur danois avait déclaré en 2003 qu'il ne croyait ni en Dieu, ni en la résurrection, ni en la vie éternelle. Le ministre des Affaires religieuses (au Danemark, l'Église a le statut d'Église d'État et est devenue un service public) a voulu suspendre Grosboll. Celui-ci fit appel, au nom de la liberté de conscience. Nul ne pouvant être licencié de son emploi en raison de convictions personnelles, le pasteur athée fut réintégré...

La république garantissant le libre exercice du culte, l'État doit permettre à chacun de pratiquer, y compris dans les lieux fermés (prisons, hôpitaux, armée), comme dans cette prison de Tours.

Voile à l'école : problème réglé ?

Issue du rapport de la commission Stasi, la loi de mars 2004 encadre le port de signes religieux dans les écoles, collèges et lycées publics. Les élèves peuvent porter des signes religieux dans la mesure où ceux-ci restent discrets. Les chefs d'établissement ont l'obligation de résoudre les éventuels conflits par le dialogue avec les parents, excluant ainsi les organisations religieuses. Il semblerait que ces mesures aient apaisé le débat, notamment autour du voile islamique. Lors de la rentrée 2004-2005, 639 cas de signes ostentatoires avaient été relevés. Le dialogue permit d'en résoudre la majorité : seules 47 exclusions furent prononcées. À la fin de l'année scolaire, 496 élèves restaient dans le secteur

En Grande-Bretagne, le port de signes religieux est autorisé dans les écoles. Mais le pays n'échappe pas à une polémique croissante au sujet du voile.

public, 71 suivaient des cours à distance et 72 avaient fait un autre choix, dont celui du privé. Depuis, les rentrées se sont déroulées sans incidents majeurs.

L'État doit-il former les imams ?

Le ministère de l'Intérieur estime à 1 200 le nombre d'imams officiant en France, la plupart formés à l'étranger ; un tiers d'entre eux ne parleraient pas le français. En dehors des cas très marginaux d'imams extrémistes ayant fait l'objet d'expulsions, l'État se préoccupe de la diffusion d'un islam compatible avec les valeurs de la république. En 2003, la création du Conseil français du culte musulman (CFCM), relayé localement par des Conseils régionaux du culte musulman (CRCM), a permis de désigner une instance représentant les musulmans français avec laquelle l'État réfléchit aux options possibles. S'il n'est pas question de créer un cursus d'études sur des fonds publics, des solutions sont à rechercher du côté de formations déjà en place. Actuellement, l'Agence nationale pour la cohésion sociale et l'égalité des chances (ANCSEC), chargée de l'accueil et de l'intégration des populations immigrées, offre des stages d'apprentissage du français et de citoyenneté à tous les immigrants ; les futurs imams sont encouragés par les CRCM et les préfectures à suivre ces stages.

FOCUS

LA RÉPUBLIQUE PEUT-ELLE FINANCER L'ENSEIGNEMENT CONFESSIONNEL ?

Les établissements d'enseignement privés peuvent être hors contrat ou liés à l'État par un contrat simple ou d'association. L'État finance une partie des dépenses des établissements sous contrat, qu'ils soient religieux ou non, car ils assument une mission de service public. Les enseignants sont rémunérés par l'État, les collectivités locales participent au fonctionnement matériel. Tous les établissements privés sont susceptibles d'être inspectés par l'État.

De l'argent public pour les lieux de culte ?

En 1905, la loi de séparation de l'Église et de l'État attribue la propriété des églises, synagogues et temples à l'État, qui les met gratuitement à la disposition des croyants. Mais le financement public des nouveaux lieux de culte est interdit. Pour les représentants des religions (islam, protestantisme évangélique) qui ne possédaient pas de lieux de culte en 1905, cette mesure est de plus en plus injuste. En fonction de leurs moyens, ils improvisent des salles de prière dans des lieux peu propices à la spiritualité, comme des caves. À Lyon et à Évry, des mosquées ont été édifiées grâce au financement de l'Arabie saoudite, État fondamentaliste. En 2006, la commission Machelon s'est penchée sur ce problème. Elle a préconisé de permettre le financement public des lieux de culte. De nombreux maires seraient favorables à une révision en ce sens. Mais ces propositions suscitent une très forte opposition, à droite autant qu'à gauche.

Justice : une « machine à juger » ?

L'actualité alimente régulièrement le débat d'une nécessaire réforme de la justice française. Concernant le droit criminel, les lois Perben I et II (2003-2004) ont paru rapprocher notre procédure pénale de celle du monde anglo-saxon. Qu'en est-il exactement ?

Qu'est-ce que le système inquisitoire ?

En matière de crimes et délits les plus graves, la justice française fonctionne sur le mode « inquisitoire » : en préambule au procès, le juge d'instruction procède à l'enquête judiciaire. Il est censé instruire à charge et à décharge vis-à-vis de l'accusé. De son côté, le procureur rassemble les preuves soutenant l'accusation. Cette phase de la procédure pénale est protégée par le secret de l'instruction, notamment pour préserver la présomption d'innocence. Dans l'affaire Clearstream, deux juges ont ainsi été auditionnés pour déterminer comment des pièces du dossier en cours d'instruction avaient pu être publiées dans la presse. Cependant, depuis 2000, la loi autorise le juge d'instruction ou le procureur de la République à diffuser des communiqués à la presse. Le but est d'éviter les fuites « orientées » et de contrer une certaine hypocrisie ; si la presse relate que des personnes sont placées en garde à vue, comment ne pas conclure qu'elles sont coupables ? Dans le système anglo-saxon, dit « accusatoire », le juge n'est pas un enquêteur, mais un simple arbitre. Ce sont la défense et l'accusation qui collectent chacune leurs preuves et les lui présentent lors du procès.

Faut-il supprimer le juge d'instruction ?

Comment, dans l'affaire d'Outreau, des personnes innocentes ont-elles pu être accusées et incarcérées avant que leur procès dévoile l'inexistence des charges pesant contre elles ? L'enquête parlementaire a démontré que le juge d'instruction Burgaud avait instruit uniquement à charge : confrontations groupées opposant trois accusateurs à une personne seule, éléments à décharge non retenus et, surtout, des conclusions en forme de « copié-collé » du dossier d'accusation du procureur de la République. Cette affaire a relancé le débat autour du juge d'instruction. D'abord enquêteur, il devient arbitre et décide de renvoyer ou non l'accusé devant un tribunal. Mais peut-il rester impartial ? N'est-il pas trop proche de l'accusation, représentée par le procureur ? En 2000, ses pouvoirs avaient déjà été limités : le placement en détention relève désormais du juge des libertés et de la détention. Certains souhaiteraient supprimer la fonction de juge d'instruction. L'enquête serait alors menée par le parquet et par la défense. La commission d'enquête parlementaire d'Outreau a plutôt préconisé le remplacement du juge d'instruction par un collège de trois magistrats, l'un ayant au moins sept ans d'ancienneté.

Les lois Perben ont-elles « américanisé » notre système judiciaire ?

En 2004, la loi Perben II a réformé la justice pour l'adapter à l'évolution de la criminalité. La police acquiert de nouveaux pouvoirs : gardes à vue possibles jusqu'à quatre-vingt-seize heures (quarante-huit auparavant), possibilité d'infiltrer des réseaux, perquisitions de nuit... De plus, le statut du repenti, qui offre à un délinquant l'assurance d'une peine réduite s'il dénonce un crime ou un délit avant qu'il ne soit commis, est étendu à de nouvelles infractions. Enfin, le « plaider coupable » permet au procureur de proposer une peine d'un an de prison au maximum

Le 8 février 2006, le juge Fabrice Burgaud est interrogé par une commission parlementaire après le scandale de l'affaire d'Outreau. L'audition du juge est retransmise en direct par plusieurs chaînes de télévision, notamment TF1, France 2 et LCI.

à l'auteur d'un délit punissable de cinq ans au maximum. Si l'accusé accepte la peine, aucun procès n'a lieu. Malgré ces deux derniers éléments empruntés au système anglo-saxon, notre système ne change pas fondamentalement ; sa caractéristique majeure reste le secret de l'enquête. Les lois Perben ont renforcé le secret de l'instruction, au point qu'une avocate, France Moulin, avait été placée en garde à vue en 2005 pour avoir révélé des pièces de dossier à des proches de son client. De nombreux avocats dénoncent un déséquilibre au profit de l'accusation et plaident pour une réforme plus profonde, garantissant une meilleure indépendance de la justice.

FOCUS

LES ACTEURS DE LA PROCÉDURE PÉNALE EN FRANCE

QUI SONT-ILS ?

MAGISTRATS DU PARQUET
Ils reçoivent les plaintes et défendent les intérêts de la société.

Ils sont placés sous l'autorité du garde des Sceaux.

MAGISTRATS DU SIÈGE
Les juges rendent la justice, conformément au droit.

Nommés par le Conseil national de la magistrature, ils sont indépendants.

AVANT LE PROCÈS

Le procureur de la République reçoit les plaintes. Il saisit le juge d'instruction, met en œuvre les poursuites pénales et dirige l'action de la police judiciaire.

Chargé de rechercher les preuves de la culpabilité de l'accusé, il peut néanmoins décider d'un classement sans suite ou demander l'acquittement si son enquête l'y mène.

Le juge d'instruction est saisi par le procureur de la République. Il mène les interrogatoires et les confrontations. Il décide de la mise en examen et du contrôle judiciaire. Il constitue un dossier et décide de le transmettre au tribunal correctionnel ou à la cour d'assises.

Le juge des libertés et de la détention provisoire ordonne le placement ou la prolongation en détention provisoire, sur avis motivé du juge d'instruction.

Avocat : il informe ses clients de leurs droits et obligations, des démarches et procédures, les conseille et les assiste.

LORS DU PROCÈS

Le procureur de la République et ses substituts (tribunal correctionnel) ou l'avocat général (cour d'assises) soutiennent l'accusation, réclament l'application de la loi et une sanction pénale.

Un président et deux vice-présidents (tribunal correctionnel) ou un président et ses conseillers (cour d'assises) ont un rôle de décision, d'écoute et d'arbitrage. Ils prononcent les peines.

Avocat : il représente les intérêts de ses clients devant la justice.

APRÈS LE PROCÈS

Le parquet veille à l'exécution des peines.

Le juge d'application des peines suit l'exécution des peines et décide des mesures de réinsertion.

Quelles conditions de vie dans **les prisons françaises ?**

D'où vient le « malaise des prisons » ? Comment gérer la surpopulation carcérale ? Quelles autres solutions que la prison ?

Du bagne aux cellules modernes, comment vivent les prisonniers ?

Bien souvent privés de parole, les détenus français ont été consultés en 2006 par les États généraux de la condition pénitentiaire. Ils ne réclament pas plus de confort, mais un minimum de dignité. Plus de neuf prisonniers sur dix évoquent la nécessité de « mettre en place des installations sanitaires préservant l'intimité de la personne ». Être seul dans leur cellule (48 600 places pour 59 197 détenus) et être détenu dans un lieu proche de leur famille sont les deux autres mesures qu'ils aimeraient voir appliquer en priorité. À 78 %, ils voudraient mieux connaître leurs droits et être mieux préparés à leur sortie. Un portrait en creux des prisons qui complète d'autres chiffres dramatiques : en 2005, 122 personnes détenues se sont suicidées. Le chiffre le plus élevé d'Europe, devant la Turquie, l'Allemagne et l'Italie.

« Changer la vie » dans la prison : c'est possible ?

En France, des médiateurs de la République sont en place depuis 2005 dans cinq établissements pénitentiaires pour régler les litiges concernant les réductions des peines, permettre d'accéder à Internet pour une formation, retrouver des effets personnels perdus par l'administration… Depuis mars 2003, trois établissements expérimentent les **unités de visite familiale*** pour maintenir un lien affectif et social avec les proches. Le monde associatif demande aussi un accès à la formation et un revenu minimal pour les détenus qui travaillent. Enfin, se développent parfois des activités artistiques saluées, comme la réalisation du court-métrage *9 m² pour deux* à la prison des Baumettes à Marseille, diffusé ensuite en salles et sur Arte.

Quelles autres possibilités que la prison aujourd'hui ?

Quelques alternatives à la prison sont déjà en place. Depuis 1983, le Travail d'intérêt général (TIG) consiste pour le condamné à « accomplir, pendant une durée comprise entre 40 et 210 heures, un travail non rémunéré au profit d'une personne morale de droit public ou d'une association habilitée » (art. 131-8 de la loi du 10 juin 1983). Cette peine peut être une réponse à un délit (vol, délit routier…) ou une solution à la prison pour les mineurs. Depuis 2000, le bracelet électronique permet aux condamnés de préserver un lien social, le bracelet ne se déclenchant que si le condamné n'est pas chez lui aux horaires définis par le juge. En France, 871 personnes sont ainsi surveillées. Troisième option : le suivi socio-judiciaire, destiné aux personnes condamnées pour une infraction sexuelle. L'objectif : prévenir la récidive en les « incitant » fortement à suivre un traitement, en leur interdisant certaines professions (auprès des mineurs), de voir certaines personnes, de se rendre dans certains lieux. Les détenus peuvent enfin voir leurs peines aménagées, sous la forme de « placements à l'extérieur » : un emploi en dehors de la prison, contrôlé par l'administration pénitentiaire. De timides essais, loin d'être généralisés comme en Suède où ces différentes mesures concernaient, en 2005, 13 000 personnes quand seules 5 000 étaient détenues en prison.

FOCUS

DES PRISONS TRISTEMENT CÉLÈBRES DANS LE MONDE

ROBBEN ISLAND : Cette île d'Afrique du Sud abrite l'ancienne prison de Nelson Mandela, transformée en musée, classée par l'Unesco en 1999 au patrimoine mondial de l'humanité. Le symbole de la lutte contre l'apartheid.

GUANTÁNAMO : À l'intérieur d'une base militaire américaine à Cuba, une prison temporaire détient les supposés terroristes et combattants talibans capturés en Afghanistan en 2002. Le régime d'exception qui y règne a poussé le Comité contre la torture des Nations unies à demander la fermeture du site. Sans succès.

ABOU GHRAIB : Dans cette prison irakienne, des soldats américains ont torturé des détenus sous l'objectif d'appareils photo. En 2003, ces clichés ont fait le tour de la planète, déclenchant une vague d'indignation.

ALCATRAZ : Dans la baie de San Francisco, cette île a détenu jusqu'en 1963 les « criminels les plus dangereux » du pays.

glossaire

DÉTENTION PROVISOIRE :
Emprisonnement d'un accusé jusqu'à la fin de son procès.

LIBERTÉ CONDITIONNELLE :
Mise en liberté du détenu avant la fin de sa peine. Il reste jusqu'au bout sous la surveillance d'un organisme indépendant.

UNITÉ DE VISITE FAMILIALE :
Lieu permettant aux personnes détenues condamnées de recevoir les membres de leur famille de 6 à 48 heures tous les trois mois, 72 heures une fois par an.

Pour rompre avec le quotidien, dans des installations sommaires et ignorant l'intimité, les détenus de certaines prisons ont accès à des activités artistiques.

Dans une fourrière de l'Essonne, épaves de voitures après les flambées de violence de novembre 2005.

Crise des cités, société en crise ?

En novembre 2005, les Français assistaient à trois semaines de flambée de violence dans les banlieues des grandes agglomérations du pays, auxquelles le gouvernement répondit par l'instauration de l'état d'urgence. Simple avertissement ou déclaration de guerre d'une jeunesse qui dénonce un malaise social croissant ?

Une affaire d'intégration ou de reconnaissance ?

Des données économiques récurrentes expliquent en partie le malaise des jeunes des cités : un taux de chômage deux fois supérieur à la moyenne nationale selon l'Observatoire national des zones urbaines sensibles (Onzus), la précarité de l'emploi, la discrimination à l'embauche, des familles affichant un revenu fiscal moyen inférieur de 40 % à la moyenne nationale… Sans parler du quotidien de ceux qui subissent des contrôles d'identité vécus comme « humiliants », ceux à qui l'on reproche de « traîner » au pied des immeubles et qui en ont assez d'être considérés comme des immigrés alors qu'ils sont français de troisième génération. Derrière les incendies de voitures, aucune revendication politique, même si les symboles de l'État étaient visés (police, pompiers, écoles…). Ces gros remous semblent surtout exprimer un immense besoin de reconnaissance.

Quel territoire pour la cité ?

Les habitants des cités sont-ils des citoyens de seconde zone ? L'enclavement de leurs quartiers, entre autoroute, périphérique et voie ferrée, mal desservis par les transports publics, les isole. Pourtant, à l'arrivée de ces populations dans les années 1950, les autorités exigeaient d'elles une assise économique minimale et des papiers en règle pour valider leur installation. Nombre de grands ensembles d'habitat social, construits à cette époque et dans les décennies qui ont suivi, se sont dégradés au fil des années tandis que leurs habitants se paupérisaient. Les Trente Glorieuses, période d'explosion démographique et migratoire, ont entraîné le peuplement des banlieues françaises tandis que le dynamisme économique et politique de l'époque a masqué les difficultés à venir. Aujourd'hui, la revalorisation de ces quartiers et la redéfinition de leur territoire ne peuvent

être pensées indépendamment de l'agglomération où ils se trouvent jusqu'à l'échelle de la région.

Quels pare-feu ?

Emplois-jeunes, subventions aux associations, incitation à l'implantation d'entreprises par la mise en place de zones franches urbaines pour favoriser la création d'emploi, régies de quartier, police de proximité, lutte contre la dégradation des quartiers... Les mesures déployées sous forme d'aides, de subventions, d'avantages fiscaux ou de cadeaux symboliques sont rapidement devenues obsolètes ou ont été remises en cause par les gouvernements successifs. Certains brandissent comme solution un renouveau de la politique de la ville engagée depuis trente ans, d'autres se focalisent sur des réponses strictement sociales de mixité et de discrimination positive. Quelques jours après le début des flambées de violence, les maires de banlieue déploraient la mise en place de plans d'urgence plutôt que celle d'une politique de fond. Depuis 2003, Jean-Louis Borloo, ministre de l'Emploi, du Logement et de la Cohésion sociale, a recentré l'action du gouvernement sur la construction de logements sociaux, l'orientant vers une solution plus technique. Parallèlement se développe au sein de la société française un discours prônant la fermeté à tous les niveaux, de la reprise en main du noyau familial à l'action plus ferme de la police et de la justice.

Quel avenir pour les banlieues ?

Logique de l'affrontement ou dialogue ? En 2005, les mots du ministre de l'Intérieur Nicolas Sarkozy sur la « racaille » des banlieues présentées comme des fiefs de délinquants à « nettoyer au Karcher » donnait un avant-goût d'une politique de durcissement, plaçant les représentants de l'État en seuls garants de l'ordre établi. Mais cantonner les fonctionnaires dans un rôle de contrôleur et figer les cités dans cette image de creuset à révolte ne va-t-il pas à l'encontre d'un processus de reconnaissance déjà en cours dans la société ? Les échanges entre les cités et le reste de la France à travers la mode, la musique, la danse sont légion : pour preuve, le succès populaire du hip-hop et du rap, des « anciens » NTM, IAM, Assassin, Menelik aux « jeunes » comme Diam's, Disiz La Peste, Busta Flex, La Brigade... La cité n'est pas toujours morose, mais les dynamiques et initiatives internes aux quartiers (associations ou entreprises) ne font pas la une des journaux.

Clichy-sous-Bois : point de départ des troubles de 2005 qui ont touché un grand nombre de banlieues à travers la France.

et ailleurs ?

Les voitures brûlent en France, les dégâts matériels sont importants, mais les turbulences ne font pas de morts car ces mouvements de jeunes restent imperméables aux antagonismes raciaux, culturels ou religieux. Dans bien des villes du monde, les émeutes deviennent sanglantes. En 1992 et 1993, les affrontements entre musulmans et hindouistes ont fait des milliers de morts à Bombay. En Grande-Bretagne et aux États-Unis, la ségrégation est aussi meurtrière. Les *urban riots* déclenchées dans un quartier pauvre de Los Angeles en 1992, et liées aux tensions entre Latinos, Asiatiques et Afro-Américains, ont provoqué des milliers de morts. La France ne dévie donc pas vers un modèle à l'américaine, en particulier parce qu'elle encourage une grande mixité sociale dans les cités et les banlieues.

LE SAVIEZ-VOUS ?

Les 750 Zones urbaines sensibles (ZUS) comptent en France environ 5 millions d'habitants, soit 8 % de la population.

Vitalité démographique : un miracle français ?

Avec un hochet d'argent pour le nombre de naissances et une canne d'or pour l'espérance de vie, la France se singularise de ses voisins européens par son dynamisme. La famille s'agrandit, mais l'intendance suit-elle ?

Quelles sont les recettes de ce mini-baby-boom ?

Avec 2 enfants par femme en 2006, la France a enregistré le plus haut taux de fécondité d'Europe. Dépassant l'Irlande d'une courte tête, elle est bien au-dessus de la moyenne européenne (1,5). Championne, la France pouponne-t-elle ? Assurément, une série de mesures entretient le sentiment que les bébés sont les bienvenus : allocations dès le premier enfant, coup de pouce pour l'emploi d'une assistante maternelle, carte Famille nombreuse… Ce contexte est propice à l'activité des femmes. Là encore, la France affiche l'un des meilleurs scores européens puisque 81,1 % des 25-49 ans travaillent. Question de politique, affaire de mœurs : en Allemagne, la mère active est vue d'un mauvais œil, il n'y a pas de crèches et l'école ferme ses portes à 13 heures. Conséquence : beaucoup renoncent à avoir des enfants et le pays est en voie de décrocher le titre de « peuple le plus vieux au monde » en 2035…

La France, championne de la fécondité en 2006.

Record de longévité : existe-t-il un élixir français ?

Avec une espérance de vie de 84 ans pour les femmes en 2006, la France bat le record d'Europe, à égalité avec l'Espagne. Dans ce domaine, le féminin l'emporte sur le masculin, avec un écart de sept ans (77,1 ans pour les hommes). Difficile de dire si cette jouvence est une recette spécifiquement française, puisque tous les pays industrialisés ont progressé à l'identique. Clé de cette révolution : les progrès de la médecine contre les maladies cardio-vasculaires et le cancer, premières causes de mortalité chez les seniors. L'évolution des modes alimentaires et du style de vie, dont le recul du tabagisme et de l'alcoolisme, entre aussi en compte. Bonus démultiplié, car ces années en plus se vivent souvent en bonne santé !

FOCUS

UNE POLITIQUE FAMILIALE SUFFISANTE ?

Crèches, haltes-garderies, écoles maternelles… Si les formules sont plus nombreuses qu'ailleurs en Europe, elles n'exonèrent pas les parents d'un parcours du combattant. En 2005, seul un nouveau-né sur neuf bénéficiait d'une place en crèche. La France n'est pas aussi bien adaptée aux besoins des mères actives que l'Europe du Nord. Autre défi à relever : comment réconcilier la maternité et la parité professionnelle ? En 2004, les salaires des femmes étaient entre 16 et 23 % inférieurs à ceux des hommes, selon la catégorie socioprofessionnelle… La politique familiale française est cependant l'une des plus généreuses d'Europe : 3 % du PIB lui est dévolu, contre 1 à 2 % en Italie ou au Royaume-Uni. Pionnière dans ce domaine, avec l'héritage de l'État providence et du paternalisme des entreprises du xxe siècle, la France allie à cette volonté sociale une visée démographique : ne pas avoir à dépendre de l'immigration.

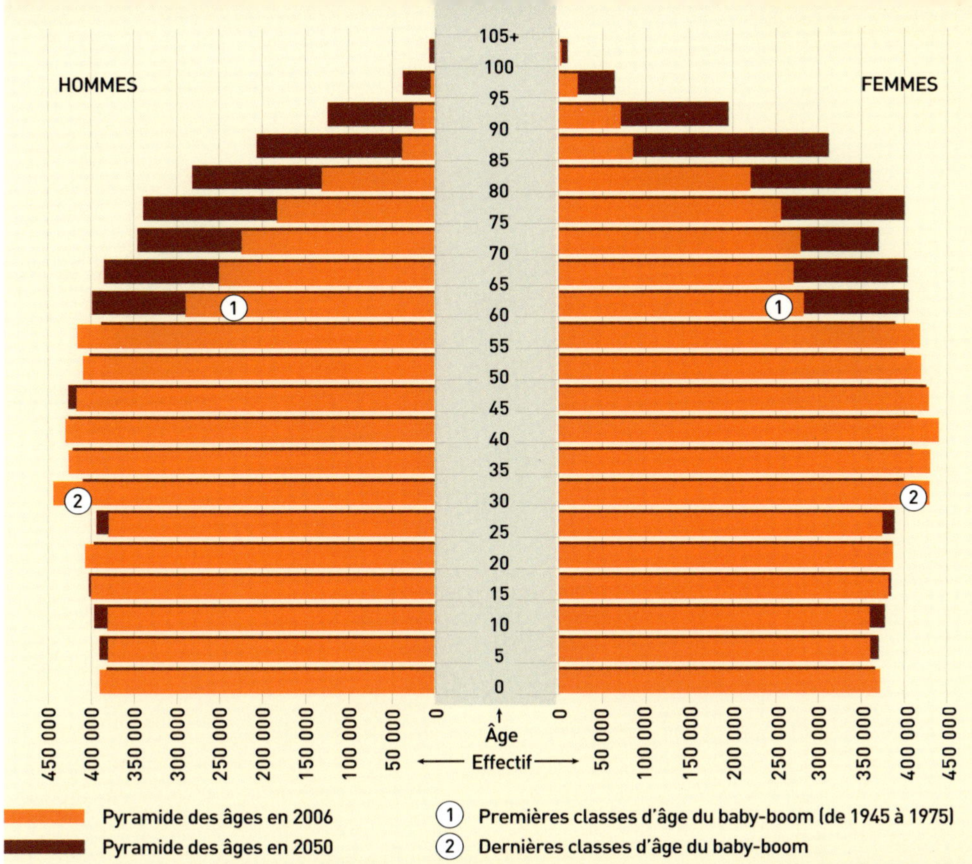

QUELLE PYRAMIDE DES ÂGES EN FRANCE EN 2050 ?

glossaire

ACCROISSEMENT NATUREL : Différence entre les taux de natalité et les taux de mortalité.

SEUIL DE RENOUVELLEMENT : Cet indicateur mesure le nombre moyen d'enfants par femme. Le seuil de renouvellement des générations est non de 2, mais de 2,1 enfants par femme car il y a un peu moins de filles que de garçons qui naissent et qu'une partie des enfants n'atteint pas ses 20 ans.

SOLDE MIGRATOIRE : Marge entre les entrants et les sortants du territoire.

Le renouvellement des générations est-il assuré ?

Deux enfants par femme contre 1,94 en 2005, c'est déjà une bonne progression, mais encore un peu trop juste : le **seuil de renouvellement*** des générations est de 2,1 enfants par femme, chiffre non atteint en France depuis 1974 et score dont aucun État européen ne peut se targuer aujourd'hui. D'où cette crainte des économistes : que le déclin démographique n'entraîne le déclin économique, comme au Japon où le « baby-crack » s'est accompagné d'un ralentissement de la productivité. À l'inverse, les États-Unis allient expansion économique et croissance démographique, grâce à une forte immigration et à un taux de fécondité de 2 % en 2005. À moins d'un changement de tendance, la population française devrait baisser, à partir de 2040 ou 2050 selon les hypothèses. Avec un effet probable sur la flexibilité et l'innovation.

La France aura-t-elle davantage besoin de l'immigration ?

En France, en 2005, la vitalité démographique était due pour les trois quarts à l'**accroissement naturel*** et pour un quart au **solde migratoire***. Pour aider au renouvellement des générations, le Commissariat général du plan estimait en 2002 que la France aurait besoin de 20 000 immigrants supplémentaires chaque année. Fin 2003, le Conseil économique et social avançait le chiffre de 10 000 étrangers de plus tous les ans. Bienvenue, mais à qui ? Maçons, électriciens du bâtiment, routiers, cuisiniers, paramédicaux : les partisans de l'immigration choisie souhaitent combler le manque d'actifs dans les secteurs en pénurie. L'immigration choisie, comme son nom l'indique, se veut sélective : *exit* les immigrés aux revenus jugés insuffisants, ils ne pourront bénéficier du regroupement familial. Un débat sensible pour un chantier qui s'impose.

Histoire, quel devoir de mémoire ?

Les commémorations ont le vent en poupe en France, avec leur lot d'émotion et de *mea culpa*, et, chaque fois, le « devoir de mémoire » pour consigne. Une tendance qui ne fait pas toujours l'unanimité auprès des historiens.

Le couturier Azzedine Alaïa, la cantatrice Jessye Norman et le concepteur du défilé sur les Champs-Élysées, Jean-Paul Goude, lors des préparatifs de la commémoration du bicentenaire de la Révolution française.

Le devoir de mémoire, un phénomène nouveau ?

Pas une cérémonie du souvenir sans qu'il soit cité. Ce phénomène de société est né de la Shoah, au nom de « plus jamais ça » après l'extermination de 6 millions de Juifs par les nazis. Dès 1954, une Journée nationale du souvenir des victimes et des héros de la déportation est instituée par la loi. Mais la France attendra vingt-cinq ans avant d'appliquer ce devoir de mémoire à son propre passé. Ce n'est que dans les années 1970 que le mythe de la Résistance fait place à la vérité sur Vichy. Le tabou est alors également levé sur la torture en Algérie, mais il faudra dix ans pour que ces exactions éclatent au grand jour. Dernier *mea culpa*, en 2006 : la création d'une Journée de commémoration de l'esclavage et de son abolition, fixée tous les 10 mai. « La grandeur d'un pays, c'est d'assumer toute son histoire. Avec ses pages glorieuses, mais aussi sa part d'ombre », justifie Jacques Chirac.

Reste-t-il des plaies ouvertes ?

Chaque période risque d'avoir son lot d'«oubliés de l'histoire officielle » qui demandent une reconnaissance à l'État. Le sujet des harkis reste sensible, la responsabilité française éventuelle dans le génocide du Rwanda n'est pas réglée... Comment ces sujets se font-ils jour ? Sous la pression des médias, par exemple. La littérature et le cinéma jouent également un rôle.

Comment se souvenir ?

Les journées commémoratives se multiplient, avec des images fortes comme celle de François Mitterrand et Helmut Kohl main dans la main à Verdun, le 22 septembre 1984. Des historiens critiquent cependant cette mise en scène hollywoodienne, contraire à la mémoire selon eux, car l'émotion prime alors sur la réflexion. Autre façon de se souvenir : les lieux de mémoire tel le Mémorial de la Shoah, inauguré en janvier 2005 à Paris. Par ailleurs, le recueil de la mémoire vivante prend une place croissante. Ainsi, l'Office national des anciens combattants (Onac), mandaté par le ministère des Anciens Combattants, a recueilli pendant deux ans des témoignages oraux des anciens d'Algérie, car, comme le rappelle l'écrivain malien Amadou Hampâté Bâ, « Un vieillard qui meurt, c'est une bibliothèque qui brûle ».

FOCUS

PEUT-ON RÉCRIRE L'HISTOIRE ?

La France a répondu « non » en 2006, quand Jacques Chirac a jeté à la corbeille l'alinéa d'une loi qui stipulait le « rôle positif » de la décolonisation, à développer dans les manuels scolaires. Selon les historiens, l'écriture de l'histoire doit rester leur affaire, et non celle des députés. Il faut laisser le champ libre aux nouvelles recherches qui permettent de continuellement réévaluer les faits. Tout en autorisant la liberté de ton, Tintin et Astérix restant libres de revisiter le pays des Soviets et la Gaule !

et ailleurs ?

UNE HISTOIRE, PLUSIEURS MÉMOIRES...

Une « guerre des manuels » a provoqué en 2005 des manifestations en Chine contre le Japon, accusé de révisionnisme. Source du conflit : un livre d'histoire nippon qui traite de « simple incident » les massacres commis par le Japon en Chine en 1937-1945. En 2006, Tokyo attise cette fois la colère de Moscou : les manuels rattachent au Japon quatre des îles Kouriles annexées en 1945 par l'URSS. En France, c'est la rédaction du manuel franco-allemand destiné aux lycéens des deux pays qui déclenche une confrontation de visions différentes, mais de façon pacifique ! Dans le volume de terminale de 2006, les États-Unis d'après-guerre sont perçus par les Allemands comme les protecteurs du monde libre, alors que la France évoque leur caractère impérialiste.

Doit-on instaurer une date de péremption ?

La question se posera sans doute pour le 11 novembre, à la mort du dernier poilu. Quand, en 1975, Valéry Giscard d'Estaing « raya » le 8 mai au nom de la réconciliation franco-allemande, François Mitterrand, en 1981, lui redonna vite son caractère férié sous la pression des anciens combattants et déportés. Jusqu'à la Révolution française, le temps était rythmé par les fêtes religieuses. Ce n'est qu'en 1880 que le 14 juillet devint fête nationale, pour célébrer les fondements du régime après la défaite de 1870. Les monuments aux morts sont apparus pendant la Première Guerre mondiale, tandis que la Seconde sera porteuse de leçons de civisme. Les commémorations sont aujourd'hui entre les mains du ministère des Anciens Combattants. En 2006, 12,4 millions d'euros ont été attribués à la « politique de mémoire », notamment pour le 90e anniversaire de Verdun.

Et les événements plus positifs, aux oubliettes ?

Ce devoir de mémoire peut être festif, à l'image de Jessye Norman chantant *La Marseillaise* enveloppée dans le drapeau français, en 1989. Le bicentenaire de la Révolution a commémoré le passé pour mieux célébrer le présent, rendant honneur aux droits acquis. Une autre tendance se dessine, peut-être afin d'affirmer une identité au sein de l'Europe : la commémoration qui émane de groupes régionaux. Le spectacle du Puy du Fou connaît un réel engouement, tout comme les musées valorisant le patrimoine.

SOCIÉTÉ

Quelle famille aujourd'hui... et demain ?

En Occident, la famille traditionnelle, modèle dominant à la fin de la Seconde Guerre mondiale, a connu une véritable révolution en moins de deux décennies. À quoi ressemble la famille de ce début de XXIe siècle ? Quelles ont été les principales évolutions ? Quelles conséquences sur le droit, les modes de vie, l'organisation ?

La famille va-t-elle disparaître ?

Le modèle « traditionnel » de la famille – un homme et une femme mariés et des enfants nés de cette union – bat de l'aile. Dans l'Union européenne, on compte plus d'un divorce pour trois mariages enregistrés. En France, un enfant sur deux est né hors mariage en 2005, loin derrière l'Islande, championne avec un taux approchant les 64 % ! La cellule familiale revêt de nouvelles formes : il devient courant qu'un enfant vive avec un seul de ses parents (famille monoparentale) ou avec des demi-frères ou demi-sœurs au sein d'une famille recomposée. Aujourd'hui, les enfants de divorcés ne sont plus montrés du doigt. Assiste-t-on à une révolution de la structure familiale ou à celle d'une société qui accepte de modifier la norme familiale ?

ÉVOLUTION DES MARIAGES, DIVORCES ET PACS EN FRANCE

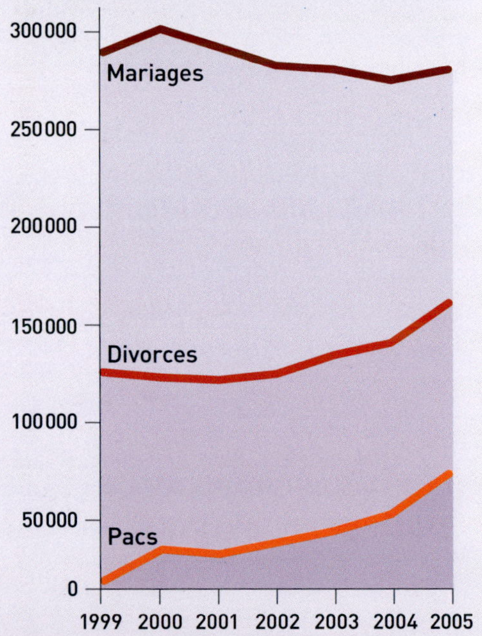

Source : Insee.

Vers un statut pour le parent « en plus » ?

Ces changements familiaux créent des situations auxquelles le droit n'est pas toujours en mesure de répondre. Plus d'un enfant sur cinq ne vit pas avec ses deux parents. De plus en plus de jeunes sont élevés par un de leurs parents et son concubin(e), qui n'est pas leur géniteur. Celui-ci n'a aucun statut juridique à l'égard de l'enfant même s'il a des devoirs et des responsabilités. Faut-il accorder un statut à ce second parent ? Des solutions existent pour pallier les lacunes législatives – la possibilité de déléguer à un tiers le partage de l'autorité parentale ou l'adoption simple –, mais elles peuvent sérieusement compliquer les relations avec la mère ou le père biologique... Pour ce parent « en plus », l'enjeu est avant tout de se faire accepter comme un interlocuteur digne de respect et de favoriser l'harmonie du nouveau cocon familial.

Des enfants de plus en plus tard ?

L'âge moyen des mères européennes au premier enfant recule (en France, il approche 30 ans) et elles font de moins en moins d'enfants. Ce phénomène de l'« enfant unique sur le tard » s'explique par des facteurs divers : le recul de l'âge au mariage, l'allongement des études, la présence des femmes sur le marché du travail, le chômage persistant, le renforcement de la précarité. Dans ce paysage européen, la France fait figure d'exception par son dynamisme démographique : les Françaises affichaient un indice de fécondité de 2 en 2006, dépassant l'Irlande (1,9) et juste derrière les États-Unis (2,1), sachant que le renouvellement des générations est assuré à 2,1. Le développement de la « parenté tardive » pose problème car, avec l'âge, la fécondité baisse. En outre, à l'approche de la quarantaine, la mère et l'enfant exigent pendant la grossesse un suivi médical plus attentif car les risques de malformations du fœtus sont plus importants.

Cette famille de Perpignan est la première famille française regroupant 6 générations. Incarnation, 90 ans, tient dans ses bras Paul, son arrière-arrière-arrière petit-fils !

Vers un nouveau statut des pères ?

Après une séparation, le plus souvent, c'est la mère qui garde l'enfant : en France, les femmes représentent plus de 80 % des familles monoparentales. En revanche, dans les familles recomposées, les pères ont plus souvent la garde de leur enfant. Aujourd'hui, les hommes tentent de casser l'argument du lien privilégié entre la mère et son enfant, longtemps brandi par la justice. Les associations de défense des droits des pères fleurissent, à l'exemple du réseau international Fathers 4 Justice, qui prône le recours à la « désobéissance civile non violente » comme ultime moyen de sensibiliser la population au besoin de changer les lois sur le divorce. Ils demandent que les enfants puissent être élevés par leurs deux parents et garder des liens avec leurs grands-parents. En France, la garde partagée progresse et les pères ont conquis le droit à un congé de paternité de onze jours.

et ailleurs ?

EN ASIE, TROP D'HOMMES, PAS ASSEZ DE FEMMES

Sur le continent asiatique, la famille pourrait bien « disparaître » pour cause de déficit de femmes. À l'horizon 2010, les statistiques prévoient que 1 million de Chinois seront chaque année contraints au célibat faute de trouver une femme à épouser. Pour diverses raisons économiques (la dot d'une fille coûte cher, par exemple), politiques (la politique de l'enfant unique en Chine), sociales et culturelles à la fois, les couples ont donné la préférence aux fils, portant un coup terrible à l'équilibre démographique de près de la moitié de la population mondiale. Aujourd'hui, les gouvernements tentent d'inverser la tendance. En Inde, depuis 1994, une loi interdit de dévoiler aux parents le sexe de leur bébé pendant la grossesse pour éviter les avortements sélectifs.

Membres d'une même famille réunis autour de livres retraçant leur généalogie dans la province du Hunan, en Chine.

glossaire

TRANSITION DÉMOGRAPHIQUE :
Passage d'un régime démographique caractérisé par une natalité et une mortalité élevées à un régime démographique défini par une natalité et une mortalité basses. Au cours de cette transition, la population augmente rapidement car il y a moins de morts et plus de naissances.

Vers une famille **homoparentale ?**

La nouvelle cartographie de la famille, en rupture avec le schéma traditionnel, facilite probablement les débats sur les familles homoparentales. L'homosexualité sortirait-elle de l'ombre ?

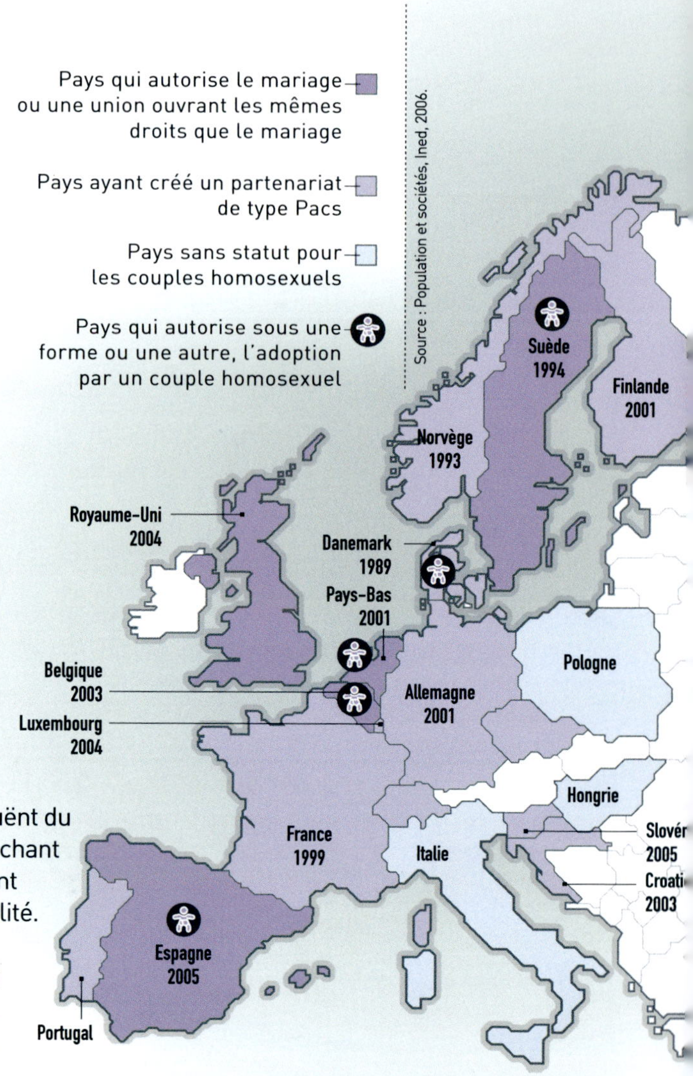

Le mariage est-il une institution... hétérosexuelle ?

Alors même que le mariage semble être une institution hétérosexuelle conservatrice, une grande partie des homosexuels le revendique : au nom de l'égalité des droits (sans différenciation sexuelle) ; au nom du droit à fonder une famille, afin que les unions libres existantes soient reconnues comme telles ; pour que les enfants, en cas de décès d'un conjoint ou de séparation, ne soient pas privés des liens avec celui ou celle qui les a élevés ; enfin, pour banaliser l'homosexualité.

Les opposants au mariage homosexuel définissent le mariage comme l'alliance d'un homme et d'une femme et ils arguënt du caractère religieux du mariage, sachant que les différentes confessions sont en général hostiles à l'homosexualité. Une petite minorité s'oppose au mariage homosexuel, considérant que l'État n'a pas à s'ingérer dans la vie privée et prône, dans ce cas, la suppression du mariage civil.

Le mariage homosexuel se banalise-t-il ?

Dans le monde, les relations homosexuelles sont interdites dans 80 États où elles sont considérées comme un délit ou un crime. En Arabie saoudite, au Soudan ou en Iran, elles sont passibles de la peine de mort. Quant à l'Organisation mondiale de la santé (OMS), elle n'a supprimé qu'en 1990 l'homosexualité de la liste des maladies mentales ! La lutte des homosexuels pour faire reconnaître leurs droits est loin d'être terminée... Dans ce contexte, il n'est donc pas surprenant que si peu de pays reconnaissent le mariage homosexuel : les Pays-Bas (les premiers à l'avoir fait, en 2001), la Belgique, l'Espagne, le Canada et l'État du Massachusetts aux États-Unis. Dans ces pays, toutefois, le mariage ne donne pas toujours droit à la filiation et à l'adoption. À défaut de légaliser le mariage homosexuel, de nombreux pays mettent en place des formes d'union différentes, comme le Pacte civil de solidarité (Pacs) en France, lequel n'offre toutefois pas les mêmes droits aux partenaires qu'un mariage et n'autorise pas l'adoption. L'Afrique du Sud est le seul pays du continent africain à interdire la discrimination des homosexuels dans sa Constitution. Son Assemblée nationale a approuvé en novembre 2006 un changement de définition du mariage, qui est devenu l'« union volontaire de deux personnes ». L'Afrique du Sud est ainsi le premier pays d'Afrique à avoir légalisé le mariage homosexuel.

DROITS ACCORDÉS AUX UNIONS HOMOSEXUELLES EN EUROPE

Ce graphique indique l'ampleur des droits accordés aux unions homosexuelles par rapport à ceux que procure le mariage hétérosexuel.

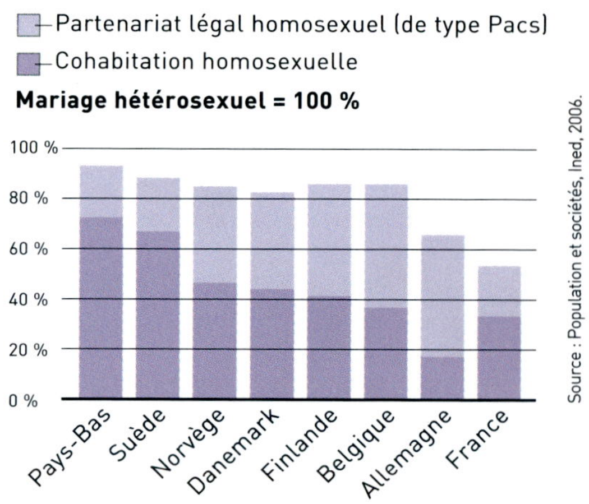

Mariage homosexuel en Belgique, autorisé depuis 2003. Depuis 2006, la loi autorise également l'adoption aux couples homosexuels mariés ou en concubinage.

et demain?

LES GRANDES DATES DE LA *GAY STORY*

1810 En France, le Code pénal Napoléon entérine le choix de la dépénalisation de l'homosexualité, instaurée depuis 1791.

1845 En Grande-Bretagne, procès retentissant d'Oscar Wilde pour « mauvaises mœurs », il est condamné à deux ans de prison.

1941-1945 Déportation de plusieurs milliers d'homosexuels dans les camps de concentration nazis.

1967 Le Royaume-Uni décriminalise la sodomie.

1969 Le 28 juin marque le début d'une série d'émeutes suite à une descente de police dans le Stonewall Inn, un bar gay de New York.

1970 Première Gay Pride américaine.

1972 L'association des psychiatres américains supprime l'homosexualité de la liste des maladies mentales.

1981 Première Gay Pride en France.

1982 Dépénalisation définitive de l'homosexualité en France.

1993 Dépénalisation de l'homosexualité en Russie.

Juin 2004 Premier mariage homosexuel en France orchestré par Noël Mamère à Bègles, dont l'annulation a été confirmée par la cour d'appel de Bordeaux en 2005.

2005 Une initiative française crée la Journée mondiale de lutte contre l'homophobie, le 17 mai.

glossaire

BANQUE DU SPERME :
Organisme qui collecte et stocke du sperme humain dans le but de procéder à des inséminations artificielles.

PARENTALITÉ :
Qualité de parent.

Les couples homosexuels sont-ils « des parents comme les autres » ?

Entre parentalité et adoption, les homosexuels défendent leur capacité à être parents comme tout couple hétérosexuel. Leurs détracteurs affirment qu'un enfant a besoin d'une différenciation sexuelle pour son équilibre et demandent : qui l'enfant va-t-il appeler papa ou maman ? Des études scientifiques menées dans différents pays, essentiellement aux États-Unis, depuis les années 1970, ont démontré que le développement psychologique de ces enfants élevés dans des familles homoparentales était absolument normal, qu'ils n'avaient pas plus de difficultés que les autres à s'adapter socialement, qu'ils n'étaient pas plus orientés sexuellement que les enfants de couples hétérosexuels. Ces études demandent cependant confirmation en raison de leur caractère récent et du manque de données sur des enfants de cultures différentes.

Faire des enfants quand on est homosexuel, c'est possible ?

L'adoption conjointe par un couple homosexuel est autorisée en Angleterre, au pays de Galles, dans certains États américains, en Australie, en Belgique, au Canada, en Espagne, aux Pays-Bas et en Suède, tandis que l'adoption de l'enfant du partenaire se fait sous conditions en Allemagne, au Danemark, en Islande, en Israël, en Norvège, en Tasmanie et dans l'État d'Alberta (Canada). Les homosexuels la revendiquent notamment lorsque, de fait, ils jouent leur rôle de parent, mais n'en ont pas le statut légal. Quand l'adoption n'est pas envisagée, quand la législation interdit l'insémination aux personnes seules ou homosexuelles ou prohibe le recours à une mère porteuse, comme c'est le cas en France, certains couples homosexuels se tournent vers le marché gay de la procréation. Les lesbiennes françaises se dirigent par exemple vers la Belgique pour bénéficier d'une insémination artificielle, les Allemandes, vers les cliniques des Pays-Bas. Il existe également un réseau de don anonyme de sperme sur Internet et des contacts pour louer les services d'une mère porteuse…

Célibataires ou célibattants ?

Ils sont de plus en plus nombreux. On parle beaucoup d'eux. Qui sont-ils et que cherchent-ils ?

Le couple, modèle en crise ?

La famille iconique avec le papa, la maman, les deux enfants et le labrador a pris un coup dans l'aile. Même si le sociologue Jean-Claude Kaufmann (dans *La Femme seule et le Prince charmant*) souligne la pression sociale que le modèle conjugal exerce encore : sur les femmes, force est de constater qu'il n'apparaît plus comme l'horizon indépassable d'une vie réussie. On se marie moins et moins longtemps. En 2004, en France, selon l'Insee, pour 1 000 mariages célébrés, 24,5 se sont terminés par un divorce trois ans plus tard. Les **ménages*** comprenant une famille monoparentale étaient, en 1999, 1,75 million, soit 22 % de plus qu'en 1990. Et la part des couples composés de deux divorcés a de son côté doublé en dix ans. Aujourd'hui, on fait des enfants, on se quitte et on refait sa vie. L'étape « célibat » devient un passage un peu obligé et transitoire. Jean-Claude Kaufmann parle d'ailleurs de « solos » pour désigner l'ensemble des divorcés, des célibataires et des familles monoparentales. Cette catégorie constituait 26 % des ménages en 1999, là où les couples avec enfant atteignaient seulement 33 %. La réussite ne se juge plus à la fondation d'une famille, mais plutôt à l'aune de son travail. Le couple cesse d'être un modèle et devient un luxe.

Le célibataire : hédoniste moderne…

Partir en vacances sans rien demander à personne, s'abandonner au jeu de la séduction à tout moment, s'occuper de soi et rien que de soi… Le célibat peut apparaître comme une période faste de développement personnel, riche de rencontres et de promesses. Mais évidemment, cela dépend de qui le vit. Cette image flatteuse d'une farouche indépendance, dont les héroïnes de *Sex and The City* sont les dignes représentantes, ne touche que les solos urbains et dotés de revenus élevés. L'Insee souligne que, en 1999, en France,21 % des femmes cadres restaient seules. Entourés d'ami(e)s et de collègues, possédant assez d'argent pour se distraire, ces célibataires décontractés, homme ou femme, souffrent parfois de solitude mais certainement pas d'isolement. Une autre étude révèle que ces personnes seules lient plus de contacts que les couples. En revanche, en milieu rural où l'homme avec des revenus

FOCUS

LA *SUCCESS STORY* MEETIC

Lancé en 2001 sur les débris de la bulle Internet, Meetic écrase désormais le marché de la rencontre sur le web. En France, il s'octroie 53 % de l'audience, et il reste leader au niveau européen avec près de 17 millions de membres inscrits. On trouve à toute heure au moins 30 000 connectés à la seconde qui débordent largement du cadre des passionnés d'informatique. Toutes les catégories sociales y rôdent. En quelques années, ce site a réussi à élever la rencontre sur Internet au rang de méthode de séduction comme une autre. Un exploit.

Nouveau plan drague : les célibataires ne se cachent plus derrière leurs ordinateurs. Ambiance tamisée pour des rencontres grandeur nature lors des soirées Meetic Live.

modestes est surreprésenté, après un divorce difficile ou un deuil, être célibataire est ressenti différemment. Lorsque le célibat est subi, le sentiment d'isolement s'ajoute à celui de la solitude. On est alors loin de l'apparent hédonisme décomplexé des villes.

… ou cible marketing ?

Quatre raisons ont transformé les solos en clients courtisés par les entreprises : leur nombre sans cesse croissant, leur solide pouvoir d'achat, leur temps libre important et leur avidité à consommer des produits à forte valeur ajoutée. De la portion individuelle dans les supermarchés au voyage pour célibataires en passant par le coaching relationnel, on ne compte plus les offres qui leur sont spécifiquement destinées. Sortant deux fois plus que les couples, les solos ont amené un véritable changement dans les soirées de rencontre, en quelques années seulement. Il existe maintenant les *speed datings*, où l'on dispose de dix minutes pour séduire, les *quiet datings*, où l'on communique par écrit, les soirées d'après-travail de 19 heures à 1 heure (pour rester performant le lendemain !). Même la Saint-Valentin, traditionnellement réservée aux amoureux, se transforme peu à peu en fête de la rencontre. Certains villages du Club Méditerranée sont même réservés aux célibataires. Les études d'habitude de vie réalisées par le Réseau d'information stratégique pour les entreprises (Resis) montrent que, en 2003, le célibataire se tient au courant, lit beaucoup de journaux et de magazines et devient de ce fait une cible privilégiée des publicitaires. C'est un effet boule de neige : plus il y a de célibataires, plus les conditions se développent pour rendre le célibat supportable et plus on a tendance… à devenir célibataire.

Le célibat, un fardeau à temps partiel ?

Si le célibat, en se généralisant, cesse d'être stigmatisé, le couple constitue toujours le but à atteindre. Être seul reste supportable si cela ne dure pas trop longtemps. Selon des études plus fines de l'Insee de 2006, on s'aperçoit que seulement 5,7 % des femmes de 45 ans et 8,3 % des hommes de 47 ans n'ont jamais vécu en couple. Le couple n'est donc pas mort, loin de là. La multiplication des nouveaux moyens de rencontre témoigne surtout de la volonté des solos de dénicher l'âme sœur. Mais la rencontre d'amant(e)s devient une marchandise, un service, dans lequel on s'investit de moins en moins. Jean-Claude Kaufmann rappelle que, pour se lancer réellement dans une histoire d'amour, on doit savoir sortir de sa bulle. Le risque réside donc dans le développement d'une attitude de pur consommateur, éternel insatisfait de la rencontre.

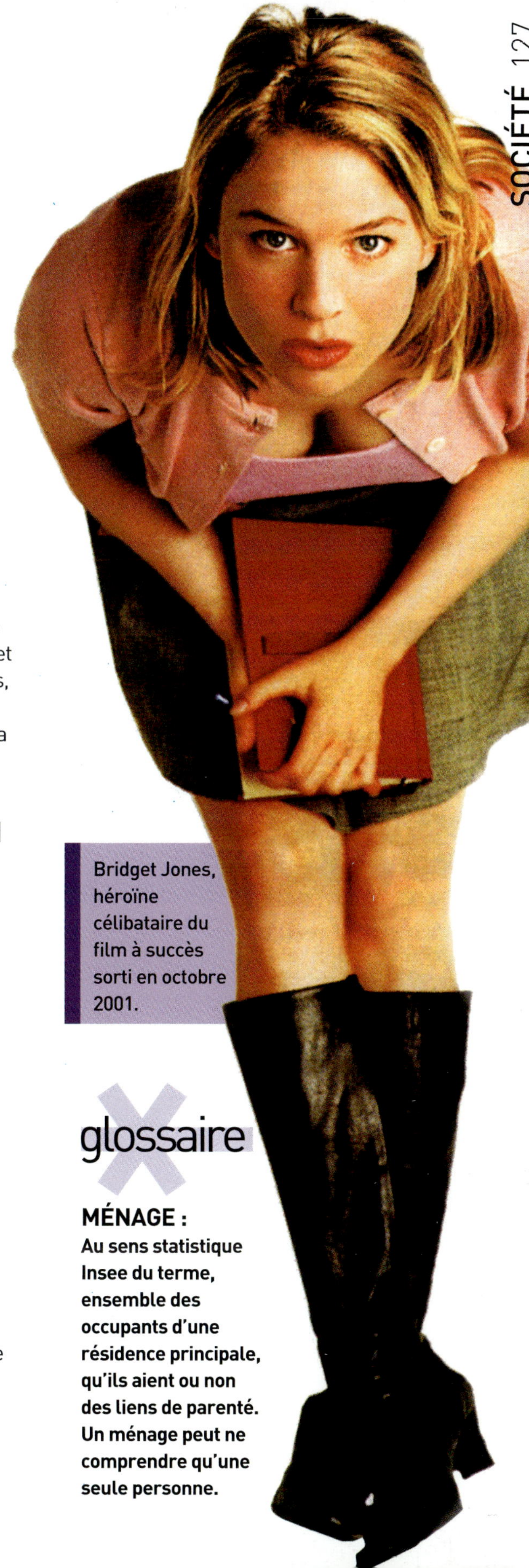

Bridget Jones, héroïne célibataire du film à succès sorti en octobre 2001.

glossaire

MÉNAGE :
Au sens statistique Insee du terme, ensemble des occupants d'une résidence principale, qu'ils aient ou non des liens de parenté. Un ménage peut ne comprendre qu'une seule personne.

Papy-boom : vers un choc démographique et social ?

Alliant vitalité et pouvoir d'achat, les seniors sont aussi de plus en plus nombreux. Les pays du Nord doivent d'ores et déjà se préparer aux bouleversements générés par l'avènement de cette nouvelle génération.

Le papy-boom, une déferlante démographique ?

Ils étaient 10 millions de Français à afficher plus de 65 printemps en 2006. Deux fois plus qu'en 1950. La France, un pays de vieux ? Pas dit : avec l'allongement de l'espérance de vie, un quatrième âge a fait son apparition. Entre le jeune retraité actif et l'octogénaire dépendant, les seniors présentent donc de multiples visages. Et constituent une catégorie qui commence à peser, d'autant que le vieillissement de la population est un phénomène mondial. En Europe, la part des anciens ne cesse de s'accroître, au détriment de celle des plus jeunes : en 2050, un tiers des Européens auront plus de 60 ans ! Au Japon ou en Italie, l'âge médian dépassera 52 ans. Les causes ? Une vie plus longue, donc, mais aussi un taux de fécondité trop bas, et le fameux papy-boom, comprenez l'arrivée dans la tranche des « 60 ans et plus » de la génération du baby-boom.

POURCENTAGE DE LA POPULATION ÂGÉE DE 60 ANS ET PLUS

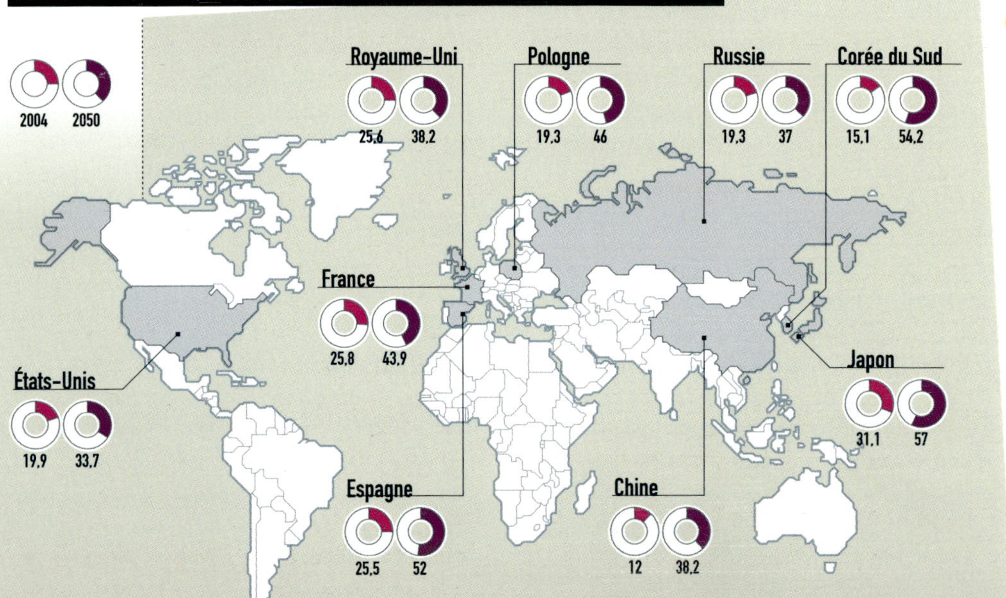

Source : Nations unies, 2004.

Les seniors, un nouveau moteur pour la société ?

Les seniors veulent profiter de la vie. Ça tombe bien : ils ont pour cela le temps et, surtout pour les 55-64 ans, les moyens. D'ailleurs, quand Jane Fonda devient, à 68 ans, l'ambassadrice d'une grande marque de cosmétiques, cela prouve… que les seniors constituent une cible de marketing stratégique ! Car ils consomment. Des voyages : tour-opérateurs et chaînes d'hôtels développent des services rien que pour eux. Mais aussi des produits esthétiques (voire un peu de chirurgie), de belles voitures… et même de l'informatique : 38 % des Français entre 50 et 60 ans surfent régulièrement sur Internet. Moteurs pour l'économie, les seniors jouent aussi un rôle important au sein des familles. En France, selon la Caisse nationale d'assurance vieillesse (Cnav), 53 % des couples inactifs s'occupent chaque semaine de leurs petits-enfants.

Et demain, comment faire face au vieillissement des seniors ?

La canicule de 2003, avec ses 30 000 victimes en Europe, a cruellement levé le voile sur les conditions de vie des personnes âgées. Et ouvert le débat sur la prise en charge de la dépendance : selon une projection Insee, d'ici à 2040, la France pourrait voir le nombre de ces personnes « non autonomes » progresser de 50 %. Pas sûr que les maisons de retraite, même si elles commencent à augmenter leurs capacités d'accueil, pourront absorber la demande. D'où le fort développement des métiers liés à l'aide

Créée dans les années 1960 dans l'Arizona (États-Unis), Sun City est une ville entièrement réservée aux retraités. Elle compte 45 000 âmes, dont la moyenne d'âge est de 75 ans. Elle est autogérée par ses habitants et protégée de l'extérieur par une enceinte et un accès contrôlé.

à domicile des personnes âgées et de **services*** comme la téléassistance. Quant au système de protection sociale, il devra assurer les revenus d'inactifs toujours plus nombreux. Or, si la pauvreté des seniors a fortement baissé ces dernières décennies, elle stagne depuis vingt ans. Selon un rapport du Conseil de l'emploi, des revenus et de la cohésion sociale (Cerc), 600 000 Français touchent le minimum vieillesse. Ici comme partout ailleurs, les femmes seules sont les plus démunies.

glossaire

SERVICES À LA PERSONNE :
Ils désignent les prestations effectuées au domicile des particuliers. C'est, pour les personnes âgées, une assistance dans les tâches quotidiennes (ménage, repas, soins d'hygiène, transport...).

Des concurrents sur le marché du travail ?

Corollaire du vieillissement : le déséquilibre des régimes de retraite. Du coup, l'Union européenne somme ses États membres d'allonger la durée du travail et d'accroître le taux d'emploi des 55-64 ans. Résultat : en France, la durée de cotisation s'allonge, les préretraites font partie du passé – comme en Suède –, un CDD est conçu pour les plus de 57 ans (décret publié le 29 août 2006). L'Allemagne et la Grande-Bretagne porteront l'âge de la retraite à respectivement 67 et 69 ans d'ici à 2035 et 2050. Plus incitatives, des mesures permettent de cumuler emploi et retraite. Les baby-boomers vont-ils s'accrocher à leur poste ? Aux États-Unis, 30 % recommencent à travailler. Mais leur motivation est surtout financière. En France, les salariés qui ont commencé à travailler jeunes peuvent, depuis 2003, partir en retraite avant 60 ans. Ils se sont massivement rués sur l'aubaine...

INSOLITE

UNE RÉSIDENCE POUR PERSONNES ÂGÉES AUTOGÉRÉE

Les mamy-boomeuses, nostalgiques de leurs années militantes ? À Montreuil (93), trois fringantes septuagénaires ont décidé de créer non pas une maison de retraite, mais un « lieu pour vivre et vieillir en citoyenneté » totalement autogéré et réservé aux femmes. Soutenue par la Ville, cette Maison des Babayagas doit désormais obtenir le soutien financier du Conseil général. Un projet fondé sur la coopération, la solidarité – les plus vaillantes doivent apporter leur soutien aux moins valides – et même l'écologie : des capteurs solaires seront installés sur les toits ! À Brest, Toulouse, La Rochelle, d'autres maisons sont dans les cartons.

Les ados, marqués de la tête aux pieds ?

Les jeunes sont-ils victimes de la mode ? Ou, au contraire, dictent-ils les règles à un marché qui les observe à la loupe ?

Pourquoi la mode est-elle perçue comme un facteur d'intégration ?

Pour se construire, les adolescents ont besoin de s'éloigner de leurs parents et de se rapprocher de leurs pairs. Or le meilleur moyen d'intégrer un groupe est de se fondre dans une identité commune. De là naît le conformisme vestimentaire adolescent. Ainsi, selon une enquête de l'Union des familles en Europe réalisée en 2004, au collège, 96 % des garçons et 76 % des filles pensent que les chaussures doivent être obligatoirement siglées. Comme l'affirme le sociologue Michel Fize, coauteur avec Marie Cipriani-Crauste du *Bonheur d'être adolescent* : « Le conformisme vestimentaire atteint son paroxysme au collège. Entre 11 et 15 ans, les capacités personnelles sont trop peu affirmées pour se dégager de l'emprise du groupe. C'est la tyrannie de la majorité. » Le groupe opte alors pour les vêtements de marque, car ils offrent des identités clés en main, relativement consensuelles.

Quelles sont les différentes tribus de la mode ado ?

Les adolescents détestent ce genre de classification – c'est ce qui les rapproche –, mais les bureaux de tendance adorent distinguer des familles de jeunes. Pour eux, les « anticonformistes » rejettent les marques clinquantes, les logos trop voyants, et s'emballent pour les vêtements hippies ou ethniques, les motifs tribaux, les pantalons multipoches pour les garçons, larges et en lin pour les filles. Les « girly » copient le look de Paris Hilton ou Gwen Stefani, nombril apparent et logos Dior et Vuitton bien en vue. Même si elles le vivent au second degré, on les appelle alors les « ludiques ». Les adeptes du « streetwear » aiment le rap pour les garçons, le RnB pour les filles, et enfilent l'uniforme de leurs idoles américaines : des vêtements sport qui mettent en valeur le corps (taille basse pour les filles, bras nus pour les garçons) et des accessoires clinquants et siglés.
Les « métalleux » optent pour les jeans déchirés et recousus, les chemises de bûcheron.
Les « gothiques » s'habillent en noir, avec des bracelets à pics et/ou en cuir. La majorité des jeunes ne s'intègre pas parfaitement à l'une de ces familles, mais brasse les modes et donc les identités.
En partant d'un look plus commun : le traditionnel jean-tee-shirt...

Défilé *Teen Vogue Fashion Live!* en 2005, présentant les dernières créations de marques pour ados.

Marketing ado : comment ça marche ?

Les marques veulent plaire aux ados pour trois raisons. Parce qu'ils ont un fort pouvoir d'achat : en France, selon l'étude Consojunior 2006, 56 % des jeunes âgés de 8 à 18 ans reçoivent chaque mois de l'argent de poche. Une somme mensuelle de 10,60 euros en moyenne. Ensuite, parce que ce sont de grands prescripteurs, au sein de leur famille et plus généralement au sein de la société : une marque adoptée par les jeunes sera retenue par les plus âgés qui veulent rester en prise avec leur époque.

Et enfin, parce que les ados sont les consommateurs adultes de demain. Selon une enquête menée par Ipsos-Sofinco, on estime que, sur dix marques consommées par les 25-35 ans, sept ont été portées dès l'adolescence.

Mais séduire les ados n'est pas évident : il faut bien comprendre leurs valeurs, trouver le bon niveau de langage, utiliser les outils adéquats. Méfiants envers la publicité classique, ils plébiscitent le bouche-à-oreille. Les équipes de marketing n'ont plus qu'à trouver le moyen de l'influencer (films sur Internet, SMS, autocollants dans la rue...). Pas simple.

Quand la publicité entre à l'école... ça passe ou ça casse ?

En Europe, pas d'unanimité face à la publicité en milieu scolaire. Elle est autorisée ou tolérée dans certains pays – Irlande, Italie, Pays-Bas, Autriche, Danemark, Espagne, Suède, Finlande et Royaume-Uni. Elle est en théorie interdite en Allemagne, en Belgique, en Grèce, au Luxembourg, au Portugal et en France. Même si, chez nous, une brèche s'est ouverte avec la nouvelle circulaire du 28 mars 2001 : « Les établissements scolaires sont libres de s'associer à une action de partenariat » par laquelle une entreprise fournit des « documents qui seront remis aux élèves ». Sous forme de kits pédagogiques, Michelin évoque la sécurité dans la rue, Nestlé édite un recueil de diététique expliquant comment équilibrer son petit déjeuner avec des marques de céréales et de chocolat en poudre, Colgate-Signal montre comment bien se brosser les dents...

FOCUS

LE RETOUR DE L'UNIFORME ?

Dans les écoles martiniquaises, les élèves des écoles primaires et des collèges portent un uniforme. Une habitude qui date de plus d'un siècle. En métropole, le débat sur le retour de l'uniforme à l'école revient régulièrement sur le devant de la scène, sans beaucoup évoluer. Les « pour » évoquent le sanctuaire républicain des établissements scolaires, où toute distinction sociale ou religieuse est en théorie bannie. L'uniforme permettrait d'effacer les signes distinctifs, les marques commerciales comme les signes religieux ostensibles. Les « contre » plaident pour une école intégrée dans le monde qui l'entoure – l'uniforme participant en quelque sorte à « déréaliser » l'école. Et ils pensent surtout que l'intégration sociale ou religieuse passe par l'acceptation des différences plutôt que par leur occultation via l'uniforme.

Consommer à tout prix ?

Finies les années 1970, avec leur rejet de la société de consommation. Aujourd'hui, acheter est une façon assumée de se faire du bien – en cherchant l'éthique, le pas cher ou l'identitaire. Ménagère, montre-moi ton panier, je te dirai qui tu es…

Quels consommateurs sommes-nous devenus ?

Pour les spécialistes du marketing, tous les consommateurs riment en « o ». Ils décrivent ainsi nos profils d'acheteurs. Les « bobos », ou « bourgeois bohèmes », sont célèbres pour leurs contradictions : ils s'engagent pour la défense de l'environnement, mais sont férus de climatiseurs et de 4 x 4… Les « cocos », les « collectifs concrets », sont des « monsieur plus ». Plus âgés, plus riches, ils possèdent plus de bien et aiment le montrer. À eux les grosses berlines, les meubles et les bibelots hors de prix des antiquaires ! Les « momos », pour « mobiles et moraux », détestent la pub et la flambe. Mais cela ne les empêche pas de consommer… chez H&M et Ikea, les temples de la conso pas chère. Et pour leur plaire, les étiquettes doivent se proclamer bio ou équitable. Le camp adverse ? Les « yoyos », en anglais « *young yobbos* », en français « jeunes loubards ». Tout en marques : Nike au pied, iPod autour du cou, Eastpak dans le dos… Leur passion : les accessoires qui permettent de personnaliser leurs affaires, du sac à la voiture. Le plus souvent avec l'argent des parents…

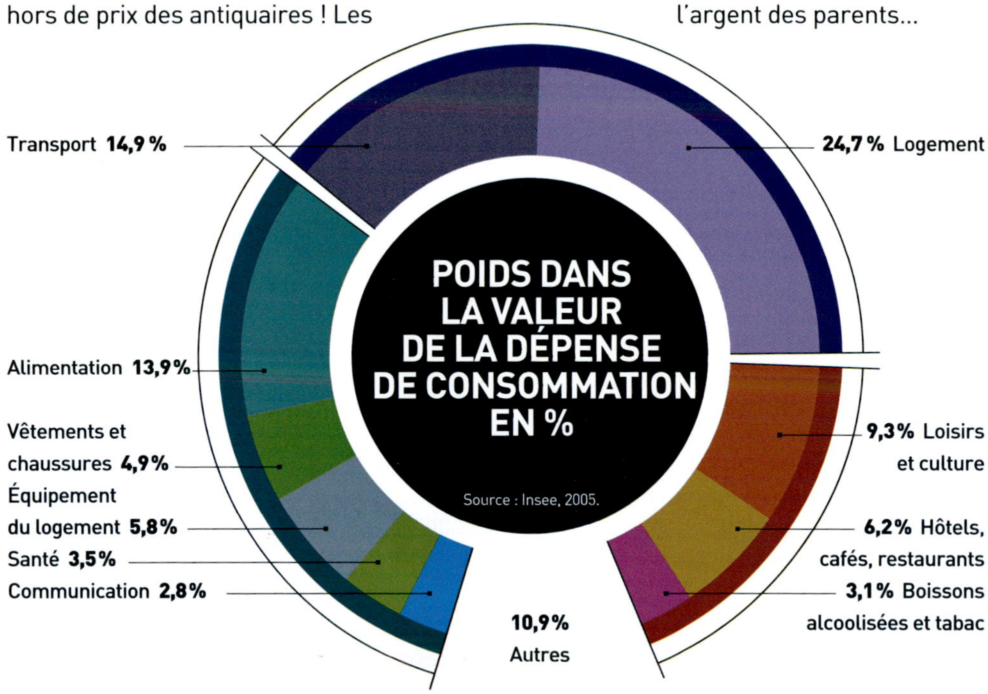

Comment organise-t-on son budget aujourd'hui ?

Depuis 1945, le niveau de consommation des ménages s'est considérablement élevé en France. Avec les Trente Glorieuses, la consommation a plus que quadruplé en volume. Mais, depuis 1990, c'est surtout la répartition des achats qui a évolué. La part du revenu consacré à l'alimentation a diminué, celle consacrée au logement a considérablement augmenté pour atteindre un maximum historique de 24,7 % en 2005 (Insee). Ont aussi augmenté la part des dépenses d'énergie (du fait de la hausse des prix) et celle affectée aux besoins d'éducation, de santé, de voyage et de produits high-tech.

L'explosion du commerce en ligne : pourquoi ça marche ?

Selon l'Association pour le commerce et les services en ligne (Acsel), plus de 15 millions de Français achètent en ligne. Avec près de 30 % de croissance en un an, l'e-commerce français explose grâce à des prix plus bas, des envois à domicile, des achats que l'on peut effectuer sur son lieu de travail. Mais tous les secteurs ne sont pas également concernés. Les intentions d'achat se portent en priorité (en volume) sur le trio audio-photo-ciné, de l'achat d'appareil photo au téléchargement de musique (+ 121 % en un an). Arrivent ensuite l'immobilier (+ 81 %), les vêtements et accessoires (+ 65 %), l'informatique (+ 116 %) et les voyages (+ 80 %). Environ 11,5 millions de Français préparent désormais leurs vacances sur Internet et près de 50 % d'entre eux les achètent en ligne. À l'opposé, les cybermarchés ne décollent pas : les consommateurs veulent voir et toucher ce qu'ils vont consommer.

En France, en 2005, les ventes réalisées dans l'habillement grâce aux soldes ont généré un chiffre d'affaires de 561 millions d'euros, dont 68 millions rien que pour les chaussures.

Comment le « pas cher » est devenu la référence ?

Après la folie dépensière des années 1980, les consommateurs se veulent plus économes... Cette situation a fait naître un nouveau marché : celui du gratuit. La presse financée uniquement par la publicité cartonne : *20 minutes* tire à plus de 700 000 exemplaires, *Metro* à 540 000, *Femme en ville* à 500 000... Des chiffres qu'envient bien des quotidiens et magazines en difficulté ! La quête du moindre coût trouve également son bonheur avec la prolifération du *low cost*. Avions, hôtels, locations de voiture, une cinquantaine de compagnies aériennes *low cost* se partagent ainsi 20 % du trafic intraeuropéen. Leur méthode pour faire des économies ? Une seule classe pour augmenter le nombre de sièges, pas de place attribuée pour réduire les délais d'enregistrement, des repas et des boissons payants, un site Internet à la place des agences et des comptoirs... Côté distribution, le hard discount, de Lidl à Leader Price, représente 13 % du marché. De quoi pousser Leclerc et Carrefour à développer leurs marques de distributeurs aux prix plus bas. Depuis 2001, ces marques de distributeurs ont gagné 3 points de part de marché, pour atteindre désormais près de 30 % des références et, pour la première fois en avril 2006, la part en volume des produits anonymes a dépassé celle des marques nationales, à 44 % contre 41 %.

C'EST VRAI ?

LE SAC, MALADIE DES TEMPS MODERNES ?

Deux psychiatres, Jean Adès et Michel Lejoyeux, ont identifié ce qui déclenche l'acte d'achat et qui ne repose pas sur l'acquisition nécessaire et quotidienne des biens de consommation, mais sur un besoin de consolation. C'est le Syndrome des achats compulsifs (SAC). Une conduite addictive qui trouve sa satisfaction dans de fugitifs instants de bien-être (l'excitation de convoiter, le plaisir d'emporter), mais qui coûte cher ! Une équipe de bénévoles prend en charge ces « malades de l'argent » sur www.debiteursanonymes.org

INSOLITE

LES PLANS RADINS

Voici un adjectif qui devient presque tendance... Sur le site www.lesradins.com, des internautes regroupent des milliers d'« astuces de radin » : se faire inviter au cinéma en assistant à des avant-premières, se passer d'automobile grâce au covoiturage, éviter les locations de vacances avec l'échange d'appartements, manger chic et pas cher dans les écoles hôtelières... Des bons plans sans cesse mis à jour. À l'œil.

Les labels écolos ont-ils toujours le vent en poupe ?

Se nourrir bio, se maquiller écolo, se vêtir vert : les préoccupations environnementales peuvent désormais s'incarner au quotidien. Info ou intox ?

Manger bio : comment s'y retrouver ?

Selon le baromètre CSA-Agence Bio 2005, près d'un Français sur deux consomme des produits bio et 56 % d'entre eux affirment se sentir proches des valeurs véhiculées par ce type d'agriculture. Mais comment s'y retrouver ? Le terme « bio » a longtemps été utilisé pour des yaourts qui ne l'étaient pas. La couleur verte, des paysages agrestes, un nom de marque qui fleure bon la campagne ne sont en effet pas des preuves. Les produits et les boutiques qui s'autoproclament bio ne le sont pas tous. En France, seule la marque AB, propriété exclusive du ministère de l'Agriculture, permet de repérer de façon sûre les produits issus de l'agriculture biologique. C'est-à-dire un aliment composé d'au moins 95 % d'ingrédients issus du mode de production biologique : pas de pesticides mais une lutte naturelle contre les parasites, pas d'engrais mais un recyclage des matières organiques naturelles, une rotation des cultures… et, bien sûr, pas d'organismes génétiquement modifiés (OGM). Le nom de l'organisme certificateur, le nom et/ou la raison sociale du producteur, du préparateur ou du vendeur doivent également être indiqués clairement. Tous les opérateurs de la filière sont contrôlés au moins une fois par an.

FOCUS

UN LABEL BIO EUROPÉEN ?

L'Union européenne tente de mettre en place un label à l'échelon européen, car les critères sont différents selon les pays. Et comme toutes les marchandises, les produits bio s'exportent. Le label allemand est-il plus strict que le polonais ? Difficile à dire pour le consommateur français. Mais, pour l'instant, le label sur lequel planche l'Union est a minima : il tolère par exemple la présence d'OGM et le recours aux produits chimiques comme les pesticides. Inacceptable pour les partisans du bio français.

Tout peut-il être bio ?

Le préfixe « bio » fait vendre. Alors il se répand. Bruxelles parle ainsi de « biocarburant » même s'il est prévu que cette essence soit fabriquée à partir de produits agricoles non biologiques, cultivés avec engrais et pesticides. Les textiles composés de « coton bio » se développent. Et, depuis 2002, plus de 3 000 produits cosmétiques autoproclamés bio ont fait leur apparition sur le marché français. Le sont-ils vraiment ? S'il n'y a pas de label comme pour les produits alimentaires, il existe tout de même des certificateurs officiels

comme Ecocert ou Nature et Progrès, des organismes qui s'occupent aussi des produits alimentaires, pour distinguer les produits les plus fiables. La règle est alors la même que pour les carottes ou les œufs : 95 % d'ingrédients issus du mode de production biologique et des procédés de fabrication non polluants.

Le bio n'est-il qu'un écran de fumée ?

S'il existe un engouement de la part des consommateurs pour le bio, la production ne suit pas toujours. En France, seuls 2 % de la surface agricole utilisée – soit 560 838 ha – sont consacrés à l'agriculture biologique. En effet, les aides à la reconversion ne sont pas suffisantes. Le règlement de la Politique agricole commune (PAC) européenne stipule que les États peuvent consacrer 20 % des aides directes au développement d'actions environnementales.
La France se contente d'un modeste 3 %. L'agriculture traditionnelle reste encore puissante et n'est pas prête à changer de mentalité à propos de ce qu'elle considère, encore, comme un effet de mode.

FOCUS

VIVRE « NEUTRE EN CARBONE »

L'ancien vice-président Al Gore le proclame : il est « neutre en carbone ». Ils sont nombreux à vivre ainsi leur engagement pour l'environnement aux États-Unis. Le principe : ne pas se contenter de consommer « vert », mais réduire au maximum ses émissions de CO_2, principal gaz responsable du réchauffement climatique, en utilisant des ampoules basse tension, des panneaux solaires pour le chauffage de sa maison… Et investir dans des projets qui visent à réduire le reste de ses émissions incompressibles, dues aux déplacements en voiture ou en avion. Un exemple : la tonne de CO_2 étant estimée à 20 euros, un voyageur neutre en carbone effectuant un trajet Lyon-Lille doit s'acquitter d'une somme de 150 euros s'il utilise le train, de 146 euros pour l'avion et de 239 euros pour sa voiture. Avec ces dons, des associations mettent en place des projets qui permettront de réduire l'exacte quantité de CO_2 émise, en transformant par exemple une décharge qui émet du CO_2 en un centre de recyclage, producteur d'énergie. En France, trois sociétés proposent de compenser les rejets : Climat Mundi (www.climatmundi.fr), Action Carbone (www.actioncarbone.org) et CO_2 Solidaire (www.co2solidaire.org).

Al Gore sur le tournage du documentaire *Une vérité qui dérange*. Réalisé en 2006 par Davis Guggenheim, il met en valeur l'engagement de l'ancien vice-président des États-Unis dans la lutte contre la crise environnementale qui menace notre planète.

Décembre 2006, à Moscou, lors d'un défilé très fashion présentant les nouvelles tendances vestimentaires destinées à la race canine.

Nos amies les bêtes... nous rendraient-elles chèvres ?

Avec près de 100 millions de chiens de compagnie dans le monde, en croissance de 10 % par an, les animaux sont plus que jamais les compagnons du quotidien. Comment expliquer cette « zoomania » contemporaine qui fait roucouler les professionnels du marketing ?

Pitbulls, angoras, boas : les vaches sacrées de demain ?

Plus de 8 millions de chiens, 9 millions de chats, 8 millions d'oiseaux, 27 millions de poissons... Avec 56 millions d'animaux domestiques, la France détient le record européen. Rempart à la solitude, comme l'explique le vétérinaire spécialiste des reptiles Bruno Gattolin, ou réelle nécessité de partager son quotidien avec un être qui sait se faire le miroir de nos humeurs, comme le souligne le psychanalyste Boris Cyrulnik : cet engouement pour les animaux serait-il la cristallisation de toute l'aridité occidentale contemporaine ? Cependant, malgré plusieurs milliers d'années de cohabitation, les chiens et les chats ne semblent plus être aujourd'hui capables de satisfaire les fantasmes d'exotisme et d'évasion de l'homme du XXIe siècle. Résultat de cette nouvelle tendance :

LE SAVIEZ-VOUS ?

Nos animaux, remèdes miracles ?

Antidotes réputés contre l'isolement, les animaux de compagnie auraient des vertus soignantes. Avoir un chien ou un chat réduit le stress des maîtres et augmente leur estime de soi. Des études ont aussi souligné que les propriétaires d'un chien avaient moins de cholestérol et de triglycérides que les autres, fait certainement lié à la promenade quotidienne. Un bénéfice tel que des services hospitaliers n'hésitent pas à utiliser cette « zoothérapie » pour aider leurs patients à retrouver le moral. Les animaux de compagnie sont également utilisés pour établir un contact avec des personnes atteintes d'un handicap psychologique.

les **Nouveaux animaux de compagnie***, tels les reptiles, les singes et autres araignées, font fureur. Même si certaines associations dénoncent ces pratiques, de plus en plus d'animaux sauvages partagent notre vie quotidienne. Véritable danger pour ces espèces arrachées à leur milieu naturel ou inconscience des propriétaires bien souvent incapables de comprendre les attentes et les besoins de leurs protégés, toujours est-il que ce nouveau marché florissant ravit les professionnels. Ainsi, aux États-Unis, on compte près de 10 000 tigres faisant office d'animaux familiers, soit deux fois plus que le nombre de tigres à l'état sauvage dans le monde !

Des poules aux œufs d'or ?

Le marché animalier constitue une manne inépuisable pour les industries. Les aliments pour animaux de compagnie affichent un taux de croissance annuel de l'ordre de 5 à 10 %. Le marché de la santé animale est évalué à 15 milliards de dollars, en progression de 10 % par an. Sans compter le boom des produits de luxe. À la fin de l'année 2000, la société française Dog Generation lançait Oh My Dog !, le premier parfum pour chiens, au prix d'un flacon de parfum pour enfants, avant de surenchérir avec Oh My Cat ! pour les félins. Le vêtement de très haut de gamme s'installe lui aussi dans ce secteur. À Los Angeles, le credo de la boutique de mode Fifi and Romeo est que le chien doit être habillé aussi bien que le maître. Coût de cette excentricité : un petit imperméable haute couture à 200 dollars. Mais les fantaisies réservées à la jet-set canine ne s'arrêtent pas là : séances de yoga, salons de beauté, crèches et hôtels ont déjà investi le marché américain et s'installent peu à peu en France. Les professionnels du marketing l'ont bien compris : quand on aime, on ne compte pas !

Une cohabitation sans nuages ?

En France, la société Sepra a eu beau lancer des distributeurs de « sacs à crottes », les Toutounet, et certaines mairies instaurer des contraventions, 200 000 chiens laissent chaque jour 16 t de déjections sur les trottoirs parisiens, une pollution qui coûte 11 millions d'euros par an à la Ville de Paris... Plus grave encore, la dangerosité de certaines espèces canines a obligé à une réglementation. Depuis la loi de janvier 1999, les chiens dangereux, divisés en deux catégories, doivent être déclarés en mairie, les préfets étant autorisés à décider d'une euthanasie en cas de danger. Les chiens de la première catégorie, comme les pitbulls, ne peuvent être achetés ni introduits sur le territoire français, sont interdits dans les lieux publics et doivent être stérilisés. Quant aux chiens de la seconde catégorie, comme les rottweilers, leur accès aux lieux publics et aux transports doit se faire avec laisse et muselière.

glossaire

NOUVEAUX ANIMAUX DE COMPAGNIE OU NAC :
Rongeurs, reptiles, scorpions..., domestiquées depuis peu de temps, ces espèces font l'objet d'une réglementation qui encadre leur vente et leur possession.

C'EST VRAI ?

NOS TOUTOUS SONT-ILS DEVENUS FOUS ?

C'est en France qu'est apparue la spécialité de vétérinaire comportementaliste pour juguler anxiété, dépression et autres états « anormaux » chez nos animaux de compagnie. Mais, explique Michel Quertainmont, président de la Fédération européenne des comportementalistes, ces symptômes résultent surtout d'erreurs éducatives des propriétaires et de leur « bonne volonté malfaisante » : entretien de la dépendance, jalousie, mauvaise communication, isolement...

Jusqu'à quel âge peut-on **rester jeune ?**

Culture, apparence, attitude, tout semble aujourd'hui tendre vers un culte effréné de la jeunesse. Faut-il y voir le signe d'un regain d'énergie ou le déni absurde du temps qui passe ?

Pourquoi vouloir paraître jeune ?

Comme le disait l'écrivain Jonathan Swift au XVIIIe siècle : « Tout le monde désire vivre longtemps, mais personne ne voudrait être vieux. » Si la médecine a considérablement allongé l'espérance de vie, par un curieux paradoxe, on ne désire pas vivre plus vieux mais plus jeune. Aujourd'hui, la moindre ride est pourchassée, l'embonpoint se combat à coups de régime permanent et les quinquagénaires s'habillent comme des adolescents. Les valeurs supposées de la jeunesse (énergie, créativité, beauté, force, insolence, liberté) s'imposent comme les seules en accord avec une société individualiste, fluide et hyperréactive, où les institutions traditionnelles (politiques, religieuses) se retrouvent caduques. Un ventre plat devient la preuve tangible d'un individu bien dans sa vie et dans la société. Mais il est bon de souligner que ce jeunisme, entretenu par les anciens révoltés de mai 68, oublie les angoisses vécues par les vrais adolescents. Selon l'Institut national de la santé et de la recherche médicale (Inserm), le suicide restait en 2006 la deuxième cause de décès des 15-24 ans. Impossible oxymore du jeunisme : il faudrait arborer un corps d'adolescent avec l'assurance d'un quadragénaire.

La trottinette à 35 ans, un acte de résistance ?

Les trentenaires, première génération biberonnée aux valeurs des soixante-huitards, apparaissent comme l'acmé de cette révolution « jeuniste ». Ils sont les « kidults » ou « adulescents » des sociologues : un corps pas trop décati, une situation professionnelle stabilisée et un esprit d'ado. Ils dansent sur la chanson de *Capitaine Flam* ou défient des mercredis durant leur petit neveu sur un jeu de console. La régression qui pousse à collectionner des figurines de superhéros en plastique à 30 ans apparaît comme une bonne nouvelle surtout pour les marchands. Le sociologue Robert Ebguy parle de « société de consolation » et se veut avant tout rassurant ; cette attitude d'infantilisation serait, d'après lui, une soupape nécessaire, une stratégie d'évitement de la dureté du monde. Pour le sociologue Michel Maffessoli, ce culte de la jeunesse fait partie d'un cycle, un retour de la prévalence de l'instinct et de l'hédonisme après des siècles de rationalisme. « La valorisation de l'apparence ne signifie pas une perte de valeurs, ajoute-t-il, la profondeur se cache parfois à la surface des choses. »

FOCUS

LE FORMIDABLE MARCHÉ DES CRÈMES RAJEUNISSANTES

De la Jouvence de l'abbé Souris au déhydroépiandrostérone (DHEA) et autres crèmes antiâge, c'est toujours la même promesse, celle de la jeunesse dans un flacon. Seules les sommes investies ont évolué. Considérablement. En France, les cosmétiques antiâge affichent un teint resplendissant : ils représentent 13,64 % du volume total des produits de soin du visage pour un chiffre d'affaires 2006 de 117 millions d'euros, selon Information Resources Inc. (IRI) en France. Et on compte sur le marché 72 marques différentes avec des prix parfois délirants, pouvant dépasser 200 euros les 50 ml de crème ! Côté résultats, les études scientifiques montrent régulièrement qu'on ne peut espérer aucun effet durable sur le rajeunissement. Comme l'avouait un représentant de la marque de cosmétiques Sisley au journal *Le Point* en 2002, « l'aspect psychologique joue beaucoup ».

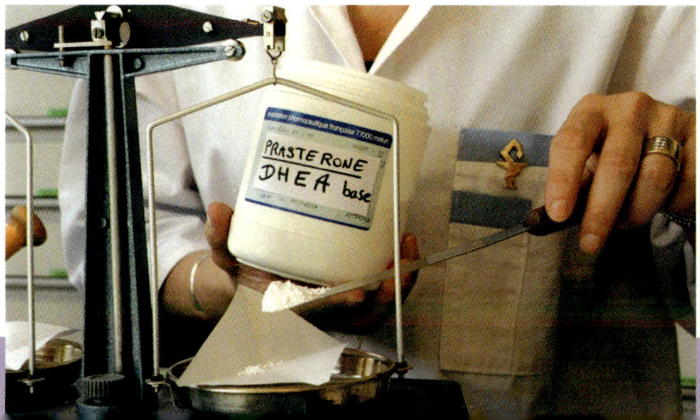

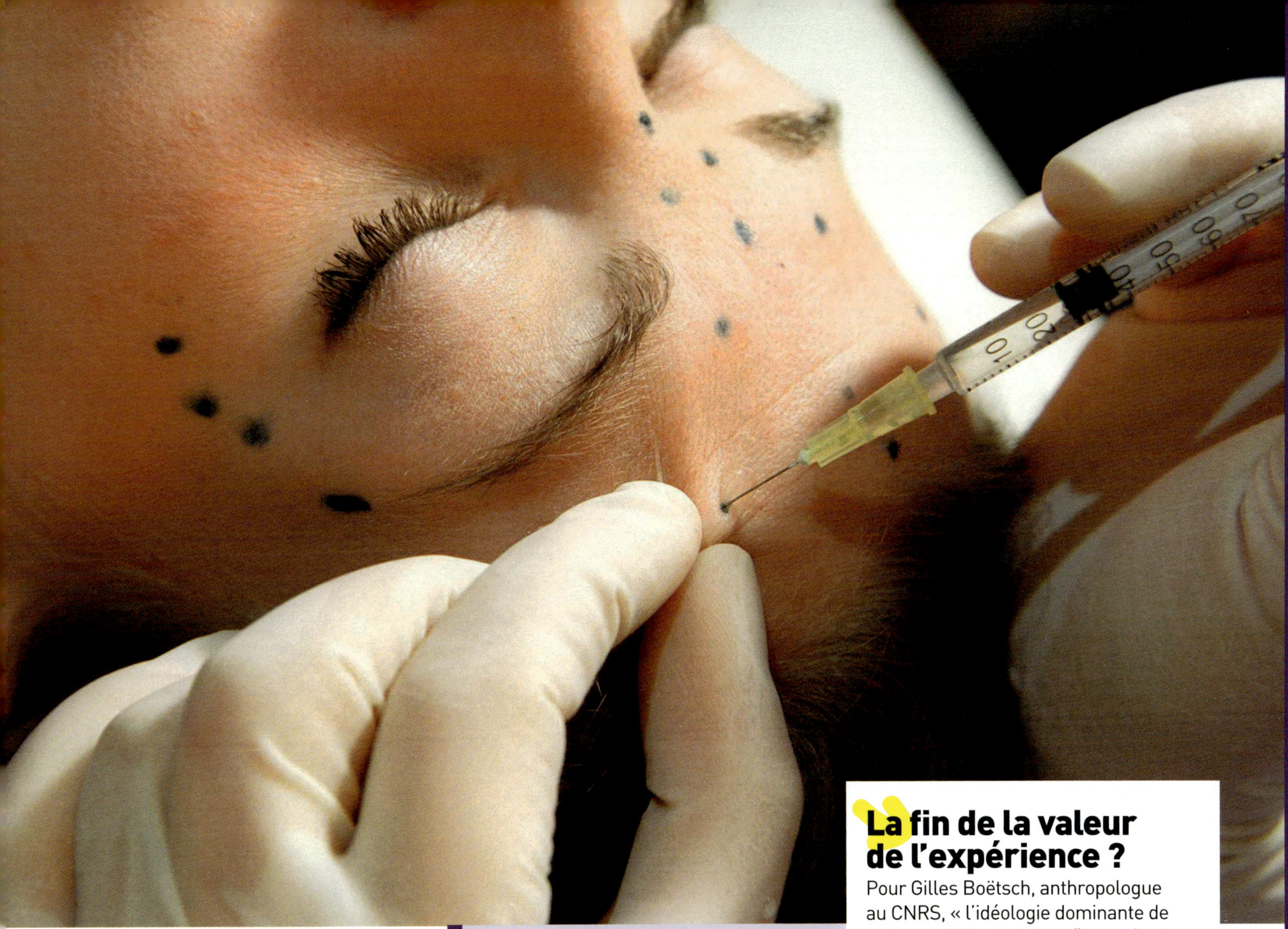

Injection de toxine botulique. Une intervention efficace et sans anesthésie pour corriger les rides d'expression.

Suffit-il de retendre sa peau pour être bien dedans ?

De victime on devient coupable de son apparence. Il ne suffit plus de penser jeune et d'agir comme un jeune, il faut également faire physiquement jeune, sous peine d'apparaître comme un poids mort incapable de suivre le rythme de la société. Jusqu'à preuve du contraire, le seul moyen réellement efficace de rajeunir reste la chirurgie esthétique. En France, d'après le Syndicat national de chirurgie plastique, reconstructrice et esthétique, nous n'assistons pas à une explosion des actes, mais plutôt à une compétition entre chirurgiens, seuls habilités à manier le bistouri (350 praticiens en France) et médecins (plusieurs milliers pratiquent des interventions esthétiques). De plus en plus de techniques, comme la toxine botulique contre les rides ou la mésodissolution contre la cellulite, ne réclament pas de chirurgie et rassurent les patients. Mais une fois les seins regonflés ou les paupières affinées, se sent-on mieux pour autant ? Loin s'en faut. Une étude finlandaise montrait en 2004 que les personnes ayant recours à la chirurgie esthétique souffraient le plus souvent d'une fragilité psychique. Se sentir trop vieux se guérit surtout dans sa tête.

La fin de la valeur de l'expérience ?

Pour Gilles Boëtsch, anthropologue au CNRS, « l'idéologie dominante de notre société est de type "guerrière" [...], à l'opposé d'autres sociétés dites de "sagesse" où la place des personnes âgées est à la fois reconnue et valorisée ». Les multiples révolutions technologiques de ces dernières années (l'ordinateur, le téléphone portable, Internet...) ont relativisé le besoin de l'expérience apportée par les anciens. Paradoxalement, alors qu'elles sont de plus en plus nombreuses et qu'elles représentent un poids économique considérable, les personnes âgées se retrouvent reléguées au second plan. Soulignant cette effarante situation dans son pamphlet *Le Plan vermeil*, Régis Debray propose de mettre tous les vieux dans un coin du rude Larzac pour qu'ils y meurent plus vite !

Réussir à tout prix : **un coach pour tous ?**

Améliorer ses résultats au travail ou se reconstruire après l'annonce d'une maladie, le coaching promet de nous aider à gérer notre vie. Ni thérapie ni conseil, cette technique se propose de faire émerger la solution qui est en nous. Mode ou vrai fait de société ?

Quels sont les principes et les outils du coaching ?

Un contrat, un objectif, une durée. Les 2 500 coachs qui pratiquent en France, majoritairement dans le milieu professionnel – 10 % travaillent en *life coaching*, ou coaching de vie –, définissent avec leur client l'objectif dès la première séance. Le coach, qui n'a pas nécessairement une connaissance du domaine du « coaché », questionne et reformule les propos de son client, le sollicite pour qu'il élabore plusieurs scénarios. « La parole construit la pensée », synthétise Dominique Jaillon, président de la Société française de coaching, créée en 1997. Le coach est un miroir sur lequel le client projette l'image de ce qu'il veut être... Ensemble, ils trouvent les moyens de construire cette image. « Pas de manipulation mentale », insistent les représentants des trois grandes associations, qui ont élaboré une charte de déontologie et une certification. L'objectif est d'accompagner le client en toute autonomie. « Le coach n'est pas un guide, il doit toujours être un pas derrière son client », résume Martine Volle, présidente d'ICF France, qui compte 138 bureaux dans 39 pays. Aux côtés d'outils standard (dessin, jeu de rôle...), chaque coach développe sa « trousse » selon sa formation : comportementalisme, programmation neurolinguistique (PNL), psychanalyse, communication non violente... En France, les écoles sont tout aussi nombreuses que celles de psychologie (700).

PAROLE D'EXPERT

LE COACH EST-IL UN PSY ? AVEC PATRICK AMAR*

« Non. La preuve : la majorité des coachs ne sont pas "psy". L'enjeu est différent. Dans le coaching, l'objectif est la recherche de performances et d'efficacité, alors qu'en psychothérapie l'objet est l'apaisement d'une souffrance, ce qui est souvent plus long. Pour le psychothérapeute, l'histoire du patient (et non client), son passé, est cruciale. Tandis que pour le coach, ce sont le présent et surtout le futur qui importent. Et s'il arrive que celui-ci interroge son client sur sa vie privée, c'est pour éclairer de façon ponctuelle la problématique professionnelle du coaché. »

*Psychologue et coach, coauteur avec Pierre Angel (président de l'Association européenne de coaching) du *Coaching*, « Que sais-je ? », PUF, 2006.

Pourquoi et comment le coaching est-il arrivé en France ?

Importée des États-Unis dans les années 1990, cette technique de valorisation des performances, bien connue dans le sport, a pénétré l'entreprise à la faveur d'une évolution du marché du travail de plus en plus anxiogène. Concurrence, absence de visibilité même pour les cadres dirigeants, l'époque où la société était pourvoyeuse d'emplois semble révolue ; il appartient à chacun de trouver sa place et de tout faire pour la conserver. Dominique Jaillon évoque les lacunes des formations, non ciblées, répondant insuffisamment aux contraintes de la flexibilité du travail, aux changements de la société orientée davantage vers le contrat d'objectif plutôt que vers le contrat de travail. Aucun document ne vient évaluer l'efficacité de cette technique, mais sa banalisation à toutes les couches de l'entreprise atteste une demande croissante. La jeune Association européenne de coaching (AEC) a mis en place le « coaching solidaire »,

Séance de coaching collectif sur le thème « augmenter votre impact à l'oral ». Le plus souvent, un coaching se déroule sur dix à quinze séances de une à quatre heures et peut durer plusieurs mois.

gratuit pour les personnes sans ressources. Une initiative semblable, Cap Parrainage, a été lancée par la Ville de Paris. L'ANPE organise des séances de coaching pour des cadres dirigeants, HEC et l'ENA ont intégré le coaching dans leurs cursus.

Où commence-t-il et où s'arrête-t-il ?

D'abord réservées à l'entreprise, on voit fleurir des offres de prestations qui touchent la vie privée : la santé (arrêter de fumer, maigrir, faire du sport...), les études, la retraite, le divorce... L'offre spirituelle n'échappe pas non plus à cette mode du coaching, versant développement personnel. « Attention ! Il ne faut pas confondre soutien et coaching », met en garde Dominique Jaillon. De même, Patrick Amar, membre fondateur de l'AEC, alerte sur le risque que représentent pour les plus fragiles les « coachs » autoproclamés, sans formation, ou au dessein peu recommandable. « Des gens en perdition peuvent voir dans le coach l'ami qu'ils n'ont pas ou qu'ils n'ont pas la force d'aller chercher. » Le délitement social et l'absence de repères sont pain bénit pour ce marché de l'aide. La Mission interministérielle de vigilance et de lutte contre les dérives sectaires (Miviludes) a dans le collimateur cette profession sans définition officielle, qui a permis à des mouvements sectaires de s'infiltrer dans l'entreprise via la formation professionnelle. « On est dans une relation de demande, où le coach peut avoir un ascendant déstructurant, puisqu'on touche au psychologique. » Prudence donc quand on choisit un coach, la frontière est mince entre l'accompagnement et l'assujettissement. D'autant que, à l'instar des pays anglo-saxons, leaders de cette gestion de l'humain, un nouveau profil de coach se dessine, qui propose ses services pour un accompagnement global de la personne : le projet de vie intégrant le projet professionnel.

0123456789
chiffres-clés

LE COACHING EN CHIFFRES

• 2 500 coachs professionnels, dont 500 certifiés. Peu de coachs exercent cette activité à temps plein.

• Tarifs : de 250 à 800 euros la séance quand elle est payée par l'entreprise ; de 100 à 300 euros pour les particuliers en individuel.

• Un coaching se déroule en dix à quinze séances, de une à quatre heures.

• Marché estimé en France à 90 millions d'euros. Concerne à 80 % les entreprises.

• Coût de la formation : de 3 500 à 15 000 euros.

Le don, la solution pour un monde plus juste ?

Individualiste et consumériste, notre société ? Pourtant, jamais nous n'avons été aussi sollicités et nous donnons toujours autant. Téléthon, tsunami, Restos du cœur... les appels à la générosité font désormais partie de notre vie et forment un moteur essentiel de l'entraide.

Qui donne ?

Le profil de la générosité en France est très stable. En 2005, un rapport du Centre d'étude et de recherche sur la philanthropie (CerPhi) sur la générosité des Français montrait que environ 20 % de la population donnait régulièrement à une association. Le cumul des dons, en progression constante, atteint 1,7 milliard d'euros, ce qui place la France dans la moyenne européenne. Le portrait-robot du donateur ne varie pas beaucoup non plus : les femmes sont plus généreuses en argent et les hommes, en temps. Plus on a d'argent, plus on a tendance à donner, même si, en proportion, les personnes modestes donnent davantage (environ 1,1 % de leur revenu, contre 0,9 % dans les ménages plus aisés). Il faut être intégré socialement pour donner : ainsi, un cadre s'implique plus qu'un chômeur. Enfin, les personnes de plus de 70 ans sont beaucoup plus généreuses, ce qui serait dû en partie à une sur-sollicitation de la part des associations. Depuis dix ans, on retrouve le même tiercé de tête des régions donatrices : Alsace, Franche-Comté et Rhône-Alpes. Cela s'explique principalement par une tradition soit religieuse (catholique ou protestante), soit sociale (le milieu montagnard dur) très vivace. Les régions économiquement sinistrées (le Nord, par exemple), elles, donnent peu.

Créés par Coluche, Les Restaurants du cœur offrent une aide alimentaire aux plus démunis pendant les mois d'hiver, depuis décembre 1985. En 2005-2006, 75 millions de repas ont été distribués. 12 euros permettent de fournir un repas chaud à une personne pendant quinze jours.

Pourquoi donne-t-on ?

Dans une société où on nous rabâche que l'individualisme et l'égoïsme sont ancrés dans la nature de l'homme, force est de constater que l'entraide se maintient. Dans l'étude menée par la Fondation de France en 2001, cette volonté d'échapper au dogme économique ambiant est un puissant moteur de la générosité. Donner, c'est attribuer une place à l'humain dans un monde où le politique s'efface devant le profit. Si le don se doit d'être désintéressé et discret, une hiérarchie de sa « valeur » apparaît selon la nature du geste. S'investir dans une association s'impose comme le plus haut degré de don, nettement plus valorisé que la pièce donnée à un SDF. Cela montre que le geste du don n'est pas si simple qu'il y paraît. Le sociologue Marcel Mauss a montré (en 1923) que le don s'accompagne toujours d'un « contre-don » favorable au donateur. La générosité envers les plus pauvres peut ainsi se voir comme un moyen de se rassurer sur sa propre prospérité. Une tradition juive veut d'ailleurs qu'on remercie le mendiant de vous offrir une occasion de faire une bonne action !

INSOLITE

LE « TROTTOIR DES BÉNÉVOLES » (*VOLUNTEER PATHWAY*)

En octobre 2005 a été inauguré à Washington un trottoir avec des plaques commémoratives en hommage aux « bénévoles extraordinaires ». Le trottoir s'étend sur 1,6 km et salue les citoyens américains qui se sont consacrés à instituer des changements durables aux États-Unis.

Faut-il des médias pour lever des fonds ?

Les années 1980 ont vu l'arrivée des causes humanitaires largement médiatisées. Avec Médecins sans frontières (MSF), Action contre la faim ou les Restos du cœur, la générosité entre dans l'ère du marketing moderne. Elle atteint son apogée avec les campagnes télévisées type Téléthon ou Sidaction. D'un côté, cela fonctionne puisque les dons décollent, de l'autre, on se retrouve rapidement dans une concurrence acharnée des causes à défendre avec une manne d'argent limitée. Comme l'a montré l'afflux d'argent lors du tsunami en Asie, le don se déclenche encore beaucoup par l'émotion suscitée par le drame, elle-même liée en grande partie à son traitement médiatique. Pour motiver les donateurs, il faut des images. La guerre civile au Darfour ou le tremblement de terre au Pakistan, peu couverts par les médias, n'émeuvent pas grand monde. Par ailleurs, l'abondance des sollicitations tend à désorienter, voire à lasser, les bonnes volontés. Pour mobiliser le vivier des jeunes, potentiellement donateurs, les associations doivent changer leur méthode et leur discours. Assez de prospectus, place à l'e-solidarité !

L'argent donné aux associations est-il bien employé ?

Des scandales de détournement de fonds (Association pour la recherche sur le cancer, Fondation Raoul-Follereau) ont durablement touché la confiance des Français dans l'utilisation des dons. Après le tsunami, nombreux ont été les donateurs qui jugeaient sévèrement le manque d'informations sur le devenir de l'argent. Quelles garanties a-t-on de la bonne utilisation des dons ? Les contrôles externes, obligatoires ou non, sont nombreux : Cour des comptes, bailleurs, Inspection générale des affaires sociales (Igas)... Il existe aussi un Comité de la charte qui délivre un label de bonne utilisation de l'argent. Mais sans réelles sanctions en cas de manquement, on peut douter de son efficacité... Pour rassurer, les associations multiplient les communiqués sur la ventilation de leur budget. Cela les oblige à se professionnaliser encore davantage et à dépenser l'argent en communication vers les donateurs, en publicité, en comptabilité. On aboutit à un paradoxe : les ONG, vues comme la dernière résistance à une mondialisation inhumaine, se mettent à ressembler à des multinationales pour être efficaces. Reste qu'avec plus de 70 % de l'argent alloué aux missions, ces associations se montrent très efficaces.

Qui est **Dieu** aujourd'hui ?

Les sociologues se sont trompés. Le recul annoncé de la religion n'a pas eu lieu. Après un fléchissement dans les années 1970, essentiellement au sein des institutions traditionnelles, la spiritualité connaît un succès incontestable, en dépit de la rationalisation de notre regard sur le monde et de la sécularisation (laïcisation) de la plupart des États. Mais en quoi croit-on ? Et pourquoi ?

Quelles sont les nouvelles tendances ?

Plusieurs faits caractérisent le monde spirituel actuel, notamment la multiplication des mouvements libéraux à l'intérieur des grandes confessions. Ceux-ci tentent de s'affranchir de leur Église, au risque de s'en voir exclus, en proposant une doctrine plus en phase avec la société. Par exemple, l'ordination des femmes au sein du catholicisme, de l'islam et du judaïsme, le mariage des prêtres, l'avortement ou l'utilisation du préservatif. En effet, les grandes religions, nées il y a plus ou moins 2 000 ans, sont parvenues jusqu'à nous avec des pratiques sociales d'alors, et ont peu évolué. Même si leur discours a été modernisé. L'enfer, qui a terrifié les croyants pendant des siècles, n'existe plus, c'est une image, enseigne-t-on désormais... « Face à la rationalisation scientifique, les grandes Églises ont dû reformuler les propositions de la foi pour leur donner une forme de plausibilité », explique Danièle Hervieu-Léger, présidente de l'École des hautes études en sciences sociales (Ehess). En réaction, les fondamentalismes se sont fortifiés, dans toutes les religions. Leurs adeptes font une lecture au pied de la lettre des textes et réfutent toute symbolisation. Ils tentent de dicter leur loi aussi bien dans la sphère privée que dans le social et le politique (le mouvement évangélique aux États-Unis, puissant chez les républicains ; l'enseignement du créationnisme dans les écoles contre la théorie de l'évolution de Darwin ; le rôle du Vatican dans la bioéthique ; la croisade des mouvements islamistes et juifs ultra-orthodoxes au Moyen-Orient...).

FOCUS

L'HOMME ATHÉE EST-IL NORMAL ?

Difficile de trouver un peuple qui ne croit pas... L'athéisme, ou l'incroyance, comme refus conscient de Dieu, est une idée moderne. Si les premiers chrétiens ont été qualifiés d'athées, c'est en référence à leur culte à des dieux païens. C'est au XIXe siècle qu'apparaissent les premiers penseurs niant l'existence de Dieu (Friedrich Nietzsche annonce même sa mort). La croyance devient névrose (pour Freud), aliénation. En 2004, le monde compte 265 millions d'athées et 1 071 millions d'agnostiques, selon la *World Christian Encyclopedia*. Selon un sondage du CSA publié en janvier 2007, un tiers des Français (31 %) se disent sans religion. Et 51 % des personnes interrogées se déclarent catholiques, même si seulement la moitié croient en Dieu.

Et si Dieu, c'était moi ?

C'est le fait le plus remarquable des trente dernières années. En marge des religions traditionnelles s'est développé un marché du spirituel empruntant à toutes sortes de traditions : orientales, occidentales, chamaniques (les cultes de possession réactualisant les miracles)... mais aussi à la psychologie (l'Église de scientologie, avant de se qualifier de mouvement religieux, était une pratique de développement personnel fondée sur la psychologie), à la science, aux médecines... La guérison du corps et de l'esprit, comme forme moderne du salut, est le credo de ces nouveaux mouvements religieux ou spirituels. Le salut, souvent allié à l'accomplissement personnel, est à conquérir dans ce monde-ci et pas dans l'au-delà. Et aussi vite que possible. Le succès du bouddhisme, y compris dans les pays de culture chrétienne, illustre bien cette quête de spiritualité efficace, capable de procurer un bien-être du corps et de l'esprit.

Le paradis serait-il sur Terre ?

Le paradis est sur Terre, il appartient à chacun de le trouver, suggère la société de consommation, qui a érigé le libéralisme et l'individualisme en valeurs-phares. « L'individu s'épuise par la nécessité de

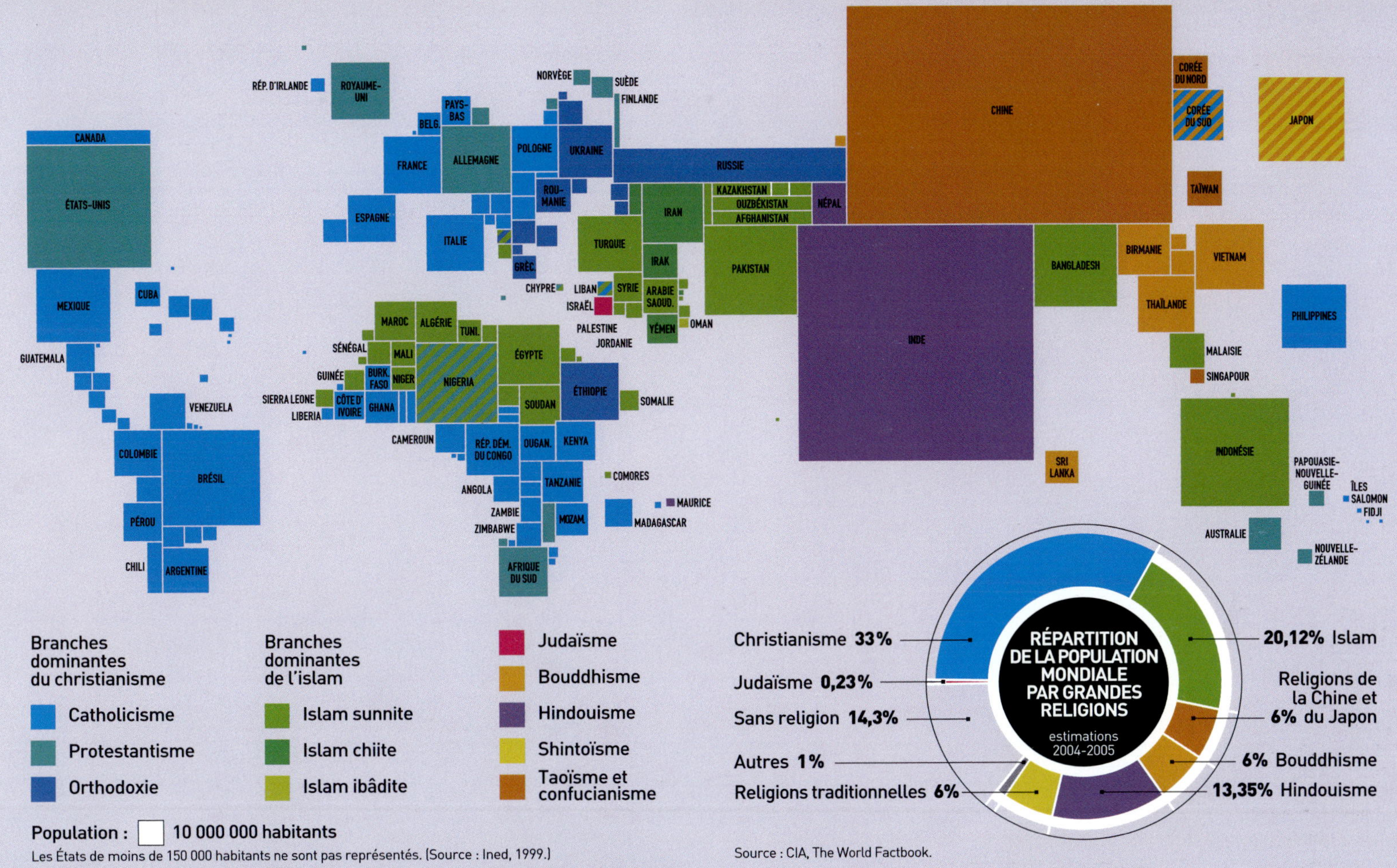

Atlas des religions, Brigitte Dumortier, Madeleine Rouvillois, cartographie par Cécile Marin, Atlas/Monde, © Éditions Autrement, 2002.

LES RELIGIONS DANS LE MONDE

Cette carte a été conçue selon le principe de l'anamorphose. Elle n'a pas pour but de représenter une réalité géographique, mais de mettre en avant le poids des religions, en tenant compte de la population de chaque pays. Cela permet ainsi de ne pas minimiser l'importance de religions localisées, comme l'hindouisme par exemple, pratiqué presque exclusivement en Inde, mais par un nombre de personnes très important par rapport à la population mondiale. Chaque couleur correspond à la religion la plus pratiquée et des bandes alternées sont employées lorsque le poids de deux religions est équivalent.

se construire lui-même. » Danièle Hervieu-Léger parle de ces pathologies de la liberté, en tête desquelles la dépression, bien connue dans nos sociétés modernes, et inexistante chez les peuples où la croyance en des ancêtres, dieux, êtres surnaturels n'a pas été ébranlée… « Les nouvelles spiritualités peuvent être considérées comme une entreprise de récollections du sens (retraite, méditation), offrant aux individus un moyen d'accès à eux-mêmes et une vision du monde leur permettant d'organiser leurs expériences en un récit portant signification au-delà d'eux-mêmes. »

L'insupportable désenchantement du monde…

Comment en est-on venu à ce déplacement de la croyance en l'au-delà à ici ? La science a bouleversé notre regard sur le monde. L'homme, créature de Dieu jusqu'au début du XXe siècle (la théorie de l'évolution vient bouleverser le mythe de la Genèse), s'en est affranchi… jusqu'à devenir Dieu lui-même avec le clonage, la procréation médicale… Les témoignages de sortie de coma ou de retour de mort clinique, les progrès dans la médecine, font reconsidérer les frontières entre la vie et la mort. D'ailleurs, celle-ci est-elle inéluctable ? Et Dieu, dans tout ça ? De nombreuses théories sur l'origine des religions avancent l'hypothèse de l'explication et de l'apaisement des souffrances. Pour d'autres, c'est la nécessaire organisation des hommes en une société ordonnée qui est en jeu. Enfin, certains, notamment Pascal Boyer, anthropologue au CNRS, évoquent une prédisposition dans le cerveau humain au « croire », activée par certaines situations. Les êtres humains ont des intuitions morales qui semblent dues au passé évolutif. Impliquer les agents surnaturels permet d'expliquer ces intuitions qui n'ont pas de contenu conceptuel cohérent.

Sommes-nous **sous surveillance ?**

La vie privée est-elle soluble dans la technologie ? Devant un écran d'ordinateur comme en pleine rue, notre vie est suivie et enregistrée. Pour le meilleur ou pour le pire ?

SUR LA ROUTE

D'après l'institut d'études marketing GfK, près de 1 million de systèmes GPS ont été vendus en 2006. Un système qui permet de se repérer plus facilement sur la route, mais qui fournit aussi aux employeurs le moyen de contrôler les déplacements des travailleurs nomades, qu'ils soient chauffeurs, VRP ou cadres, à condition de les en informer.

DANS LE MÉTRO

Le nouveau pass sans contact Navigo, dans le métro parisien, semble bien pratique : finis les tickets, une puce électronique munie d'une antenne autorise l'ouverture des portiques. Mais ce système intègre aussi des ordinateurs et des bases de données. Et pour lutter contre la fraude, les informations sur chaque voyageur sont conservées un certain temps par la RATP.

DANS LA RUE

Apparues en France dans les années 1990 à Levallois-Perret, dans les Hauts-de-Seine, les caméras de vidéosurveillance se sont répandues dans de nombreuses communes, de Clichy à Toulouse, en passant par Marseille. À Paris ou à Lyon, l'intérieur des bus est également surveillé par des caméras. Des systèmes qui se veulent dissuasifs et répondent à l'angoisse sécuritaire de la population. En Grande-Bretagne, l'engouement est tel qu'un Londonien peut être filmé jusqu'à 300 fois par jour. Ce pays abrite 4,2 millions de caméras de surveillance.

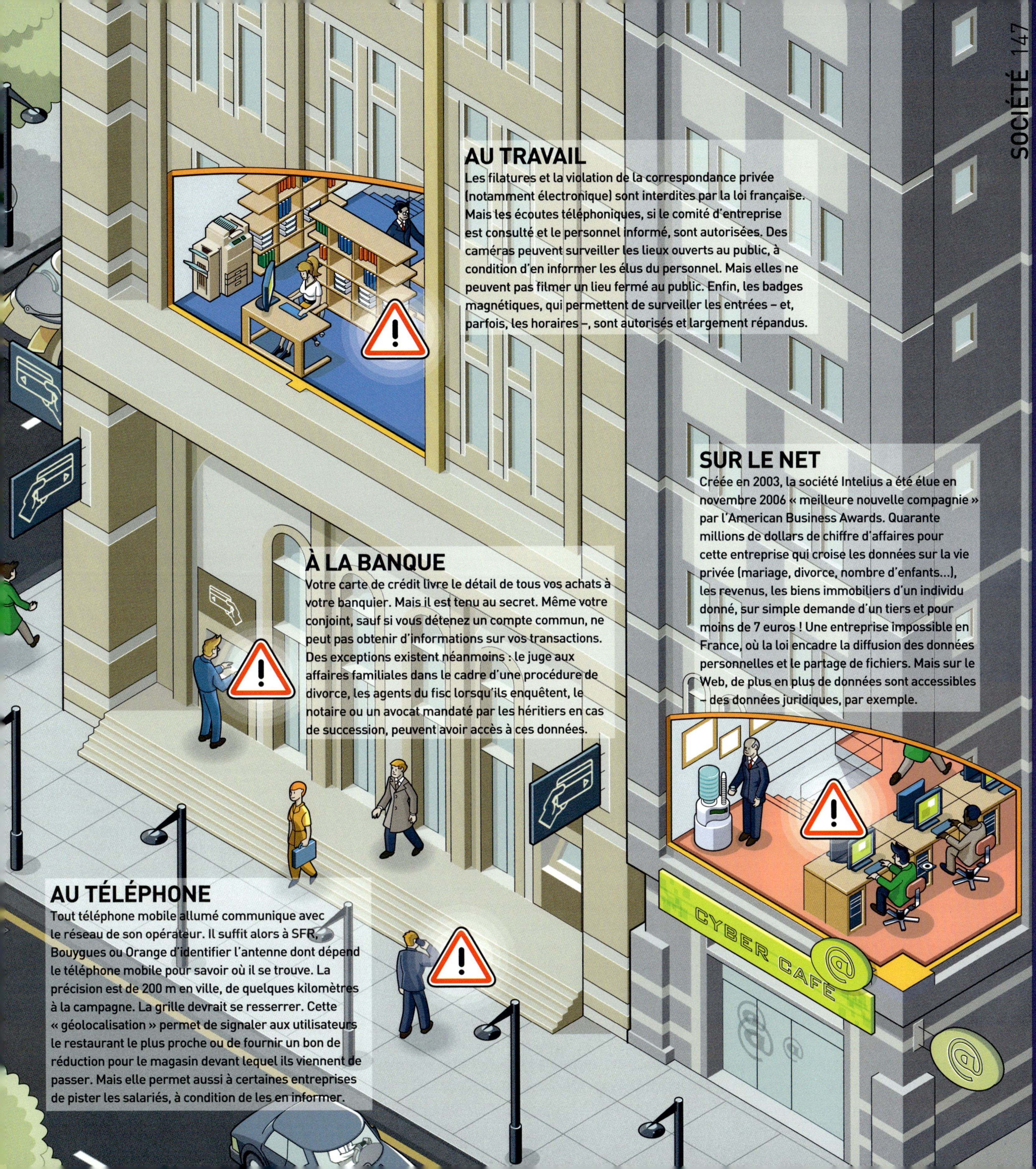

AU TRAVAIL

Les filatures et la violation de la correspondance privée (notamment électronique) sont interdites par la loi française. Mais les écoutes téléphoniques, si le comité d'entreprise est consulté et le personnel informé, sont autorisées. Des caméras peuvent surveiller les lieux ouverts au public, à condition d'en informer les élus du personnel. Mais elles ne peuvent pas filmer un lieu fermé au public. Enfin, les badges magnétiques, qui permettent de surveiller les entrées – et, parfois, les horaires –, sont autorisés et largement répandus.

SUR LE NET

Créée en 2003, la société Intelius a été élue en novembre 2006 « meilleure nouvelle compagnie » par l'American Business Awards. Quarante millions de dollars de chiffre d'affaires pour cette entreprise qui croise les données sur la vie privée (mariage, divorce, nombre d'enfants...), les revenus, les biens immobiliers d'un individu donné, sur simple demande d'un tiers et pour moins de 7 euros ! Une entreprise impossible en France, où la loi encadre la diffusion des données personnelles et le partage de fichiers. Mais sur le Web, de plus en plus de données sont accessibles – des données juridiques, par exemple.

À LA BANQUE

Votre carte de crédit livre le détail de tous vos achats à votre banquier. Mais il est tenu au secret. Même votre conjoint, sauf si vous détenez un compte commun, ne peut pas obtenir d'informations sur vos transactions. Des exceptions existent néanmoins : le juge aux affaires familiales dans le cadre d'une procédure de divorce, les agents du fisc lorsqu'ils enquêtent, le notaire ou un avocat mandaté par les héritiers en cas de succession, peuvent avoir accès à ces données.

AU TÉLÉPHONE

Tout téléphone mobile allumé communique avec le réseau de son opérateur. Il suffit alors à SFR, Bouygues ou Orange d'identifier l'antenne dont dépend le téléphone mobile pour savoir où il se trouve. La précision est de 200 m en ville, de quelques kilomètres à la campagne. La grille devrait se resserrer. Cette « géolocalisation » permet de signaler aux utilisateurs le restaurant le plus proche ou de fournir un bon de réduction pour le magasin devant lequel ils viennent de passer. Mais elle permet aussi à certaines entreprises de pister les salariés, à condition de les en informer.

Un nouveau code pour **la sécurité routière ?**

Devant l'hécatombe sur les routes, tous les pays industriels se penchent dorénavant sur cette question vitale : comment brider les automobilistes au volant ?

Améliorer la sécurité routière, un luxe de pays riches ?

L'OMS allume ses feux de détresse : 1,2 million de personnes meurent chaque année sur les routes et 50 millions sont blessées. Les plus touchés sont les piétons et les deux-roues, motorisés ou non. Pour les enfants et les jeunes adultes, la route est la deuxième cause de mortalité dans le monde. Si les tendances actuelles se confirment, le nombre de tués augmentera de 60 % entre 2000 et 2020, avec une baisse de 30 % dans les pays à fort revenu. Dépourvus de mesures préventives et éducatives, les pays pauvres subiront ce carambolage de plein fouet, sachant que les accidents leur coûtent déjà entre 1 et 2 % de leur PNB – soit plus que le total de ce qu'ils perçoivent au titre de l'« aide au développement » !

Quelles sont les causes du dérapage au volant ?

Si la vitesse et l'alcool sont les deux premiers facteurs contribuant à l'insécurité routière, le comportement du conducteur est à l'origine de 95 % des accidents. Responsabilisation des usagers, répression des comportements à risque : couplées à des innovations et à des dispositions techniques, comme le port obligatoire de la ceinture de sécurité, ces mesures législatives ont permis une baisse spectaculaire des décès sur les routes européennes. En France, qui est passée de 17 000 à 5 000 morts sur les routes entre 1975 et 2005, les accidents dus à l'alcool ont baissé de 40 % en deux ans grâce à l'instauration du permis à points. En Grande-Bretagne, chaque conducteur verbalisé sur l'autoroute est confronté au scénario de son infraction, filmé par une vidéosurveillance. Dans les pays en développement, on est loin de recourir à ces initiatives : la fréquence des accidents est plutôt due à l'état précaire des véhicules – bondés de surcroît –, au mauvais état des routes ou encore à l'absence de sensibilisation des piétons.

Les constructeurs d'automobiles sont-ils coupables ?

Comment expliquer la vente de bolides frôlant les 200 km/h, quand la vitesse est limitée à 130 ? Alors que les constructeurs invoquent l'atout des capacités d'accélération lors des dépassements, l'Association pour l'interdiction des véhicules inutilement rapides (Apivir) réfute l'argument : ce sont les véhicules les plus puissants qui ont le plus d'accidents en dépassement ! Malgré le lobbying constant de l'association, aucune loi n'a encore été votée au niveau de l'Union européenne pour brider les moteurs dès la construction. Certains pays font obstacle, dont l'Allemagne où le lobby de l'automobile est extrêmement puissant. Pourtant, les constructeurs ne sont pas étrangers à l'optimisation de la sécurité sur les routes. C'est Mercedes, par exemple, qui a popularisé le système ABS dès 1998. Quant au groupe Renault, qui consacre à la sécurité routière 100 millions d'euros annuels et s'affirme comme un pionnier, il dispose de son propre laboratoire d'accidentologie, où sont réalisés près de 800 crash tests réels ou virtuels par an.

ZOOM

LES FOUS DU VOLANT SONT-ILS FOUS ?

La voiture agirait de façon paradoxale sur le conducteur, révèlent les psychologues qui s'intéressent à l'incivilité routière et autres pertes de (self-)contrôle. Au lieu de s'inscrire dans une solidaire cohabitation entre automobilistes, les déplacements des autres sont vécus par le conducteur comme une intrusion dans son univers, et les insultes sont d'autant moins réfrénées qu'il se sent tout-puissant dans son cocon. Les publicités ne sont pas étrangères à ces comportements agressifs : quand ils ne prônent pas les valeurs très « mâles », les spots vantent la voiture comme outil de liberté… qui ne s'arrête pas où commence celle des autres. Les statistiques révèlent également que la manière de conduire est le reflet de la position professionnelle : comme il « drive » un projet, le cadre supérieur conduit très rapidement, occasionnant plus d'accidents qu'un employé ! Enfin, les femmes conduisent mieux que les hommes ; conscientes d'un possible accident, elles seraient plus prudentes, et aussi plus intuitives.

LA TECHNOLOGIE
SUR LES CHAPEAUX DE ROUE

Le Limiteur s'adaptant à la vitesse autorisée (Lavia)

1 Grâce au GPS et à certains capteurs, le véhicule connaît à tout moment sa position.

2 Celle-ci est retranscrite sur une carte digitalisée de la région où circule le véhicule pour définir la voie qu'il est en train de parcourir.

3 Une base de données embarquée des vitesses autorisées sur les routes et rues de la région où le Lavia est actif détermine la vitesse autorisée.

4 Si le véhicule dépasse la vitesse réglementaire, l'injection de carburant est diminuée et le véhicule ralentit, grâce au frein moteur ou par actionnement délibéré de la pédale.

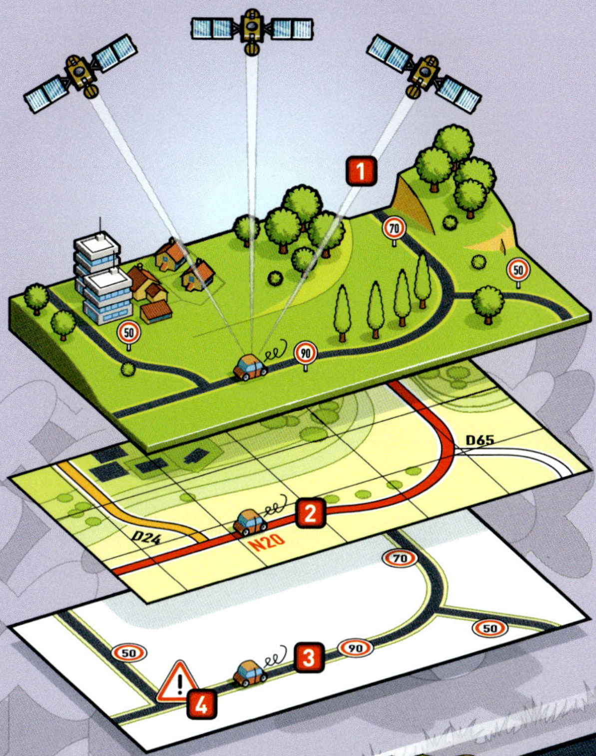

La voiture qui « scanne » la route

1 Les LED des phares servent de source lumineuse pour jauger la voie devant le véhicule grâce à une technique combinant spectroscopie laser et infrarouges.

2 La sensorique logée derrière le pare-brise enregistre les rayons.

3 Bitume rainuré, verglas, boue, gravier... : les informations sur la nature et l'état du revêtement de la route sont instantanément transmises au conducteur par un écran.

Le scooter à trois roues

En faisant oublier le spectre de la chute, le nouveau scooter de Piaggio a de beaux jours devant lui. Le secret de sa tenue de route révolutionnaire ? Ses deux roues indépendantes à l'avant supportent un angle d'inclinaison jusqu'à 40° pour un meilleur freinage et une meilleure stabilité.

Prostitution : un débat vieux comme le monde ?

Près de la moitié des États membres des Nations unies ont signé la convention de 1949 qui stipule que « la prostitution et le mal qui l'accompagne, à savoir la traite des êtres humains en vue de la prostitution, sont incompatibles avec la dignité et la valeur de la personne humaine ». Pour autant, chaque pays répond de façon plus ou moins stricte à cette condamnation.

Doit-on réglementer la prostitution comme en Allemagne et aux Pays-Bas ?

Dans ces deux pays, la prostitution est jugée comme un « mal nécessaire », qu'il s'agit de contrôler. Les prostituées sont considérées comme des travailleuses et les proxénètes comme des chefs d'entreprise. On les retrouve dans des quartiers réservés, comme le Quartier rouge d'Amsterdam, des maisons closes ou des « eros centers », comme le centre Artémis de Berlin, ultramédiatisé durant la Coupe du monde de football 2006… Les défenseurs de cette formule expliquent que les prostituées sont ainsi à l'abri du froid et de la violence, qu'elles accèdent aux droits sociaux comme n'importe quel travailleur (notamment une couverture sociale et un suivi médical). Les détracteurs accusent ces États de devenir eux-mêmes proxénètes, en gagnant de l'argent sur cette activité via les revenus fiscaux, et de « couvrir » une situation jugée dégradante pour la femme.

Faut-il la prohiber comme aux États-Unis ?

Excepté au Nevada, les prostituées, leurs proxénètes et leurs clients sont tous considérés comme des délinquants passibles de lourdes peines. Sans distinction. En Californie, les clients peuvent cependant échapper aux poursuites en justice s'ils paient une amende de 500 dollars suivie d'une journée de « rééducation spécialisée ». Les détracteurs clament que cette pénalisation n'a pas fait disparaître la prostitution, mais rend les

En Allemagne et aux Pays-Bas, les maisons closes ont pignon sur rue. Ici, Le Pascha, à Cologne.

En France, le racolage passif est sanctionné par la loi de sécurité intérieure. Ci-contre, manifestation des travailleurs du sexe en mars 2006.

0123456789 chiffres-clés

LES CHIFFRES EN FRANCE

L'Office central pour la répression des trafics d'êtres humains (Ocreth) a estimé le nombre de prostituées en France en 2003 entre 15 000 et 18 000. La part des étrangères a explosé depuis les années 1980. Sur 2 400 prostituées ayant fait l'objet d'une procédure pour racolage en 2003 en France, 36 % venaient d'Europe de l'Est et des Balkans, 31 % d'Afrique, 8 % d'Amérique latine et des Caraïbes, 5 % du Maghreb et 3 % d'Asie. Seules 6 % étaient françaises. Côté argent, Interpol a fait le calcul (en 2003) : les rentrées annuelles de la prostitution sont estimées à environ 3 milliards d'euros, dont 70 % vont aux proxénètes.

prostituées plus vulnérables : sans statut, sans couverture sociale, victimes de tous les abus, de la corruption policière à celle des réseaux mafieux.

Doit-on condamner les clients comme en Suède ?

La prostitution est considérée en Suède comme l'une des expressions de la violence masculine faite aux femmes. La prostituée ne risque rien, c'est le client qui est passible d'une peine allant jusqu'à six mois de prison pour simple tentative d'achat de services sexuels. Avant d'adopter ce régime en 1999, la Suède avait procédé à des études révélant que 90 % des clients de la prostitution étaient occasionnels. La sanction devait alors les décourager. Le nombre de prostituées de rue a baissé de plus de moitié, le nombre de clients, de près de 80 %. Mais il est difficile de dire si la prostitution a réellement autant diminué car elle est devenue « invisible », le racolage se faisant par téléphone, Internet ou petites annonces.

Ou bien sanctionner le racolage comme en France ?

Le régime dit « abolitionniste » interdit les maisons closes et les proxénètes. Mais les clients ne risquent rien, sauf s'ils sont pris en flagrant délit avec un(e) mineur(e). Les prostituées sont tolérées tant qu'elles ne troublent pas l'ordre public. C'est le racolage qui est sanctionné. Les détracteurs arguënt que cette méthode est hypocrite : elle n'encadre pas réellement les prostituées et, surtout, elle ne bannit pas un business.

C'EST VRAI ?

En France, des clients loin d'être marginaux

Une enquête menée par la journaliste Claudine Legardinier et le sociologue Saïd Bouamama, d'Intervention formation action recherche (Ifar) de Lille, auprès de 95 clients volontaires en 2004, donne un aperçu des cinq clients types de prostituées. Les « isolés affectifs et sexuels » n'ont pas accès à la rencontre avec d'autres femmes et recherchent une fréquentation régulière, accompagnée d'une demande de tendresse. Les « décalés de l'égalité » jugent l'évolution des relations homme-femme défavorable aux « mâles » : ils cherchent dans la prostitution une relation de domination et de puissance. Les « acheteurs de marchandise » forment la grande majorité des clients : ils ont découvert la sexualité par la pornographie, décrivent la femme comme un objet et vivent souvent avec une compagne dont ils nient la sexualité. Suivent enfin les « allergiques à l'engagement » et les « compulsifs de la relation sexuelle ». Près de 70 % sont ou ont été en couple, plus de 50 % sont parents et ce sont les 30-50 ans qui dominent. Pas une population marginale...

Quelles sont **les nouvelles formes d'esclavage ?**

Difficile de quantifier les « esclaves modernes ». Selon l'Organisation internationale du travail (OIT), il y aurait 12,3 millions de personnes « victimes du travail forcé » sur la planète. Des évaluations qui disent en tout cas que l'esclavage est loin d'avoir disparu. Zoom sur les zones les plus sensibles, les populations les plus fragiles.

Le travail forcé : nouvelle désignation de l'esclavage ?

Le **travail forcé*** désigne, selon l'OIT, tout travail exigé d'un individu sous la menace ou en ayant recours à des méthodes violentes – coups, abus sexuels, emprisonnement, retenues de salaire –, que ce soit le fait d'un État, d'une entreprise ou d'un particulier. Une définition qui se rapproche de celle attribuée traditionnellement à l'**esclavage***.

Parmi les 12,3 millions de personnes victimes du travail forcé, 2,5 millions sont en outre victimes de la **traite des êtres humains*** : des migrants n'ayant pas consenti à la clandestinité, enlevés, séquestrés, menacés, ou victimes de fraude. Par exemple, de jeunes Chinoises, pensant rémunérer un passeur pour franchir une frontière, se trouvent embarquées dans un réseau, obligées de travailler dans un atelier de confection en Europe. Ce trafic rapporterait chaque année aux passeurs et aux organisations criminelles 32 milliards de dollars, selon le Bureau international du travail (BIT).

Quels sont les différents types d'exploitation ?

Les esclaves modernes peuvent être victimes d'exploitation sexuelle (lire l'article *Prostitution : un débat vieux comme le monde ?*) ou économique, que ce soit sur des chantiers de construction, des ateliers artisanaux clandestins, des services domestiques ou des travaux agricoles. À la rentrée 2006, la police italienne a ainsi démantelé un réseau

FOCUS

ET EN FRANCE ?

Les médias relaient des dizaines de cas d'esclavage moderne en France comme ceux de jeunes filles travaillant jusqu'à douze heures par jour à des corvées domestiques, séquestrées et maltraitées. Mais les procès sont rares : le Comité contre l'esclavage moderne a relevé que sur 177 plaintes déposées depuis 1988, seules 56 condamnations ont été prononcées. C'est que l'esclavage individuel n'est pas reconnu par le droit français comme une infraction pénale. Pour qu'il y ait condamnation, il faut que les juges retiennent « l'abus de vulnérabilité ou de situation de dépendance » ou qu'ils condamnent « les conditions de travail et d'hébergement indignes de la dignité humaine ». La Cour européenne des droits de l'homme a condamné la France en 2005 pour n'avoir pas permis à Henriette Siliadin de bénéficier d'une protection effective contre la servitude dont elle a été victime, sans effet pour l'instant : l'arsenal législatif va rester en l'état.

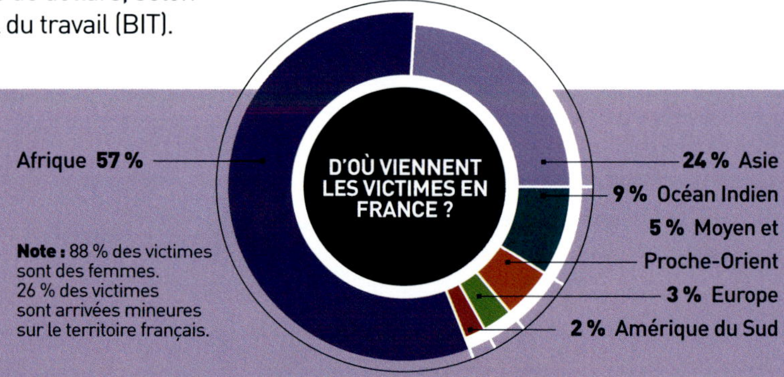

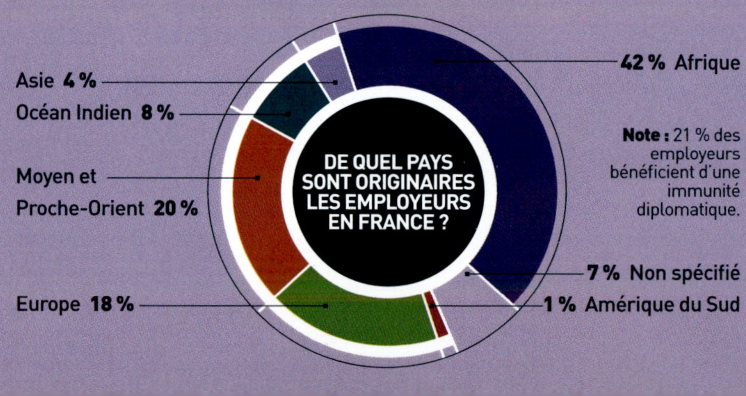

Source : Comité contre l'esclavage moderne.

Enfants indiens ligotés en signe de protestation, lors de la Journée internationale de l'abolition de l'esclavage.

d'esclaves géré par la mafia polonaise dans le sud du pays : des journaliers de l'Est étaient torturés, détenus derrière des murs barbelés sans latrines et avec seulement deux tuyaux d'eau froide pour une centaine de personnes. Ils devaient ramasser des tomates pendant dix heures d'affilée chaque jour.

Qui sont les esclaves modernes ?

Selon le BIT, 40 % des travailleurs forcés ont moins de 18 ans. Une situation particulièrement criante en Afrique, où les enfants sont les premières victimes, contraints de travailler dans des plantations, comme domestiques dans des ménages privés, ou recrutés pour participer à des guérillas. Dans le reste du monde, les principales victimes sont les femmes. Le BIT estime que 98 % des travailleurs forcés à des fins d'exploitation sexuelle et 56 % de ceux qui le sont à des fins d'ordre économique (ateliers artisanaux clandestins, services domestiques...) sont de sexe féminin.

glossaire

ESCLAVAGE :
État de ceux qui vivent sous une domination tyrannique.

TRAVAIL FORCÉ :
Tout travail ou service exigé d'un individu sous la menace d'une peine quelconque et pour lequel ledit individu ne s'est pas offert de son plein gré.

TRAITE DES ÊTRES HUMAINS :
Le recrutement et le transfert par la menace ou le recours à la force ou d'autres formes de contraintes à des fins d'exploitation, parmi lesquelles la prostitution, d'autres formes d'exploitation sexuelle, le travail ou les services forcés, l'esclavage ou les pratiques analogues, la servitude.

L'avortement : un droit acquis ?

Globalement, la situation mondiale tend à une libéralisation des lois sur l'avortement. Pour autant, le durcissement de certains États rappelle que la cause de l'avortement libre est encore loin d'être entendue.

Un droit réellement défendu ?

Depuis 1950, la plupart des pays industrialisés, ainsi que certains pays en voie de développement, ont libéralisé leurs lois sur l'avortement. Actuellement, 40 % de la population mondiale vit dans un État où l'interruption volontaire de grossesse (IVG) est autorisée sans restriction autre que le nombre de semaines de gestation. Ailleurs, l'avortement est plus ou moins autorisé ou toléré pour préserver la vie, la santé physique ou mentale des femmes. Pour autant, ce droit est-il solidement établi ? En Europe, l'avortement est très restreint en Pologne, interdit en Irlande et à Malte. Aux États-Unis, les mouvements *pro-life* (« pour la vie »), encouragés par la droite fondamentaliste, restent très actifs ; plus au sud, le Chili et le Salvador l'interdisent totalement. En Russie, l'avortement est rendu responsable de la dénatalité. Et même lorsque l'avortement est légal, est-il facile d'avorter ? En France, le délai légal d'avortement a été porté de dix à douze semaines en 2001. Mais les médecins pratiquant les IVG dénoncent des conditions d'exercice dégradées.

Pour les femmes, le développement insuffisant de l'IVG médicamenteuse, le manque de places en hôpital, les temps de réflexion, font encore de l'avortement une course contre la montre. À l'instar d'autres Européennes, des Françaises continuent d'avorter aux Pays-Bas ou en Grande-Bretagne, où les délais légaux sont plus longs.

Veillée antiavortement aux États-Unis. Le lobby *pro-life* y est tellement puissant que tous les candidats à la présidence doivent prendre position sur cette question.

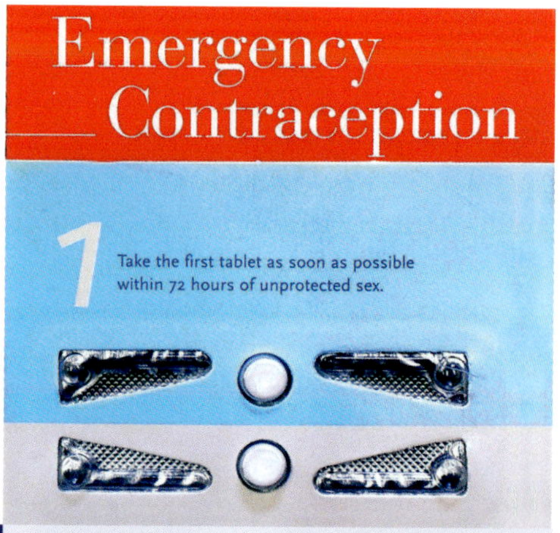

Après trois années d'un débat houleux, les États-Unis ont autorisé en 2006 la vente libre de la pilule du lendemain pour les femmes majeures.

Le fœtus est-il une personne juridique ?

Pour les associations les plus extrémistes opposées à l'IVG, l'avortement est un assassinat. Des médecins ou des personnes ayant provoqué un avortement accidentel ont été poursuivis pour homicide involontaire, mais ont toujours été relaxés. Aux États-Unis, en mars 2006, afin de protéger « les enfants à naître, [qui] sont les personnes les plus vulnérables de notre société », le Parlement du Dakota du Sud a voté une loi interdisant l'avortement, sauf en cas de danger vital pour la mère. Depuis, les habitants de cet État, consultés par référendum en novembre 2006, ont réaffirmé leur droit à l'avortement. Le débat n'est donc pas clos. Le fœtus est-il une personne ? Dans les pays occidentaux, selon les conventions internationales et pour la Cour européenne des droits de l'homme, le droit à la vie ne s'applique pas à l'embryon, mais uniquement à l'enfant né. Seule l'Allemagne a reconnu un droit à l'embryon, qui toutefois n'empêche pas l'avortement.

LE DROIT À L'AVORTEMENT DANS LE MONDE

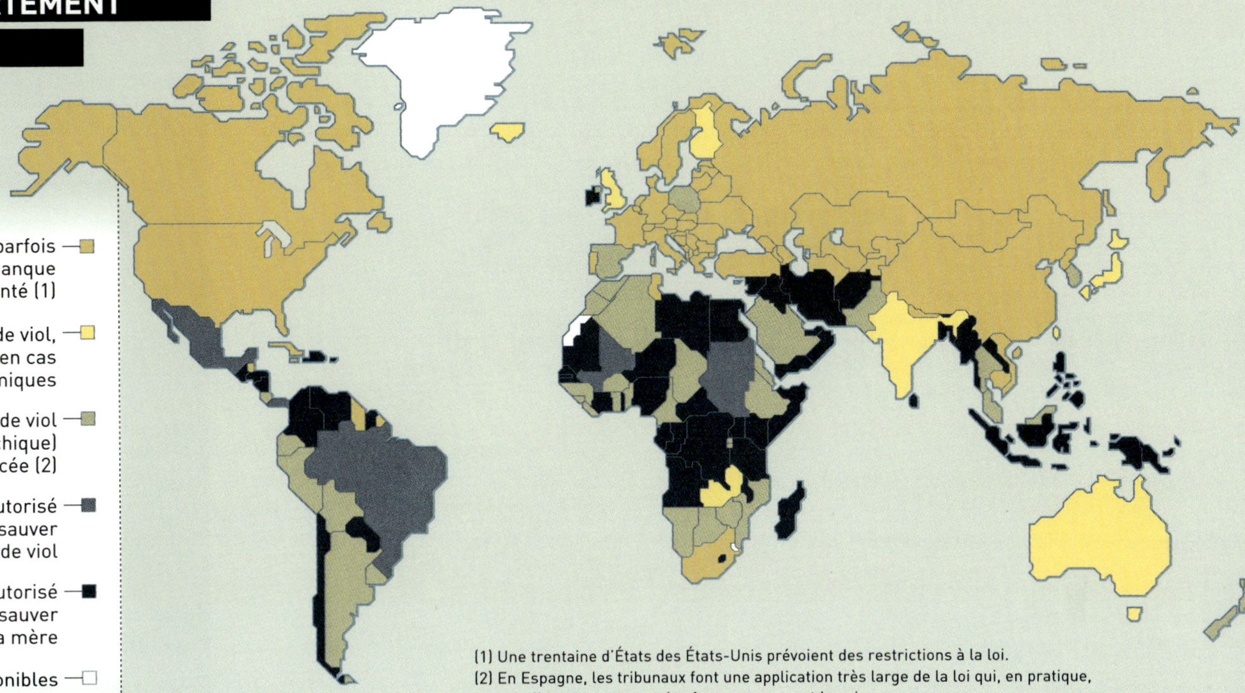

(1) Une trentaine d'États des États-Unis prévoient des restrictions à la loi.
(2) En Espagne, les tribunaux font une application très large de la loi qui, en pratique, permet l'avortement pour les femmes en ayant besoin.
Source : World's Abortion Laws, Center for Reproductive Rights, 2005.

L'avortement, facteur de déclin démographique et de stérilité ?

La légalisation de l'avortement est-elle responsable du déclin démographique des pays occidentaux ? En Europe, cette thèse ne résiste pas à l'examen des chiffres de la natalité. Les États où la pratique de l'avortement est encore très restrictive, voire interdite, ont un taux de natalité égal ou même inférieur au taux moyen de fécondité dans l'Union européenne, qui est de 1,5 enfant par femme : 1,98 en Irlande, 1,41 à Malte et 1,22 en Pologne. Quant aux éventuelles séquelles physiques dues à l'avortement, elles ont été étudiées par l'Organisation mondiale de la santé (OMS) : des complications peuvent effectivement survenir (fièvre, infection, nécessité d'une seconde aspiration). Mais, dans un cadre médicalisé, et prises à temps, elles n'entraînent ni stérilité, ni décès, ni cancer. À l'inverse, le danger est réel pour les femmes contraintes d'avorter hors cadre médicalisé, dans les États pénalisant toujours l'avortement.

Quels résultats pour les politiques de contraception ?

En France, depuis l'adoption des lois Veil en 1975, le taux d'IVG reste étonnament stable, environ 14 pour 1 000 femmes. De fait, si la contraception a permis la diminution du nombre de grossesses non désirées, de 46 % en 1975 à 33 % aujourd'hui selon l'Institut national d'études démographique (Ined), celles-ci se terminent maintenant plus fréquemment (62 %) par un avortement. Or, sur le total des femmes qui avortent, seules 28 % n'utilisent pas de contraception. Une fois mis de côté un désir ambivalent de grossesse, se pose la question de l'adaptation des méthodes contraceptives à chaque femme. La pilule à prendre tous les jours, par exemple, est-elle adaptée aux femmes ayant une sexualité irrégulière ? Plus largement, les femmes sont-elles suffisamment informées ? Si la France se situe dans la moyenne européenne, les Pays-Bas, avec une législation sur l'IVG très libérale, ont l'un des taux d'IVG les plus faibles d'Europe : 7 ‰. Mais ce pays est surtout le plus avancé en matière d'éducation sexuelle dans les établissements secondaires, voire les écoles primaires...

FOCUS

UN RETOUR EN ARRIÈRE EST TOUJOURS POSSIBLE

Dans l'ancien bloc soviétique, l'avortement était légal et couramment pratiqué. Mais dans les années 1990, le droit à l'IVG des Allemandes de l'Est a été restreint pour se rapprocher de la législation de l'Allemagne de l'Ouest. Pour les Polonaises, l'avortement est interdit depuis 1993 sauf si la santé de la mère est menacée, en cas de viol ou de malformation du fœtus.

Que faire de nos **malades psychiatriques ?**

D'où vient le malaise des hôpitaux psychiatriques ? Y a-t-il plus de « malades mentaux » ? Quelles solutions sont mises en avant pour gérer le trouble psychique dans nos sociétés ?

De l'hôpital psychiatrique à la prison ?

L'asile inhumain, hérité du XIXe siècle, plus proche de la prison que de l'hôpital, se devait d'évoluer. Dans les années 1960, les travaux de Lucien Bonnafé ou Georges Daumezon ouvrent la possibilité d'un traitement hors les murs, avec des consultations à domicile ou dans des centres ouverts. Malheureusement, ces bonnes intentions sur le papier ont été un prétexte politique pour faire des économies sur le dos de la psychiatrie et des malades. Environ 49 % des lits dans les hôpitaux publics ont été fermés entre 1987 et 2000, les budgets ont été réduits (-10 % entre 1995 et 2000 en Île-de-France selon le Livre blanc de la psychiatrie) et la spécialité d'infirmier en psychiatrie a disparu en 1994. Résultats : certains malades se retrouvent ni hospitalisés ni suivis. Selon le docteur Alain Mercuel de l'hôpital Sainte-Anne, 30 % des personnes vivant dans la rue présentent des troubles psychiatriques. L'opinion et les politiques ne s'émeuvent qu'à l'occasion de drames comme celui du meurtre de deux infirmières à Pau par un ancien patient, en 2004. Ce qui aboutit à une réponse sécuritaire. En 2004, le ministère de la Justice dénombrait seulement 0,4 % de non-lieux psychiatriques. Où sont les malades mentaux ? En prison. On y retrouve sept fois plus de schizophrènes et de paranoïaques qu'à l'extérieur d'après l'étude de Bruno Falissard et Frédéric Rouillon de 2004. Retour à la case enfermement d'avant 1960…

L'hôpital psychiatrique de Maison-Blanche, à l'est de Paris, en 1954. Ouvert en 1900, on l'appelle « asile » durant toute la première moitié du XXe siècle.

Comment venir en aide aux « malades en errance » ?

Dans un monde parfait, tous ceux qui ont besoin d'une aide psychiatrique devraient y avoir accès. On en est loin. La mauvaise répartition géographique des soins, l'inadaptation des structures, le cloisonnement entre généralistes, travailleurs sociaux et psychiatres représentent autant d'obstacles. De plus,

En France, environ 49 % des lits dans les hôpitaux publics ont été fermés entre 1987 et 2000.

le besoin de soins et leur demande par le malade ne vont pas de pair. Les maladies mentales restent souvent honteuses et les malades, hors d'atteinte. Une campagne de sensibilisation (Journée de la santé mentale), déjà préconisée dans le rapport Piel et Roelandt de 2001, permettrait de briser ce tabou. En vue de toucher les malades en marge, des solutions existent. Des équipes mobiles psychosociales accompagnent depuis 1998 le Samu social dans ses tournées. Afin de faire circuler l'information et adapter la politique locale de prise en charge, des conseils locaux de santé mentale font se rencontrer médecins, élus et travailleurs sociaux. Enfin, le plan Psychiatrie et santé mentale 2005-2008 souligne la nécessité de retisser un lien social avec les malades via la participation à des « clubs » d'activités encadrés par des travailleurs sociaux.

Des traitements chocs dès l'enfance ?

Diagnostiquer et traiter avec des outils adaptés la maladie mentale dès l'enfance apparaît comme le meilleur moyen d'offrir au patient une vie la plus « normale » possible. C'était le but de La Maison Verte, créée par la psychanaliste Françoise Dolto. Mais il convient de ne pas exagérer le sur-dépistage. En liant mécaniquement agitation dans la petite enfance et délinquance dans un rapport de 2006, l'Institut national de la santé et de la recherche médicale (Inserm) a largement inspiré la politique sécuritaire du gouvernement en place et provoqué un tollé des professionnels. On peut se demander si les laboratoires pharmaceutiques, propriétaires des molécules contre les troubles détectés, n'ont pas trouvé là un moyen d'atteindre des clients précocement.

La société est-elle malade de ses médicaments ?

La France est la championne d'Europe de la consommation de psychotropes. Il s'en absorbe 3,5 fois plus qu'en Allemagne, selon un rapport de l'Office parlementaire d'évaluation des politiques de santé de juin 2006. Or 80 % de ces médicaments sont prescrits par le médecin généraliste, qui constitue le premier interlocuteur des personnes en souffrance psychique. Pourtant, il est peu formé à la psychiatrie, connaît mal la posologie de ces molécules et doit répondre à une demande forte du patient. En troquant l'écoute et une thérapie (nécessairement longue) des causes du malaise contre une guérison rapide d'un symptôme, le médecin fait le jeu des laboratoires et laisse se développer l'idée mécaniste que chaque souffrance a sa molécule.

FOCUS

UN MONDE « FOU » ?

En 2001, l'Organisation mondiale de la santé estimait qu'un humain sur quatre présentait un ou plusieurs troubles mentaux ou du comportement au cours de sa vie. Le ministère de la Santé a dénombré six fois plus de dépressions en 2001 que trente ans auparavant. Que l'on soigne les symptômes à coups de pilules ou les causes avec une longue analyse, jamais les besoins de soins en psychiatrie n'ont été aussi élevés. Comme disait le psychanalyste Nicolas Peraldi : « Il n'y a pas de fous, il n'y a que des incompris. »

Droit de mourir ou laisser mourir ?

L'allongement de la durée de la vie et les progrès thérapeutiques posent avec de plus en plus d'acuité la question du choix de la fin de vie. Volonté de disposer de son existence jusqu'à son terme, de préserver sa dignité : a-t-on tous les droits, y compris celui de mourir ?

Laisser mourir ou donner le droit de mourir ?

La possibilité de maintenir une personne incurable en vie ou en coma artificiel pose régulièrement la question de mettre fin à une existence devenue insupportable. Dans les cas les plus dramatiques, les familles des patients sont écartelées entre la volonté de soulager leur proche et la législation : selon le Code pénal français, donner la mort à un malade est assimilé à un homicide volontaire, crime punissable de peines allant de trente ans de réclusion criminelle à la perpétuité.

En 2005, en France, le Code de la santé publique a été modifié pour mieux respecter la volonté des malades en phase terminale ou en grande dépendance :

- prévention de l'acharnement thérapeutique ;
- possibilité pour un malade de refuser un traitement (y compris alimentation et hydratation), même si cela met sa vie en danger ;
- après consultation des proches, un médecin peut suspendre un traitement inutile ou administrer un médicament pour soulager la douleur d'un malade incurable, quand bien même ce traitement pourrait abréger sa vie.

Ces nouvelles dispositions reconnaissent le « laisser mourir », sans autoriser l'euthanasie.

glossaire

EUTHANASIE ACTIVE OU PASSIVE :
Action ou omission qui vise à la mort du malade pour supprimer sa douleur.

SUICIDE ASSISTÉ :
Mise à disposition du malade des moyens ou informations nécessaires à son décès. Il agira lui-même, évitant des poursuites contre autrui. Toléré ou admis en Suisse, en Allemagne et au Danemark.

Comment s'assurer de la volonté du malade ?

Les partisans de la légalisation de l'euthanasie mettent en avant le droit de chacun à disposer de son existence. Pour les opposants, la demande d'aide à mourir peut n'être que l'expression d'une dépression, qui devra être soignée par des soins appropriés. Ils redoutent également d'éventuelles pressions de la part des futurs héritiers, voire de médecins souhaitant « faire de la place dans les hôpitaux ». Comment s'assurer de la volonté réelle du malade, surtout lorsque celui-ci ne peut plus s'exprimer ?

FOCUS

SEIZE ANS D'EUTHANASIE AUX PAYS-BAS ?

Depuis 1994, un encadrement très strict permettait de pratiquer l'euthanasie aux Pays-Bas. En 2000, ce pays fut le premier au monde à adopter une loi dépénalisant l'euthanasie. Au vu des chiffres, cette loi n'a que peu d'influence sur le nombre de demandes et le nombres d'euthanasies pratiquées.

Depuis 2005, la loi française (à l'instar de nombreux États européens) reconnaît au patient la possibilité de désigner une « personne de confiance », chargée de le représenter au cas où il se trouverait inconscient. Mais surtout, toute personne peut maintenant rédiger des directives anticipées, établissant les conditions d'arrêt ou de limitation de traitement dans le cas où elle ne pourrait plus s'exprimer. Les médecins ont l'obligation de respecter ces volontés, qui ne peuvent inclure l'aide à mourir.

Les soins palliatifs : une réponse suffisante à la douleur ?

Pour de nombreux médecins, les soins palliatifs offrent un soutien moral et physique permettant de retrouver les forces et l'espoir pour lutter contre la maladie. Ces soins spécifiques s'adressent aux patients gravement malades, en grande dépendance, dont les douleurs résistent aux traitements classiques ou aux malades en phase terminale. L'approche est interdisciplinaire et personnalisée : suivi médical et psychologique, lutte contre la douleur par tous les moyens, détente, le tout dans un cadre favorisant la présence de l'entourage du patient. Malgré tout, certaines douleurs y résistent. Et, pour de nombreux malades, ces soins n'empêchent pas la déchéance physique.

Médecins : mort sur ordonnance ?

Le médecin, formé pour soigner, peut-il être celui qui met fin à la vie ? Peut-on dans ces conditions conserver le lien de confiance entre le patient et son médecin ? Le praticien peut-il à la fois établir le diagnostic, s'assurer de l'absence de pressions, prendre la décision d'euthanasie pour ensuite la mettre en œuvre ? C'est l'option qui a été retenue aux Pays-Bas et en Belgique. Ces deux pays ont légalisé et strictement encadré l'euthanasie ; les malades doivent avoir formulé leur demande à plusieurs reprises, en toute conscience, et avoir envisagé toutes les solutions possibles avec leur médecin. L'euthanasie est effectuée par le médecin, qui peut cependant faire valoir sa clause de conscience. En France, le professeur Louis Puybasset, responsable de l'unité de neuroréanimation de la Pitié-Salpêtrière (Paris), s'oppose à ce que l'euthanasie relève des médecins et des lieux de soins : « L'autorisation ne pourrait-elle relever de la justice, des médecins psychiatres n'intervenant que pour évaluer la santé mentale du patient ? Les produits létaux pourraient-ils être délivrés dans des lieux « neutres » tels que les mairies, et non en pharmacie ? Et enfin, ne serait-il pas logique que le patient s'administre lui-même les substances, comme ultime expression de sa volonté ? »

En France, 550 000 personnes décèdent chaque année d'une maladie longue et incurable. Seuls 50 000 patients ont accès aux soins palliatifs, en hôpital ou à domicile.

SANTÉ

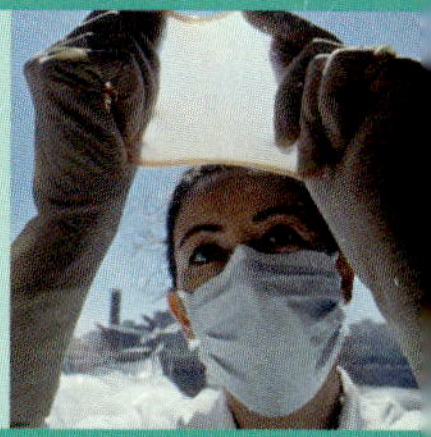

Obésité : un nouveau fardeau ?

Sur 6 milliards d'individus, 1 milliard sont en surpoids. Véritable épidémie mondialisée, l'obésité est la première maladie non infectieuse de l'histoire.

L'obésité, une épidémie dévorante ?

Avec près de 65 % de la population en surpoids selon l'OCDE, dont 30 % sévèrement, l'obésité est devenue la principale cause de mortalité aux États-Unis, à égalité avec le tabac. En Europe, qui compte 30 % d'adultes en surpoids, jusqu'à 8 % des dépenses de santé nationales et 12 % des décès sont imputables à ce mal contemporain… Et cette épidémie risque

LE SAVIEZ-VOUS ?

L'obésité pèse-t-elle sur la santé ?

Diabète, hypertension artérielle, excès de triglycérides dans le sang… L'obésité peut hypothéquer la santé au point de favoriser certains cancers digestifs et génitaux, des pathologies orthopédiques chez des enfants très obèses ou encore des troubles endocriniens à l'adolescence (puberté précoce, absence de règles). Concrètement, estiment les experts, l'espérance de vie d'une personne obèse est réduite de treize ans ; apparue durant l'enfance, l'obésité entraîne une surmortalité à l'âge adulte estimée entre 50 et 80%.

Lorsque l'obésité apparaît avant la puberté, le risque de persistance à l'âge adulte est de 20 à 50 %.

Affiche du film documentaire tourné par Morgan Spurlock aux États-Unis, en 2004. En menant sur lui-même l'expérience du régime hamburger-frites-sodas, il dénonce les dangers de la junk food.

d'être exponentielle : elle se répand chez des individus de plus en plus jeunes, sachant que lorsque l'obésité apparaît avant la puberté, le risque de persistance à l'âge adulte est de 20 à 50 %. Autre tendance inquiétante, l'obésité se rassasie en priorité des plus pauvres. Dans les pays développés, elle est dix fois plus fréquente chez les enfants dont le père est ouvrier non qualifié (7,4 %) que chez ceux dont le père est cadre (0,7 %) ! Quant aux pays à revenu faible et intermédiaire, l'aggravation de l'excès pondéral et de l'obésité y est stupéfiante : la migration urbaine favorise l'abandon d'une nourriture traditionnelle au profit de plats riches en graisses et en sucres, alors que les activités professionnelles deviennent plus sédentaires.

L'obésité est-elle héréditaire ?

L'obésité résulte d'un déséquilibre entre l'énergie consommée et l'énergie dépensée : de plus en plus sédentaire – de 60 à 85 % des adultes dans le monde n'ont aucune activité physique –, le consommateur occidental dépense moins de 1 800 calories par jour en moyenne, contre 5 000 pour le chasseur nomade de la préhistoire et 3 000 pour l'agriculteur du XIXe siècle ! Si le mode de vie est en grande partie responsable de l'obésité, la part des facteurs génétiques est de 50 à 80 %. Les recherches portent sur un gène qui code une protéine régulant la sensation de satiété, la leptine. Elles s'intéressent aussi à un gène qui aiderait à brûler les graisses et à un autre gène dont trois mutations simultanées augmenteraient de 50 à 80 % le risque de développer une obésité dès l'enfance… Alors que ces pistes sont encore expérimentales, il est en revanche acquis que les facteurs biologiques, psychologiques, culturels et environnementaux ont une grande influence.

L'industrie agroalimentaire nous engraisse-t-elle ?

Au-delà d'une certaine densité énergétique – comme une barre chocolatée qui ne pèse que 100 g, mais apporte plus de calories qu'un copieux steak garni –, le cerveau n'est plus capable d'évaluer la teneur calorique des aliments : l'individu n'a pas l'impression de s'être sustenté. Or l'industrie agroalimentaire joue abusivement de cette donnée. Faut-il interdire la publicité télévisée pour la restauration rapide, les sodas ou les céréales présucrées ? Réguler les pratiques de l'industrie agroalimentaire devient en tout cas une urgence. Pendant que McDonald's offre à ses clients un podomètre à porter en ceinture (les autorités sanitaires britanniques recommandant d'effectuer de 10 000 à 12 000 pas chaque jour !), une marque française sert sa confiture en prétextant que cinq fruits quotidiens sont recommandés… Difficile de légiférer contre un puissant lobby, mais l'Union européenne ne lâche pas l'os : les mentions « riche en calcium » ou « enrichi en vitamines » devraient bientôt s'accompagner d'alertes sanitaires, sur la teneur en sucre ou en graisse par exemple.

C'EST VRAI ?

L'Indice de masse corporelle (IMC) est la référence retenue par l'Organisation mondiale de la santé (OMS) pour définir la catégorie de corpulence de chaque individu.

IMC = poids en kg / (taille en m)²

Sous-poidsIMC	**◀ 18,5**
Poids « normal »	**18,5 ◀ IMC ◀ 24,9**
Surpoids	**24,9 ◀ IMC ◀ 29,9**
ObésitéIMC	**▶ 30**

DE PLUS EN PLUS D'OBÈSES EN FRANCE

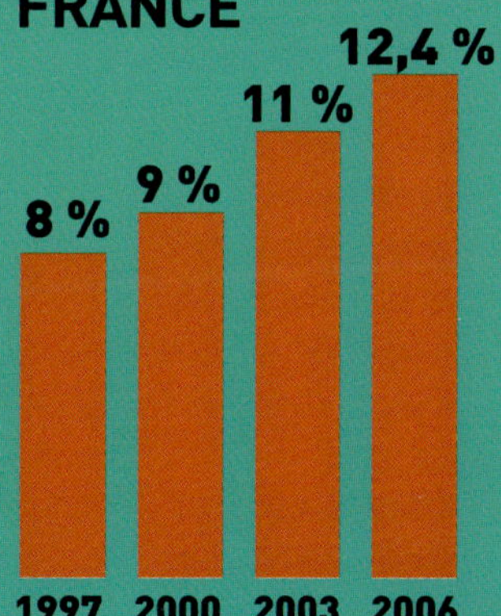

Source : Étude Obepi, 2006.

LE SAVIEZ-VOUS ?

L'obésité, une question d'horloge ?

Les études de comportement alimentaire sur les obèses montrent que ces derniers ont tendance à manger davantage le soir qu'en première partie de journée. Ce qui est en décalage avec notre horloge hormonale. Cette chrono-obésité a été corroborée sur des personnes suivant le jeûne du ramadan, donc ne s'alimentant que la nuit : la prise de poids observée chez certains ne relevait pas d'un problème alimentaire mais de non-brûlage des graisses. Autre constat auprès de 160 femmes obèses : le simple fait de décaler l'apport énergétique en début de journée (30 % au petit déjeuner, 50 % au déjeuner et 20 % au goûter) leur a permis de perdre 15 % de leur poids. Ou encore : un repas unique de 2 000 calories entraîne une perte de poids s'il est pris le matin, le contraire s'il est pris le soir !

Tabac, alcool : les jeunes sont-ils en péril ?

Les jeunes qui s'initient dès l'adolescence au tabac et à l'alcool constituent une proie idéale pour les industriels. À quels procédés ceux-ci ont-ils recours pour les séduire et les capter ?

Quels risques de dépendance pour les jeunes ?

La hausse récente du prix du tabac ayant eu des effets dissuasifs, les adolescents fument moins qu'en 2003. En revanche, ils s'enivrent davantage, notamment les garçons qui privilégient la bière et les alcools forts, selon l'enquête nationale Escapad 2006 de l'Observatoire français des drogues et des toxicomanies (OFDT). Ces habitudes de consommation peuvent entraîner à terme une addiction (dépendance). En effet, à l'instar des drogues, le tabac et l'alcool augmentent la libération de la dopamine dans le cerveau. Cette molécule, fabriquée par les neurones, active chez l'homme le « circuit de la récompense ». Les personnes ressentent alors du plaisir et, à long terme, une dépendance. Plus l'initiation au tabac se fait tôt, plus le risque d'addiction est élevé. « Ainsi, un jeune qui commence à fumer avant 15 ans a deux fois plus de risques de devenir dépendant à la nicotine que s'il débute après 17 ans », explique le professeur Pierre Duroux, ancien président du Comité national contre les maladies respiratoires (CNMR). Par ailleurs, selon l'alcoologue Philippe Batel, « les jeunes qui fument sont davantage tentés par l'alcool. Réciproquement, les buveurs d'alcool fument plus que le reste de la population ».

Chaque année en France, entre 700 et 2 000 enfants naissent victimes du syndrome d'alcoolisation fœtale.

Pourquoi les jeunes constituent-ils la cible privilégiée des industriels ?

Premières cigarettes, premières « cuites »... l'adolescence est l'âge des initiations. On fume, on boit pour faire comme les copains. Si la consommation d'alcool reste rare avant 14 ans, c'est de très loin le produit psychoactif le plus consommé à 17-18 ans. Chez les jeunes, la consommation de cigarettes va en croissant ; à l'inverse, les adultes arrêtent de fumer ou décèdent. Pour les industriels qui veulent renouveler leur clientèle, les adolescents constituent donc une cible de choix. Il s'agit de capter les jeunes consommateurs avant la concurrence pour les fidéliser à telle ou telle marque.

Comment les industriels cherchent-ils à séduire les jeunes ?

Pour recruter les jeunes consommateurs, les industriels adoptent des stratégies de communication adaptées à leur profil et à leur mode de vie. Déterminés à faire boire les jeunes de façon plus routinière, ils laissent entendre que l'alcool est un produit de consommation comme les autres. Jouant sur l'attrait des ados pour la nouveauté, ils proposent des boissons aux goûts et aux noms exotiques : Premix, YAS (*Young adult spirit* ou spiritueux pour jeunes)... Ils sponsorisent également des soirées étudiantes ou offrent des tournées dans les foires et les expositions, au mépris de la loi ! Soucieux néanmoins de donner une image de producteurs responsables, certains industriels de l'alcool font du marketing social : distribution d'éthylotests à la sortie des discothèques, opérations « conducteur désigné », distribution de documents de prévention dans les établissements scolaires... Quant à la promotion de la cigarette, les industriels l'assurent en privilégiant l'idée de liberté ; ils veulent faire croire aux jeunes que « fumer est une décision d'adulte ».

Campagne de prévention contre la consommation de tabac.

Pour les séduire, les industriels proposent des paquets de plus en plus colorés et une multitude de marques pour disposer d'un catalogue d'identités prêtes à porter.

Que fait la loi ?

La loi veille à limiter la consommation de tabac et d'alcool, notamment auprès des jeunes. Les moins de 16 ans n'ont pas le droit d'acheter du tabac ni de fumer dans les lieux qui les accueillent (établissements scolaires, par exemple). En 2007, cette interdiction s'est étendue à tous les lieux publics pour tout le monde. Un sursis d'un an a toutefois été accordé à certains établissements (bars-tabacs, restaurants...). Par ailleurs, la publicité ainsi que toute propagande, directe ou indirecte, en faveur du tabac sont proscrites. S'il est interdit de vendre et de servir de l'alcool aux mineurs de moins de 16 ans, certaines boissons alcoolisées (vins, bières, cidres) sont autorisées aux mineurs de 16 à 18 ans. Depuis 1991, la loi Evin interdit toute publicité pour les boissons alcoolisées au cinéma ou à la télévision ainsi que dans la presse écrite pour la jeunesse et à la radio dans certaines tranches horaires.

INSOLITE

DU VIN SANS ALCOOL

Une boisson sans alcool, proche de la composition du vin, est commercialisée depuis quinze ans en trois couleurs : rouge, rosé et blanc. Ce vin a été mis au point par des chercheurs de l'Institut national de la recherche agronomique (Inra), en collaboration avec des producteurs du Sud-Ouest. Appelé « Bonne nouvelle », il contient environ 0,2 % en volume d'alcool et de quatre à huit fois moins de calories qu'un vin traditionnel.

C'EST VRAI ?

DES MESURES À L'ÉTRANGER ?

Le tabac est interdit au Bhoutan depuis 2004. Ce petit royaume himalayen est le premier pays du monde à proscrire totalement la vente de tabac.

La Chine veut interdire la vente d'alcool et de tabac aux 300 millions de mineurs chinois.

et demain?

BIENTÔT UN VACCIN CONTRE LA NICOTINE ?

Des chercheurs internationaux ont mis au point un vaccin qui permet de réduire la quantité de nicotine pénétrant dans le cerveau ; ce vaccin génère des anticorps destinés à neutraliser la nicotine.
Si les expérimentations sur le rat ont été menées avec succès, les résultats des essais cliniques sur l'homme ne seront connus que dans quelques années.
Chez les adolescents qui commencent à fumer, le vaccin pourrait prévenir l'installation de la dépendance.

Drogues : de nouveaux modes de consommation ?

De plus en plus, la drogue s'infiltre dans toutes les couches de la société, en ville comme à la campagne. Aux produits classiques s'ajoute la consommation de drogues de synthèse. Les technologies récentes favorisent l'essor du trafic et l'entrée en France de nouveaux produits.

Une consommation en augmentation ?

Depuis une dizaine d'années, selon l'Observatoire français des drogues et des toxicomanies (OFDT), la consommation de tous les types de drogues est en nette augmentation en France : celle du cannabis, de loin la substance la plus utilisée, mais aussi celle des drogues chimiques, comme l'ecstasy, qui se répand encore de façon inquiétante, en particulier dans les fêtes techno. La consommation de drogues dures plus traditionnelles, dont l'usage était circonscrit à une minorité d'usagers, augmente elle aussi : la cocaïne, par exemple, moins chère à l'achat qu'auparavant, touche aujourd'hui les jeunes de toutes origines sociales. Outre ces drogues les plus courantes, des centaines de sites étrangers proposent sur Internet de nouveaux produits. C'est une aubaine pour les trafiquants qui échappent ainsi aux filets de la douane en expédiant leurs produits par la poste. Dans ce contexte de libre accès, le profil des consommateurs a évolué : de plus en plus jeunes, ils appartiennent maintenant à toutes les classes sociales de la société et à l'ensemble du territoire. Phénomène également marquant, celui de la polyconsommation, notamment parmi les consommateurs de cannabis.

Depuis 1989, Médecins du monde intervient dans les *free parties* pour prévenir et réduire les risques liés à l'usage de drogues.

Le cannabis : un nouveau problème de société ?

Le cannabis comporte des risques en cas d'usage régulier et intensif : risque élevé de dépendance, désinvestissement scolaire, troubles de la mémoire. Conduire sous l'effet de cette drogue double le risque de provoquer un accident mortel. Or la consommation de cannabis a explosé aux États-Unis et en Europe, surtout chez les jeunes. Après avoir été longtemps en tête des pays européens, la France connaît une période de stabilisation. Les chiffres 2006 sont sensiblement les mêmes que ceux de 2003 : si un adolescent sur deux a expérimenté le cannabis, 15 % des garçons et 6 % des filles en font un usage régulier. Ces habitudes sont d'autant plus inquiétantes que les variétés de cannabis proviennent actuellement des Pays-Bas et présentent un taux de principes actifs (**THC***) de 30 %. Auparavant, elles étaient importées du Maroc avec un THC de 8 %.

Les nouvelles drogues envahissent-elles le marché ?

Depuis une décennie, l'offre de drogues s'est beaucoup diversifiée. Plus faciles à produire et à acquérir, les drogues de synthèse représentent de ce fait un danger majeur. L'ecstasy arrive en grande quantité dans notre pays. La méthamphétamine,

L'ecstasy se présente généralement sous la forme de gélules ou de pastilles anodines de couleurs et de formes variées ornées d'un motif.

un psychostimulant, ravage actuellement les États-Unis. Dans les pays asiatiques, c'est la drogue de synthèse la plus consommée... et la plus dangereuse. Connue sous les termes de crystal, glass, méta ou yaba, cette drogue « qui rend fou » est disponible sous forme de *crank* (poudre) ou d'*ice* (cristaux). Elle provoque une stimulation qui peut persister plusieurs jours. En Europe, la consommation d'amphétamines est en hausse. Ces drogues de synthèse sont fabriquées dans des laboratoires clandestins qui essaiment en Belgique, aux Pays-Bas et en Pologne.
Parmi les nouvelles drogues, des champignons hallucinogènes, vendus dans toute l'Europe sur Internet, remplacent les acides classiques. La consommation de crack, la cocaïne du pauvre, reste très limitée dans nos pays, mais il semblerait que la situation se détériore.

La méthadone : nouvelle drogue ou traitement ?

Depuis les années 1990, les héroïnomanes bénéficient de traitements de substitution : des dérivés morphiniques de synthèse éliminent la souffrance du manque sans produire l'euphorie de la drogue. Ils permettent ainsi à l'usager d'arrêter de façon durable, sans risque de rechute, et de s'inscrire dans un réseau de soins. Traitement le plus ancien, la méthadone sous forme de sirop est distribuée dans des centres spécialisés ou à l'hôpital. L'essentiel de l'offre est concentré sur le Subutex, des cachets prescrits par les généralistes. Ces traitements ont été préconisés aux toxicomanes qui s'injectaient leur drogue, pour freiner la transmission du sida et des hépatites. La France affiche les meilleurs résultats d'Europe : la réduction des nouvelles séropositivités auprès de cette population est significative (2 % en 2004, contre 28 % dix ans plus tôt, selon l'Institut de veille sanitaire - InVS) ; les overdoses ont été divisées par 10 durant cette période. Malgré ces résultats, les traitements de substitution sont régulièrement contestés parce qu'ils sont détournés par certains toxicomanes, voire consommés en plus d'autres drogues.

et ailleurs ?

EUROPE DE L'EST : LES MAUX SANS LES REMÈDES ?

Influencés par le mode de vie occidental, les anciens pays du bloc de l'Est qui consommaient, jusqu'à la chute du Mur, des drogues fabriquées sur place expérimentent désormais les substances occidentales : cannabis, héroïne, LSD, cocaïne. Cette consommation touche une population plus jeune. Ces pays aux méthodes encore répressives et qui manquent de moyens financiers ne sont pas en mesure d'assurer une prise en charge des toxicomanes. Aussi, ces derniers sont-ils de plus en plus nombreux à venir consulter en France.

glossaire

TÉTRAHYDROCANNABINOL (THC) :
Composé actif le plus abondant du cannabis.

Quelles sont les clés pour **bien dormir ?**

Insomnie la nuit, somnolence le jour… mal dormir, c'est mal vivre. Bien que tout ne soit pas encore élucidé en matière de sommeil, la recherche progresse et nous donne des clés pour comprendre comment mieux nous reposer.

Qu'est-ce qui fait qu'on s'endort ?

Le matin, notre cerveau sécrète des molécules chimiques qui stimulent les centres de l'éveil. Cela nous permet d'être performants et vigilants. Au fil des heures, nos capacités physiques et mentales s'altèrent. Pour récupérer, nous devons absolument dormir. Les découvertes les plus récentes nous apprennent que ce n'est pas un centre du sommeil qui nous précipite dans les bras de Morphée, mais la mise au repos de nos systèmes d'éveil. Le soir, fatigué, notre corps, sous la commande du cerveau, se met petit à petit en « mode veille ». Les grandes fonctions se ralentissent, notre température corporelle et notre tension artérielle baissent. Témoins du besoin de dormir, les bâillements. Dès que nous nous endormons, la respiration devient plus lente et le cœur bat moins vite, nos muscles se relâchent, l'activité cérébrale aussi se met en rythme lent et nous nous enfonçons avec délices dans le sommeil profond et réparateur des premières heures de la nuit. L'heure de notre endormissement dépend de facteurs génétiques. Nous sommes par nature gros ou petits dormeurs, couche-tôt ou couche-tard. Elle dépend aussi de rythmes extérieurs, en particulier l'alternance du jour et de la nuit. À ces déterminants nous ne pouvons rien changer. Mais nous pouvons influer sur d'autres facteurs qui favorisent ou perturbent un bon endormissement, le bruit ou l'excès de café par exemple.

PAROLE D'EXPERT

ÉLOGE DE LA SIESTE

« Il semble que des expériences prolongées d'implantation de la sieste en entreprise devraient être proposées. Cela devrait se faire sur la base d'une sieste courte et probablement dans les professions les plus exposées aux troubles de vigilance et à ses conséquences », explique le docteur Patrick Lévy, du centre du sommeil de l'hôpital de Grenoble, dans le rapport rendu au ministère de la Santé en décembre 2006. Une conclusion inspirée d'études menées sur des travailleurs postés, des chauffeurs de poids lourds, des internes en médecine effectuant des gardes de nuit… Elles ont toutes montré que la sieste favorise la récupération et, ce faisant, améliore les performances psychiques et physiques, diminuant la somnolence, les risques d'erreurs et d'accidents.

LE SAVIEZ-VOUS ?

Enquête au cœur du sommeil

Examen médical, interrogatoire détaillé, enregistrement et analyse des rythmes nocturnes... En centre spécialisé, des Sherlock Holmes du sommeil traquent votre trouble et, au terme de l'enquête, proposent une thérapie sur mesure. Psychothérapie, rééducation du sommeil, luminothérapie et, si besoin, traitement médicamenteux. On peut trouver la liste des centres du sommeil de France sur le site www.institut-sommeil-vigilance.org.

Que faire quand on souffre du manque de sommeil ?

Le sommeil se juge à la qualité de la veille. Somnolent, irritable, étourdi, grosse consommation de café, moral en berne... C'est clair, votre sommeil n'est pas assez réparateur. Première question : respectez-vous votre rythme ?
Couché à minuit, levé à 7 heures. Si vous êtes couche-tard et petit dormeur, pas de problème. Mais, si vous bâillez dès 22 heures et attendez minuit pour vous coucher alors que neuf heures de sommeil vous suffisent à peine, vous serez épuisé. En effet, les premières heures de notre programme-nuit personnel sont plus réparatrices. Dans le premier cas, vous dormez profondément entre minuit et 3 heures ; dans le second cas, vos heures programmées de sommeil profond se situent entre 22 heures et 1 heure ; résultat, chaque soir vous en ratez deux. Même si c'est socialement difficile, plus on respecte son rythme et mieux on se porte. Deuxième question : réunissez-vous les conditions d'un bon sommeil ? Pas trop d'excitants : café, tabac ou alcool ? Une activité physique suffisante ? Le sport aide à dormir s'il est pratiqué à distance du coucher.
Pour s'endormir, il faut être au calme, se changer les idées en lisant, ne pas s'énerver en finissant sa comptabilité, en ruminant ses soucis... Tamisez la lumière, mettez une musique douce, buvez une tisane... à chacun son rituel. Et couchez-vous dans une chambre un peu fraîche ; en hiver, blottissez-vous au chaud sous la couette. Mais si une bonne hygiène de vie ne suffit pas à vous rendre le sommeil, alors il est préférable de consulter un spécialiste.

Quel avenir pour les médicaments du sommeil ?

Les somnifères actuellement sur le marché sont à réserver aux échecs des autres traitements ou à utiliser pour une courte période, car ils entraînent une accoutumance.
Les chercheurs qui avancent dans la compréhension du sommeil espèrent mettre au point des traitements plus efficaces ayant moins d'effets indésirables. Par exemple, il a récemment été démontré que l'histamine, un médiateur chimique du cerveau, stimule l'éveil. Une sécrétion trop abondante d'histamine pourrait être à l'origine de certaines insomnies. Or des médicaments capables de bloquer la libération d'histamine existent déjà. Ce sont des antiallergiques, qui pourraient peut-être trouver là une nouvelle indication, encore à démontrer.

Nos nuits de sommeil sont un assemblage de cycles de 90 minutes qui se répètent. Chaque cycle est constitué de phases de sommeil léger et de sommeil profond (dont fait partie le sommeil paradoxal, le moment des rêves).

Travailleurs du bâtiment sur un chantier. Une profession particulièrement exposée aux accidents.

Le travail est-il toujours bon pour la santé ?

Si on a inventé la médecine du travail, c'est que travailler n'est pas toujours bon pour la santé. Comprendre pourquoi et comment une activité professionnelle peut nuire permet de se donner les moyens de se protéger.

Comment travailler peut rendre malade ?

Travailler peut provoquer des maladies car tous les métiers imposent des contraintes. Des horaires, une hiérarchie, des collègues, des activités ou des positions pénibles, la manipulation de machines dangereuses ou de produits toxiques, l'exposition au froid ou au chaud, du bruit ou des cadences fatigantes... Ces contraintes physiques et psychologiques sont plus ou moins bien supportées selon leur durée, leur intensité, l'ambiance au travail, la place qu'on occupe dans l'entreprise... Selon aussi qu'on est plus ou moins endurant. Choc, chute ou blessure, un accident du travail est facilement identifiable. En revanche, il est souvent difficile de prouver le lien entre une maladie, qui met parfois des années à se développer, et une exposition professionnelle. D'autant que ces maladies sont très nombreuses (plusieurs dizaines sont officiellement recensées et indemnisées) et que leur liste s'allonge sans cesse avec l'apparition de nouveaux métiers ou la reconnaissance de nouvelles nuisances. Parmi les maladies professionnelles, on compte des infections par blessure ou par morsure, des cancers liés à des radiations, à des fibres ou à des produits toxiques, des maladies rhumatismales favorisées par les travaux physiquement pénibles... et également de nombreux troubles psychiques liés au surmenage, au stress, au manque de reconnaissance...

Pourquoi le harcèlement moral au travail détraque-t-il physiquement ?

Le harcèlement moral professionnel est sans doute aussi vieux que le travail lui-même, mais il n'est officiellement reconnu en France que depuis janvier 2002. Si, jour après jour, vous subissez les brimades injustifiées d'un supérieur ou les moqueries d'un collègue pervers qui brigue votre place, vous êtes victime de harcèlement moral. Et si porter plainte est le seul moyen de faire cesser ce supplice, il ne faut pas hésiter. Car il s'agit bien d'une forme de torture morale. Elle peut déclencher un stress répété, générateur d'angoisses, parfois au point de faire perdre le sommeil et l'appétit. Alors, la concentration devient difficile et la qualité du travail s'en ressent. On perd confiance en soi, on devient irascible, les relations familiales se détériorent... Pour tenir le coup, on abuse du café, des médicaments,

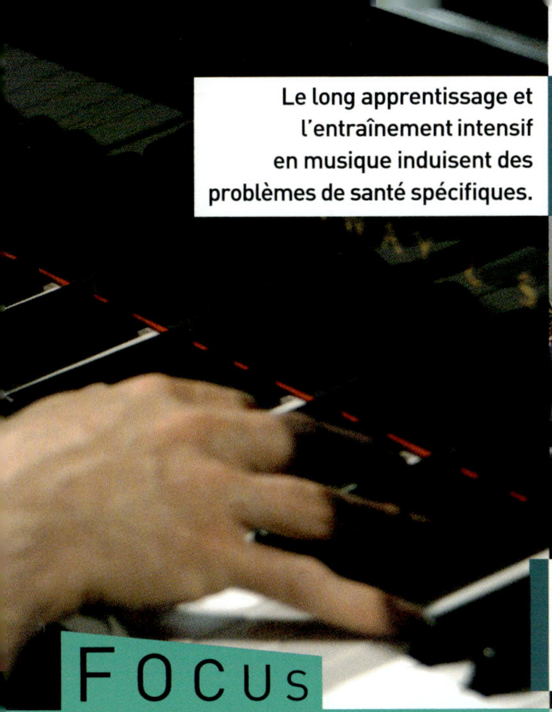

Le long apprentissage et l'entraînement intensif en musique induisent des problèmes de santé spécifiques.

Lors d'une opération de maintenance, à Paris, en 2006, des égoutiers ont été intoxiqués au gaz et sont décédés des suites des émanations.

FOCUS

UNE MÉDECINE SPÉCIALE POUR LES MUSICIENS

« Les musiciens professionnels travaillent beaucoup avec leur corps, souvent dans des positions difficiles. Ils devraient bénéficier de conseils de prévention, de soins et d'un suivi comme des sportifs de haut niveau. Or ce n'est pas le cas », explique le docteur Vincent Travers, chirurgien de la main. Pianiste lui-même, il est spécialisé dans les pathologies des musiciens qu'il reçoit à la clinique Saint-Charles, à Lyon, en compagnie d'un kinésithérapeute et d'un eutoniste qui travaille sur les positions adéquates du corps.

Pour plus d'informations : www.eutonie.fr/index.php

du tabac ou de l'alcool. L'évolution logique s'oriente vers la maladie psychosomatique, comme l'ulcère d'estomac, ou le trouble psychique grave, comme la dépression… et cela peut même conduire au suicide. Le harcèlement moral au travail n'est donc pas une affaire à prendre à la légère. Malheureusement, il est encore rare que les agresseurs soient exclus de l'entreprise et, souvent, ce sont les victimes qui partent pour échapper à cette violence morale.

LE SAVIEZ-VOUS ?

Le *burn out*, une autocombustion par le travail

Médecins urgentistes et personnel soignant, cadres ultradébordés… sont candidats au *burn out*. Traduit en français, le « syndrome d'épuisement professionnel » se manifeste par une lassitude progressive au travail, la sensation d'être vidé… C'est en fait une sorte de dépression liée au surmenage, qui s'installe sournoisement au fil du temps.

Comment l'amiante fait-il pour détruire les poumons ?

Des associations humanitaires ont récemment dénoncé comme un scandale le désamiantage du porte-avions *Clemenceau* par des travailleurs indiens, sans protections efficaces. L'amiante est une substance minérale, autrefois très utilisée dans le bâtiment, interdite en France depuis 1997. Les matériaux qui en contiennent libèrent dans l'atmosphère des fibres très irritantes pour les poumons.

Inhalées, souvent ou à forte dose, ces fibres entraînent une transformation du tissu pulmonaire, appelée asbestose, qui altère la respiration, conduisant progressivement à l'insuffisance respiratoire. Elles déclenchent également un type de cancer particulier, le mésothéliome, au niveau de l'enveloppe des poumons (la plèvre).

0123456789 chiffres-clés

LES VICTIMES DU TRAVAIL

Chaque année dans le monde, le Bureau international du travail (BIT) recense :

- **2,2 millions de décès liés au travail, dont 1,7 million d'une maladie et les autres, d'accidents.**
- **Une personne meurt d'accident toutes les dix minutes dans le secteur du bâtiment.**
- **160 millions de nouveaux cas de maladies liées au travail sont enregistrés (de nombreux cas ne sont probablement pas déclarés).**
- **268 millions d'accidents du travail non mortels.**

En France, selon la Ligue nationale contre le cancer, 4 % des décès par cancers sont dus à des cancers professionnels.

Sur les 270 000 nouveaux cancers survenant chaque année, de 7 000 à 10 000 sont dus à des cancérogènes présents sur le lieu de travail.

Notre corps sait-il encore **se défendre ?**

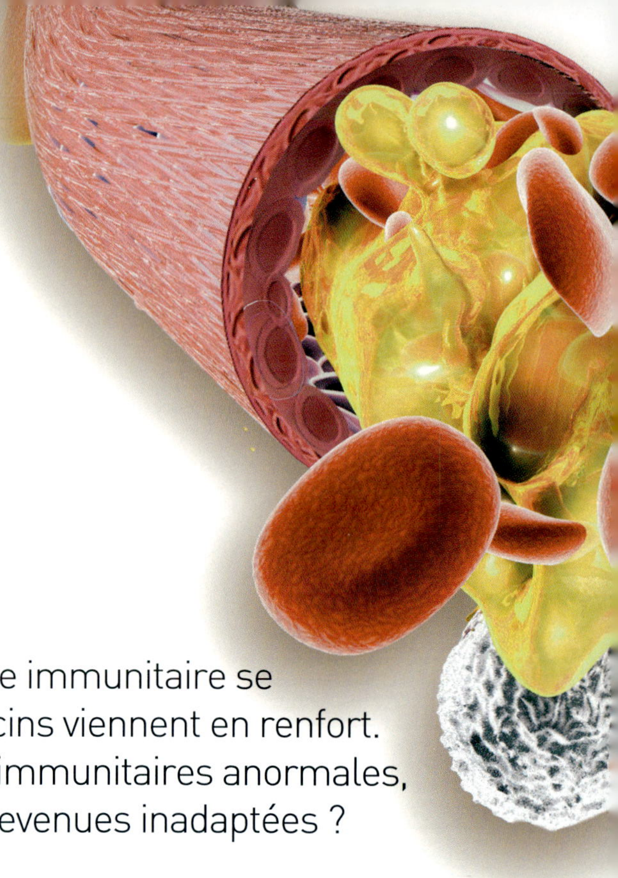

Ensemble complexe de cellules et de molécules, le système immunitaire se mobilise pour repousser les microbes. Antibiotiques et vaccins viennent en renfort. Mais de plus en plus d'infections résistent et des réactions immunitaires anormales, comme l'allergie, se multiplient. Nos défenses sont-elles devenues inadaptées ?

Pourquoi y a-t-il de plus en plus d'allergies ?

L'allergie se déclenche quand nos défenses se trompent et prennent pour cible autre chose que des microbes : des pollens respirés ou des cacahuètes ingérées, par exemple. Conséquences toujours désagréables et souvent douloureuses – rhume des foins, nez qui coule, yeux qui brûlent, asthme, eczéma, urticaire –, et effets parfois gravissimes : œdème de Quincke (gonflement du visage) et arrêt cardiaque par choc allergique. Entre 15 et 20 % des Français souffrent d'allergie. Deux fois plus qu'il y a vingt ans. Pourquoi ? On a, à ce propos, peu de certitudes. Les spécialistes observent et émettent des hypothèses. L'augmentation est trop rapide pour que ce soit l'homme qui ait changé. Les causes sont donc à chercher dans nos modes de vie et notre environnement. Le réchauffement climatique augmente la production de pollens par les plantes et la pollution atmosphérique rend ces pollens plus allergisants. Certains polluants atmosphériques ou chimiques sont eux-mêmes allergisants. Nous mangeons des produits préparés complexes et exotiques pour notre système digestif. Pesticides, colorants, édulcorants, exhausteurs de goût… la chimie envahit nos assiettes. Nous vivons dans des logements propres et confinés ; nous sommes très tôt vaccinés et traités aux antibiotiques. Une hygiène qui, peut-être, démobilise nos défenses, peu appelées à lutter contre les infections. Cette hypothèse est étayée par une étude scientifique menée par une équipe suisse, qui montre que les enfants vivant dans des fermes, très tôt en contact avec les animaux et leurs microbes, sont moins allergiques que les autres. Tous ces chambardements semblent concourir à déboussoler notre système immunitaire qui, du coup, se trompe d'adversaires.

glossaire

ANTICORPS :
Molécules fabriquées par des cellules immunitaires, destinées à neutraliser un agresseur spécifique, un virus le plus souvent.

Focus

LES MALADIES AUTO-IMMUNES SE DÉVELOPPENT

Polyarthrite rhumatoïde, sclérose en plaques, lupus érythémateux disséminé… sont des maladies auto-immunes. Elles sont dues à un dérèglement du système immunitaire qui se comporte avec ses propres cellules et organes comme s'il s'agissait de microbes. Les malades fabriquent des anticorps qui attaquent leur glande thyroïde, leur système nerveux, leur peau… Ces maladies toucheraient 5 % de la population mondiale et seraient en augmentation. Ici aussi, environnement et mode de vie sont suspectés.

Les microbes deviennent-ils plus agressifs ?

Des bactéries contre lesquelles nos traitements n'opèrent plus aux virus qui échappent aux vaccins, plus notre médecine devient performante et plus apparaissent des microbes capables de

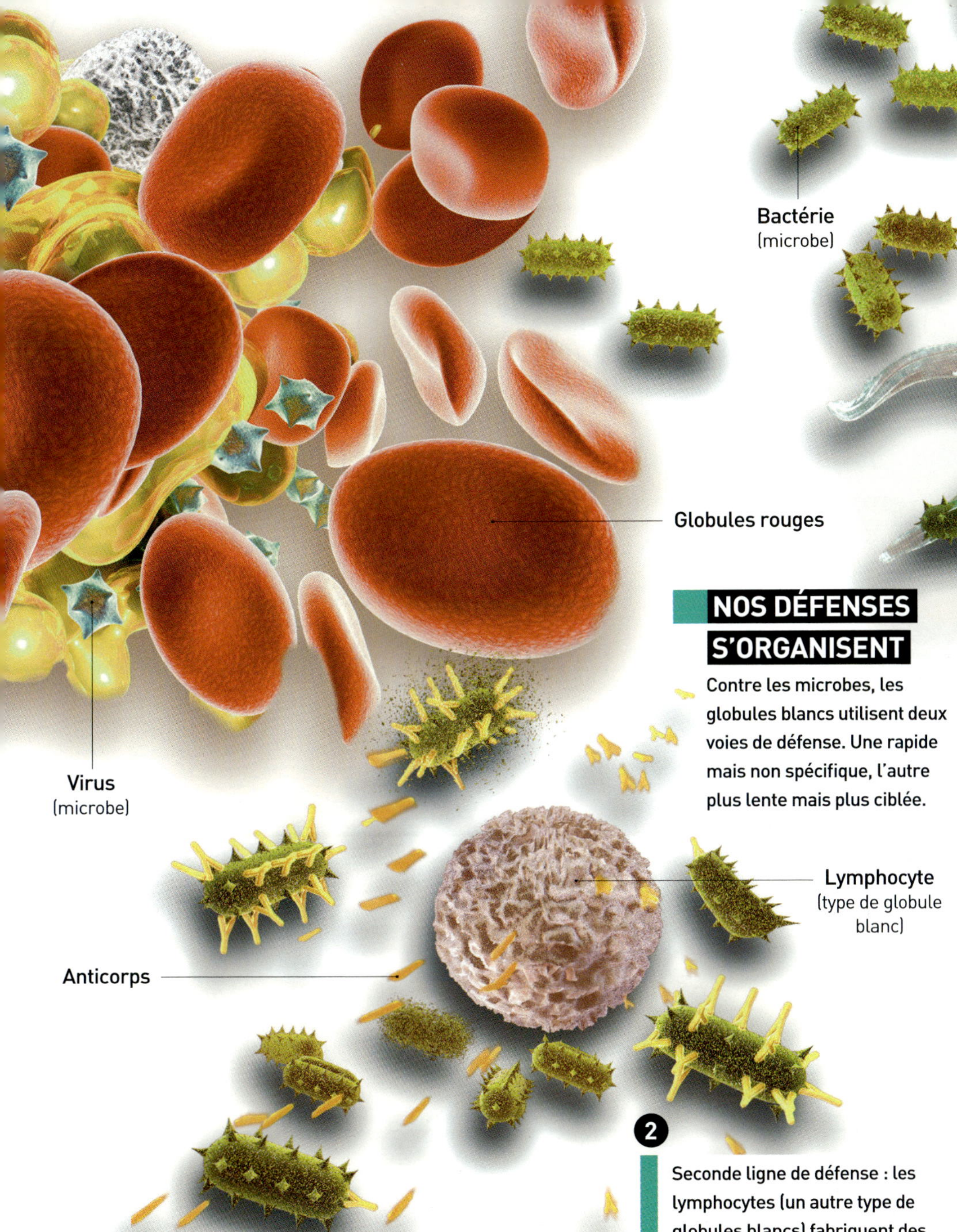

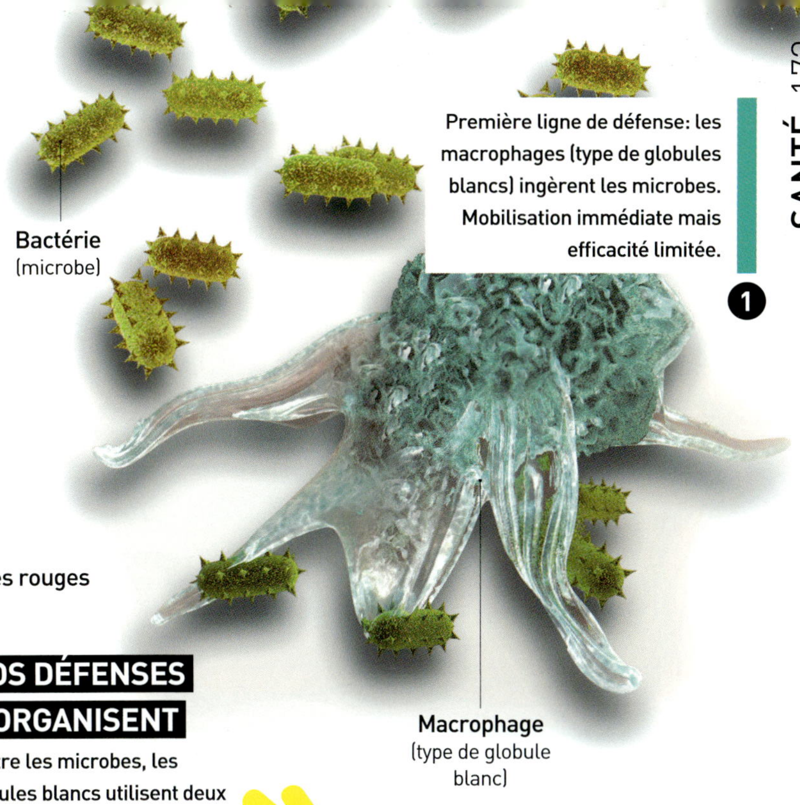

1 Première ligne de défense: les macrophages (type de globules blancs) ingèrent les microbes. Mobilisation immédiate mais efficacité limitée.

NOS DÉFENSES S'ORGANISENT

Contre les microbes, les globules blancs utilisent deux voies de défense. Une rapide mais non spécifique, l'autre plus lente mais plus ciblée.

2 Seconde ligne de défense : les lymphocytes (un autre type de globules blancs) fabriquent des anticorps spécifiques contre un microbe donné. Mobilisation lente mais efficacité bien supérieure.

lui résister. Comme tous les êtres vivants, quand leur environnement change, les microbes sont condamnés à disparaître ou à s'adapter. Le virus du sida ou celui de la grippe évoluent, c'est l'une des raisons pour lesquelles on ne parvient pas à mettre au point le vaccin contre le sida et qu'on est obligés de réactualiser chaque année le vaccin antigrippal. Dans certains cas, l'activité humaine favorise cette adaptation. Donner des farines animales, faites de carcasses de bêtes malades, à des herbivores a permis l'émergence d'une nouvelle forme de la maladie de Creutzfeldt-Jakob : la version humaine de la maladie de la vache folle. L'abus d'antibiotiques sélectionne les bactéries les plus résistantes favorisant, par exemple, l'émergence de formes graves de tuberculose.

Peut-on compter sur les vaccins pour renforcer nos défenses ?

Dans la seringue d'un vaccin, il y a un leurre ! Le plus souvent, c'est un virus mort ou une particule virale inoffensive, qui a pour mission de tromper le système immunitaire. Celui-ci croit avoir affaire au virus vivant et entreprend de fabriquer des **anticorps*** pour le combattre. Un système de défense qui reste en mémoire dans notre corps et sera capable de rejeter le vrai virus dès qu'il tentera d'y pénétrer. C'est l'une des plus formidables inventions de la médecine. Un traitement préventif et spécifique. Dans de très nombreux cas – rougeole, poliomyélite, tétanos par exemple –, ça marche bien. Tellement bien que les scientifiques cherchent à étendre la technique du vaccin à d'autres types de maladie. Trouver le moyen de stimuler nos défenses contre la formation de cellules cancéreuses, par exemple. Cependant, l'enthousiasme des débuts de la vaccination, quand on pensait tirer un trait définitif sur les grandes épidémies, est un peu retombé. Sida, paludisme... dans certains cas, on n'a toujours pas trouvé le leurre qui fonctionne et on sait aujourd'hui qu'il est illusoire de vouloir vacciner contre tout.

Sacrifions-nous la santé **au progrès ?**

Gaz à effet de serre dans l'air, radiations dans les champignons, métaux lourds dans les rivières... la nature souffre des activités humaines et nous aussi. Que risque-t-on à continuer ainsi ?

Le réchauffement de la planète va-t-il nous rendre malades ?

En quelques décennies, l'activité humaine a produit l'excédent de gaz à effet de serre qui a fait basculer le fragile équilibre de nos climats. Désormais, la Terre se réchauffe à une allure jamais enregistrée au cours des 10 000 ans précédents. Si nous ne réduisons pas très vite notre consommation d'énergies fossiles, les scientifiques prédisent une sorte d'apocalypse. Fonte des glaces et terres submergées, d'autres asséchées par la chaleur, bouleversements de l'agriculture, déplacements de populations, guerres et famines... Les plus pauvres seraient touchés les premiers, mais personne ne serait épargné. Les étés caniculaires se succéderaient, dont pâtiraient les plus vulnérables : les personnes âgées et les nourrissons souffriraient de déshydratation... Pour les cardiaques et les asthmatiques, l'air estival deviendrait irrespirable, en particulier dans les villes. Par ailleurs, il est fort probable qu'on observe une extension des zones des épidémies actuellement prédominantes dans les pays tropicaux, avant tout les maladies qui sont transmises par les moustiques, comme le paludisme. Les modifications du mode de vie des animaux et des hommes risqueraient à terme d'accélérer l'apparition de nouveaux agents infectieux, en particulier des virus animaux passant la barrière d'espèce pour contaminer l'homme. Pour faire mentir ces prédictions alarmistes, notre consommation d'énergie doit décroître rapidement.

Quel est le bilan de Tchernobyl vingt ans après ?

« Jusqu'à 4 000 personnes au total pourraient à terme décéder des suites d'une radioexposition consécutive à l'accident survenu il y a une vingtaine d'années dans la centrale nucléaire de Tchernobyl... » a conclu un rapport de l'OMS en 2005. Mensonge, dénonce la Commission de recherche et d'information indépendantes sur la radioactivité (Criirad). Et en effet, de nombreux chercheurs internationaux, parmi lesquels des Biélorusses, des Ukrainiens et des Russes, affirment, malgré les difficultés rencontrées pour mener à bien

À croire que respirer un air moins pollué tente les citadins ! Vélo'v, un parc de vélos en libre-service mis à la disposition des habitants par la ville de Lyon, fait des émules dans d'autres villes de France, dont Paris.

leurs études, que le bilan de Tchernobyl est extraordinairement plus lourd. De 25 000 à 100 000 morts et plus de 200 000 invalides parmi les « liquidateurs » qui ont travaillé sur la centrale au moment de l'accident et dans les jours suivants ; de 14 000 à plus de 560 000 morts par cancer et autant de cancers non mortels parmi les populations exposées à la contamination. Leucémies, cancers de la thyroïde, du côlon, du poumon, de la vessie, du rein, du sein… L'inexactitude des prédictions est accentuée par le long temps de latence entre l'exposition aux rayons et l'apparition d'un cancer et par les inconnues liées au fait que jamais l'humanité n'avait connu d'accident nucléaire aussi grave. Par ailleurs, il est fort probable qu'une radioactivité anormale perdurera dans la nature durant des siècles : l'irradiation chronique favorise la survenue de maladies du cœur, du foie, des reins, du système immunitaire, ainsi que les malformations congénitales et les retards mentaux.

Champs près d'une centrale nucléaire. Les rejets radioactifs, thermiques et chimiques des installations nucléaires ont un impact sur l'environnement et la santé.

Comment éviter que les produits chimiques ne s'en prennent à nos organes génitaux ?

Un nombre croissant de petits garçons naissent avec des testicules non descendus et des malformations génitales. Les hommes jeunes fabriquent de moins en moins de spermatozoïdes et souffrent de plus en plus de cancers du testicule. Au banc des accusés, des molécules chimiques extrêmement répandues entrant dans la composition des pesticides mais aussi des plastiques, gels douches et shampooings, des cosmétiques, des fibres synthétiques comme le Nylon ou le polyester, des détergents, des engrais, des adhésifs… bref, des dérivés de la pétrochimie. Ces molécules perturberaient le fonctionnement de nos hormones sexuelles, y compris celles du fœtus mâle dans le ventre de sa mère, ce qui expliquerait les anomalies de développement des organes génitaux. Pour éviter ces troubles, il est indispensable que les produits chimiques soient testés avant leur commercialisation et que ceux reconnus dangereux soient retirés du marché. C'est ce que préconise la nouvelle réglementation européenne REACH (enRegistrement, Évaluation et Autorisation des produits CHimiques) adoptée en décembre 2006 par le Parlement européen.

Les maladies animales peuvent-elles réellement menacer l'homme ?

Le sida serait dû aux singes, la grippe, aux poulets, l'encéphalopathie spongiforme, aux bovins... Les animaux nous transmettent des maladies graves. Phénomène nouveau, davantage médiatisé ou seulement mieux connu ?

Comment les animaux nous rendent-ils malades ?

Les zoonoses, comprenez les maladies qui nous viennent des animaux, sont très nombreuses et de gravité variable. Certaines disparaissent, d'autres apparaissent ou réapparaissent. Normalement, chaque espèce est colonisée par des **microbes*** spécifiques. Mais ces microbes ont la capacité de se modifier au fil du temps et d'acquérir de nouvelles qualités, certains deviennent plus résistants et, parfois même, franchissent la « barrière d'espèce ». Ils peuvent alors infecter d'autres animaux ou l'homme. Selon le microbe en cause, les modes de contamination diffèrent. En respirant des déjections d'oiseaux, l'homme peut contracter le virus H5N1 (influenza aviaire) ; il peut aussi attraper la maladie de Creutzfeldt-Jakob (MCJ) en mangeant de la « vache folle » et la rage par morsure de chien... Par la suite, un microbe s'adaptant bien à notre espèce peut devenir contagieux d'homme à homme. C'est le cas du virus du sida dont nombre de spécialistes pensent qu'il a été introduit dans l'espèce humaine par des morsures de singes et s'est ensuite, hélas, très bien adapté à l'homme. Les zoonoses sont connues des médecins depuis longtemps, mais leurs mécanismes sont mieux compris et leur apparition plus médiatisée. Nous cherchons désormais à nous en protéger avant d'avoir à les guérir. C'est pourquoi on en parle davantage. Cette prévention passe par la prise en compte de la santé des animaux eux-mêmes, en particulier ceux avec lesquels nous cohabitons.

LE SAVIEZ-VOUS ?

Comment se débarrasser des tiques ?

Pour éviter les piqûres de tiques, qui peuvent transmettre des maladies encore mal connues et parfois très graves, couvrez-vous bras et jambes et portez un chapeau pour aller en forêt. Vérifiez au retour que vous n'avez pas de tique sur les parties découvertes comme le cou. Si vous en trouvez une, ne l'arrachez pas car elle relâcherait ses microbes dans votre sang. Versez une grosse goutte d'huile dessus et attendez qu'asphyxiée, elle lâche prise. Désinfectez puis surveillez pendant trois semaines. Si une rougeur apparaît, consultez.

Maladie de Creutzfeldt-Jakob, le pire est-il à venir ?

Des années durant, des vaches, en particulier britanniques, ont été nourries avec des farines animales, dont certaines fabriquées à partir de moutons malades. Nombre de ces vaches se sont mises à trembler sur leurs pattes, atteintes d'une maladie du cerveau, l'encéphalopathie spongiforme bovine ou maladie de la « vache folle ». En 1996, le gouvernement britannique annonce officiellement que cette maladie est transmissible à l'homme par l'alimentation. Les experts, rarement optimistes, prévoient aussitôt que 500 000 Britanniques pourraient bientôt mourir de la forme humaine de cette affection, la maladie de Creutzfeldt-Jakob. Dix ans plus tard, on recense moins de 200 décès en Grande-Bretagne (et moins de 20 en France), selon l'Institut de veille sanitaire (InVS). Des scientifiques ont, depuis, revu les chiffres à la baisse et estiment qu'à terme il y aurait probablement moins de 400 cas, même si l'incubation longue (plus de quinze ans) laisse une marge d'incertitude. Pour cette fois, le pire est donc probablement passé, mais on entend de nouveau parler de farines animales pour nourrir des herbivores. Certes, le contrôle sanitaire serait plus strict mais, tout de même, est-ce bien raisonnable ?

Technicien de l'Office national de la chasse et de la faune sauvage (ONCFS) relâchant un canard sauvage après avoir bagué sa patte et prélevé des échantillons de déjections pour vérifier qu'il n'était pas porteur du virus H5N1 de la grippe aviaire.

glossaire

PANDÉMIE :
Épidémie qui touche un grand nombre de personnes dans un secteur géographique très étendu.

MICROBES :
Appelés aussi germes ou agents infectieux, ils appartiennent à quatre grandes familles : les bactéries, les virus, les parasites et les prions (qui sont dits « non conventionnels » car ce ne sont pas des êtres vivants mais des molécules de protéines).

Faut-il vraiment avoir peur de la grippe aviaire ?

Deux ou trois fois par siècle, une épidémie de grippe sévère se répand sur le monde et tue plus que d'ordinaire. Les autorités sanitaires chargées de la surveillance des épidémies estiment que, statistiquement, la prochaine ne devrait pas tarder. Les virus de grippe sont généralement des virus d'oiseaux, qui s'adaptent à l'homme. Or les experts en virologie suivent avec inquiétude la diffusion de l'un de ces virus, qui semble particulièrement agressif et tue en masse les oiseaux d'élevage. Baptisé H5N1, il peut infecter des personnes en contact étroit avec les volatiles malades et les experts craignent qu'il ne devienne transmissible d'homme à homme. Si c'était le cas, il pourrait alors être l'agent de la prochaine **pandémie*** grippale, une inquiétante hypothèse annoncée à la presse en septembre 2004 par l'OMS. Aussitôt, des médecins s'inquiètent, les politiques sont sur le qui-vive, les médias s'emballent et la population prend peur. Beaucoup d'agitation autour d'une maladie qui surviendra... peut-être. Cela aura au moins permis de mettre en évidence l'importance d'une bonne politique de santé vétérinaire et la nécessité d'établir des plans d'intervention rapide en cas d'épidémie, comme il en existe déjà en cas de catastrophe naturelle. Car H5N1 ou pas, il est probable qu'une pandémie de grippe surviendra demain, dans dix ans, dans vingt ans, on ne sait pas... Toutefois, nous y serons mieux préparés.

Infections nosocomiales : doit-on craindre l'hôpital ?

Une infection nosocomiale se contracte à l'hôpital, uniquement. En général, on en guérit, mais certaines personnes fragiles en meurent ou gardent des séquelles. Ces maladies sont-elles plus fréquentes, plus graves ou simplement plus médiatisées qu'avant ?

Les infections nosocomiales sont-elles dues à des microbes plus agressifs ?

Au cours de l'année 2006, de nombreuses personnes hébergées dans des établissements de soins de la région Nord-Pas-de-Calais, en France, ont été contaminées par une bactérie peu connue du grand public, le *Clostridium difficile*. Souffrant de diarrhées importantes, certaines d'entre elles sont mortes.
À lire la presse, on pourrait considérer cette bactérie comme un terrible serial killer.
Il n'en est rien. La gravité de cette infection, comme de toutes les infections nosocomiales, est en fait le résultat de l'association de plusieurs facteurs favorisants : un lieu, l'hôpital, où se concentrent les malades, donc les microbes ; des personnes fragilisées par une affection grave, des traitements agressifs, une intervention chirurgicale, le grand âge ou la prématurité et un usage intensif des antibiotiques. Ainsi, des microbes dont on n'entend jamais parler en ville, parce qu'ils sont peu offensifs envers les gens bien portants, deviennent dangereux pour les hospitalisés aux défenses affaiblies. Ils sont à la fois plus nombreux et mieux armés car les antibiotiques, en tuant les plus vulnérables, ont sélectionné les plus agressifs, les bactéries dites « résistantes aux antibiotiques ».

Nos hôpitaux sont-ils plus dangereux qu'avant ?

Pas du tout, au contraire, l'hygiène n'a cessé de s'y améliorer. Les hôpitaux français sont dotés de services spécialisés dans la surveillance de l'hygiène et la prévention des épidémies, les Centres de coordination de lutte contre les infections nosocomiales (Clin). L'une de leurs attributions consiste à effectuer des prélèvements dans les services et les blocs opératoires, sur les paillasses ou dans les bouches d'aération, par exemple. Si des microbes potentiellement dangereux sont identifiés, des mesures de désinfection sont prises. Tous les États se préoccupent de ces infections. Il existe même, sous l'égide de l'OMS, un programme mondial

QUELQUES EXEMPLES DE BACTÉRIES

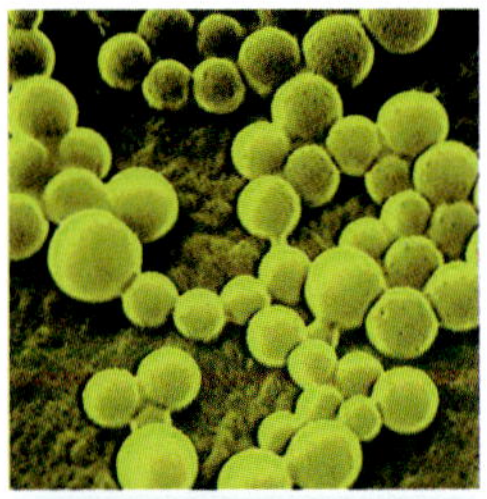

Staphylocoques
Fréquents dans les infections courantes de la peau (coupures...) et les plus impliqués dans les infections nosocomiales.

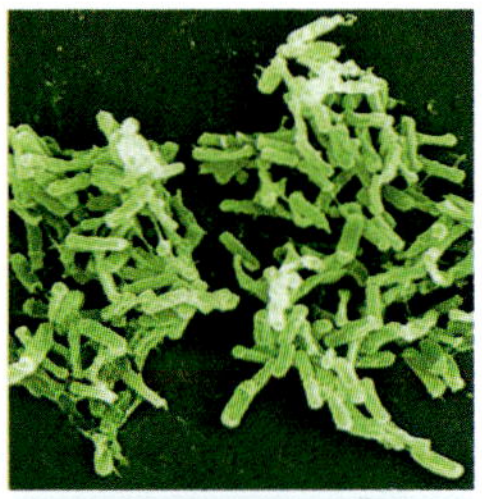

Clostridium
Germe de l'intestin à grande capacité de survie, très fréquent dans les épidémies en milieu hospitalier.

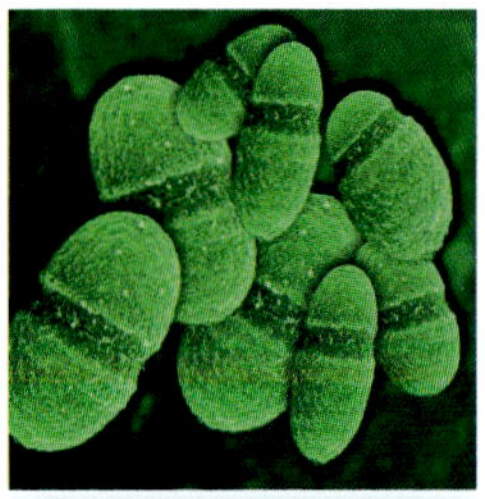

Entérocoques
Germes des selles qui peuvent coloniser les voies urinaires, souvent présents sur les surfaces souillées.

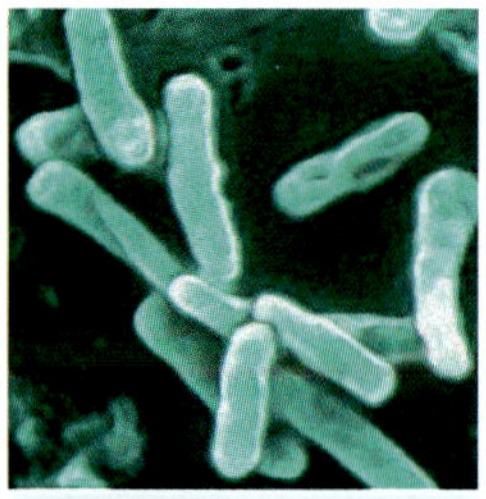

Bacille pyocyanique
Bactérie du tube digestif entraînant de nombreuses infections chez les sujets fragilisés.

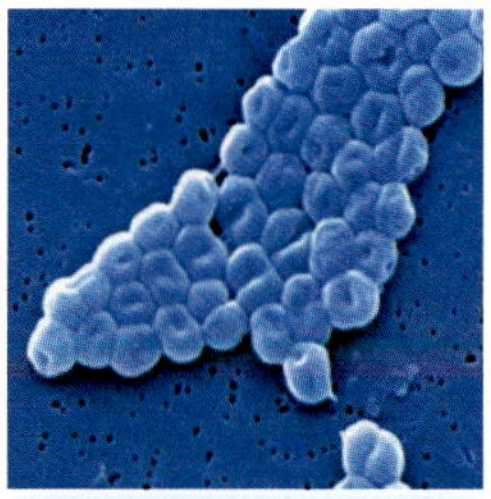

Acinetobacter
Naturellement présent sur la peau, dans le tube digestif et la gorge, il se transmet souvent par les mains et est très résistant.

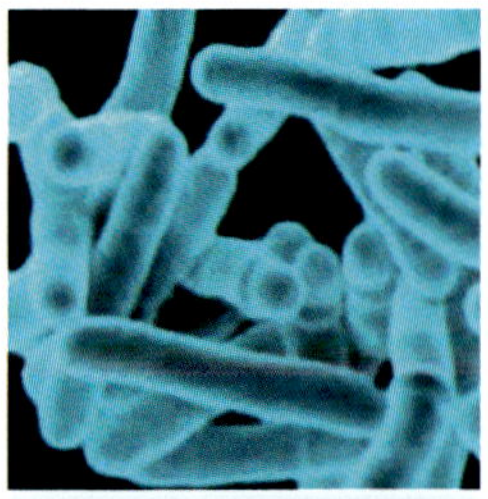

Tuberculose
Seules les personnes dont les poumons sont atteints peuvent la transmettre, par voie aérienne.

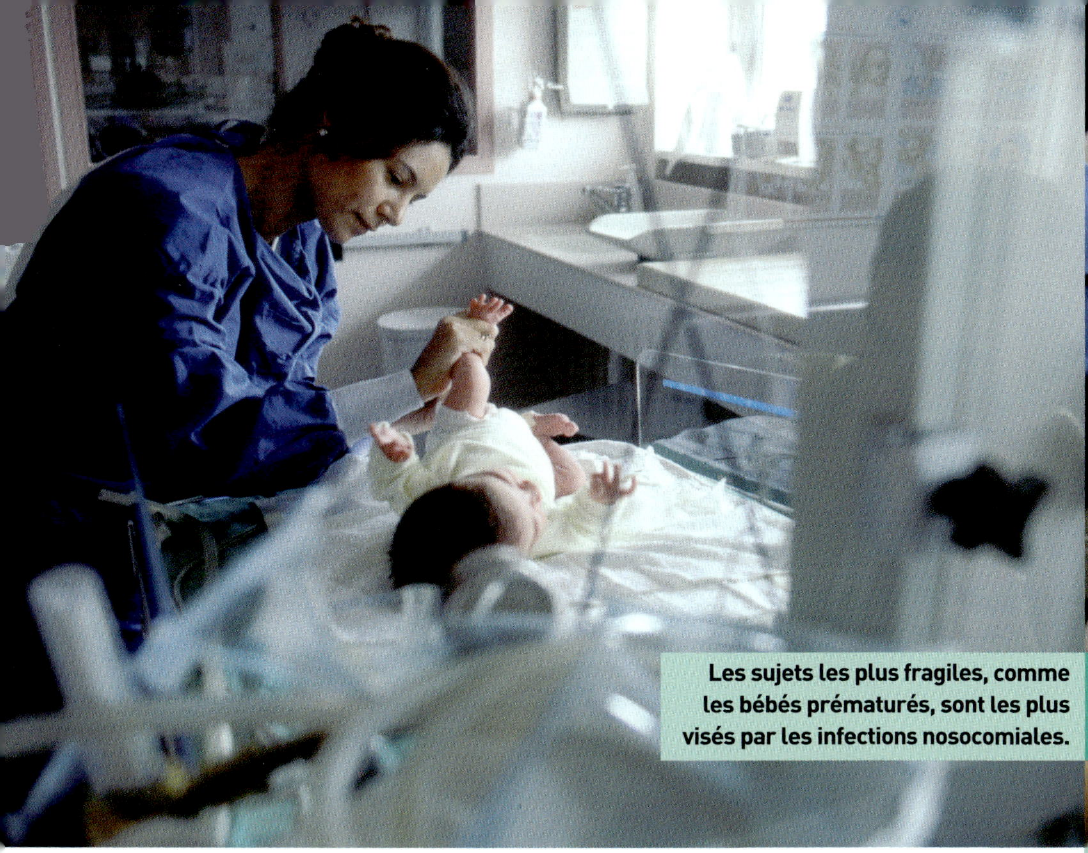

Les sujets les plus fragiles, comme les bébés prématurés, sont les plus visés par les infections nosocomiales.

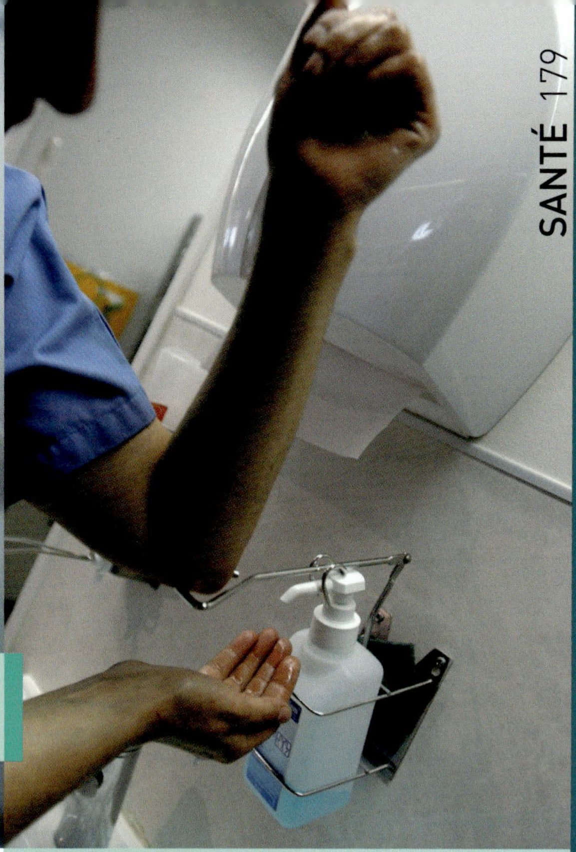

de lutte contre les infections nosocomiales. Transparence oblige, depuis juillet 2001 en France, toute infection hospitalière doit être déclarée à l'Institut de veille sanitaire (InVS). Parce qu'elles sont mieux connues, on a l'impression qu'elles sont plus nombreuses. Cependant, malgré toutes les précautions, l'hôpital reste un lieu à risque d'infection, surtout pour les personnes hospitalisées en réanimation, les grands brûlés, les greffés, les malades sous chimiothérapie, les personnes très âgées ou les bébés prématurés, particulièrement fragiles.

Quelle politique pour réduire les infections nosocomiales ?

Chaque année en France, environ 10 000 personnes meurent d'infections nosocomiales, dont 4 000 pour lesquelles un pronostic vital n'était pas engagé à court terme. Certaines morts sont et seront toujours inévitables, mais il est possible de beaucoup diminuer la fréquence et l'impact de ces infections en appliquant partout, à la lettre, les consignes d'hygiène et les règles de bonnes pratiques. La majorité des microbes sont transportés d'un malade à l'autre par les mains des soignants. Ces derniers doivent donc se laver les mains au sortir de chaque chambre, après chaque soin et chaque consultation. Des consignes strictes doivent être respectées en matière de désinfection des locaux et de stérilisation du matériel. Et des règles de bon usage des antibiotiques sont entrées en vigueur pour éviter de favoriser la multiplication de bactéries résistantes aux traitements : on utilise ces médicaments uniquement lorsque des analyses ont prouvé qu'ils étaient indispensables et aux doses utiles les plus faibles possible. Il y a encore peu, on avait tendance à en donner systématiquement et beaucoup sans preuve de leur efficacité... par précaution. Enfin, plus vite on sort de l'hôpital et plus le risque de contracter une infection est faible. C'est pourquoi l'une des solutions pourrait être de réduire, quand c'est possible, les séjours et de développer l'hospitalisation à domicile. Certaines personnes atteintes de cancer, par exemple, suivent déjà leur chimiothérapie chez elles, assistées par un réseau de soignants, de médecins et d'infirmières.

LE SAVIEZ-VOUS ?

Posez toutes vos questions

En France, la Mission nationale d'information et de développement de la médiation sur les infections nosocomiales répond à toutes vos questions sur les infections, la loi, les recours... sur le site www.infonosocomiale.com et au numéro Azur 0810 455 455 (prix d'un appel local).

QUI EST-CE ?

SEMMELWEIS

Pionnier de la lutte contre les infections nosocomiales, Ignaz Semmelweis (1818-1865), obstétricien à Vienne (Autriche), est mort fou et écarté du monde médical par ses collègues pour avoir voulu leur imposer l'usage du savon et le port de vêtements propres. Ceux-ci pratiquaient alors des accouchements et des autopsies sans se laver les mains, sans changer de tablier et sans nettoyer leurs instruments. Ces pratiques étaient responsables de la mort par infection de nombreuses femmes en couches.

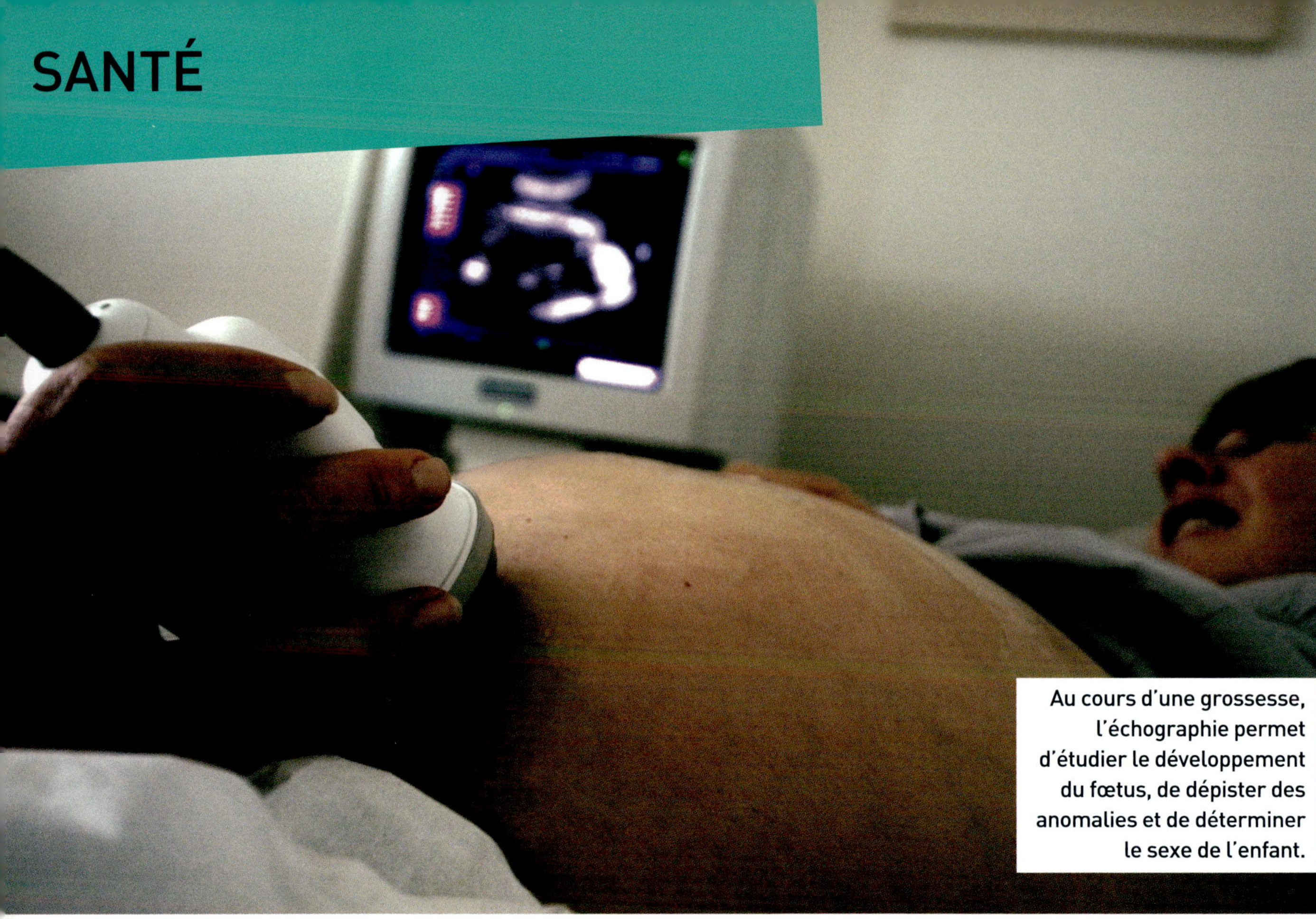

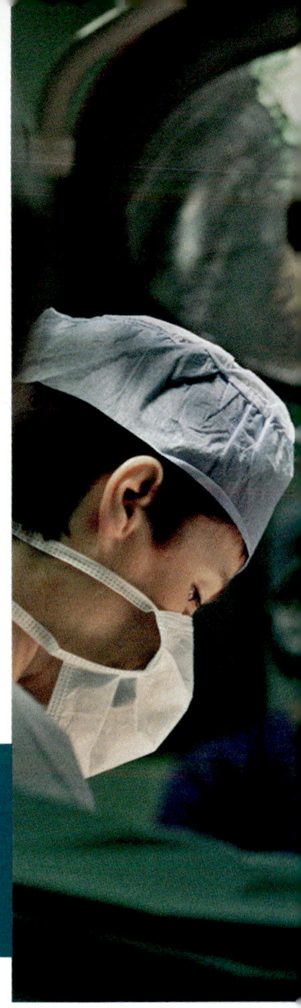

Au cours d'une grossesse, l'échographie permet d'étudier le développement du fœtus, de dépister des anomalies et de déterminer le sexe de l'enfant.

La naissance est-elle trop médica

En France, sécurité oblige, la naissance est devenue un acte médical très codifié, mais nos voisins européens n'en ont pas tous la même conception. Petit tour d'horizon de différentes manières d'entrer dans la vie.

À l'hôpital, peut-on choisir sa façon d'accoucher ?

Gros bébé, bassin étroit, infection, hypertension, grossesses multiples... certaines naissances risquées nécessitent une surveillance médicale stricte et, parfois, une intervention chirurgicale. Au nom de ce risque, tous les enfants de France naissent selon le même protocole très codifié et très médicalisé. Dès son arrivée à la maternité, la future maman est allongée sur le dos, la position est peu efficace pour pousser mais pratique pour les gestes médicaux. Une perfusion dans le bras, un élastique sur le ventre avec un capteur relié à un moniteur qui enregistre en continu contractions et cœur fœtal. L'interdiction de boire est formelle, la femme doit être à jeun dans l'éventualité d'une anesthésie générale urgente. Plus de sept femmes sur dix (jusqu'à 90 % dans certains hôpitaux) mettent leur enfant au monde sous péridurale, un grand nombre d'entre elles subissent une section chirurgicale de leur périnée (épisiotomie) et un enfant sur cinq naît par césarienne. En France, une femme ne choisit pas sa façon d'accoucher, elle la subit. Mais cela n'est pas vrai partout. Chez nombre de nos voisins européens du Nord, les risques ne sont pas ignorés, mais le principe de précaution est gradué en fonction de l'existence ou non d'une pathologie. À la maternité de l'hôpital cantonal de Fribourg, en Suisse, par exemple, une jeune femme en travail peut déambuler jusqu'au moment d'accoucher. Quand elle a soif, elle boit. L'anesthésie est beaucoup moins systématique ; une sage-femme explique, rassure et soutient en permanence la future mère. Si tout se déroule normalement, elle peut accoucher comme elle le souhaite, couchée sur le côté, accroupie ou dans un bain.

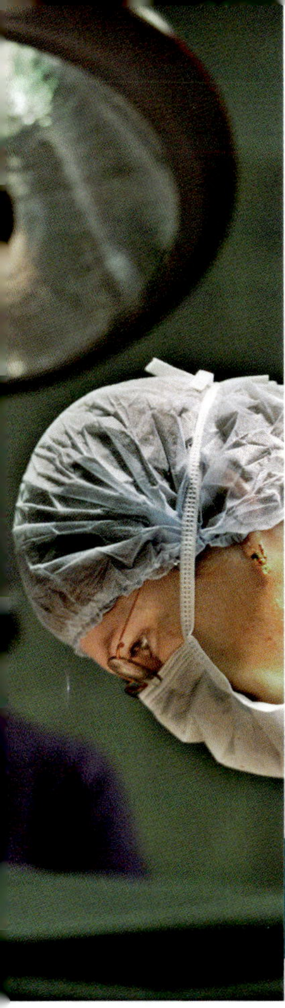

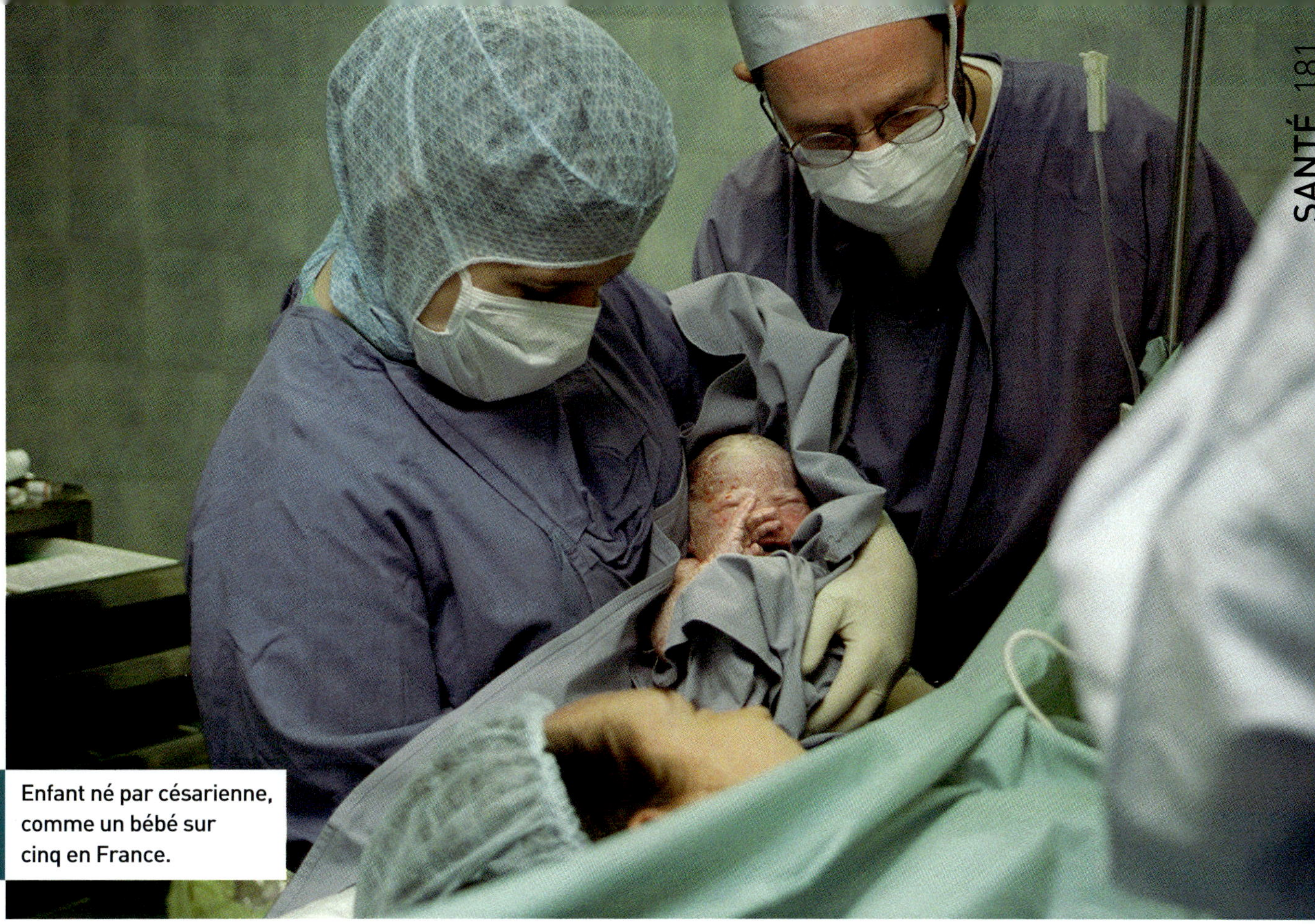

Enfant né par césarienne, comme un bébé sur cinq en France.

isée en France ?

Accoucher à domicile est-il une folie ?

Aux Pays-Bas, il est plus naturel de mettre son enfant au monde à la maison et plus d'un tiers des femmes accouchent chez elles. En France, la chose est exceptionnelle et généralement considérée comme une folie. Pourtant, les études montrent que les mères et les bébés des deux pays sont en aussi bonne santé. Il n'y a en particulier pas plus de morts maternelles par hémorragie aux Pays-Bas qu'en France. C'est pourtant l'argument invoqué par les obstétriciens français pour condamner les accouchements hors hôpital. Alors, pourquoi ce qui se fait couramment au nord ne se fait pas au sud de l'Europe ? La différence n'est pas liée à l'équipement médical. Contrairement à ce qu'on entend souvent dire, il n'y a pas, aux Pays-Bas, d'unité mobile d'urgence devant la porte des maisons où les femmes accouchent. Si en cours de travail la sage-femme estime plus raisonnable de transférer la future maman, elle l'accompagne elle-même, dans sa voiture, à l'hôpital. Il est rare qu'une ambulance soit nécessaire. Une femme a le droit de choisir d'accoucher à l'hôpital, même si tout va bien. Celles qui décident de rester à la maison n'ont pas peur, car elles sont bien informées et bien préparées physiquement et psychologiquement.

Pour ou contre les maisons de naissance ?

Entre hôpital et domicile, la maison de naissance est une sorte de pension de famille où officient des sages-femmes, mais pas de médecins. On y accouche comme à la maison, avec une possibilité de transfert rapide à l'hôpital en cas de problème. De nombreux projets ont été déposés en France ces dernières années ; des sages-femmes et les associations de parents à l'origine de ces projets réclament un autre choix que l'hypermédicalisation de la naissance et de l'accueil des bébés. Elles cherchent à créer des lieux sécurisés où les futures mères pourraient accoucher le plus naturellement possible et les couples, vivre sans stress la première rencontre avec leur bébé. Certains obstétriciens acceptent à présent d'en discuter car ils s'inquiètent aussi d'une dérive médicale : le nombre de césariennes en France a doublé en vingt ans, or cet acte chirurgical génère ses propres risques ; l'épisiotomie serait à l'origine d'incontinences urinaires et de douleurs chez des femmes jeunes... Désormais, les négociations s'orientent vers un consensus : des maisons de naissance aux mains de sages-femmes indépendantes, accolées à une maternité hospitalière, comme celle ouverte au centre hospitalier de Strasbourg en 2004.

Bioéthique, comment empêcher la médecine d'aller trop loin ?

L'homme est désormais capable de modifier sa propre évolution. Une révolution scientifique rapide, prometteuse, mais potentiellement dangereuse. D'où l'urgence pour le législateur de disposer d'avis éclairés sur les risques encourus.

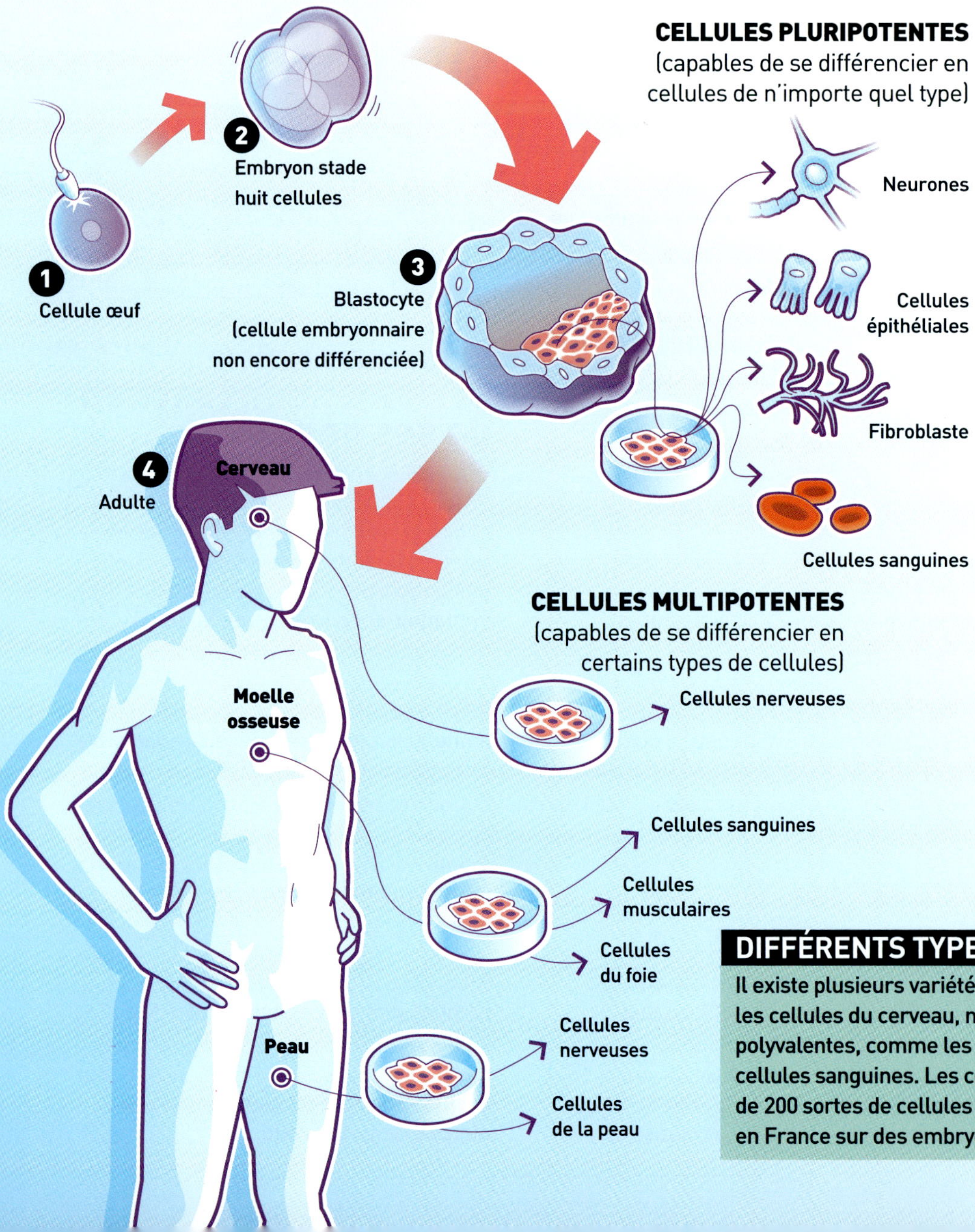

Pourquoi a-t-on inventé la bioéthique ?

En 1818, la romancière Mary Shelley invente le docteur Frankenstein, médecin désireux de maîtriser le secret de la vie. Seule lui importe la connaissance et, sans réfléchir aux conséquences, il crée un monstre qui finira par le tuer. Deux siècles plus tard, l'action a précédé la réflexion et la réalité dépasse la fiction. Des enfants naissent de femmes biologiquement trop âgées pour être mères ; on sait trier des embryons humains en fonction de leurs gènes ; des brebis, des vaches, des porcs ont été clonés et l'éventualité d'un clonage humain inquiète... Laisser faire les chercheurs, c'est prendre le risque de manipulations génétiques dangereuses ou scandaleuses. Il fallait d'urgence une éthique pour encadrer ces pratiques. C'est ainsi qu'est née la bioéthique, au début des années 1980, pour répondre aux questions posées par les techniques d'Assistance médicale à la procréation (AMP). Les progrès de la génétique ont élargi le champ de réflexion de cette discipline.

DIFFÉRENTS TYPES DE CELLULES SOUCHES

Il existe plusieurs variétés de cellules souches. Certaines très spécialisées, comme les cellules du cerveau, ne fabriquent que des cellules nerveuses. D'autres, polyvalentes, comme les cellules de moelle osseuse, engendrent tous les types de cellules sanguines. Les cellules, prélevées sur des embryons, peuvent donner plus de 200 sortes de cellules humaines. (Ces prélèvements sont actuellement autorisés en France sur des embryons surnuméraires sans projet parental.)

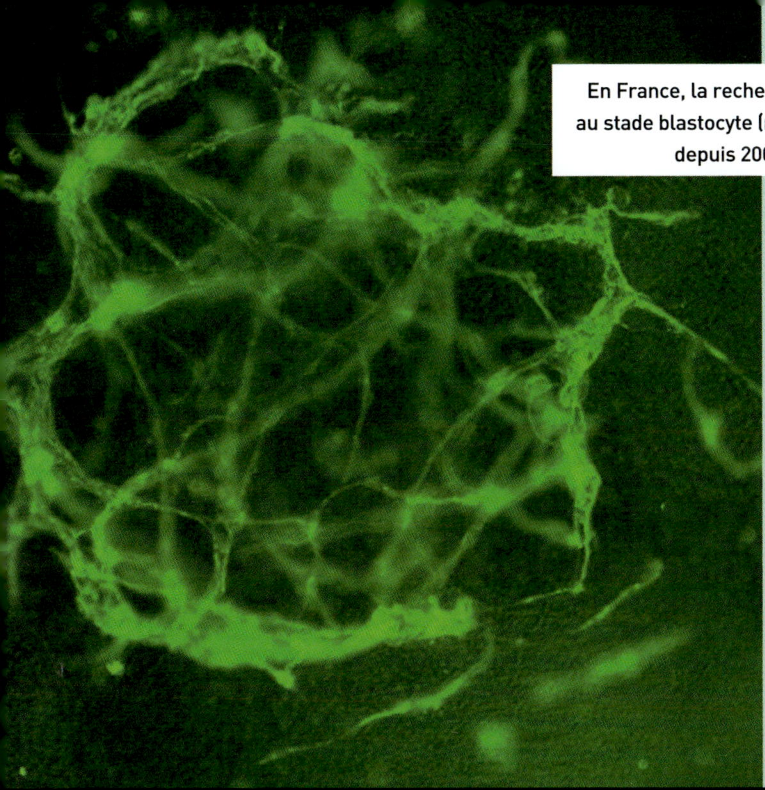

En France, la recherche sur les cellules souches au stade blastocyte (non différencié) est autorisée depuis 2004, sous certaines conditions.

QUI DÉCIDE DE LA BIOÉTHIQUE ?
Des collèges de « sages » regroupant scientifiques, médecins, juristes, philosophes, sociologues… qui font autorité dans leur domaine. En France, c'est le Comité consultatif national d'éthique qui rend les avis de bioéthique. Les parlementaires proposent des lois et débattent en tenant compte de ces avis.

LES CELLULES SOUCHES

Les cellules souches sont des cellules capables de se reproduire énormément et très longtemps. Elles peuvent ainsi servir à fabriquer des tissus sains pour remplacer des tissus malades. À l'état naturel, des processus de freinage les empêchent de devenir envahissantes. Il existe des utilisations médicales des cellules souches « naturelles » comme les greffes de moelle osseuse, qui sont, en fait, des greffes de cellules souches sanguines. Ce qui est interdit en France, c'est de faire de la recherche sur des cellules souches clonées.

Clonage reproductif ou thérapeutique, les risques sont-ils les mêmes ?

Le but de ces deux types de clonage est tout à fait différent.
Le clonage reproductif tend à reproduire un individu à l'identique. Dolly, version humaine ! Une pratique presque universellement condamnée.
Le clonage thérapeutique consiste, quant à lui, à cloner une cellule humaine exactement comme pour le clonage reproductif mais, au lieu de l'implanter dans un utérus pour en faire un bébé, on la congèle comme réservoir de cellules souches. Celles-ci seront capables, si besoin, de fabriquer un organe dont les cellules seront strictement identiques à celles de la personne à qui la cellule initiale a été prélevée. Ainsi, un foie malade pourra être remplacé par un foie cloné, sans nécessiter de traitement antirejet. La Grande-Bretagne a été le premier pays européen à autoriser cette technique en 2004, juste après la Corée du Sud. La France, en revanche, comme la plupart des pays d'Europe, interdit le clonage thérapeutique car le point de départ identique des deux types de clonage fait craindre des risques d'utilisation détournée des cellules clonées.

La médecine prédictive est-elle pour demain ?

Les maladies génétiques sont dues à un ou plusieurs gènes défectueux. D'autres maladies, comme le diabète, l'hypertension artérielle ou l'hypercholestérolémie, ne sont pas génétiques mais sont plus fréquentes chez les porteurs de certains gènes qui les rendraient plus vulnérables à ces affections. On parle de gènes de prédisposition. La médecine prédictive consiste à établir la carte génétique de chacun en étudiant ses chromosomes pour lui prédire ses risques de maladies à venir. Le but est de développer une prévention personnalisée : proposer une surveillance « sur mesure » et prescrire un traitement préventif si nécessaire. Toutefois, si techniquement la médecine prédictive est pour demain, sa mise en application pose plus de questions qu'elle n'en résout. Par exemple, que se passera-t-il si votre assureur ou votre futur employeur apprend que vous présentez un risque élevé de maladie cardio-vasculaire ou de cancer du sein ? Comment vivre en attendant une hypothétique catastrophe annoncée ?

Peut-on choisir son enfant en fonction de ses gènes ?

Il est possible d'effectuer une fécondation *in vitro*, comme dans le cas d'un traitement de la stérilité, puis de sélectionner les embryons obtenus en fonction de leurs gènes avant de les implanter dans l'utérus de la mère. Légalement, c'est autorisé dans la plupart des pays occidentaux, quand le risque de mettre au monde un enfant atteint d'une maladie génétique incurable grave (mucoviscidose, chorée de Huntington, par exemple) est élevé. Les embryons porteurs des gènes malades sont jetés. On appelle cette technique le Diagnostic préimplantatoire (DPI). Depuis 2004, en France, il est également autorisé de sélectionner l'embryon d'un futur enfant « médicament » dont les cellules sont compatibles avec celles d'un frère ou d'une sœur malade, en attente de greffe de moelle. À la naissance, on prélève les cellules souches du cordon ombilical, utilisées pour la greffe.

Les greffes : l'un des avenirs de la médecine ?

Greffes d'organes, de cellules, de mains… les techniques progressent et offrent des promesses qui pourraient être déterminantes pour l'avenir de la médecine, à condition de résoudre les problèmes liés à la pénurie de greffons et à la lourdeur des traitements antirejet.

La technologie peut-elle suppléer au don d'organe ?

Les demandes de greffes sont supérieures aux dons d'organes et augmentent rapidement. Une première solution est la xénogreffe, l'utilisation d'organes animaux, en l'occurrence des porcs. Mais, outre les problèmes de rejet, le risque de transmission de virus est grand. Alors les chercheurs se tournent vers les biotechnologies, greffes de cellules souches, et, dans l'avenir peut-être, d'organes de substitution issus du clonage thérapeutique. On sait déjà, par exemple, fabriquer des lambeaux de peau à greffer par culture de cellules souches cutanées d'une personne brûlée. Des expériences prometteuses permettent d'espérer un jour réparer des lésions de la moelle et du cerveau par des greffes de neurones. Autre voie de recherche, la bioélectronique élabore des prothèses de plus en plus performantes. Neurologie, cardiologie, cancérologie… dans toutes les disciplines médicales, les espoirs soulevés par ces techniques sont immenses. Et parmi eux, celui pour les receveurs de greffes de ne plus dépendre de la mort de quelqu'un pour vivre.

Pourra-t-on bientôt se passer des traitements antirejet ?

Chaque organe porte son identité dans ses cellules, comme un passeport pour habiter son corps. Introduit dans un autre organisme, il est immédiatement rejeté par le système immunitaire. C'est pourquoi une greffe ne peut prendre et durer qu'avec l'aide de traitements dits « immunosuppresseurs », destinés à contrer cette activité de rejet. Mais en supprimant une partie des défenses du greffé, ces traitements le rendent hypersensible aux infections et entraînent des risques de cancer et de maladies chroniques comme le diabète. Ces risques imposent une surveillance hospitalière régulière, des prises de sang fréquentes… et parfois un régime alimentaire. Ce traitement est à suivre à vie, sans garantie que le rejet ne finisse pas par arriver. Jusqu'ici, même si les immunosuppresseurs ont été un peu allégés, on n'a pas trouvé le moyen de s'en passer. La recherche en immunologie s'oriente vers des techniques dites d'« induction de tolérance », qui permettraient de prescrire dans un premier temps un traitement antirejet, puis d'arrêter les traitements avec un effet durable. Par ailleurs, plus on développera d'autogreffes (à partir de cellules souches du receveur) et moins on prescrira de traitements immunosuppresseurs.

Laboratoire de peau artificielle reconstituée grâce à la culture de kératinocytes, des cellules de l'épiderme. Cette technique reste aujourd'hui réservée à certains grands brûlés. Deux des trois principaux laboratoires qui la développent sont en France.

Greffes de main, en quoi ouvrent-elles une voie nouvelle ?

La première greffe de main, en 1998, a ouvert une ère nouvelle et controversée dans l'aventure des greffes. Tout d'abord, il ne s'agit plus de greffer un organe vital. Beaucoup de médecins ont jugé les risques du traitement trop importants au regard du handicap représenté par la

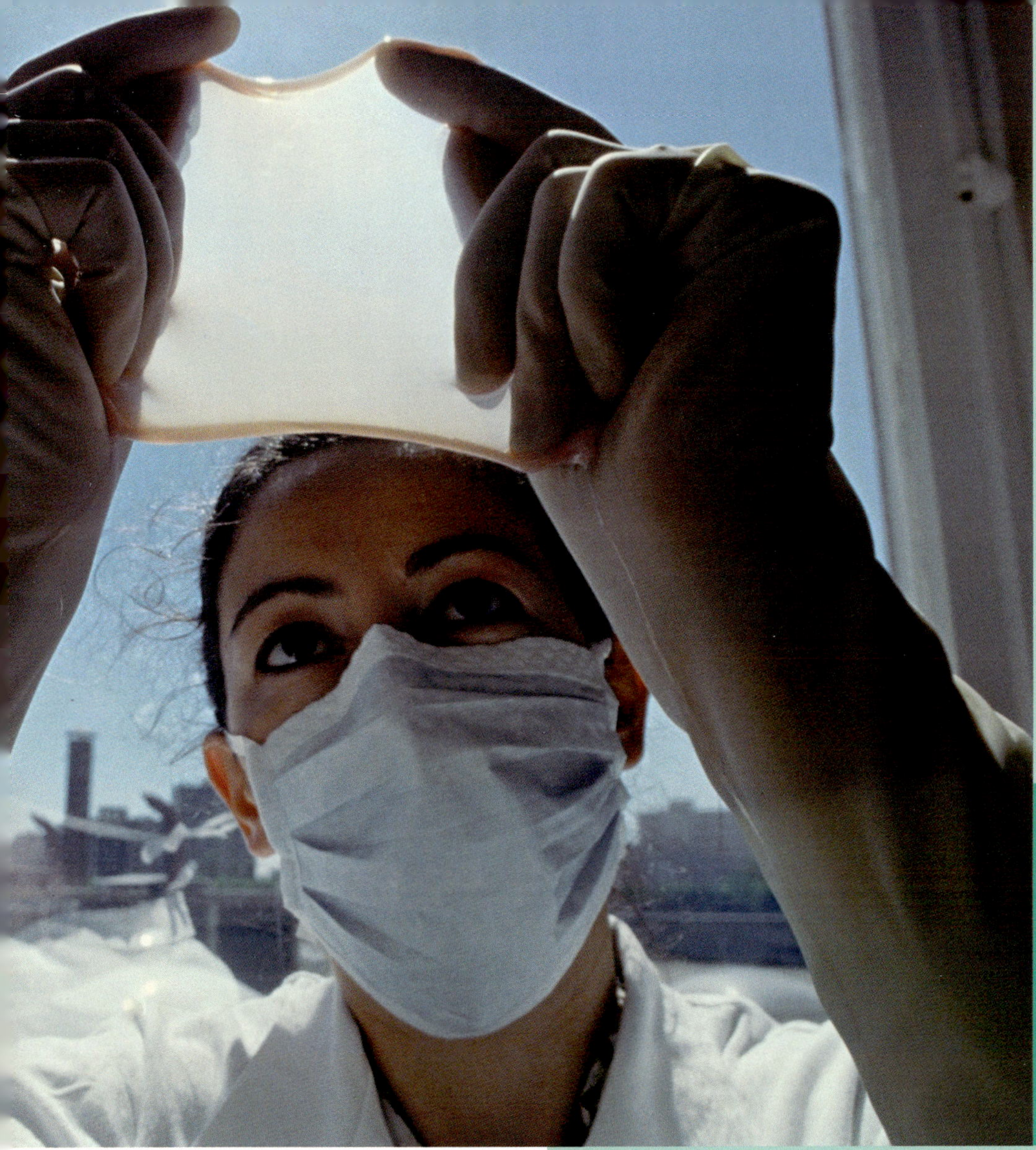

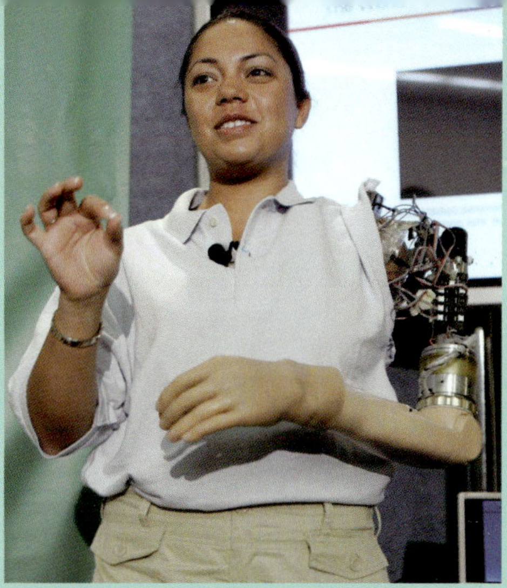

Depuis septembre 2006, l'Américaine Claudia Mitchell est la première femme à vivre avec une greffe de prothèse de bras bionique, raccordée au système nerveux et commandée par son cerveau.

et demain?

ATTENTION LES YEUX, PROGRÈS EN VUE !

En Italie, des services de pointe réparent des cornées endommagées grâce à des greffes de cultures cellulaires. Aux États-Unis et en Australie, des chercheurs travaillent à rendre la vue aux aveugles grâce à un œil bionique équipé d'une puce greffée sur la rétine ou de microcapteurs à la surface de l'œil, reliés à un système complexe de caméra et d'ordinateur.

perte d'une seule main. C'est pourquoi, en France, le Conseil consultatif national d'éthique n'a rendu un avis favorable que pour les greffes bilatérales. Ensuite, il s'agit de greffer un organe visible et hautement symbolique, avec un risque non négligeable de forte perturbation psychologique. Il arrive qu'un greffé demande l'amputation de son nouveau membre. Enfin, il s'agit d'une greffe de tissus composites associant os, muscles, tendons, peau, nerfs, vaisseaux... une première sur le plan technique et immunologique. Depuis, plusieurs greffes des deux mains ont été pratiquées avec succès. Les greffes du visage, la première en novembre 2005, s'inscrivent dans la lignée de ces greffes de tissus composites.

REPÈRES

Les greffes, une aventure du XXe siècle

La première greffe, un rein de porc sur une jeune femme, est tentée en 1906 à Lyon par le professeur Mathieu Jaboulay. Une intervention désespérée qui n'évitera pas la mort de la patiente, mais cette chirurgie téméraire ouvre la voie à une nouvelle médecine. Pour comprendre le rejet systématique des greffons, il faut attendre plus de cinquante ans et la découverte, par Jean Dausset, du système HLA, notre carte d'identité immunitaire. Il devient alors possible de développer des traitements antirejet. Depuis, les premières greffes à partir de greffons humains se sont multipliées : greffes de cœur, de poumon, de pancréas, de foie, d'os, de moelle, de larynx... et désormais de main et de visage, à l'initiative d'un autre Lyonnais, Jean-Michel Dubernard (ci-dessous).

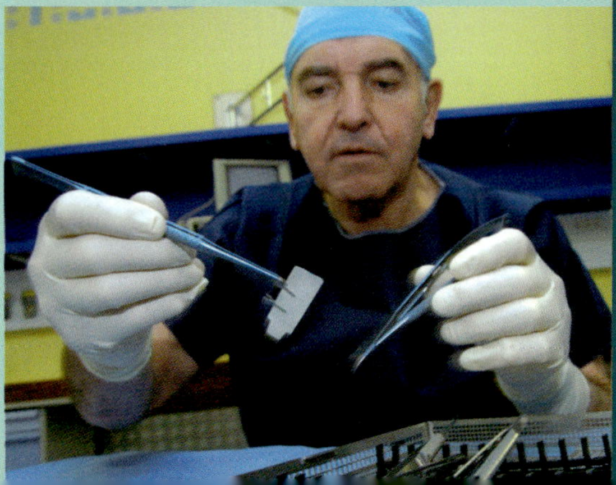

Cœur : le mode de vie occidental est-il en cause ?

Alors que la cardiologie constitue le domaine médical qui a connu les progrès les plus spectaculaires de ces dernières décennies, les pathologies cardio-vasculaires représentent encore la première cause de mortalité dans le monde. Pourquoi ?

Quels sont les grands progrès réalisés en cardiologie ?

Le traitement « interventionnel », qui constitue l'avancée la plus marquante en cardiologie, s'est imposé face à la chirurgie. Cette méthode consiste à introduire, le plus souvent sous anesthésie locale, une sonde qui permet de réaliser des interventions au niveau du cœur ou des vaisseaux. La dilatation artérielle (**angioplastie***), l'implantation d'un **défibrillateur ventriculaire***, d'un **stimulateur cardiaque***, constituent les actes les plus pratiqués. Par ailleurs, de nouveaux traitements plus efficaces ont fait baisser de plus de 50 % la mortalité par infarctus dans le monde : antihypertenseurs, anticoagulants, anticholestérolémiants, **thrombolytiques***. Des progrès dans les techniques d'investigation ont également été notables : l'exploration des artères du cœur par la coronarographie (radiographie après injonction d'un liquide opaque aux rayons X), la tomodensitométrie (ou scanner à rayons X) et l'imagerie par résonance magnétique (IRM).

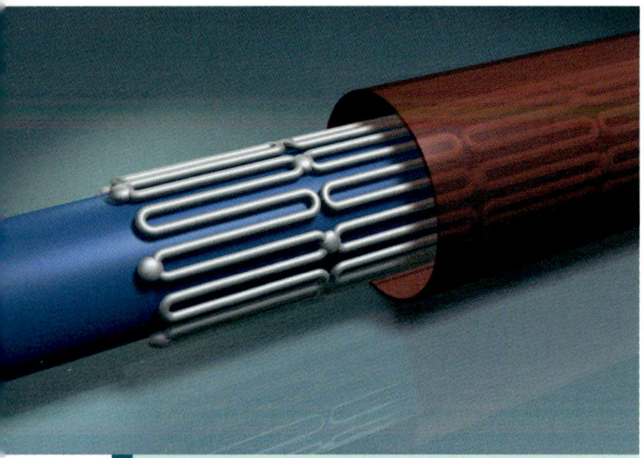

Un stent actif est un dispositif mécanique en forme de spirale qui permet de maintenir ouverte une cavité naturelle du corps humain. Il est essentiellement utilisé dans les artères et, depuis peu, certains stents peuvent libérer localement un médicament destiné à réduire le risque de récidives.

Pourquoi les maladies du cœur sont-elles la première cause de mortalité ?

On constate une augmentation des maladies cardio-vasculaires dans le monde, imputable à trois causes majeures : baisse de la mortalité par certaines affections dans les pays en développement ; vieillissement de la population dans les pays industrialisés ; enfin, certaines régions du monde adoptent progressivement des modes de vie occidentaux qui sont préjudiciables à la santé cardio-vasculaire. En 2004, l'enquête mondiale Interheart a mis en évidence les facteurs de risque à l'origine de la majorité des crises cardiaques : le tabac, un taux anormal de lipides, l'hypertension artérielle, le diabète, l'obésité, le stress, le manque d'activité physique et un régime alimentaire pauvre en fruits et légumes. Selon l'un des auteurs de l'étude, « arrêter de fumer, bien manger et faire de l'exercice pourraient permettre de diminuer de 80 % le risque de faire une crise cardiaque ».

Pourquoi les Français ont-ils une meilleure santé cardiaque que leurs voisins européens ?

Même si les pathologies cardio-vasculaires demeurent la première cause de décès en France, notre pays bénéficie, depuis 1970, d'une meilleure protection cardio-vasculaire que les pays anglo-saxons et le nord de l'Europe. Comme les Européens du Sud qui vivent entre mer et soleil, les Français bénéficient des vertus du régime méditerranéen, une nourriture variée (viandes, poissons, fruits et légumes) assaisonnée d'huile d'olive. Riche en acides gras mono-insaturés (AGMI), elle protège les artères. Par ailleurs, une consommation modérée et régulière de vin rouge – un verre par repas – a un effet protecteur sur le cœur et sur les vaisseaux. En effet, les polyphénols contenus dans le tanin du vin rouge permettent de lutter contre l'oxydation du mauvais cholestérol, à l'origine de l'obstruction des artères.

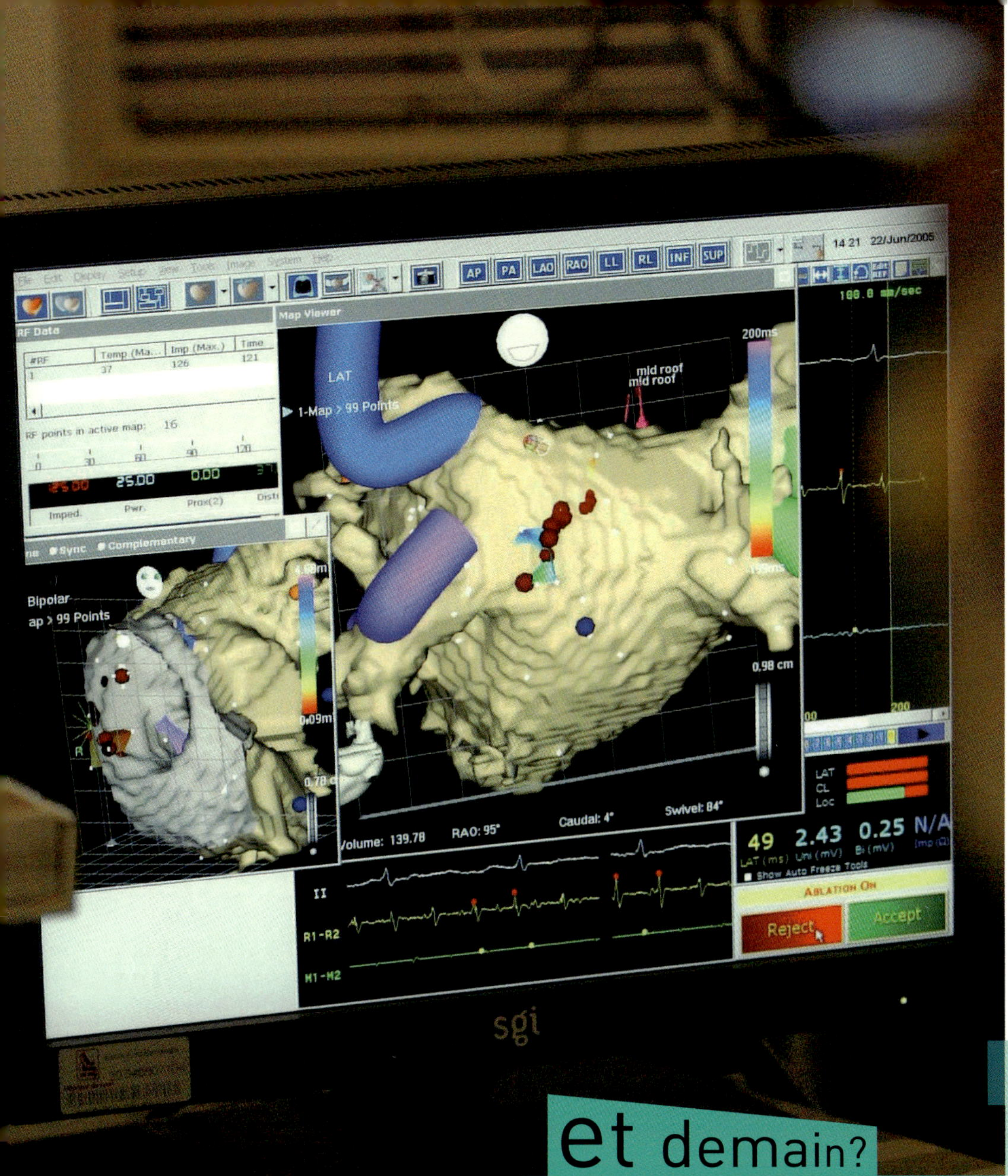

Exploration cardiaque en 3D au service de cardiologie de l'hôpital Louis-Pradel, à Lyon.

Doit-on craindre à l'avenir une augmentation des maladies cardiaques ?

Grâce à une meilleure prévention et aux progrès des traitements, la mortalité cardiovasculaire a baissé de 20 % en dix ans dans les pays industrialisés. Ce recul significatif de la mortalité a favorisé le vieillissement de la population. Rançon de ce succès, une hausse de 50 % de pathologies cardiovasculaires est prévue au cours des vingt-cinq prochaines années chez les plus âgés. Parallèlement, les adultes plus jeunes courent davantage de risques de souffrir d'infarctus, en raison d'une augmentation de l'obésité. Selon l'Institut national de santé et de recherche médicale (Inserm), ce problème de poids touchera en 2020 près de 20 % de la population française, contre 9,5 % en 2002. Or cette maladie est associée à deux facteurs de risque importants de pathologies cardiovasculaires : l'hypertension artérielle et le diabète de type 2, deux affections sournoises qui ne présentent aucun symptôme.

C'EST VRAI ?

LES ROBOTS PASSENT AU BISTOURI

Des pinces actionnées à distance par un robot permettent d'opérer en surveillant l'intérieur de la cage thoracique par cœlioscopie, examen de la paroi abdominale au moyen d'un instrument flexible à fibres optiques. La chirurgie robotisée contribue au renforcement de la qualité des soins, en limitant le traumatisme opératoire.

et demain ?

VERS UN CŒUR ARTIFICIEL AUTONOME ?

Pour les personnes qui ne peuvent pas bénéficier d'une greffe, il sera bientôt possible de transplanter des cœurs 100 % artificiels qui se substitueront totalement au cœur naturel. S'ils étaient utilisés, il y a quelques années, dans l'attente d'une greffe cardiaque, ils sont désormais envisagés comme des solutions définitives. Plus performants, ces cœurs totalement autonomes ne nécessiteront aucun appareillage extérieur : cœur et batterie sont implantés dans l'abdomen et la recharge se fait par induction magnétique à travers la peau.

glossaire

ANGIOPLASTIE :
Procédé consistant à introduire dans une artère du cœur un ballonnet gonflable pour rétablir immédiatement la circulation.

DÉFIBRILLATEUR VENTRICULAIRE :
Appareil permettant d'éviter les perturbations du rythme cardiaque.

STIMULATEUR CARDIAQUE :
Appareil délivrant régulièrement des impulsions électriques au cœur.

THROMBOLYTIQUES :
Médicaments destinés à déboucher les artères bloquées par un caillot.

Viendra-t-on à bout du **cancer ?**

On guérit la moitié des cancers, mais leur nombre ne cesse d'augmenter, y compris chez les jeunes. Est-on condamné à fourbir des armes toujours plus sophistiquées contre une maladie de plus en plus redoutable ou peut-on en venir à bout ?

Pourquoi y a-t-il de plus en plus de cancers ?

On diagnostique deux fois plus de cancer du sein qu'il y a vingt ans, le cancer du testicule autrefois rarissime est en progression et atteint des hommes jeunes, les cancers des enfants ont augmenté de 1 % par an en Europe en dix ans, constate le Centre international de recherche sur le cancer (Circ), et pas seulement autour de Tchernobyl ! Une seule cause ne peut expliquer l'augmentation de tous les cancers et les médecins s'accordent à penser que plusieurs phénomènes entrent en ligne de compte. On vit plus longtemps et le risque de cancer augmente avec l'âge ; les moyens diagnostiques, plus fiables, décèlent des cancers qui passaient autrefois inaperçus. Mais avant tout, notre mode de vie a changé et il nous faut nous interroger sur ce que nous respirons, ce que nous mangeons et comment nous exposons notre peau au soleil... Les cancers professionnels en témoignent : amiante, polyéther de glycol, poussières de bois... des dizaines de substances sont reconnues comme cancérigènes. Si cela est vrai surtout chez des personnes soumises à de fortes doses, qu'en est-il de la population exposée à des doses plus faibles mais répétées et cumulant divers produits ? Qu'en est-il de l'impact de ces substances sur les fœtus et les très jeunes enfants, particulièrement vulnérables ? Les premières études inquiètent. Car, si nous soignons de mieux en mieux les cancers, il semble bien que nous en « fabriquions » aussi de plus en plus.

La prévention est-elle vraiment efficace ?

La meilleure façon de guérir d'un cancer est encore de ne pas l'« attraper » ! Diminuer la survenue des cancers évitables, voilà la mission de la prévention dite « primaire ». Cela consiste à informer et à développer des moyens de protection comme, par exemple, les campagnes et les lois antitabac, l'interdiction de l'amiante et le **déflocage*** systématique, l'information sur le Soleil et les risques de cancer de la peau, les dispositifs de protection professionnels (hottes aspirantes, masques, tabliers de plomb...). La prévention primaire est très efficace quand elle est bien menée et pour les cancers dont la cause est connue et évitable. En deuxième ligne arrive la prévention secondaire, qui n'est pas une véritable prévention mais un dépistage précoce ciblé qui permet de détecter certains cancers débutants pour augmenter les chances de guérison. C'est dans cette optique que s'inscrivent le dépistage systématique des cancers du sein par mammographie chez les femmes de plus de 50 ans et la surveillance des personnes ayant des antécédents familiaux de cancer du côlon, par exemple.

glossaire

DÉFLOCAGE :
Opération qui consiste à retirer les matériaux qui ont servi à l'insonorisation et à l'isolation thermique d'un bâtiment. On procède généralement à cette opération quand les matériaux en question contiennent de l'amiante.

Janvier 2007, l'Institut national du cancer lance une campagne de sensibilisation. Cette maladie se soigne de mieux en mieux, mais on note depuis dix ans en Europe une augmentation de tous les types de cancers.

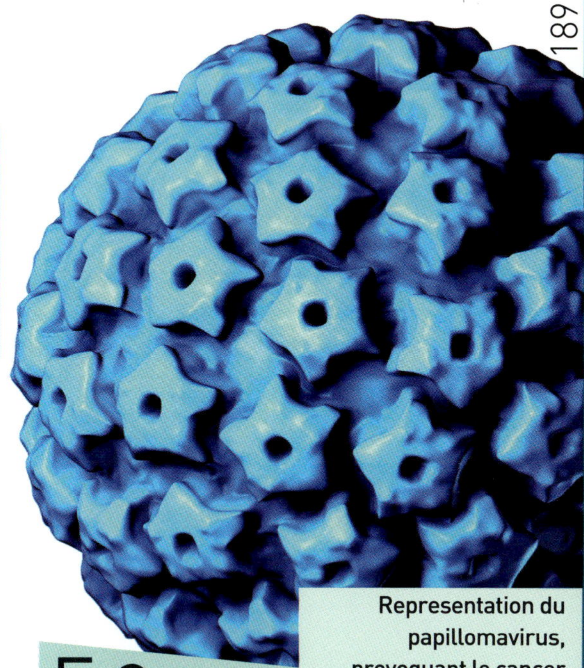

Representation du papillomavirus, provoquant le cancer du col de l'utérus.

Focus

NOUVEAU, UN VACCIN CONTRE LE CANCER DU COL DE L'UTÉRUS ?

Dire cela, c'est prendre un raccourci, car le vaccin anticancer n'existe pas. Mais un vaccin, commercialisé en France depuis novembre 2006, empêche une infection qui, elle, entraîne dans un second temps un certain nombre de cancers.

Comment soignera-t-on le cancer demain ?

Le cancer résulte de la prolifération de cellules anormales capables de s'agréger pour former une tumeur et de se disséminer à travers l'organisme. Le but du traitement est de tuer ces cellules anormales qui, sans cela, se reproduisent à grande vitesse, prenant la place des tissus normaux. Les traitements relèvent de trois grands principes : la chirurgie, qui enlève les tumeurs, la radiothérapie, qui les « brûle » avec des rayons ionisants, et la chimiothérapie, qui tue chimiquement les cellules malades, en particulier celles qui se disséminent. Ces traitements sont efficaces, mais ils agressent aussi les cellules saines, ce qui limite leurs indications et les doses utilisables. C'est pourquoi les recherches se sont essentiellement orientées vers des moyens d'optimiser ces méthodes thérapeutiques en réduisant leurs effets indésirables. Les nouvelles techniques d'imagerie, comme l'Imagerie à résonance magnétique (IRM) et l'assistance par ordinateur avec modélisation précise des tumeurs, permettent à la chirurgie et à la radiothérapie de traiter avec une précision croissante la zone malade en épargnant les cellules voisines. Une méthode de destruction des tumeurs par sonde à ultrasons a été mise au point et est déjà utilisée avec succès dans le traitement du cancer de la prostate. Elle est en cours d'étude pour d'autres cancers, en particulier les tumeurs du foie. Un nouveau type de radiothérapie utilisant des ions carbone, l'hadronthérapie, est déjà pratiqué au Japon. Un premier centre s'ouvre à Lyon. Elle permet de traiter des tumeurs résistantes aux radiothérapies classiques. Dans un avenir un peu plus lointain, les chercheurs envisagent l'utilisation de nanoparticules (plus petites que les cellules) capables de cibler électivement les cellules cancéreuses, de s'introduire à l'intérieur avec une molécule de poison pour les tuer. Ces traitements suscitent de grands espoirs, mais aussi des réticences car leur innocuité n'est pas démontrée. Autre voie de recherche, la vaccinothérapie curative, qui cherche à stimuler le système immunitaire de telle façon qu'il rejette lui-même les cellules cancéreuses de l'organisme.

Sida, où en est la lutte ?

Il y a vingt ans, les chercheurs prédisaient un vaccin pour « demain » et il n'est toujours pas au point. Les médicaments soignent sans guérir et le virus du sida reste un ennemi mortel dont il faut se protéger. La lutte continue, mais la victoire n'est pas en vue.

La pandémie va-t-elle croître indéfiniment ?

Il y a vingt-cinq ans apparaissait une maladie mortelle baptisée « sida » (Syndrome immunodéficitaire acquis) qui se transmet et affaiblit les défenses immunitaires des personnes atteintes. Fragilisés, les malades meurent d'infections diverses, dont certaines passeraient inaperçues chez une personne saine. En quelques années, le sida s'est répandu dans le monde. Les pays riches ont rapidement contre-attaqué, la recherche s'est organisée, le virus responsable et ses modes de transmission ont été découverts. La mobilisation pour la prévention a permis une diminution des taux de contamination. Dix ans plus tard, la découverte des médicaments antirétroviraux autorise les malades à vivre avec leur maladie s'ils sont traités à temps. Mais la prévention est toujours à recommencer..., car l'épidémie progresse. La France enregistre encore quelque 6 000 nouveaux cas par an. Dans les pays pauvres, c'est bien pire. La misère, l'analphabétisme, les guerres... ont fait le lit de la pandémie de sida. Manque d'éducation et d'information sur la prévention et les soins, tabous, violences, défaut d'accès aux traitements... le sida continue de s'étendre rapidement en Afrique, en Asie et en Europe de l'Est. Partout, des associations se battent, des aides internationales financent des programmes de lutte contre la maladie, les médicaments antirétroviraux commencent à être disponibles dans les pays en développement. L'urgence est à l'augmentation rapide du niveau d'éducation et de soin des populations, qui peut seule permettre de contenir l'épidémie.

Au Ghana (Afrique), campagne de sensibilisation à l'épidémie de sida, mettant en scène un policier et le slogan « Le sida est une réalité, utilisez un préservatif ».

Quand va-t-on trouver le vaccin ?

Depuis qu'on connaît le virus de l'immunodéficience humaine (VIH), une centaine de candidats vaccins ont été fabriqués et une trentaine sont en cours de test. Jusqu'à présent, ils se sont montrés trop dangereux ou peu efficaces, car le virus résiste grâce à une tactique ingénieuse, jusqu'ici imparable, et dont les chercheurs n'ont pas encore élucidé tous les mystères. Il se transforme, on pourrait dire qu'il se déguise, en quelque sorte. Du coup, un vaccin conçu pour le combattre sous une certaine forme ne le reconnaît pas sous une autre. Or le vaccin que l'on cherche doit pouvoir bloquer la majorité des virus du sida circulant dans le monde. Car, même si un vaccin est efficace contre un type de VIH, à quoi bon se faire vacciner s'il faut continuer à se protéger de la même manière contre les autres ? La plupart des chercheurs pensent qu'il faudra encore au moins quinze à vingt ans de recherche pour trouver un vaccin préventif. En revanche, certains d'entre eux travaillent sur la possibilité d'un vaccin thérapeutique pour aider le système immunitaire à combattre le virus. Ce vaccin pourrait être mis au point plus facilement et donc plus rapidement qu'un vaccin classique et être utilisé comme traitement, en association avec les médicaments antirétroviraux.

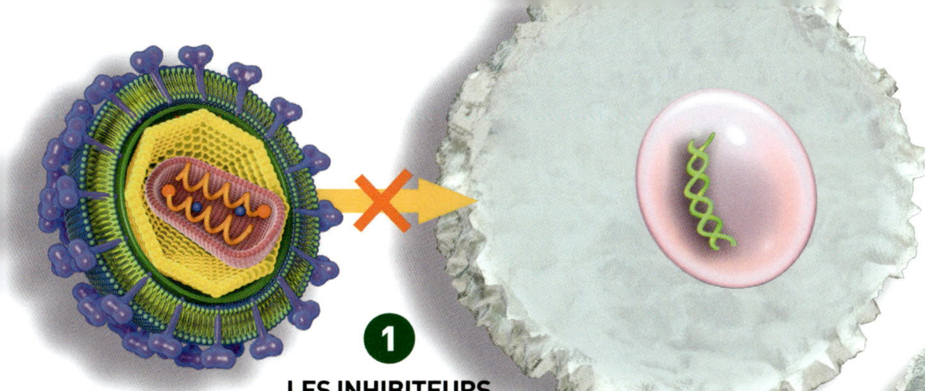

1

LES INHIBITEURS D'ENTRÉE, UNE NOUVELLE FAMILLE, EMPÊCHENT L'ENTRÉE DU VIH DANS LE LYMPHOCYTE T4*.

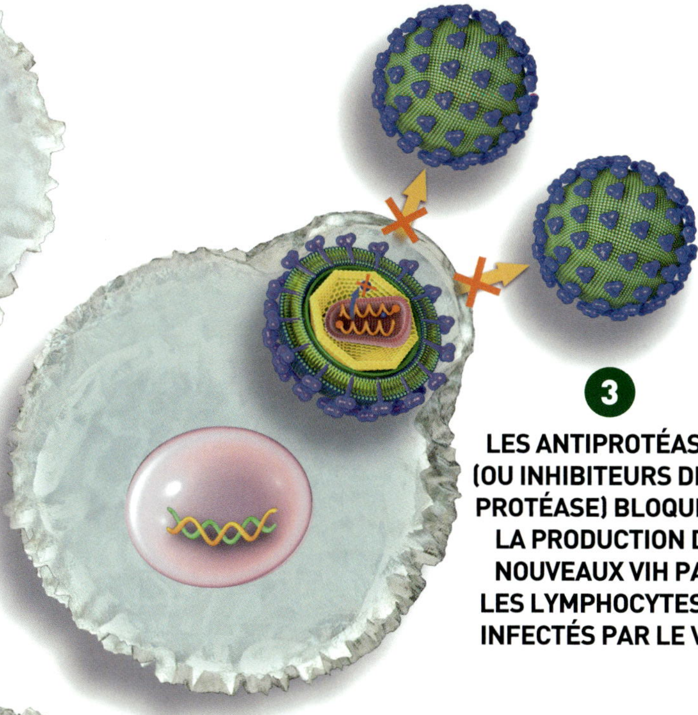

3

LES ANTIPROTÉASES (OU INHIBITEURS DE LA PROTÉASE) BLOQUENT LA PRODUCTION DE NOUVEAUX VIH PAR LES LYMPHOCYTES T4 INFECTÉS PAR LE VIH.

LES MÉDICAMENTS ANTIRÉTROVIRAUX ACTUELS FONT PARTIE DE TROIS FAMILLES

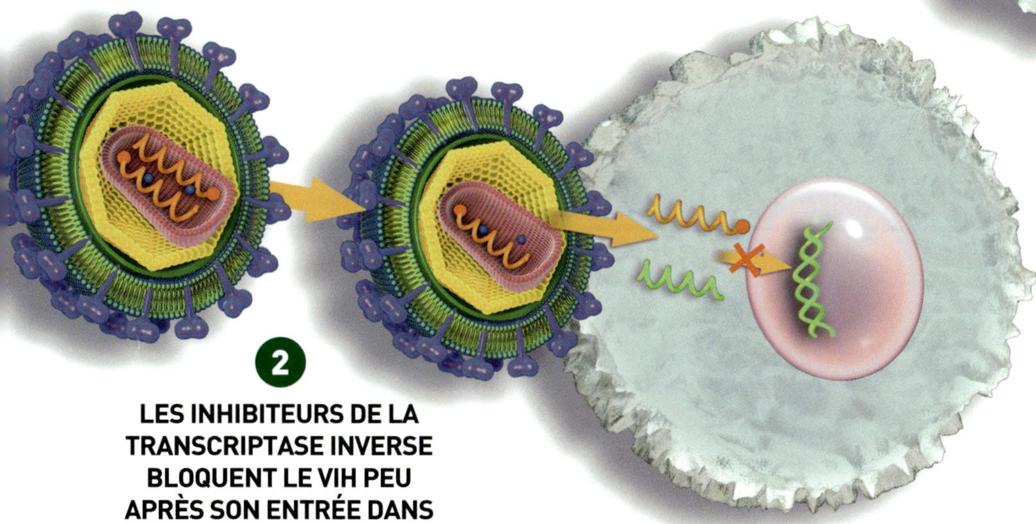

2

LES INHIBITEURS DE LA TRANSCRIPTASE INVERSE BLOQUENT LE VIH PEU APRÈS SON ENTRÉE DANS LE LYMPHOCYTE T4.

Où en sont les espoirs de nouveaux médicaments ?

Actuellement, les malades du sida bénéficient de traitements dits « antirétroviraux », qui permettent de limiter la multiplication du virus dans les cellules. Il en existe plus d'une vingtaine sur le marché, qui appartiennent à trois grandes familles. Grâce à ces médicaments, il est possible de vivre longtemps avec le virus sans souffrir de la maladie. Mais ce sont des traitements à vie, dont les effets secondaires sont lourds. En outre, certains malades échappent à leur action avec le temps, le virus gagne alors du terrain et la maladie se déclare. La mise au point d'une nouvelle famille d'antiviraux, les « inhibiteurs d'entrée » (ou inhibiteurs de fusion), théoriquement capables de bloquer la porte d'entrée du virus dans les cellules, avait suscité de grands espoirs ces dernières années, mais les résultats des études présentés lors de la 16e Conférence internationale sur le sida à Toronto, en 2006, sont décevants. Ces médicaments n'apportent rien de nouveau ! Le prochain progrès attendu concerne les malades soignés au long cours dont les traitements antirétroviraux devraient pouvoir être allégés avec une efficacité identique.

glossaire

LYMPHOCYTE T4 :
Globule blanc coordinateur des différentes réactions immunitaires.

0123456789 chiffres-clés

2006, LE SIDA PROGRESSE TOUJOURS

- Environ 40 millions de personnes vivent avec le virus de l'immunodéficience humaine (VIH), dont 25 millions en Afrique subsaharienne et 8 millions en Asie du Sud et du Sud-Est.
- En Europe orientale et en Asie centrale (Ukraine et Fédération de Russie surtout), les contaminations ont augmenté de 70 % en deux ans.
- En 2006, 4,5 millions d'individus ont été contaminés, 3 millions sont morts du sida dans le monde et 88 % des personnes contaminées n'ont pas eu accès aux soins médicaux appropriés.
- En France, en 2005, on recensait 150 000 porteurs du virus et 6 700 nouvelles contaminations. Environ 40 000 personnes seraient infectées sans le savoir.

Alzheimer, maladie du siècle ?

Alors que les pays industrialisés vieillissent, les pathologies liées à l'âge, dont la maladie d'Alzheimer, sont en nette augmentation. Les autorités sanitaires sont-elles en mesure de relever ce défi majeur de santé publique ?

Une épidémie silencieuse ?

L'âge constitue le premier facteur de risque de développer la maladie d'Alzheimer : 5 % des personnes de plus de 65 ans et 25 % des plus de 80 ans sont touchées. Actuellement, environ 25 millions de malades sont recensés dans le monde, dont la moitié dans les pays occidentaux où les populations ont gagné vingt-cinq ans de vie en un siècle. En France, le nombre de malades est estimé à près de 860 000. Faute de progrès significatifs de la recherche et tenant compte des projections de population, un rapport de l'Office parlementaire d'évaluation des politiques de santé (Opeps) estime que près de 1,3 million de personnes de plus de 65 ans pourraient être atteintes d'ici à 2020. Alors que la société prend davantage en charge les dépenses médicales dues au cancer, une moindre attention est portée à la maladie d'Alzheimer. Les recherches, qui ont débuté en France il y a seulement vingt ans, restent aujourd'hui sous-investies par rapport au sida. Une politique de santé publique peut-elle se désintéresser d'une tranche non négligeable de la population, sous prétexte qu'elle est improductive ?

Tests de mémoire pour le dépistage précoce de la maladie d'Alzheimer, effectués par un neuropsychologue du Réseau Mémoire Aloïs.

Comment faire face à la dépendance ?

Apraxie*, défaillance de la mémoire, troubles cognitifs associés, la maladie d'Alzheimer conduit inexorablement à une perte d'autonomie. Les traitements actuels, qui permettent uniquement de retarder les symptômes de la maladie, n'offrent aucun espoir de guérison. La France affiche un important retard dans la prise en charge des malades. Alors que cette pathologie est la première cause de placement en institution, les structures médicalisées sont en nombre insuffisant. Selon l'association France Alzheimer, la prise en charge à domicile n'est pas suffisamment organisée ; globalement, les familles doivent participer à près de 60 % des dépenses liées à la maladie… À l'horizon 2020, ce problème risque fort de s'aggraver. Comme la hausse du chômage et la baisse du niveau des retraites réduiront la capacité des enfants à financer les soins de leurs parents, cette pathologie pèsera de plus en plus lourd dans les finances de l'État : de 0,6 % du PIB aujourd'hui, ces dépenses passeront à 0,8 % en 2020 et à 1,8 % en 2040.

Le diagnostic précoce, le meilleur des traitements ?

La maladie d'Alzheimer évolue de façon silencieuse pendant dix à vingt ans, jusqu'au moment où le cerveau ne parvient plus à compenser la perte des neurones. En France, le diagnostic est posé en moyenne deux ans après l'apparition des premiers symptômes, contre dix mois seulement en Allemagne et quatorze mois en Italie. La question de la formation des médecins français sur cette maladie est donc posée. Il est essentiel de poser le diagnostic au plus tôt pour pouvoir traiter les patients en tout début d'évolution. En effet, les médicaments sont d'autant plus efficaces qu'ils ont été administrés tôt. L'un des enjeux majeurs de la recherche concerne la découverte de marqueurs prédictifs fiables qui permettraient de poser un diagnostic précoce. Celui-ci est également nécessaire pour tester l'efficacité des médicaments qui pourront ralentir, voire empêcher, le regroupement de neurones en dégénérescence (plaques séniles).

Échantillons de tissus du cerveau utilisés pour mener des études sur l'origine de la maladie d'Alzheimer.

Vieillesse ou maladie ?

Le cerveau est constitué d'environ 100 milliards de cellules nerveuses ou neurones qui ont des possibilités infinies de connexions ou synapses. Contrairement à la plupart des cellules des autres organes (le foie, par exemple), le neurone ne se divise pas, ne se multiplie pas. Lorsqu'il meurt, il n'est pas renouvelé : c'est le cycle normal de la vie. Dans le cas de certaines maladies dites « neurodégénératives », comme la maladie d'Alzheimer ou la maladie de Parkinson, il se produit un vieillissement pathologique du cerveau dû à une perte anormale des neurones. Ces maladies chroniques, lentement évolutives, sont dues à des lésions microscopiques dans des zones très précises du cerveau. La maladie d'Alzheimer débute dans l'hippocampe, région impliquée dans la mémoire. La maladie de Parkinson touche plus particulièrement les neurones produisant de la dopamine, qui sont essentiels pour se mouvoir.

FOCUS

UNE GREFFE DE NEURONES POUR TRAITER LA MALADIE DE PARKINSON ?

Menée de façon expérimentale depuis le début des années 1990 en Suède et en France, la greffe de neurones issus de fœtus humains consiste à transplanter chez le malade pour lequel ils sont déficients des neurones producteurs de dopamine. Si les résultats d'études cliniques indiquent une certaine efficacité, cette technique doit néanmoins être améliorée. La greffe de neurones semble apporter également un espoir de traitement de la maladie de Huntington, autre pathologie neurodégénérative, qui conduit souvent à une démence irréversible.

et demain?

À QUAND LE VACCIN CONTRE LA MALADIE D'ALZHEIMER ?

De toutes les pistes de recherches, le vaccin est la plus prometteuse. Les anticorps injectés par vaccination ciblent les plaques séniles qui bloquent le fonctionnement des neurones. Ces anticorps sont alors capables de déclencher la destruction de ces plaques. Un premier essai de vaccination a dû être stoppé en 2002, du fait d'effets indésirables survenus chez certains patients. Les chercheurs envisagent une reprise prochaine des essais avec de nouvelles approches, permettant d'éviter les effets secondaires.

glossaire

APRAXIE :
Incapacité à effectuer des mouvements volontaires, alors que les fonctions motrices et sensorielles sont normales.

Comment soulager **le cerveau**

Chimie ou bistouri, toute intervention visant à modifier l'anatomie ou le fonctionnement du cerveau comporte des risques. Les laboratoires qui mettent au point ces médicaments et ces opérations cherchent à en augmenter la performance tout en réduisant les dangers.

Anxiété, insomnie… faut-il se méfier de la chimie ?

Via les médicaments, la chimie rend notre sommeil imperturbable et le stress supportable, non sans effets indésirables. En décontractant muscles et cerveau, ils provoquent somnolence, moindre vigilance et nous rendent particulièrement dangereux au travail et au volant. Autre inconvénient majeur, un grand nombre d'anxiolytiques et d'hypnotiques peuvent entraîner un syndrome de sevrage à l'arrêt, surtout si le traitement a été long. Maux de tête, forte anxiété, cauchemars, tremblements, anorexie, diarrhée… poussent à reprendre le traitement. Une consommation très importante peut même provoquer une dépression grave et des hallucinations. On soupçonne aussi ces traitements d'autres maux plus difficiles à mettre en évidence : aggravation des troubles de la mémoire, diminution des performances intellectuelles et de celles du système immunitaire, en particulier chez les personnes âgées. En cas d'anxiété ou d'insomnie, il faut donc avant tout se pencher sur son hygiène de vie. Il est idiot de prendre des somnifères quand on a l'habitude de boire du café à 17 heures, par exemple ! Ensuite, il est utile d'envisager le traitement des causes du malaise par psychothérapie ou par rééducation du sommeil… et les traitements d'appoint par phytothérapie ou par homéopathie, avant de recourir aux tranquillisants et aux somnifères, en cas de nécessité seulement, et sous contrôle médical.

glossaire

MÉDICAMENTS PSYCHOTROPES :
Médicaments capables de modifier l'activité cérébrale. Les principaux sont les antidépresseurs, les hypnotiques (somnifères, du grec *hypnos*, « sommeil »), les anxiolytiques (tranquillisants destinés à soulager l'anxiété) et les neuroleptiques (traitement des délires avec hallucinations).

Peut-on espérer guérir les maladies mentales avec des médicaments ?

Cet espoir est né en 1952, avec la découverte des effets psychotropes de la chlorpromazine, un médicament contre les vomissements. Cette molécule a été commercialisée sous le nom de Largactil. C'est le premier neuroleptique. Il transforme radicalement la vie des malades psychotiques comme les schizophrènes. Désormais la chimie, capable de maîtriser hallucinations et agitations, remplace les camisoles de force et la majorité des hospitalisations forcées.

D'autres **médicaments psychotropes*** suivent : antidépresseurs, anxiolytiques… tous découverts de façon empirique, sans que leur action précise sur le cerveau soit connue. Ils sont aujourd'hui plus efficaces et mieux tolérés, mais on ne sait toujours pas guérir les troubles psychiatriques. Et l'industrie pharmaceutique n'a fait aucune découverte vraiment novatrice en matière de psychotrope depuis les années 1960. Si les miracles se font attendre, c'est que les mécanismes de ces maladies demeurent mal connus. Mais, grâce aux nouvelles techniques d'imagerie médicale – imagerie par résonance magnétique (IRM) et tomographie à émission de positons (TEP) –, qui permettent de visualiser le cerveau en fonctionnement quand il va bien et quand il est malade, les chercheurs espèrent approfondir leurs connaissances du système nerveux central et de ses maladies et ainsi ouvrir de nouvelles voies de recherche thérapeutique pour guérir les maladies du cerveau.

LE SAVIEZ-VOUS ?

Carton rouge pour les champions d'Europe

Les conclusions d'une étude pilotée par l'Office parlementaire d'évaluation des politiques de santé (Opeps) et présentée au Parlement en juin 2006 sont accablantes. En France, un adulte sur quatre consomme au moins un médicament psychotrope dans l'année. Soit une consommation deux fois plus forte que celle de la moyenne des Européens. Une surconsommation d'autant plus inquiétante que, d'après les experts, les deux tiers des gens consommant des anxiolytiques et des hypnotiques ne présentent pas de trouble justifiant la prise de tels traitements.

sans risques ?

Va-t-on cesser d'ouvrir le crâne pour opérer le cerveau ?

Tumeurs du cerveau, malformations de vaisseaux cérébraux... ne condamnent plus aujourd'hui aussi sûrement qu'il y a quelques décennies. Non seulement la chirurgie a fait des progrès, mais elle est même en train de disparaître petit à petit, au bénéfice de techniques beaucoup moins invasives. À présent, les tumeurs cancéreuses, par exemple, peuvent souvent (mais pas toujours) être « brûlées » de façon extrêmement précise et ciblée par des rayons, comme si elles avaient été enlevées par un chirurgien. C'est pourquoi on parle de « gammaknife » (couteau à rayons gamma) ; en réalité, il s'agit d'un traitement radiochirurgical aux rayons gamma extrêmement performant.
Des techniques de repérage très précises, par coordonnées spatiales, permettent d'introduire de très fines pinces par de tout petits trous pour prélever des morceaux de tumeurs à des fins diagnostiques par exemple, ou pour placer dans le cerveau des électrodes qui luttent contre les tremblements anormaux de la maladie de Parkinson ou d'autres types de tremblements. On parle alors de chirurgie stéréotaxique.
Il est possible aussi d'introduire dans un vaisseau périphérique une sonde et de la guider sous écran de contrôle jusqu'à une lésion dans un vaisseau du cerveau. Une fois sur place, cette sonde est capable d'injecter un produit pour boucher une dilatation qui risque de se rompre (anévrysme) ou au contraire de dilater une artère en train de se boucher (sténose artérielle) pour rétablir un flux sanguin normal et éviter un accident vasculaire cérébral.

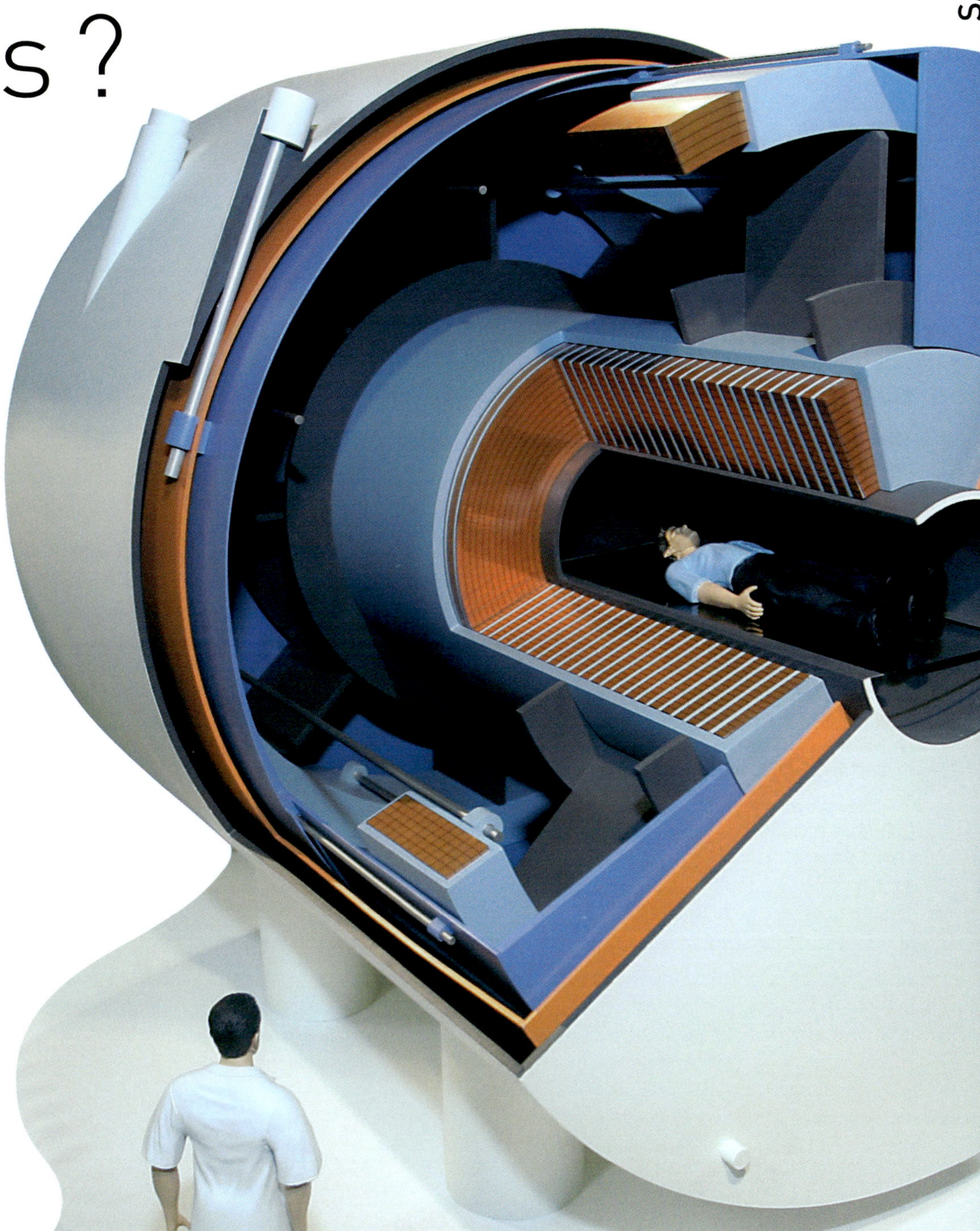

Maquette du système IRM, prise le 24 novembre 2006 à Saclay, lors de l'inauguration de la plate-forme NeuroSpin, centre d'imagerie médicale consacré à l'étude du cerveau. Implanté sur le site principal du Commissariat à l'énergie atomique (CEA), NeuroSpin, dont l'exploitation a débuté en janvier 2007, constitue le plus grand complexe au monde entièrement dédié à l'exploration du cerveau et des processus cognitifs, avec des appareils d'imagerie médicale d'une puissance inégalée.

Des psy pour quoi faire ?

Psychiatres et psychologues sont débordés. Besoin d'exprimer son mal-être pour le comprendre ou pour se soulager, besoin d'entendre des mots qui rassurent ou qui guident... En matière de psy, qui a besoin de quoi ?

Psychothérapies comportementales et cognitives contre psychanalyse : que signifie la guerre des psy ?

Parmi le large éventail des psychothérapies, deux grandes conceptions s'opposent. L'une se réclame de la psychanalyse, inventée par Freud, et consiste à tenter de ramener à la conscience les racines du mal, enfouies dans l'inconscient. L'autre regroupe un ensemble de pratiques appelées thérapies cognitives et comportementales visant à modifier la façon de penser et de se comporter pour casser le processus vicieux du trouble psychique. Elles utilisent des techniques de déconditionnement des attitudes et des pensées négatives, puis de reconditionnement positif.
Imaginons une personne qui ne parvient pas à vivre une relation de couple stable. Si elle s'oriente vers une psychanalyse, elle va dérouler le fil de sa vie pour essayer de savoir ce qui, dans son enfance, sa relation avec ses parents, est à l'origine de son trouble. La reconnaissance de la cause doit l'aider à atténuer le trouble. Si elle choisit une thérapie cognitive et comportementale, le psy va la guider vers une autre approche de la relation de couple, lui apprendre à repenser de façon positive le fait de partager sa vie avec quelqu'un, à apprivoiser ses peurs. Entre les psychanalystes qui ont longtemps tenu le haut du pavé et les thérapeutes comportementalistes qui ont le vent en poupe, la guerre est ouverte. Les uns accusent la psychanalyse d'être longue, plusieurs années en général, pour un résultat thérapeutique médiocre ; les autres prétendent que les thérapies comportementales ne traitent pas en profondeur, n'appréhendent pas la personne dans sa globalité et que leurs résultats, obtenus en quelques mois, sont parcellaires et peu durables dans le temps.

Les psy pour enfants et adolescents, phénomène de mode ou nécessité ?

Longtemps on a considéré que la dépression n'existait pas chez l'enfant, qu'un enfant particulièrement agité était mal élevé, qu'un adolescent violent ou solitaire faisait « sa » crise et que l'échec scolaire était le fait de cancres au quotient intellectuel limité. Depuis quelques années, il est apparu comme une évidence que, quel que soit son âge, un être humain peut être en souffrance psychique et que l'absence de prise en charge adaptée est d'autant plus dramatique qu'il s'agit d'un individu en phase d'apprentissage ou de transition. La pédopsychiatrie, ou psychiatrie pour enfants et adolescents, qui s'est beaucoup développée ces dernières années, n'est donc pas un phénomène de mode, mais bien une réponse aux besoins et aux demandes des enfants et des adolescents en détresse. Comportement anormal, violence, échec scolaire, dépression, phobies, boulimie, anorexie... Si la majorité des enfants et des ados vont bien, certains souffrent et la psychiatrie propose des traitements susceptibles de les sortir de l'ornière.

Les traitements pédopsychiatriques sont essentiellement psychothérapeutiques et adaptatifs (conditions de vie, relations familiales, insertion scolaire), plus rarement chimiothérapiques.

Divan analytique de Sigmund Freud, dans sa maison londonienne, aujourd'hui transformée en musée. Freud est le fondateur de la psychanalyse.

Peut-on guérir de ses peurs ?

La peur est un mécanisme d'alerte déclenché par un danger et qui entraîne des réflexes de protection : fuir, se cacher ou ne pas se pencher, par exemple. Mais il existe des formes de peur anormales qui empoisonnent la vie et qui peuvent se soigner. Ainsi la phobie, une peur anormale de quelque chose ou d'une situation, la phobie des araignées ou celle des ascenseurs, par exemple. L'anxiété est une inquiétude permanente et maladive, sans objet précis. Quant à l'angoisse, il s'agit d'une peur extrême se manifestant par des crises oppressantes avec une impression de mort imminente.
Longtemps, la médecine n'a proposé que des médicaments anxiolytiques, des tranquillisants qui sont une aide passagère mais ne guérissent pas et ont beaucoup d'effets indésirables. Et en parallèle, le suivi d'une psychanalyse, qui n'apporte pas de solutions rapides.
Les thérapies cognitives et comportementales ont bouleversé le pronostic des phobies et de l'anxiété, en proposant des méthodes plus ciblées. Relaxation et sophrologie pour apprendre à dominer ses peurs, analyse et déconditionnement progressif des pensées négatives, « programmation » de pensées positives, mise en situation… On peut par exemple traiter une phobie des insectes en analysant les situations où il est raisonnable d'avoir peur et toutes celles où cela ne l'est pas, puis en imaginant passer un week-end à la campagne. En commençant par regarder des vidéos… jusqu'à tester des situations réelles. Cela peut prendre quelques mois mais, la plupart du temps, c'est efficace.

FOCUS

PSY… QUOI ?

- **Un psychiatre** est un médecin spécialisé dans le diagnostic et le traitement des troubles psychiques et des maladies mentales.
- **Un psychologue** est formé à la compréhension du comportement humain et des difficultés psychiques d'autrui.
- **Un psychothérapeute** traite par psychothérapie. Il n'y a pas de formation universitaire spécifique, mais il s'agit souvent d'un psychologue ou d'un psychiatre.
- **Une psychothérapie** utilise des moyens psychologiques pour traiter un trouble psychique. Il en existe plus de 200 types.
- **Une psychanalyse** est une forme particulière de psychothérapie issue des théories de Freud et qui consiste à s'autoanalyser avec l'aide d'un psychanalyste.

Les médecines alternatives sont-elles douces ?

En Occident, toute médecine « différente » se heurte aux principes de la médecine conventionnelle qui la juge au mieux inefficace, au pire dangereuse. Entre passion et raison, tentons d'y voir clair : les médecines dites « douces » peuvent-elles nous nuire ?

Les médicaments homéopathiques représentent 0,3 % du marché mondial du médicament et la France en est le premier marché.

Médecine douce ou charlatanisme, de qui se méfier ?

Homéopathie, **ostéopathie***, **phytothérapie***... ces pratiques et des dizaines d'autres, qui n'ont souvent rien à voir entre elles, sont regroupées par l'OMS sous le vocable « médecines non conventionnelles ». Leurs praticiens, médecins ou non, formés ou autodidactes, sont regardés avec méfiance par la médecine « officielle ». Souvent réputées être plus humaines, moins agressives, plus proches de la nature... ces médecines suscitent un engouement croissant. Et il est vrai que certaines de ces thérapies font merveille sur des maux que la médecine conventionnelle, concentrée sur les maladies graves, dédaigne. En particulier les troubles dits « fonctionnels » comme certaines douleurs digestives, ballonnements, maux de tête ou troubles du sommeil. Nombre de douleurs osseuses et musculaires sont soulagées par l'ostéopathie ou l'**acupuncture***. Et les plantes administrées en phytothérapie contiennent des principes actifs, tout comme les médicaments classiques.

Mais il faut rester méfiant, les médecines parallèles ne sont pas toujours douces. Les manipulations mal maîtrisées sont parfois dangereuses et les plantes mal prescrites, toxiques. Par ailleurs, il est très imprudent de se confier à une thérapeutique aux résultats peu probants en cas de maladie grave, cancer par exemple, que la médecine conventionnelle a des chances de guérir. Avant toute consultation, il ne faut pas hésiter à vous renseigner. Un discours pseudoscientifique ou totalement ésotérique est suspect. Car, si beaucoup de ces thérapeutes sont sincères, il y a aussi de nombreux exemples d'escroqueries aux dépens de malades désespérés.

glossaire

ACUPUNCTURE : Cette partie de la médecine traditionnelle chinoise consiste à appliquer des aiguilles spéciales en certains points du corps.

AURICULOTHÉRAPIE : Ce traitement dérivé de l'acupuncture traite les affections par des piqûres en différents points du pavillon de l'oreille.

CHROMOTHÉRAPIE : Elle consiste à projeter un rayon lumineux de couleur sur une partie du corps, chaque couleur ayant une action spécifique.

KINÉSIOLOGIE : Elle utilise le test musculaire pour identifier des blocages physiques et des perturbations neurologiques.

OSTÉOPATHIE : Elle est fondée sur la manipulation des membres, des vertèbres ou du crâne.

PHYTOTHÉRAPIE : Elle traite les maladies par les plantes. L'aromathérapie, traitement avec des huiles essentielles de plantes, en est une branche.

RÉFLEXOLOGIE : Elle est fondée sur l'existence présumée au niveau des pieds de zones réflexes représentant l'ensemble du corps humain.

SOPHROLOGIE : C'est un ensemble de pratiques visant à soulager des souffrances psychiques par la relaxation physique et mentale.

Que reproche la médecine conventionnelle à l'homéopathie ?

L'homéopathie est fondée sur le principe de similitude qui veut qu'une substance capable de créer des symptômes soit aussi capable de guérir ces symptômes et ceux qui leur ressemblent. Ainsi pourrait-on traiter une piqûre de guêpe et toutes sortes de brûlures et gonflements avec du venin dilué. Cette théorie s'oppose formellement à la médecine conventionnelle (l'allopathie) qui élabore des médicaments destinés à contrer les effets de la maladie. L'allopathie repose sur des bases scientifiques et valide ses traitements par des études aux protocoles rigoureux. Elle reproche à l'homéopathie d'être une pseudoscience : à ce jour, cette discipline n'a pas fourni de preuve scientifique convaincante pour démontrer son efficacité, mais même la faculté ne peut pas lui nier un effet placebo. On estime qu'au moins 30 % de l'effet d'un traitement serait lié à cet effet, c'est-à-dire aux ressources que la personne souffrante mobilise en elle-même du fait qu'elle est persuadée que cela va aller mieux. Cet effet est d'autant plus fort que le malade est en confiance et écouté de son médecin, ce qui semble être souvent le cas avec les médecins homéopathes. Les granules ne présentant, en outre, aucun effet indésirable, on peut considérer l'homéopathie comme l'une des rares médecines vraiment douces, à condition de ne pas y avoir recours pour des maladies graves.

La médecine traditionnelle chinoise est-elle efficace ou seulement à la mode ?

« La médecine traditionnelle chinoise, vieille de 3 000 ans, est une médecine savante avec son anatomie, sa physiologie, ses principes actifs et ses effets indésirables », explique Philippe Sionneau, diplômé en Chine de médecine chinoise. Elle repose sur quatre grands principes : l'utilisation de plantes, la pratique de l'acupuncture, celle de massages thérapeutiques et une diététique spécifique. À cela s'ajoute la pratique du qi gong, gymnastique traditionnelle chinoise fondée sur la connaissance et la maîtrise de l'énergie. La médecine occidentale et la médecine chinoise diffèrent parce qu'elles sont nées de cultures différentes, qui ne considèrent pas de la même manière l'être humain, son corps, son esprit et sa place dans l'Univers. Ces médecines pensent et expriment leurs principes de façon différente. Mais l'une n'exclut pas l'autre. Elles peuvent coexister et être complémentaires, l'une apportant des solutions là où l'autre n'en a pas. C'est d'ailleurs ce qu'il se passe en Chine, où les médecins utilisent la chirurgie occidentale tout en ayant recours à des techniques traditionnelles, pour soulager des douleurs postopératoires par exemple.

L'acupuncture, l'utilisation des plantes, la diététique et les massages forment les quatre branches de la médecine traditionnelle chinoise.

SCIENCES

La biométrie : le marché florissant de la peur ?

Avec la biométrie, c'est notre corps qui devient clé, mot de passe, code secret. Depuis le 11 septembre 2001, cette technologie est considérée comme la panacée aux problèmes de sécurité, de l'état civil à l'immigration clandestine.

La biométrie, qu'est-ce exactement ?

La biométrie désigne l'ensemble des techniques fondées sur la reconnaissance automatique de particularités physiques, biologiques ou comportementales pour identifier une personne. Les caractéristiques collectées doivent respecter six critères : universalité, singularité, permanence, facilité d'acquisition, acceptabilité et résistance à la fraude. Ces données peuvent être conservées sur une puce électronique, un disque dur, dans une banque de données privée ou en réseau. Le plus souvent, les pays font leur choix technologique selon l'évolution des réglementations ou la dépendance aux brevets. Les États-Unis se démarquent dans le domaine de la reconnaissance de l'iris alors que la France, avec la société Sagem, est leader mondial de l'empreinte digitale à usage civil. De nombreuses questions sont posées aux industriels : comment rendre les équipements compatibles, comment établir des normes communes au niveau international ? D'où les essais à grande échelle menés dans le monde pour évaluer la rentabilité des systèmes, les usages et aussi la réaction du grand public. Pas si simple...

Science-fiction ou réalité ?

Reconnaissance de l'œil, de la main ou toute autre particularité physique : la biométrie n'est plus un gadget réservé à James Bond, mais une technologie qui commence à envahir notre quotidien ! Utilisée dans le monde entier, elle sert aussi bien à contrôler les flux de populations qu'à vérifier la santé ou l'identité des bénéficiaires des aides sociales. En Europe, par exemple, la police des frontières utilise les empreintes digitales depuis des années pour identifier les demandeurs d'asile et limiter les demandes. Dans de nombreux aéroports internationaux, c'est l'iris qui ouvre ou ferme l'accès aux zones protégées. Avec l'introduction des passeports biométriques, imposés par les États-Unis, la course aux innovations va être soutenue et le marché, exploser. Sans compter que la fraude identitaire est coûteuse : en 2003, le préjudice était évalué à 221,2 milliards de dollars au niveau mondial, dont 73,8 milliards pour les États-Unis et 2,5 pour le Canada (aucune estimation en France).

DE MULTIPLES FAÇONS DE DÉCLINER SON IDENTITÉ

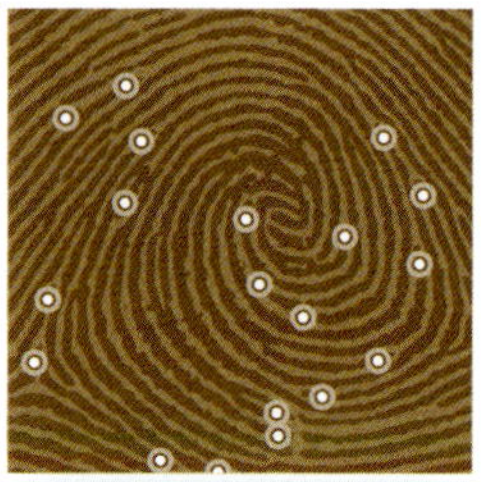

L'EMPREINTE DIGITALE
Étude des minuties, points situés à des changements de continuité du relief cutané.

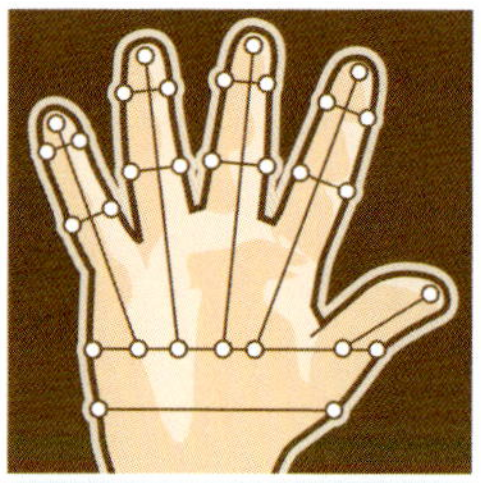

LA MAIN
Scan de la forme, de la longueur, de la largeur de la main et de la paume, de l'épaisseur des doigts....

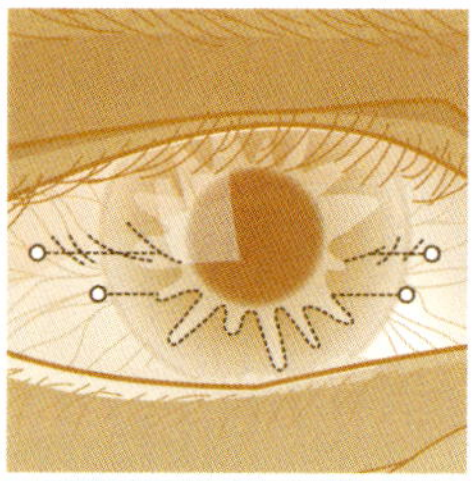

L'ŒIL
Scan de la rétine (dessin des vaisseaux sanguins) et de l'iris (sillons de contraction, anneaux...).

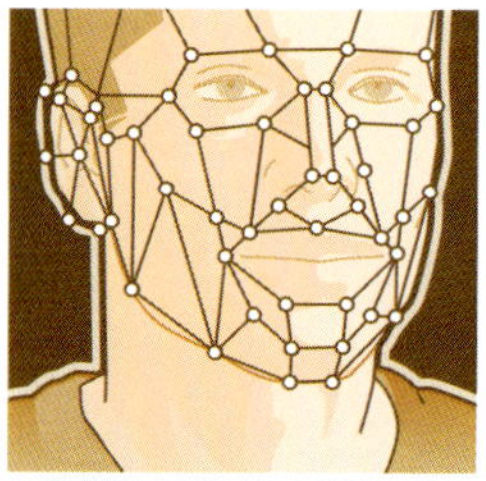

LE VISAGE
Étude du haut des joues, des coins de la bouche, de l'écartement des yeux, des traits supérieurs des orbites...

LA VOIX
Reconnaissance de la tonalité, du rythme, de l'intensité et de la fréquence de la voix.

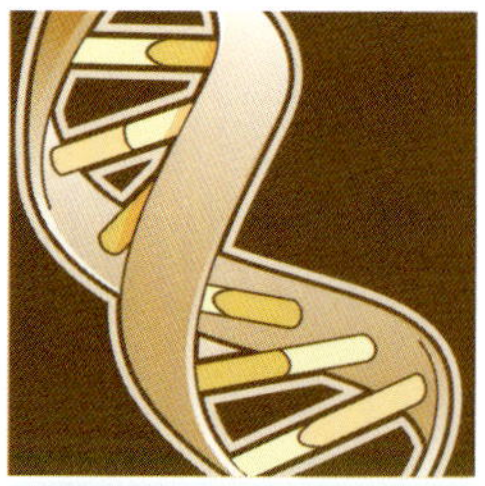

L'ADN
Analyse du code génétique contenu dans le sang, la salive, les cheveux, le sperme...

C'EST VRAI ?

GARDER UN ŒIL SUR LES ENFANTS PERDUS

Aux États-Unis, la reconnaissance de l'iris est devenue l'une des technologies utilisées pour localiser les enfants disparus, dont le nombre atteindrait 2 000 par jour selon la justice américaine ! Dans une base de données nationale, le projet Child garde donc les scans de l'iris d'enfants, dont la participation est volontaire.

La biométrie est-elle infaillible ?

La biométrie n'est jamais sûre à 100 %. En 2002, un mathématicien japonais, Tsutomu Matsumoto, a ainsi présenté des empreintes digitales falsifiées à partir de gélatine alimentaire : elles ont leurré 11 des 15 systèmes de reconnaissance biométrique testés ! S'inspirant de Matsumoto, deux hackers allemands, Lisa et Starburg, ont perfectionné avec succès la technique, en remplaçant la gélatine par du latex liquide. Pour contrer cette fraude, l'équipe du chercheur italien Davide Maltoni a récemment développé un détecteur d'odeur de doigt : si les doigts en silicone et en latex ont été aisément démasqués, le faux doigt en gélatine continue à tromper le capteur biométrique. S'authentifier par la biométrie ne serait-il qu'une question de doigté ? Limiter les possibilités de fraude mobilise en tout cas les recherches technologiques, qui tendent à associer plusieurs paramètres biométriques de diverses natures. Et demain, un souvenir d'enfance sera-t-il notre « clé » pour accéder à nos comptes bancaires ou ouvrir les portes ?

« *Big Brother is watching you* », une menace ?

Comment concilier sécurité et respect des libertés ? Si au Japon les abonnés de la nouvelle bibliothèque de Naka envisagent sereinement d'emprunter des livres grâce à leur empreinte veineuse, cette technologie est perçue en Europe comme une intrusion dans la vie privée. Pour réfléchir à ces questions éthiques, notamment celle de la protection des données individuelles, un projet européen, le Biometric Identification Technology Ethics (Bite), réunit chercheurs, industriels et ONG. En France, la Commission nationale de l'informatique et des libertés (Cnil) a son mot à dire avant l'installation d'un dispositif biométrique. Les établissements scolaires peuvent-ils y avoir recours pour contrôler l'accès à la cantine ? Affirmatif, a-t-elle tranché à plusieurs reprises. En janvier 2006, seuls deux dispositifs fondés sur la reconnaissance du contour de la main avaient été autorisés. Malgré cela, une école primaire aurait utilisé le système de reconnaissance par empreintes digitales pour contrôler l'accès à la cafétéria et débiter électroniquement le prix du repas…

Des vêtements intelligents ?

Souples et confortables et aussi antibactériens, thermorégulateurs ou antistress, les nouveaux textiles sont conçus pour nous faciliter la vie. S'ils ne sont pas vraiment intelligents, on les dit « communicants », voire thérapeutiques. Bouleverseront-ils nos habitudes vestimentaires ?

ÉCHARPE FILTRE
Pour échapper à la pollution des villes, ce tissu contient des microparticules de carbone actif qui filtrent les poussières et les particules électrostatiques.

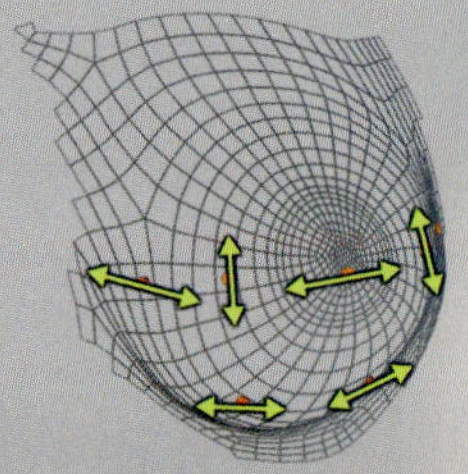

SOUTIEN-GORGE ADAPTATIF
Le tissu de ce soutien-gorge contient des microcapteurs de mouvements. Lors de la pratique d'un sport, ils envoient des signaux électriques aux fibres des bretelles et des bonnets. Celles-ci se rétractent et deviennent plus fermes pour mieux soutenir la poitrine.

SAC COMMUNICANT
L'écran souple en fibre de verre intégré à ce sac affiche vos mèls (ou « courriels ») et permet de surfer sur Internet.

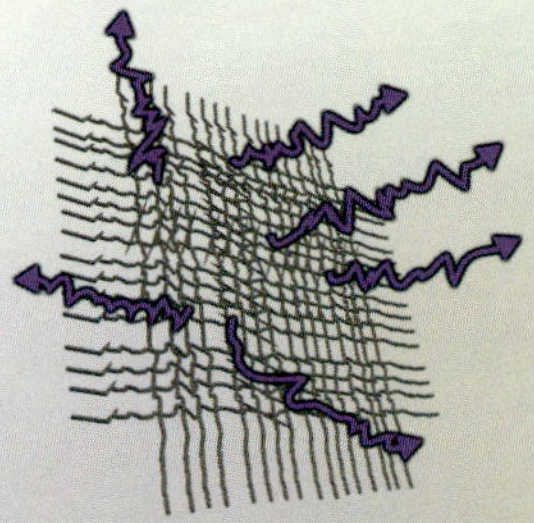

VESTE ANTISTRESS
Les fibres antistress qui composent cette veste évitent l'accumulation d'électricité statique dans l'environnement immédiat d'une personne, cause principale du stress.

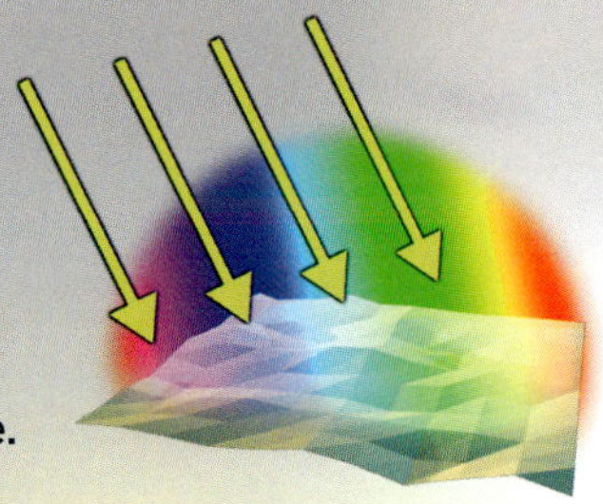

ROBE CAMÉLÉON
Pour changer de style sans changer de tenue, son tissu contient des photochromes, qui changent de couleur sous l'influence de la lumière. En cas de grand soleil, elle devient blanche, une couleur qui réfléchit les ultraviolets (UV) et les empêche d'atteindre la peau.

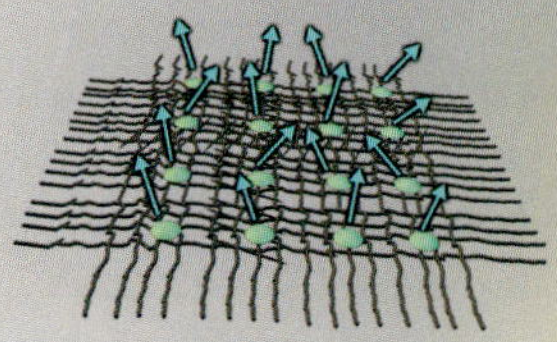

COLLANT COSMÉTIQUE
À chaque collant sa spécialité. Grâce aux microcapsules qui libèrent un principe actif, les nouveaux collants deviennent hydratants, amincissants, parfumés et bientôt dépilatoires, autobronzants, voire anticellulite.

BONNET EN FIBRE DE BAMBOU
Les fibres écologiques ont la cote. Le bambou, dont la culture respecte l'environnement, donne un tissu très doux. Les industriels du textile proposent aussi des vêtements en fibres à base de maïs ou de soja, et non plus issues de dérivés du pétrole.

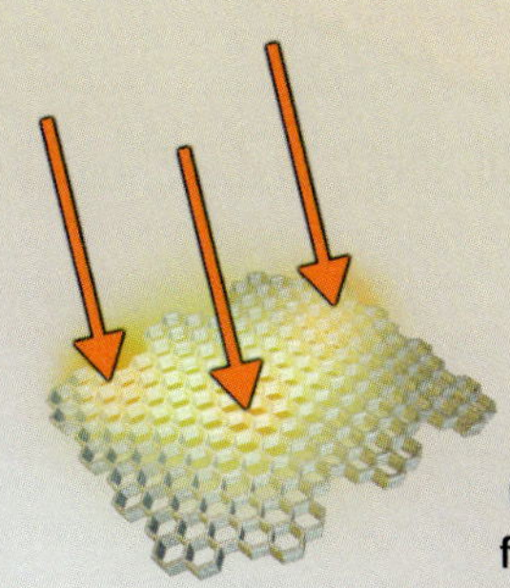

VESTE ANTIFEU
Conçue en Nomex, une fibre qui résiste jusqu'à 1 100 °C, cette veste équipe déjà les pompiers.

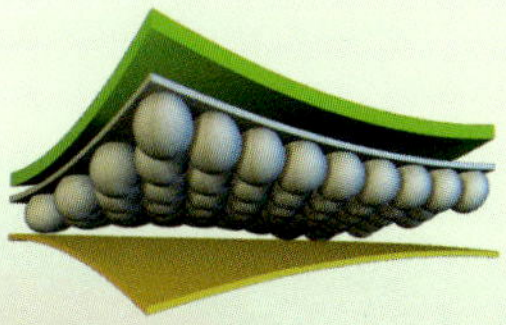

TEE-SHIRT THERMORÉGULATEUR
Pour conserver une température stable en toutes circonstances, il est conçu avec de l'Outlast. Ce tissu, créé à partir de recherches de la Nasa, contient une cire qui absorbe ou rejette la chaleur selon les variations de la température du corps.

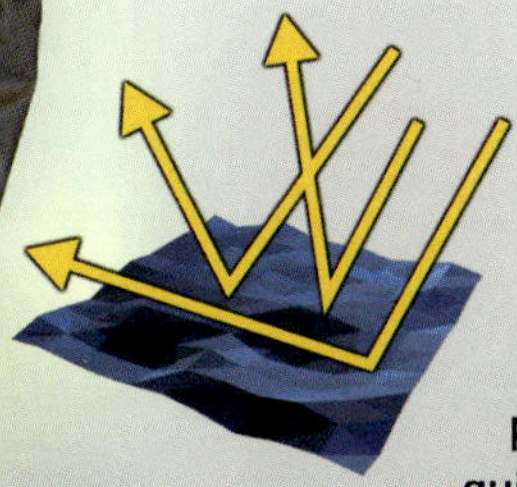

CHEMISE ANTI-UV
Son tissu, contient de l'oxyde de titane ou des particules de céramique qui bloquent les rayons UV solaires et protègent ainsi des cancers de la peau.

PANTALON ANTITACHE
Après le Teflon et le Scotchgard qui imperméabilisaient les tissus, voici les tissus autonettoyants inspirés de la structure des feuilles de lotus. Des microrugosités disséminées sur la surface empêchent les salissures d'adhérer au tissu. Elles s'éliminent alors facilement avec un peu d'eau.

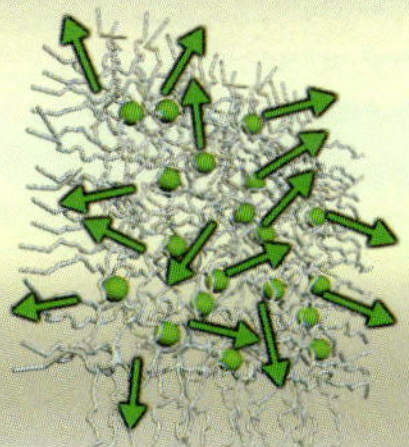

CHAUSSETTES ANTIBACTÉRIENNES
Finies les mauvaises odeurs ! Les bactéries, qui en sont à l'origine, sont éliminées par de l'oxygène actif diffusé par des microcapsules réparties dans les fibres du tissu.

et demain?

LES « TEXTICAMENTS »

La technique des microcapsules consiste à fixer, sur les fibres du tissu, de minuscules capsules contenant un produit actif. Elles s'ouvrent et diffusent leur contenu sous l'effet des frottements sur la peau. On envisage de les remplir de médicaments qui auraient une action curative, voire préventive, sur certaines maladies.

insolite

LE PYJAMA MAMAGOOSE

Ce pyjama conçu pour les tout-petits contrôle le rythme cardiaque des bébés dans leur sommeil et avertit en cas d'arrêt respiratoire. Souple et doux, il remplace avantageusement le système de capteurs placés sur les nourrissons pour prévenir les risques de mort subite (première cause de décès des enfants entre 1 mois et 1 an).

Le clonage : technique d'élevage

Le clonage animal est aujourd'hui une technique relativement bien maîtrisée, tandis que le clonage humain, porteur de grands espoirs thérapeutiques, fait peur. Quels sont l'intérêt et les dangers de telles manipulations génétiques ?

Copier des êtres vivants ?

Le clonage est l'obtention d'un être vivant génétiquement identique à un autre. Dans la nature, le clonage n'est rien de plus qu'un mode de reproduction parmi d'autres. Il est utilisé par de nombreux végétaux et animaux. Les fraisiers, par exemple, produisent des tiges dont le bourgeon terminal s'enracine et reproduit ainsi une plante identique à la plante mère. Les hydres (petits polypes d'eau douce), coupées en deux, donnent deux individus génétiquement identiques. L'homme maîtrise depuis longtemps le clonage végétal, tous les jardiniers le pratiquent, mais les essais de clonage animal sont longtemps restés sans succès.
Ce n'est qu'en 1996, avec la naissance de Dolly, la première brebis clonée, que cette technique est devenue réalité. Depuis, de nombreux animaux ont été clonés : singes, souris, vaches, cochons, chats, rats, chevaux...
Les clones restent cependant des animaux fragiles qui vieillissent vite et meurent jeunes, contrairement aux animaux obtenus par reproduction naturelle.

Le clonage animal, avenir de l'élevage ?

L'un des justificatifs du clonage animal est la sauvegarde des espèces menacées. Mais, pour l'instant, seule une espèce de bœuf sauvage en voie d'extinction a été clonée en 2001. Peu de recherches sont réalisées en ce sens : on hésite à donner naissance à des animaux condamnés à vivre en zoo, leurs milieux naturels ayant été détruits. Le clonage aujourd'hui s'apparente plutôt à une nouvelle technique d'élevage visant à fabriquer la viande ou le lait de demain : il y est question de « copier » les animaux les plus productifs ou ceux dont la chair est la plus appréciée. Il n'existe pas encore d'études observant l'influence sur notre santé de produits alimentaires issus d'animaux clonés. Il est question d'autoriser prochainement aux États-Unis la consommation de viande et de lait issus de ces clones. Ce serait une grande première dans le monde. Les consommateurs américains n'auraient alors pas la possibilité d'éviter ces produits, car aucun étiquetage particulier n'est prévu.

LE CLONAGE ANIMAL EN QUELQUES DATES-CLÉS

1952. Les Américains Robert Briggs et Thomas King réussissent pour la première fois à implanter le noyau d'un embryon de grenouille dans un ovule de la même espèce. Le but n'est pas de cloner, mais d'étudier les propriétés des cellules.

1963. L'embryologiste chinois Tong Dizhou est le premier à cloner un animal, une carpe.

1996 DOLLY
La brebis Dolly est le premier mammifère à avoir été créé à partir d'une cellule adulte. Cette première historique a été réalisée par une équipe de chercheurs écossais au Roslin Institute, à Édimbourg.

1997 NETTI ET DITTO
Les deux singes rhésus Netti et Ditto ont été créés par des scientifiques de l'Oregon (États-Unis). Une expérience qui permettrait, selon eux, de cloner d'autres primates, dont l'être humain.

ou rêve thérapeutique ?

Des clones humains pour nous soigner ?

Maintenant que le clonage animal est une technique couramment employée, il est possible de cloner des êtres humains. Pourtant, le clonage humain n'est pas sans poser des problèmes philosophiques, éthiques et moraux. Il nécessite une législation spécifique qui est encore l'objet d'âpres discussions dans de nombreux pays. L'expression « clonage humain » recouvre deux approches : le clonage reproductif, qui donnerait naissance à des enfants génétiquement semblables à un être humain existant, et le clonage thérapeutique, qui consiste à cloner des cellules humaines pour soigner la personne sur laquelle la cellule initiale a été prélevée. Plus besoin d'attendre un donneur compatible pour une greffe. Chaque patient deviendrait ainsi son propre donneur. C'est la technique des cellules souches. Elle permettra, dans un avenir proche, de fabriquer des organes de remplacement. Génétiquement identiques à ceux de la personne sur laquelle ils seront greffés, ces organes ne seront pas soumis au phénomène de rejet. Actuellement, les cellules souches sont prélevées sur des embryons humains, mais les chercheurs espèrent pouvoir bientôt utiliser des cellules adultes comme celles de la peau.

La loi nous protège-t-elle du clonage ?

À part certaines sectes en quête d'immortalité, peu de personnes approuvent le clonage reproductif. Sur la scène internationale, la majorité des pays sont favorables à son interdiction, bien que certains aimeraient autoriser le clonage thérapeutique dans le cadre de recherches médicales.
Le 8 mars 2005, l'assemblée générale des Nations unies a décidé d'interdire toute forme de clonage. Cette Déclaration sur le clonage des êtres humains a été adoptée avec 84 voix pour, 34 voix contre et 37 abstentions, mais elle n'a aucune valeur contraignante. Parmi les pays qui ont refusé l'interdiction totale du clonage, on trouve la France, le Royaume-Uni, la Norvège, l'Inde, le Japon, le Canada et la Chine. Dans ces pays, les chercheurs estiment que le travail sur des cellules humaines clonées est indispensable au progrès médical.

VRAI OU FAUX ?

LES CLONES SONT IDENTIQUES

FAUX. L'individu cloné garde une identité génétique propre, comme c'est le cas chez les vrais jumeaux. C'est comme à la loterie, ils peuvent ou non se ressembler ! Par exemple, le premier chat cloné, Carbon Copy, n'est pas la copie conforme du donneur, dont il diffère notamment par la couleur de son pelage.

INSOLITE

LE CLONAGE HUMAIN EST UNE RÉALITÉ

En mai 2005, les équipes des professeurs Alison Murdoch et Miodrag Stojkovic, installées à Newcastle (Royaume-Uni), ont cloné un embryon humain. Cet embryon s'est développé pendant quelques jours, mais pas assez longtemps pour qu'on puisse en extraire des cellules souches. Cependant, la technique fonctionne : l'obtention de cellules souches humaines n'est plus qu'une question de temps.

1997 CUMULINA

Clonage de la souris Cumulina.

1998 MARGUERITE

Premier bovin cloné par des chercheurs de l'Institut national français de la recherche agronomique (Inra).

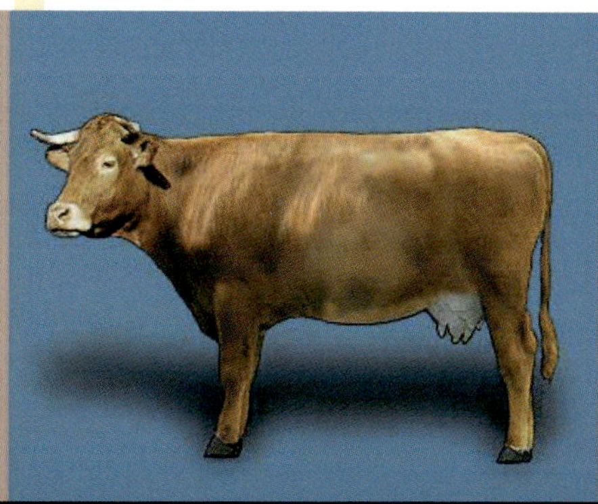

2000 MILLIE...

Millie, Christa, Alexis, Carrel et Dotcom sont cinq porcs clonés par la société de biotechnologies PPL Therapeutics.

2001 NOAH

La société américaine Advanced Cell Technology annonce la naissance du gaur Noah, premier animal en voie d'extinction à avoir été cloné.

La nature, une école pour les ingénieurs de demain ?

Animaux et plantes ont naturellement trouvé des solutions étonnantes et efficaces à de nombreux problèmes auxquels sont confrontés les ingénieurs. Les plus grandes inventions seraient-elles inspirées de la nature ?

Imiter pour mieux inventer ?

L'homme n'a presque rien inventé, beaucoup de nos systèmes techniques sont des imitations de ce qui existe dans la nature. On appelle bionique (contraction de « biologie » et de « technique ») cette science qui consiste à copier le vivant et à reproduire artificiellement ses propriétés. Elle est née d'une longue tradition d'observation de la nature. Déjà, en 1505, Léonard de Vinci étudiait le vol des oiseaux pour dessiner ses machines volantes.
Cette science se développe, en réalité, vers 1950 avec le premier produit grand public issu de la bionique : le Velcro, abréviation de velours-crochet. Ce système, inventé par George de Maestral, est directement inspiré d'une petite plante, la bardane, dont les fruits, munis de minuscules crochets, s'agrippaient au pelage de son chien !

Des tissus copiant (ou imitant) la peau des êtres vivants ?

Symbole de pureté en Inde, la fleur de lotus possède un formidable système autonettoyant : les gouttes d'eau restent sous forme de perles à la surface des feuilles et roulent en emportant la poussière. Il a fallu plusieurs années pour comprendre leur structure. Aujourd'hui, ce mécanisme a trouvé des applications dans des produits comme les peintures pour façades – qui ne s'encrassent plus –, ou les verres de fenêtre autonettoyants. La peau des animaux marins est aussi source d'inspiration. Les requins, à la nage rapide, ont longtemps fasciné les ingénieurs qui ont copié la rugosité de leur peau pour créer des revêtements favorisant la pénétration dans l'eau et dans l'air. Les ailes des Airbus les plus récents sont maintenant recouvertes de ce tissu. Quant à l'étude de la peau, lisse, des dauphins, elle a permis la conception de combinaisons de natation pour sportifs de haut niveau.

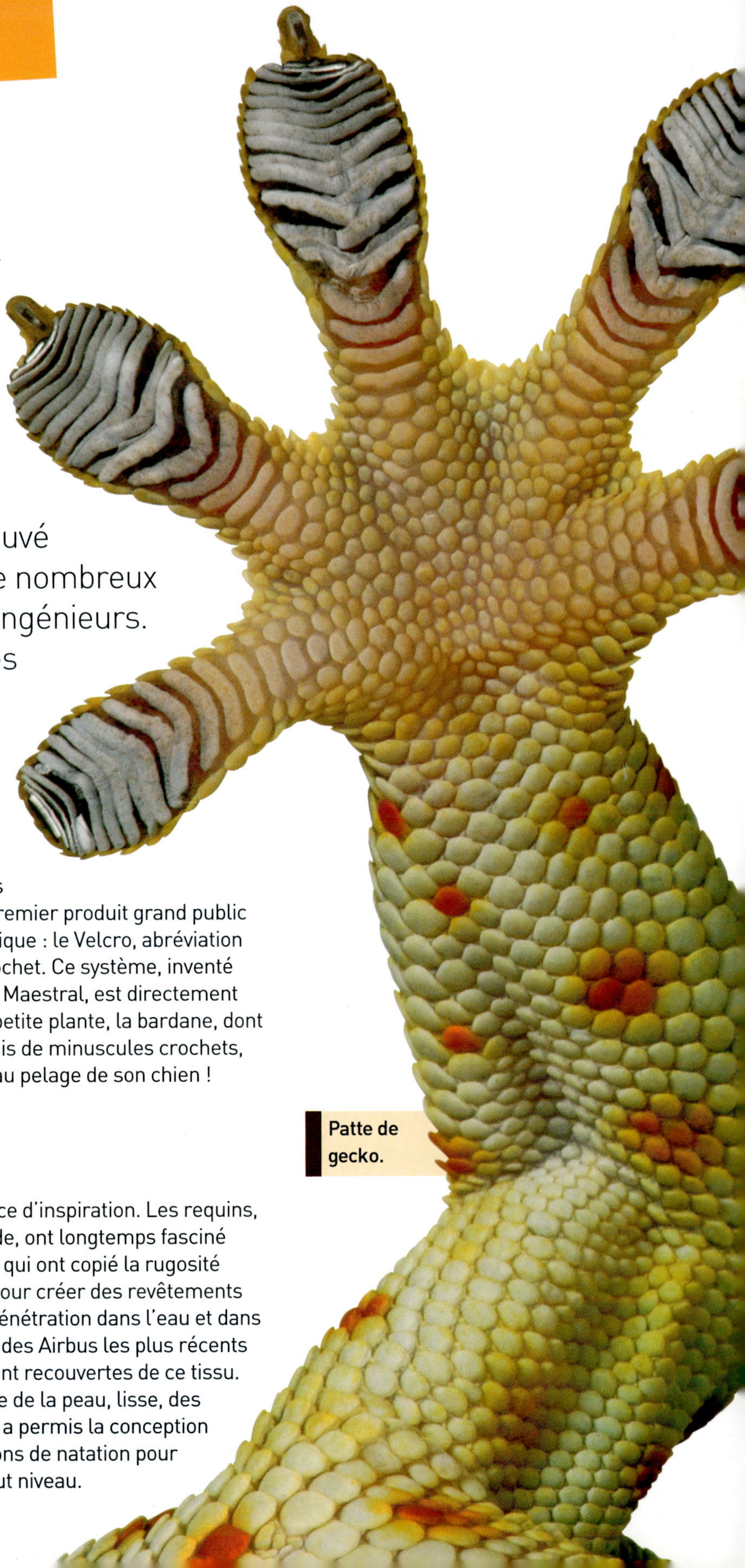

Patte de gecko.

et demain?

LES NOUVEAUX ADHÉSIFS SERONT INSPIRÉS DES PATTES DU GECKO

Le gecko est un petit lézard qui peut rester accroché au plafond avec une seule patte. Il y parvient grâce à une multitude de poils extrêmement fins qui forment des millions de points d'adhérence. Ces liaisons se défont facilement, de la même façon que l'on retire une bande Velcro. Les scientifiques travaillent maintenant sur la mise au point de surfaces artificielles à forte capacité d'adhésion sans colle ni pression.

LE SAVIEZ-VOUS ?

Des moules dans la vaisselle

Beaucoup de chercheurs s'intéressent à la moule car c'est une surprenante artiste de l'adhérence sous-marine. Pour s'accrocher à un rocher, elle ouvre sa coquille, sort son pied qui forme une ventouse, puis injecte des gouttelettes adhésives. Aussitôt se forme une mousse d'un adhésif sous-marin puissant auquel la moule se fixe grâce à des fils élastiques appelés byssus. La voilà parée pour faire face aux mouvements de la mer ! Ces propriétés adhésives intéressent les industriels à la recherche de colles pour la porcelaine : elles permettraient de rendre la vaisselle parfaitement résistante aux chocs.

Des charpentes qui ressemblent à des squelettes ?

Les structures solides et légères du corps des animaux sont une source inépuisable d'idées pour les architectes. Les ponts, par exemple, sont depuis longtemps imités de l'ossature des oiseaux. Mais c'est surtout la construction de bâtiments de grande hauteur que la bionique inspire. Notre célèbre tour Eiffel en est un bon exemple. Le calcul de la répartition de ses charges doit beaucoup aux recherches de l'époque sur l'architecture du squelette humain.

La tour Swiss Re, à Londres.

Ces études donnèrent aussi naissance à de nombreuses structures métalliques légères (ponts, grues…). Aujourd'hui, la nature inspire toujours les projets architecturaux les plus fous, comme les tours jumelles de Canton en forme d'ADN, les plus hautes du monde, ou la Bionic Tower de Shanghai dont l'architecture torsadée évoque une plante tropicale. Proposée par deux architectes espagnols aux autorités de la ville chinoise, elle mesurera 1 228 m de haut et comptera 300 étages pouvant accueillir près de 100 000 personnes ! Sa construction devrait s'achever entre 2015 et 2020.

S'inspirer de la nature pour économiser l'énergie ?

La nature atteint toujours ses objectifs de la façon la plus économique et la moins coûteuse en énergie. Elle veille à conserver ses ressources et à recycler ses déchets. Un exemple de développement durable qui serait à suivre… C'est ce qu'a imaginé l'architecte Norman Foster en 2005 pour la construction de la spectaculaire tour Swiss Re, à Londres. Surnommée « le cornichon » par les Britanniques, elle est, en fait, inspirée d'une éponge marine, *Euplectella*. À l'intérieur de la tour, l'air et la lumière circulent comme l'eau passe à travers l'éponge. Grâce à ce système, le bâtiment consomme 50 % d'énergie de moins qu'un immeuble traditionnel de taille comparable. Autre exemple de construction écologique, au Zimbabwe : l'immeuble Eastgate. Construit sur le modèle d'une termitière, avec un système de galeries qui font circuler l'air, il est naturellement frais et ne nécessite aucune climatisation. Résultat : une réduction de la consommation d'énergie de 90 % et une baisse des loyers de 20 %.

Se nourrir différemment pour vivre mieux ?

« Nous sommes ce que nous mangeons », dit-on. Notre alimentation, de plus en plus industrielle, serait dangereuse pour la santé, et nos modes de production, destructeurs pour l'environnement. Alors, que faire pour se nourrir sainement en respectant la planète ?

Notre alimentation est-elle risquée ?

Il suffit de lire la liste des ingrédients d'un produit alimentaire pour réaliser que notre alimentation contient de plus en plus de substances allégées, travaillées, modifiées, liquéfiées... Les conservateurs, antioxydants, colorants, édulcorants et additifs sont présents dans la plupart des produits que nous achetons. Or certains scientifiques leur reprochent d'être cancérigènes ou de provoquer des allergies. Les produits cuisinés contiennent en outre de grandes quantités de sucre et de sel qui les rendent plus agréables au palais, mais induisent des problèmes de santé et d'obésité. Quant aux organismes génétiquement modifiés (OGM), malgré une forte opposition européenne motivée par leurs possibles effets sur notre santé, ils sont déjà dans nos assiettes. Dès qu'un produit contient plus de 0,9 % d'OGM, cela doit être signalé sur l'étiquette. C'est par exemple le cas d'huiles de colza, de préparations pour cookies, de sauces de salade ou barbecue...

Manger bio pour préserver la planète ?

Les aliments biologiques sont de plus en plus consommés. Il s'agit de végétaux cultivés sans engrais ni pesticides et d'animaux élevés sans utilisation d'antibiotiques, d'hormones ou de nourriture OGM. Ils ne contiennent aucun résidu de produits chimiques nuisibles à la santé. On trouve ainsi aujourd'hui facilement des légumes, du pain ou des produits laitiers bio, mais aussi des plats cuisinés avec des éléments bio. Ces produits sont plus chers (environ 30 % de plus qu'un produit non bio) parce qu'ils demandent plus de soins et donc une main-d'œuvre plus importante. Si certains consommateurs acceptent de payer ce surcoût, c'est pour protéger à la fois leur santé et l'environnement. L'agriculture biologique est en effet respectueuse de la nature. Elle évite les pollutions des eaux par les pesticides, favorise la biodiversité et augmente la richesse locale en créant des emplois. Selon une étude américaine publiée en juillet 2005 dans la revue scientifique *BioScience*, l'agriculture biologique consomme 30 % d'énergie en moins, moins d'eau et pas de pesticides pour des rendements équivalents à ceux de l'agriculture intensive. Son adoption est pourtant toujours rejetée par les filières économiques qui vivent des produits consommés par l'agriculture intensive (engrais, semences, matériel...).

Avec un régime à base de végétaux, la terre pourrait assurer la subsistance de la population mondiale.

Au croisement de la nutrition et de la santé, les alicaments ont envahi les rayons des supermarchés ces dernières années.

Serons-nous tous bientôt végétariens ?

Il y aura 9 milliards de personnes sur notre planète en 2050 : il faudra bien nourrir tout le monde malgré une surface agricole qui se réduit avec l'urbanisation galopante. Or produire de la viande demande beaucoup plus d'espace que produire la même quantité de nourriture végétale. Par ailleurs, les élevages consomment davantage d'eau et d'énergie, ressources qui se raréfient aujourd'hui. En revanche, avec un régime à base de végétaux, la terre pourrait assurer la subsistance de la population mondiale, ce qui serait impossible avec un régime à base de viande. Enfin, les élevages sont plus polluants que les cultures : les ruminants rejettent du méthane dans l'atmosphère, un gaz à effet de serre. Ce phénomène est important puisqu'il représente 16 % des émissions totales de ce gaz. Manger moins de viande permettrait non seulement de se nourrir sainement, mais aussi de lutter contre le réchauffement de la planète ! Manger végétarien n'entraîne aucune carence physiologique, à condition de respecter certaines règles dans l'association des aliments.

Les alicaments sont-ils de purs arguments de vente ?

Nous en consommons déjà sans vraiment le savoir : yaourts au bifidus actif, jus de fruits multivitaminés, céréales aux fibres, œufs aux oméga 3… Mi-aliments, mi-médicaments, les alicaments sont des aliments enrichis en **nutriments*** bons pour la santé. Certains rétabliraient le transit intestinal, d'autres favoriseraient la croissance osseuse… À chaque fonction de l'organisme correspond un alicament, censé l'améliorer ou la restaurer. Mais pour les nutritionnistes, les bénéfices restent encore à prouver. L'assimilation de ces diverses substances ne dépend pas seulement de la dose journalière, mais aussi de leurs interactions avec d'autres éléments ou de l'état de santé général de la personne. Dans la communauté scientifique, certains soulignent que manger des alicaments sans surveiller son alimentation est surtout un moyen de se donner bonne conscience ! Pour ses défenseurs, c'est au contraire un moyen d'équilibrer une alimentation mise à mal par notre mode de vie.

glossaire

NUTRIMENTS :
Composants élémentaires contenus dans les aliments. Ce sont les glucides, les lipides, les protéines, les vitamines et les sels minéraux.

INSOLITE

DU NOUVEAU DANS LA CUISINE !

Des vinaigres à vaporiser, des huiles en bombe ou de l'huile d'olive solide à tartiner, des yaourts contenant fruits et légumes, des boissons naturelles couvrant 50 % des besoins quotidiens en végétaux, du saucisson à base de matière grasse végétale, donc plus digeste… À la fois faciles à utiliser et bons pour la santé, ces nouveaux venus de l'industrie agroalimentaire séduisent nombre de consommateurs.

Où en est **la conquête de l'espace ?**

Certes, l'homme a marché sur la Lune en 1969 mais, presque quarante ans plus tard, bien peu d'astronautes sont finalement partis dans l'espace. Après des années de missions automatisées, les États-Unis et d'autres grandes puissances annoncent de nouveaux projets de colonisation spatiale. Que pouvons-nous en attendre ?

Pourquoi veulent-ils tous aller sur la Lune ?

Si on reparle aujourd'hui de missions habitées sur la Lune, ce n'est plus pour étudier notre satellite mais pour en faire une étape lors d'un voyage vers Mars. L'idée d'une base lunaire permanente qui préparerait les futures missions martiennes a été lancée, en 2004, par les Américains, dans un projet de colonisation de l'espace appelé Project Constellation. Mais ils ne sont pas les seuls à lorgner la Lune : Russes, Indiens, Japonais et Chinois ont annoncé leurs propres missions habitées. Il s'agit surtout d'être présents dans le cas où les ressources naturelles lunaires, comme certains minerais et gaz, deviendraient commercialement exploitables. Ainsi la Chine déclare clairement vouloir explorer la Lune pour ses ressources minières. Il existe aussi d'autres motifs à cet intérêt : envoyer des hommes sur la Lune, c'est être reconnu comme une grande puissance, un statut que beaucoup de pays cherchent à obtenir.

Atterrissage réussi pour la navette *SpaceShipOne*, capable de voler à une altitude de 100 km, soit dix fois plus haut qu'un avion de ligne. Richard Branson, propriétaire du groupe Virgin, s'est associé avec le concepteur de la navette pour créer Virgin Galactic, la première compagnie de transport spatial. Prix du billet pour un vol de dix minutes : 169 000 euros.

La station spatiale est-elle encore d'actualité ?

Depuis novembre 2000, des équipages d'astronautes rejoignent la station spatiale internationale (ISS - International Space Station). Positionnée en orbite à près de 400 km de la Terre, elle est maintenant habitée de façon permanente. Un succès mitigé pour ce laboratoire scientifique unique, en apesanteur, imaginé dans les années 1980, mais dont seuls quelques éléments ont été montés. Les retards se sont accumulés et la construction a été interrompue, en 2003, par l'accident de la navette *Columbia* qui a causé la mort de sept astronautes. La navette est le seul véhicule spatial dont la soute permet de transporter les différents modules de la station, à assembler dans l'espace. Les vols de navette ont repris en 2005, mais les ambitions de la station ont été réduites, elle sera plus petite. Il faut dire que le projet coûte cher, très cher : plus de 100 milliards de dollars. Son avenir est encore incertain. Il dépend des choix politiques des grandes puissances spatiales, principalement des États-Unis.

Irons-nous tous dans l'espace ?

Réservez vos billets, le tourisme spatial est une réalité ! Les prix sont déjà fixés : 20 millions de dollars pour un séjour dans

Le *Jules Verne* en mission de ravitaillement de vivres, carburant et matériel pour l'ISS. Un vol sans retour pour chaque cargo qui se désagrège en redescendant ensuite dans l'atmosphère.

l'ISS. Quatre personnes ont déjà séjourné dans l'espace entre 2001 et 2006. Plus onéreux, l'aller-retour vers la Lune, entre 100 et 120 millions de dollars, est prévu pour 2011. Si ces voyages sont encore réservés à quelques privilégiés, le tourisme de masse se développe sous la pression d'investisseurs privés. Déjà, au-dessus de nos têtes tourne un prototype d'hôtel orbital, une structure gonflable issue d'un programme abandonné de la Nasa et financée par un magnat américain de l'hôtellerie. Les premiers clients sont annoncés pour 2025. En attendant, on teste les vols suborbitaux qui permettent aux passagers de franchir la frontière de l'espace (100 km d'altitude) et d'être considérés comme « astronautes ». Un vaisseau expérimental américain, le *SpaceShipOne*, a atteint cette altitude en 2004, et on construit, sur tous les continents, les spatiodromes d'où ces engins décolleront à l'horizon 2010.

et demain?

LE RAVITAILLEMENT AUTOMATIQUE EN ORBITE

Plus besoin d'intervention humaine pour ravitailler l'ISS, c'est le rôle du *Jules Verne*, le cargo spatial européen. Cet Automated Transfert Vehicle (ATV) doit livrer des vivres, du carburant et du matériel puis corriger la trajectoire de l'ISS avant de revenir brûler dans l'atmosphère. Pour chaque mission, il est prévu de construire un nouveau cargo.

INSOLITE

UN ASCENSEUR POUR L'ESPACE

L'ascenseur entre la Terre et une station spatiale sera peut-être une réalité dans quinze ans. Son câble, long de 100 000 km, conçu en nanotubes de carbone 100 fois plus résistants que l'acier, permettrait d'acheminer plusieurs tonnes de marchandises chaque jour. Pour pallier sa vulnérabilité aux météorites, la Nasa organise jusqu'en 2010 le Tether Challenge, un concours de conception de câble avec 50 000 dollars de récompense en cas d'amélioration significative par rapport au câble de l'année précédente.

VRAI OU FAUX ?

L'ESPACE EST LA POUBELLE DE LA TERRE.

VRAI. Les astronomes s'en inquiètent de plus en plus : la banlieue de la Terre est encombrée de nombreux débris issus de nos expériences spatiales, qui menacent de collision nos futurs engins. On y trouve des satellites en fonctionnement ou hors d'usage, des étages ou des capots de lanceur, des minidébris issus du vieillissement des engins... On compte ainsi 10 000 objets d'une taille supérieure à 10 cm et 35 millions de moins de 1 cm. À l'heure actuelle, il n'existe pas de solution technique pour les détruire, seuls ceux qui retombent sur Terre sont brûlés lors de l'entrée dans l'atmosphère. C'est ce qui arrive aussi aux objets les plus proches attirés, petit à petit, vers notre planète. Ceux qui sont à plus de 1 000 km d'altitude peuvent y rester pendant des millénaires. On cherche alors à les limiter en prévoyant de ramener vers la Terre les satellites en fin de vie.

À quoi servent

La Terre est une planète sous surveillance. Plusieurs centaines de satellites la survolent en permanence. Ils sont utilisés pour communiquer, prévoir les séismes ou la météo, connaître les ressources en eau, mesurer la pollution ou encore espionner amis et/ou ennemis. Petite revue de détail.

A

SATELLITES DE POSITIONNEMENT OU DE NAVIGATION

(type *Navstar*)

Ils permettent de calculer les coordonnées d'un objet, c'est-à-dire sa position exacte par rapport à la Terre. Ils sont capables de savoir exactement où se trouve un objet, n'importe où à la surface de notre planète, même en pleine mer ou au cœur d'un désert. On les utilise aussi pour connaître la position des avions et des missiles dans les airs ou celle des navettes et des fusées dans l'espace. Ce sont pour la plupart des satellites militaires. Leur plus grand succès est le système de navigation GPS, dont on ignore souvent qu'il a été créé par les militaires et est toujours contrôlé par eux.

B

SATELLITES DE TÉLÉCOMMUNICATION

(type flotte *Eutelsat*)

Ils transmettent les communications qui passent par des ondes radio et nécessitent un relais dans l'espace. Ils sont utilisés pour la radio, le téléphone, Internet et, bien sûr, la télévision. Ainsi les chaînes Canal+ et TPS sont diffusées par satellite.

SATELLITES MÉTÉO

(types *Météosat*, *NOAA*)

Ils étudient les masses d'air, les températures et les différents paramètres de la météorologie. Les données collectées servent pour établir des prévisions de temps ou pour suivre en temps réel l'évolution des cyclones, ouragans, inondations ou éruptions.

les satellites ?

C

SATELLITES DE TÉLÉDÉTECTION

Ce sont des outils d'observation de la Terre. Ils examinent ses terres émergées, ses océans et son atmosphère, dans diverses longueurs d'ondes, grâce à des radars et à des appareils optiques. Ils fournissent des images et des cartes à différentes échelles, de l'ensemble du globe comme de secteurs très localisés. Les satellites de télédétection comprennent :

SATELLITES D'OBSERVATION

(type *Spot*)

Ils surveillent la planète au jour le jour. On les utilise pour mesurer l'évolution du manteau neigeux, les avancées de la sécheresse, l'état des ressources naturelles, l'étendue des cultures, l'état des stocks de poisson ou la dérive des icebergs.

SATELLITES SCIENTIFIQUES

(types *Topex-Poseidon, Envisat*)

Ils mesurent inlassablement les variations de l'équilibre terrestre, de la composition de l'atmosphère à la hauteur des vagues. Grâce à eux, on peut chiffrer le réchauffement planétaire, mesurer la dérive des continents, s'intéresser à la respiration des volcans ou suivre l'évolution du trou dans la couche d'ozone.

SATELLITES MILITAIRES

(type satellite espion *Keyhole* ou *Trumpet*)

Ils sont aujourd'hui l'une des meilleures sources de renseignement des États, précieux en temps de guerre. Très précis, ils permettent d'intercepter des communications ou de surveiller mouvements de troupes, transports secrets et sites sensibles.

FOCUS

DES SATELLITES POUR CONTRÔLER LA VITESSE AUTOMOBILE

Finis les radars sur les routes, chaque voiture sera bientôt suivie par un satellite qui contrôlera sa vitesse en continu. Le principe est simple : un GPS et une base de données des limitations de vitesse sont installés dans le véhicule. Dans l'espace, le satellite est doté d'un limiteur qui neutralise la pédale d'accélération en cas de dépassement. Ce système, actuellement testé par des conducteurs volontaires, deviendra-t-il obligatoire dans l'avenir ?

Y a-t-il de **la vie su**

Les astronomes le certifient : c'est sur Mars, notre plus proche voisine, que l'existence d'une forme de vie extraterrestre est la plus probable. Une découverte qui pourrait peut-être un jour faire voler en éclats le statut de la Terre comme unique planète habitable de l'Univers.

PORTRAIT DE MARS

ASPECT : Petite planète rocheuse.
COULEUR : Rouge.
TAILLE : Moitié de la Terre.
ATMOSPHÈRE : Peu épaisse et composée principalement de CO_2.
PRESSION ATMOSPHÉRIQUE : 100 fois plus faible que sur Terre.
CLIMAT : Froid.
MOYENNE DES TEMPÉRATURES : - 60 °C.
MINIMA : - 140 °C.
VENTS : Forts (200 km/h) et tempêtes fréquentes.
PÉRIODE DE RÉVOLUTION : 686,98 jours terrestres.

La vie est-elle née sur Mars ?

C'est l'existence d'eau qui a permis l'apparition de la vie sur la Terre. C'est pour cette raison que les scientifiques recherchent inlassablement des traces d'eau sur d'autres planètes que la nôtre. Or, aujourd'hui, le doute n'est plus permis : il y a bien de l'eau sur Mars. Non seulement de l'eau congelée recouvre ses pôles sous la forme d'une épaisse calotte de glace, mais il existe des indices d'une présence, par le passé, d'eau liquide à sa surface. Des traces de rivières asséchées ou des argiles qui se forment au fond des lacs ont ainsi été découvertes par les différentes missions spatiales. Cette eau a-t-elle permis l'apparition de la vie, à une époque lointaine pendant laquelle il faisait chaud et humide sur Mars ? Non seulement c'est possible, mais des formes de vie pourraient même avoir survécu aux changements de climat qui ont rendu Mars inhabitable aujourd'hui. Il s'agirait de bactéries qui pourraient s'être réfugiées dans des nappes d'eau souterraines à grande profondeur. Ce sont elles que l'on tente actuellement de retrouver.

Paysage martien. Un milliard de bactéries colonisent la planète rouge. En provenance directe de la Terre, car elles sont apportées par tous les engins spatiaux qui se sont posés sur Mars.

Mars ?

Sur la planète rouge, des bactéries venues d'ailleurs ?

Oui, il y a bel et bien de la vie sur Mars ! Mais il ne s'agit pas de vie martienne à proprement parler, ce sont des bactéries terrestres arrivées là avec les divers engins que l'homme a posés sur la planète. Ce n'est pas un phénomène isolé, elles seraient plus de 1 milliard. La manière dont elles ont survécu à 300 millions de km de voyage dans le vide intersidéral est encore une énigme. Et l'on ne comprend pas non plus très bien comment elles survivent dans le climat extrême qui règne sur cette planète : une température moyenne de – 60 °C, pas d'oxygène, une pression atmosphérique 100 fois plus faible que sur Terre, une exposition directe aux rayons ultraviolets et pas d'eau sous forme liquide ! Une chose est certaine : cette « pollution » biologique complique la recherche des traces d'une vie née et développée sur Mars.

Des êtres humains sur Mars en 2030 ?

Les sondes automatiques ne font que nous précéder : l'homme ira un jour sur Mars. Les études progressent sur les façons de protéger les équipages des rayonnements cosmiques ou sur les risques provoqués par l'entrée dans l'atmosphère martienne qui soumet les engins spatiaux à d'intenses chaleurs. On recherche aussi, sur la planète elle-même, des ressources exploitables pendant un séjour humain. Pourtant, si les problèmes techniques sont en passe d'être résolus, on évalue encore mal l'effet d'un tel voyage sur un organisme humain. Rien que le temps de voyage estimé (entre un an et un an et demi aller-retour !) pose aux spationautes des problèmes de santé physique et mentale, difficiles à résoudre. Les États-Unis et l'Europe prévoient cependant la possibilité de missions habitées vers Mars à l'horizon 2030. Mais l'installation de colonies permanentes n'est pas encore à l'ordre du jour, pas plus qu'une « écogenèse », technique de transformation de l'environnement naturel d'une planète pour y permettre la vie humaine. Ce n'est pas demain que Mars deviendra la banlieue de la Terre !

INSOLITE

LES MARTIENS ONT DÉJÀ DÉBARQUÉ !

Le 30 octobre 1938, la radio du New Jersey annonce que les Martiens ont débarqué aux États-Unis. Un début de panique gagne la population. Malgré la nuit, certains cherchent à fuir, on déplore des embouteillages, des accidents et même des suicides. Au matin, on saura qu'il s'agit d'une émission, inspirée du roman *La Guerre des mondes* de Herbert G. Wells. Son réalisateur est le jeune Orson Welles, qui deviendra l'un des plus grands réalisateurs de cinéma du XXe siècle.

et demain?

ROND ET ÉCONOME, LE BALLON MARTIEN

Un concept d'exploration de Mars est en projet : un ballon équipé d'instruments d'analyse, volant à plusieurs kilomètres d'altitude. Orientable, et fonctionnant presque sans énergie, il permettrait le survol et l'étude de la planète entière en quelques mois, alors que les robots sur le terrain n'ont parcouru que de faibles distances autour de leur zone d'atterrissage du fait des obstacles à franchir.

Des robots qui nous ressemblent ?

Autrefois machines sans âme utilisées dans l'industrie ou sujets de science-fiction, les robots prennent aujourd'hui forme humaine et effectuent, à notre place, certains gestes de la vie quotidienne. Vont-ils devenir de simples auxiliaires ou de réels compagnons ?

Des robots de plus en plus humains ?

Capables de mouvements autonomes, dotés d'yeux, de bras et parfois de mains, les robots humanoïdes ont, comme leur nom l'indique, une morphologie proche de la nôtre. Ils se déplacent, voient, entendent, parlent et répondent à leurs interlocuteurs. Ils peuvent aussi transporter des objets, surveiller la maison, donner la météo, lire des histoires aux enfants ou leur enseigner l'anglais. On les appelle robots de compagnie. Grâce aux techniques de l'intelligence artificielle, ils ont maintenant des possibilités d'apprentissage, comme les êtres humains. Ils sont capables d'analyser une situation en fonction de leurs expériences. Ainsi, devant une nouvelle situation, chaque robot réagit différemment et se construit une personnalité originale.

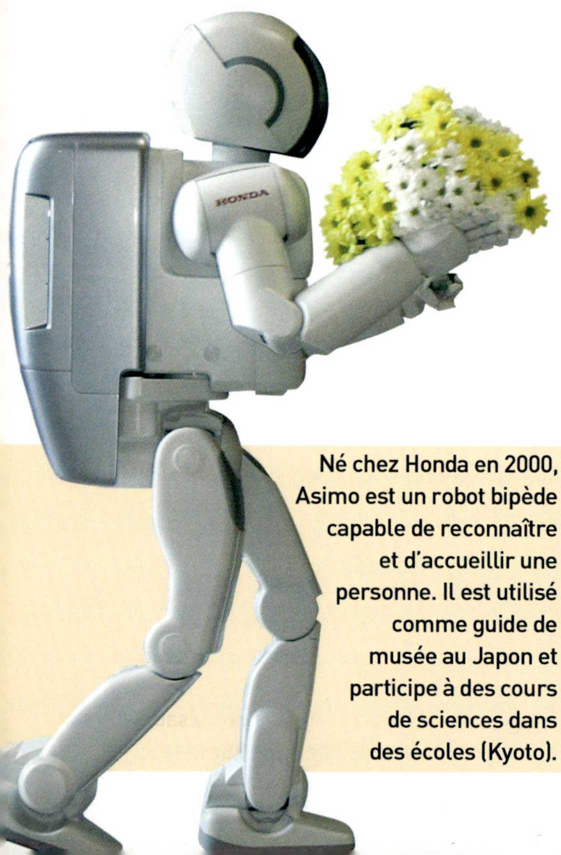

Né chez Honda en 2000, Asimo est un robot bipède capable de reconnaître et d'accueillir une personne. Il est utilisé comme guide de musée au Japon et participe à des cours de sciences dans des écoles (Kyoto).

Des robots auxquels on s'attache ?

Quand Sony a mis en vente Aibo, un prototype de chien robot en juin 1999, le succès a été immédiat : les 3 000 exemplaires disponibles ont été vendus en vingt minutes ! Il est vrai qu'Aibo se comporte comme un vrai chien, sans les contraintes d'un animal domestique : il joue et répond aux ordres ; son caractère et ses réactions changent selon les soins que son maître lui prodigue. Au Japon, il est devenu une star avec ses fan-clubs, ses sites Internet, ses revues et ses cliniques spécialisées. Mais Aibo n'est pas seulement un jouet, car ses interlocuteurs s'attachent à lui comme à un animal familier. Dans certains hôpitaux japonais, on remarque que sa présence a un effet bénéfique sur la santé morale des patients. On appelle cela la « robot-thérapie ». Après Aibo, d'autres robots animaux destinés à jouer ce rôle d'animal de compagnie ont été créés, tels le chat NeCoRo, Paro le bébé phoque ou encore cet ours japonais qui tient des conversations avec les personnes âgées dans les maisons de retraite.

Faut-il avoir peur des robots vivants ?

Développés dans les laboratoires, les « biobots » existent déjà. Ce sont des robots qui associent des organes vivants à des composants artificiels. Leurs corps robotiques se déplacent, par exemple, avec des muscles ou des nerfs prélevés sur des animaux. Un robot nageur développé dans les laboratoires du Massachusetts Institute of Technology (MIT) aux États-Unis se déplace grâce à de vrais muscles de grenouille. Certains robots mis au point à l'université de Tokyo sont capables de suivre une odeur et de se diriger dans un environnement complexe grâce à des antennes de papillon. Il y a même des robots qui utilisent un vrai cerveau primitif. Le système nerveux d'une lamproie, connecté aux capteurs lumineux et aux roues d'un robot mobile, lui permet d'apprendre à se déplacer vers une lumière. Grâce à ces recherches, on espère parvenir au contrôle de prothèses par la seule activité cérébrale de personnes tétraplégiques. Un premier pas, peut-être, vers l'homme bionique que présentent nombre de films d'anticipation.

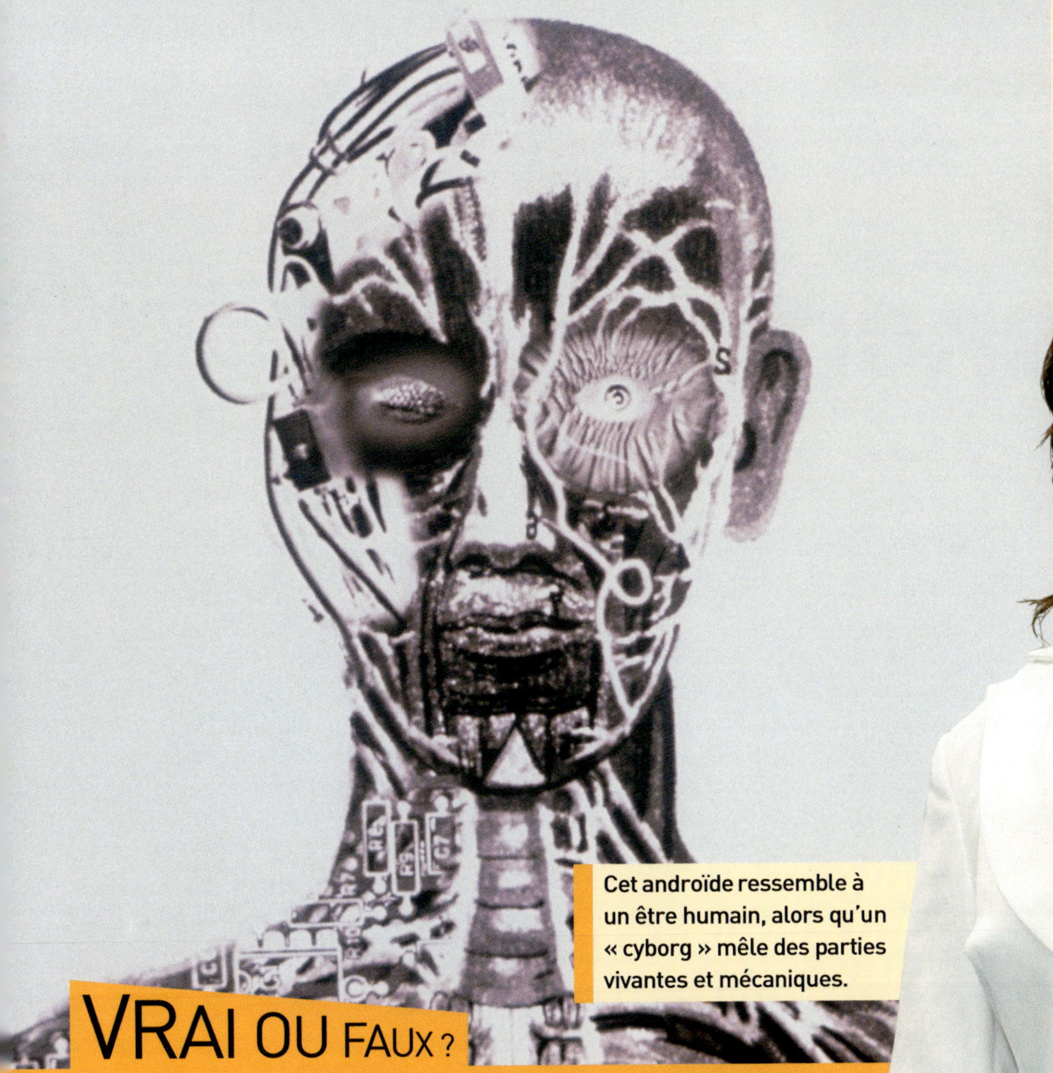

Cet androïde ressemble à un être humain, alors qu'un « cyborg » mêle des parties vivantes et mécaniques.

VRAI OU FAUX ?

ON PEUT DIRIGER UN ROBOT PAR LA PENSÉE.

VRAI. Les nouvelles prothèses de bras se commandent ainsi. Les nerfs du membre amputé sont greffés sur le muscle pectoral. Quand la personne pense à bouger son bras, ce muscle se contracte. Des électrodes détectent ce mouvement et transmettent l'information à la prothèse via un petit ordinateur. Plus impressionnant encore, ce système permet de récupérer un certain sens du toucher.

et demain?

LIBÉRÉS DE LA CORVÉE D'ASPIRATEUR ?

Les robots ménagers deviennent autonomes. Les nouveaux aspirateurs robots nettoient maintenant les sols de la maison sans aucune aide. La machine évite tous les obstacles. Pour se repérer dans la maison, elle lit des codes-barres installés en différents endroits. Le travail terminé, l'aspirateur revient automatiquement se recharger sur sa base.

Cette jeune actrice bien habillée au visage souriant est un robot recouvert de peau artificielle. C'est la première « actroïde » créée au Japon. Elle parle, cligne des yeux et affiche sur son visage des expressions typiquement humaines.

Bienvenue dans **le nanomonde ?**

Dans le nanomonde, chercheurs et ingénieurs fabriquent des objets artificiels dont la taille ne dépasse pas celle de quelques atomes mis bout à bout. Ces nano-objets sont aujourd'hui intégrés dans des produits de consommation courante. Mais représentent-ils un danger pour l'espèce humaine ?

Construire des objets atome par atome ?

Le nanomonde est le monde de l'infiniment petit. Nano vient du grec *nannos*, qui signifie « nain » ou « minuscule ». Un nanomètre, c'est un millionième de millimètre, soit 10 millions de fois plus petit que 1 m. Utilisées par les scientifiques, les nanotechnologies permettent de manipuler les atomes et de les utiliser comme dans un jeu de Lego pour construire de nouvelles particules. Une technique délicate qui donne aux matériaux des propriétés totalement nouvelles. Un exemple : le carbone qui devient ainsi incroyablement résistant. Les nanotubes de carbone (100 000 fois plus fins qu'un cheveu) sont 100 fois plus résistants que l'acier et 6 fois plus légers : c'est le matériau le plus solide jamais conçu. On en trouve déjà dans les raquettes de tennis, les clubs de golf, les cadres de vélo ou les carrosseries de formule 1. Ses propriétés électriques et techniques sont aussi totalement nouvelles, ce qui permet d'envisager de l'utiliser pour fabriquer des objets aussi différents que des écrans plats ou des réservoirs à hydrogène, une énergie qui pourrait remplacer le pétrole.

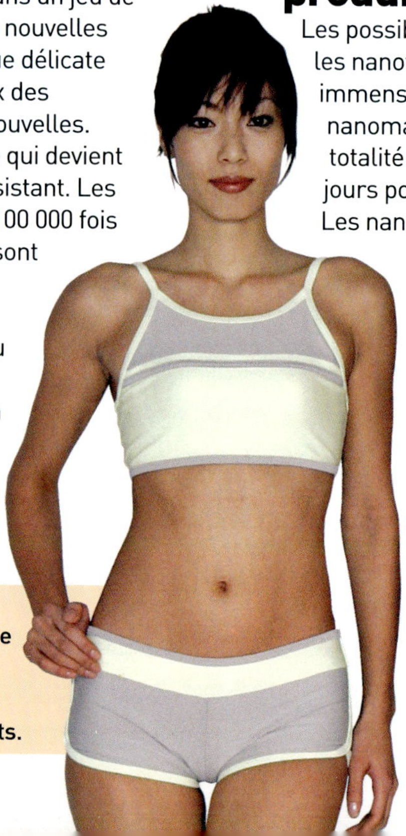

Ces maillots de bain font appel à la nanotechnologie pour un séchage ultra-rapide et une protection à 95 % contre les ultraviolets.

Des nanotechnologies utilisées dans nos produits quotidiens ?

Les possibilités offertes par les nanotechnologies sont immenses : on peut introduire des nanomatériaux dans la quasi-totalité des produits de tous les jours pour les rendre plus efficaces. Les nanocapsules contenant un produit actif imprègnent déjà nos vêtements pour les rendre résistants au feu ou antitranspirants, et on prévoit leur utilisation dans des peintures ou des revêtements antipollution ou encore dans le cadre d'une distribution ciblée d'herbicides dans les champs. Les puces nanotechnologiques existent déjà : de dimensions de plus en plus réduites, elles contiennent davantage d'informations, et leur miniaturisation se poursuit. Demain, des nanomembranes permettront une purification de l'eau plus rapide et plus efficace, tandis que des nanoparticules seront capables de digérer nos déchets ménagers et de les transformer en d'autres produits. Côté santé, on attend des nanocapteurs biologiques pour diagnostiquer et dépister certaines maladies ; des nanotransporteurs de médicaments traiteront ensuite directement la zone malade. Quant aux nanorobots, associant des éléments biologiques à des éléments mécaniques, on les conçoit peu gourmands en énergie pour qu'ils puissent se déplacer partout où les interventions humaines sont difficiles : intérieur du corps humain, centre d'un moteur, cœur d'une centrale nucléaire, espace très pollué...

Les particules artificielles seraient-elles dangereuses pour l'homme et la planète ?

Nous sommes entourés de particules naturelles de taille nanométrique que nous respirons et ingérons, sous forme de poussières, de fumées ou de molécules biologiques. Que se passera-t-il lorsque ces particules auront été modifiées par les nanotechnologies ? Leurs effets sont difficiles à anticiper car les nanomatériaux sont très variés. Ils sont composés de

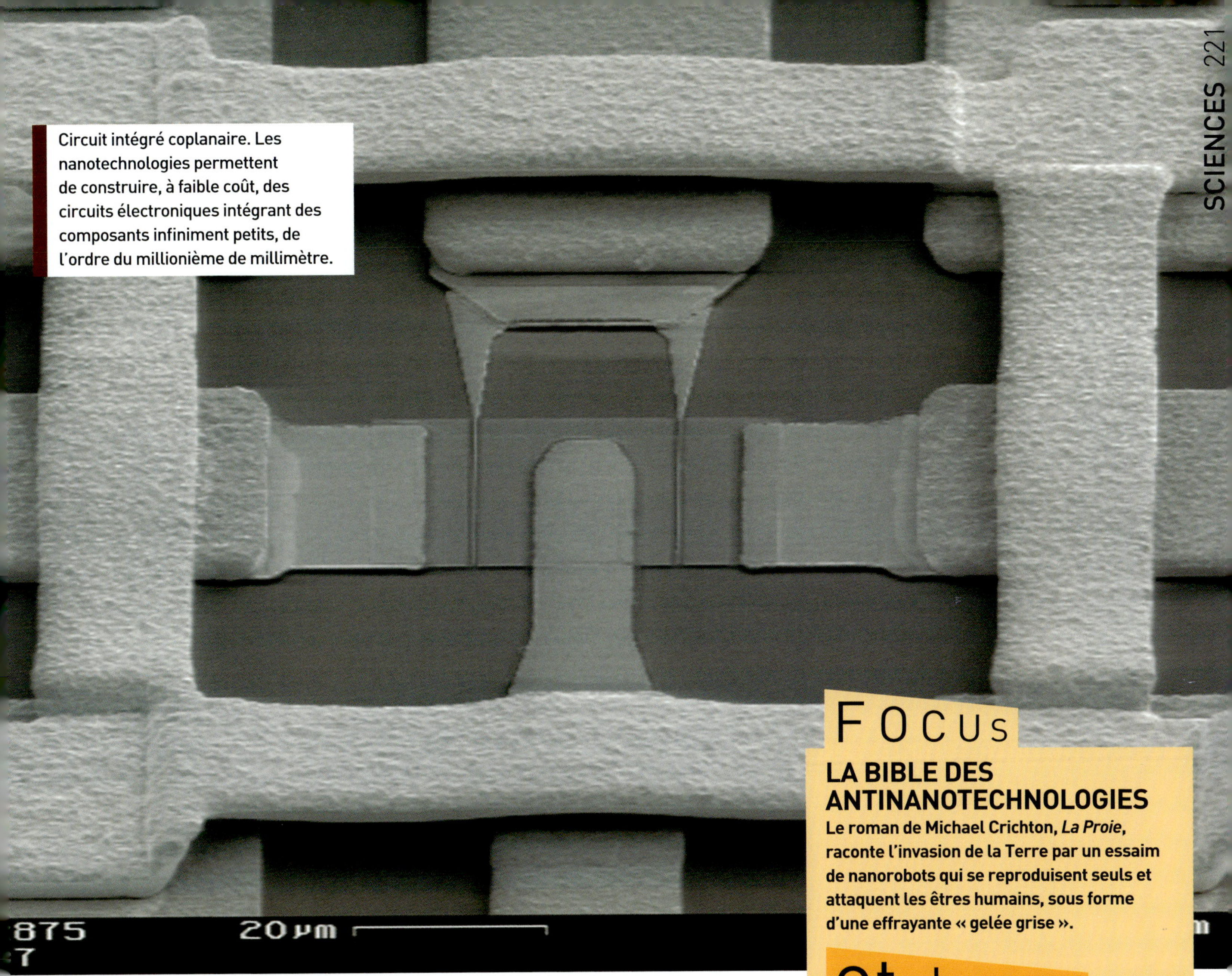

Circuit intégré coplanaire. Les nanotechnologies permettent de construire, à faible coût, des circuits électroniques intégrant des composants infiniment petits, de l'ordre du millionième de millimètre.

particules de taille, de forme et de composition chimique différentes, qui interagissent avec le corps humain. Dans l'immédiat, ce sont les effets des nanopoussières sur les poumons, de même type que ceux de l'amiante, qui inquiètent les spécialistes. On craint surtout la capacité des nano-objets à franchir certaines barrières de protection de l'organisme, comme celles qui protègent le fœtus *in utero* ou le cerveau humain. Deviendrait-il possible d'agir sur l'intégrité d'un individu avant même sa naissance ? En outre, l'un des objectifs de la recherche est de mettre au point des matériaux ou des robots dont les cellules s'autorépliqueraient sans intervention humaine. Cela permettrait de disposer d'un stock de ces objets artificiels sans avoir besoin de les fabriquer. Mais de quels moyens de contrôle disposerons-nous alors pour maîtriser leur prolifération anarchique ? On redoute que ces nano-objets ne prennent le contrôle de la planète, comme dans les pires romans de science-fiction. Car il n'existe pour l'heure ni organisme de contrôle ni loi encadrant le développement de ces technologies...

Focus

LA BIBLE DES ANTINANOTECHNOLOGIES

Le roman de Michael Crichton, *La Proie*, raconte l'invasion de la Terre par un essaim de nanorobots qui se reproduisent seuls et attaquent les êtres humains, sous forme d'une effrayante « gelée grise ».

et demain?

UN NANODOG POUR DÉTECTER LES EXPLOSIFS

Conçu grâce aux nanotechnologies, ce renifleur artificiel contient des enzymes génétiquement modifiées qui réagissent aux composants que l'on trouve dans un explosif. Il est capable de déceler des vapeurs explosives à des concentrations très faibles, de l'ordre de la dilution d'une goutte d'eau dans 50 piscines olympiques. Il est actuellement testé par plusieurs pays dans la perspective du contrôle de la sécurité dans les aéroports.

La fusion est-elle l'avenir du nucléaire ?

La planète se réchauffe, nos réserves de pétrole s'épuisent. Pour produire de l'énergie sans polluer, le nucléaire peut être une solution, bien que mal acceptée en raison des risques d'accidents et de ses déchets radioactifs. Cette réticence disparaîtra-t-elle avec la fusion nucléaire, une technologie qui promet une énergie sûre et inépuisable ?

Fission ou fusion ?

L'énergie nucléaire peut être obtenue de deux façons : par une réaction en chaîne de rupture de lourds noyaux d'atomes en deux noyaux plus légers ou par le regroupement de deux noyaux légers en un noyau plus lourd. La première technique, dite « de fission », est actuellement utilisée dans les centrales nucléaires. La seconde est appelée « fusion nucléaire », et c'est elle que les scientifiques cherchent aujourd'hui à maîtriser. Il s'agit de reproduire les réactions entre atomes qui ont lieu au cœur du Soleil et qui libèrent beaucoup d'énergie. Pour y parvenir sur Terre, il faut pouvoir atteindre des températures de l'ordre de 100 millions de degrés ! L'intérêt de la fusion est pourtant considérable : elle ouvrirait la voie à des ressources en énergie quasi illimitées. En effet, son combustible principal, le deutérium, un élément proche de l'hydrogène, peut être extrait de l'eau de mer.

La fusion serait-elle moins dangereuse que la fission ?

Trois reproches sont formulés à l'encontre de l'énergie nucléaire : la production de déchets toxiques, les risques d'accidents radioactifs et les risques terroristes. La fusion réduirait l'ensemble de ces risques sans toutefois les éradiquer. La production de déchets diminuera et leur longévité (plusieurs milliers d'années aujourd'hui) sera moindre. Il demeurera néanmoins des déchets dangereux pendant plusieurs centaines d'années. Les risques d'accidents seront plus limités. En effet, en cas de problème, il est possible de stopper instantanément un réacteur à fusion, contrairement au réacteur à fission. Mais pour ce qui concerne les risques terroristes, le bilan est mitigé. Certes, les réacteurs à fusion n'utiliseront pas les matières de base qui permettent de fabriquer une bombe artisanale : l'uranium et le plutonium. Néanmoins, ils produiront un matériau radioactif, le tritium, jusqu'ici très difficile à se procurer. Avec quelques grammes de ce produit, on rend une bombe classique de 100 kg aussi efficace qu'une bombe de 1 t. Cela met la fabrication de bombes à la portée de nombreux pays qui ne disposent pas, aujourd'hui, de l'arme nucléaire.

Chambre de confinement magnétique du réacteur à fusion Device JT-60, au Japon. Une fois cette technique maîtrisée, ce type de réacteur devrait produire moins de déchets qu'un réacteur à fission.

Iter, l'énergie inépuisable à portée de la main ?

Pour produire une réaction de fusion nucléaire, il faut chauffer la matière à très haute température jusqu'à ce qu'elle devienne un plasma, nouvel état dans lequel les atomes interagissent les uns avec les autres. C'est dans des sortes d'immenses fours, appelés tokamaks, que les chercheurs étudient la manière d'atteindre les 100 millions de degrés nécessaires à la transformation. Le

projet International Thermonuclear Experimental Reactor (Iter), prévoyant la construction du plus important tokamak jamais réalisé, a été lancé en 1986 pour démontrer la faisabilité scientifique et technologique de l'énergie de fusion. Le site du Commissariat à l'énergie atomique (CEA) de Cadarache, dans les Bouches-du-Rhône, a été sélectionné en 2005 pour accueillir l'un des plus grands chantiers scientifiques du siècle et sans doute le plus cher, plus de 10 milliards d'euros. Ce réacteur de recherche sera en fonction à partir de 2016. On estime qu'il faudra vingt ans d'expériences pour mettre au point la technologie de la fusion. Ensuite ? Plusieurs dizaines d'années seront encore nécessaires pour adapter des réacteurs de production. Autant dire que les réacteurs à fusion ne verront pas le jour avant une centaine d'années.

VRAI OU FAUX ?

SANS ÉNERGIE NUCLÉAIRE, PAS D'HYDROGÈNE À GRANDE ÉCHELLE.

VRAI. La fabrication d'hydrogène à partir d'eau est une opération facile, mais dont la technique demande de l'énergie. Si l'hydrogène devient le carburant de demain et qu'il faut en produire beaucoup, nous serons obligés de faire appel au nucléaire. C'est en effet la seule source d'énergie suffisamment puissante pour produire une grande quantité d'hydrogène sans produire de gaz à effet de serre. Un programme, le Generation IV International Forum (GIF), a été lancé pour construire un premier prototype de réacteur à très haute température pour 2020, afin de développer le procédé d'électrolyse à haute température (EHT).

INSOLITE

LE NUCLÉAIRE POUR DESSALER L'EAU DE MER

Le dessalement de l'eau de mer est l'une des solutions à la pénurie d'eau potable qui menace notre planète dès 2050. Pour le mettre en œuvre, il faut de l'énergie. En employant la chaleur « perdue » d'un réacteur nucléaire, il serait possible de distiller jusqu'à 43 000 m³ d'eau de mer par jour.

0123456789 chiffres-clés

LE COÛT D'ITER

COÛT TOTAL
10 milliards d'euros sur trente ans.
COÛT DE CONSTRUCTION (2005-2015)
4,6 milliards d'euros.
COÛT D'EXPLOITATION
4,8 milliards d'euros sur vingt ans.
COÛT DE DÉMANTÈLEMENT
0,6 milliard d'euros à l'horizon 2040.

Les pôles sont-ils en danger ?

Opposés géographiquement, l'Arctique et l'Antarctique ont en commun le froid, l'isolement et l'intérêt qu'ils suscitent. Les pôles sont des pièces maîtresses de l'équilibre climatique et leur dérèglement nous inquiète presque autant que l'appétit de nombreuses nations pour leurs richesses. Quel avenir leur est-il réservé ?

Les pôles fondent-ils ?

Le réchauffement général de la planète touche les pôles. La glace qui les recouvre fond partout. C'est dans l'Arctique, au pôle Nord, que la fonte est la plus importante. Dans cette région, la banquise s'est réduite d'environ 8 % au cours des trente dernières années (près de 1 million de km^2, soit près de deux fois la France). Plus la glace fond, plus le phénomène s'accélère. En effet, avec la disparition de la banquise apparaît la surface de l'eau, plus sombre. Celle-ci emmagasine davantage de rayonnement solaire, ce qui accélère de nouveau la fonte. C'est ce qui se passe au Groenland, dans le Grand Nord canadien ou en Sibérie. Les scientifiques estiment que la fonte des glaces dans l'Arctique a contribué à l'augmentation du niveau de la mer dans le monde de 7,6 cm ces vingt dernières années. La fonte totale de la glace du Groenland, qui devrait prendre plusieurs centaines d'années, entraînerait une montée des eaux de près de 7 m. L'Antarctique est moins affecté, bien que des chercheurs aient montré, en 2006, que la température moyenne y a augmenté de 0,2 °C en cent cinquante ans.

PORTRAIT D'UNE BASE

NOM : Station Concordia.
STATUT : Base franco-italienne.
SITUATION : Antarctique. Une des trois bases permanentes à l'intérieur des terres.
BUT : Programmes de recherche et d'observation en astronomie, glaciologie, sciences de la terre, chimie de l'atmosphère, microbiologie et médecine.
OUVERTURE : 2005.
TAILLE : 1 500 m^2 habitables en deux bâtiments sur pilotis.
CAPACITÉ : 16 personnes en hiver, 40 personnes en été.

L'Antarctique est le pôle le moins affecté par la fonte des glaces (+ 0,2 °C en cent cinquante ans). Ici, *L'Astrolabe*, navire qui effectue cinq fois par an le trajet entre le port d'Hobart, en Tasmanie, et la base scientifique Dumont-d'Urville, en terre Adélie : dix jours de périple pour effectuer les 2 800 km de traversée.

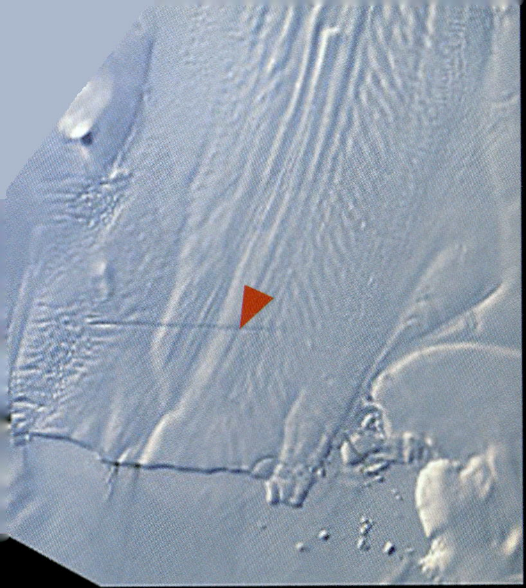

16 SEPTEMBRE 2000

12 NOVEMBRE 2001

Cette suite d'images, prises par la Nasa, montre la formation d'un iceberg plat, issu du plus important glacier de l'Antarctique (pôle Sud). La rapidité du phénomène met en évidence les changements dus au réchauffement climatique que subissent les zones glaciaires de notre planète.

Les pôles peuvent-ils changer le climat planétaire ?

Les régions polaires jouent un rôle important dans le système climatique de la planète. La glace qui les recouvre réfléchit une partie du rayonnement solaire et limite le réchauffement de la Terre. Sans les glaces des pôles, la température à la surface de notre planète serait supérieure. La différence de température entre les pôles et l'équateur a également une influence sur la circulation des vents qui parcourent le monde et déterminent le climat global. C'est encore dans les eaux froides des pôles que se créent les courants de fond qui traversent l'océan. Ils favorisent la croissance du plancton qui absorbe le CO_2, responsable de l'effet de serre. L'océan Austral est ainsi le principal puits océanique de carbone de la planète. Si les glaces des pôles fondaient et que ces régions ne jouaient plus ce rôle de régulation, le climat changerait encore plus vite que prévu.

Comment protéger les pôles de l'appétit des nations ?

Les pôles sont des régions riches. Ce sont des réserves de pêche très convoitées mais on y trouve aussi des minerais, du pétrole et du gaz. En Arctique, où se concentreraient plus de 10 % des réserves mondiales de pétrole, la course à l'or noir est déjà lancée sous l'impulsion du Danemark, du Canada et des États-Unis. Mais l'exploitation de ces régions pose des questions environnementales. Une marée noire, par exemple, se révélerait catastrophique dans ces espaces fragiles. Les pôles sont donc, pour l'instant, protégés. La région du pôle Nord, qui est habitée, est gérée par le Conseil de l'Arctique composé des huit nations côtières ; l'exploitation y est encore légère, mais elle s'accélère. Le pôle Sud, lui, est un domaine désertique sans souveraineté nationale. Il est protégé par le traité sur l'Antarctique, seule la recherche y est actuellement autorisée. Pourtant, son statut est de plus en plus fragile. Le tourisme commence à s'y développer, causant des pollutions, tandis que de nombreux pays revendiquent une partie de ce territoire pour l'exploiter. Les scientifiques redoutent que l'exploitation humaine ne modifie l'environnement et n'accélère la dégradation du climat mondial.

FOCUS

L'ANNÉE POLAIRE INTERNATIONALE

La quatrième année polaire depuis 1882 a eu lieu du 1er mars 2007 au 1er mars 2009. Le but : mieux connaître et protéger les pôles. Une soixantaine de pays y ont participé avec des programmes internationaux de recherche comme le projet européen Damoclès, d'observation du réchauffement sur la banquise de l'Arctique. De grandes expéditions ont également été lancées : une traversée de l'Antarctique donnant lieu à une collaboration entre Français, Italiens, Allemands, Russes, Chinois et Américains.

C'EST VRAI ?

LES PÔLES SONT LES ARCHIVES DU CLIMAT

La formation des glaciers se fait par couches de neige successives qui piègent des particules et des gaz. Chaque couche est ainsi caractéristique du climat à une époque donnée. En prélevant et en analysant des carottes de glace des pôles, les scientifiques ont pu reconstituer les variations du climat au cours des 200 000 dernières années.

LE SAVIEZ-VOUS ?

IL Y A DES AVANTAGES À LA FONTE DES PÔLES

Si l'Arctique était libéré des glaces, une nouvelle liaison maritime permettrait de joindre l'Asie à l'Europe en 13 000 km, contre 21 000 km actuellement en passant par le canal de Suez. Quant aux États-Unis, ils gagneraient de trois à quatre semaines pour rejoindre l'Alaska, au départ de la côte est...

Peut-on **refroidir la planète ?**

Le réchauffement climatique est une réalité. Partant de ce constat, des climatologues parlent de refroidir artificiellement la planète et proposent diverses techniques pour modifier le climat. Mais ces projets de géo-ingénierie sont-ils réalisables ?

Déployer des parasols dans l'espace ?

Il existe plusieurs projets fondés sur l'idée de positionner des écrans entre la Terre et le Soleil pour empêcher une partie des rayons solaires d'atteindre notre planète. Le professeur J. Roger P. Angel, un astronome américain, propose ainsi deux projets. Le premier : un bouclier solaire, déployé en orbite. Cette toile d'araignée géante de 2 000 km de large serait habillée de six miroirs parasols inclinables. En renvoyant par **réflexion*** les rayons solaires vers l'espace, ces miroirs permettraient de réduire l'effet du Soleil sur la Terre de 2 %, ce qui suffirait à contrebalancer l'augmentation de température liée au réchauffement. Une autre possibilité serait d'installer, à 1,5 million de km de la Terre, des milliers de fines lentilles d'environ 60 cm de largeur, à peine plus lourdes qu'un papillon. Elles dévieraient, par **diffraction***, les rayons lumineux en provenance du Soleil et n'en laisseraient passer qu'une infime partie vers la Terre, ce qui permettrait de limiter le réchauffement. Des projets très coûteux, mais auxquels la Nasa s'intéresse.

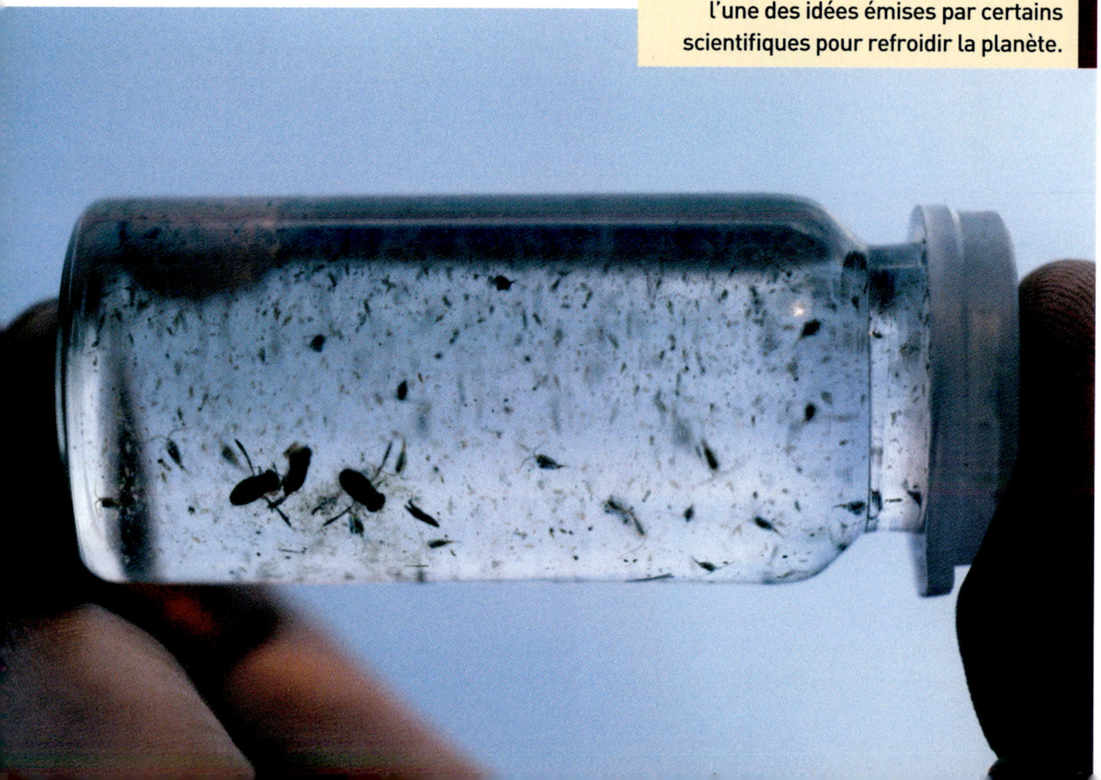

Faire proliférer le plancton pour « pomper » le CO_2 excédentaire est l'une des idées émises par certains scientifiques pour refroidir la planète.

Nourrir le plancton des océans ?

Le plancton végétal des océans se développe en fixant le carbone, dont la présence dans l'atmosphère augmente l'effet de serre. À la mort des organismes planctoniques, ce carbone tombe au fond des océans où il se retrouve piégé au milieu de sédiments. Cela fait autant de carbone qu'on ne retrouve plus dans l'atmosphère. D'où l'idée d'ajouter dans l'océan de grandes quantités de fer qui accéléreront la croissance du plancton végétal. Des expériences ponctuelles, sur de petites surfaces, ont montré que cette technique fonctionne. Mais le carbone, que ces organismes utilisent, est-il stocké durablement ou rejoint-il l'atmosphère rapidement ? Un problème à résoudre car, si le carbone revient dans l'atmosphère, le procédé devient inefficace. Sans compter qu'il est difficile d'évaluer les conséquences en chaîne et à grande échelle d'une telle manipulation.

Insérer des particules dans la haute atmosphère ?

C'est le dispositif dont on parle le plus. Il s'agit d'injecter dans la stratosphère du dioxyde de soufre qui se transformerait ensuite en particules de sulfates. Ces particules réfléchiraient partiellement les rayons solaires pour plusieurs années. Les effets d'un tel apport ont été étudiés à la suite de grandes éruptions volcaniques comme celle

Une autre solution : intercepter une partie du rayonnement solaire grâce à des miroirs placés en orbite entre la Terre et le Soleil.

du Pinatubo (Philippines), en 1991. À l'époque, les particules rejetées par cette éruption ont suffisamment réfléchi la lumière du Soleil pour refroidir la Terre de 0,5 °C pendant plus d'un an, soit le niveau de réchauffement du XXe siècle. Le Pinatubo a utilisé 10 millions de t de soufre. Pour l'imiter et créer une sorte de « volcan artificiel », il faudrait donc envoyer des millions de tonnes de soufre à des dizaines de kilomètres dans les airs chaque année, peut-être pendant des siècles. Cela n'irait pas sans quelques inconvénients. Entre autres, une augmentation des pluies acides dans certaines régions et une inégalité du refroidissement constaté. En effet, les courants stratosphériques disperseraient inégalement les particules, entraînant ainsi le refroidissement de certaines zones pendant que d'autres continueraient à se réchauffer.

INSOLITE

D'AUTRES PROJETS SCIENTIFIQUES ENVISAGÉS

Vaporiser de l'eau de mer dans les nuages pour augmenter leur pouvoir de réflexion des rayons du Soleil, étendre des films réfléchissants sur les déserts, faire flotter des îles de plastique blanc, recongeler l'Arctique en pompant de l'eau de mer et en la déversant sur la banquise pour qu'elle gèle... sont autant de projets de géo-ingénierie que d'aucuns comptent bien mettre en œuvre dans l'avenir.

glossaire

RÉFLEXION :
Changement brutal de direction des rayons lumineux, ici renvoyés vers l'espace par un miroir.

DIFFRACTION :
Phénomène de déviation des rayons lumineux qui se séparent et se dispersent alors dans toutes les directions.

Manipuler le climat est-il dangereux ?

Ces dispositifs agissent sur le système climatique dans sa globalité et peuvent avoir des effets secondaires encore inconnus et des réactions en chaîne que nous ne pourrons pas maîtriser. Leur réalisation exigerait des décisions politiques internationales et des budgets pharaoniques. On commence à étudier leur faisabilité, malgré les mises en garde répétées de la communauté scientifique. Proposer la mise en place de ces systèmes diffuse, en effet, l'idée que la science remédiera seule au changement climatique et que nous pouvons donc tranquillement continuer à polluer. De l'avis de la plupart des climatologues, ces techniques ne doivent être envisagées qu'en dernier recours, en cas de « crise de surchauffe » de la planète.

ENVIRONNEMENT

Vers **une fracture écologique** mondiale ?

L'empreinte écologique des pays riches « pèse » plus lourd que celle des pays pauvres. Les premiers sauront-ils diminuer leur poids écologique, et les seconds se développeront-ils sans nuire à l'environnement ?

Source : Rapport Planète Vivante, WWF, 2006.

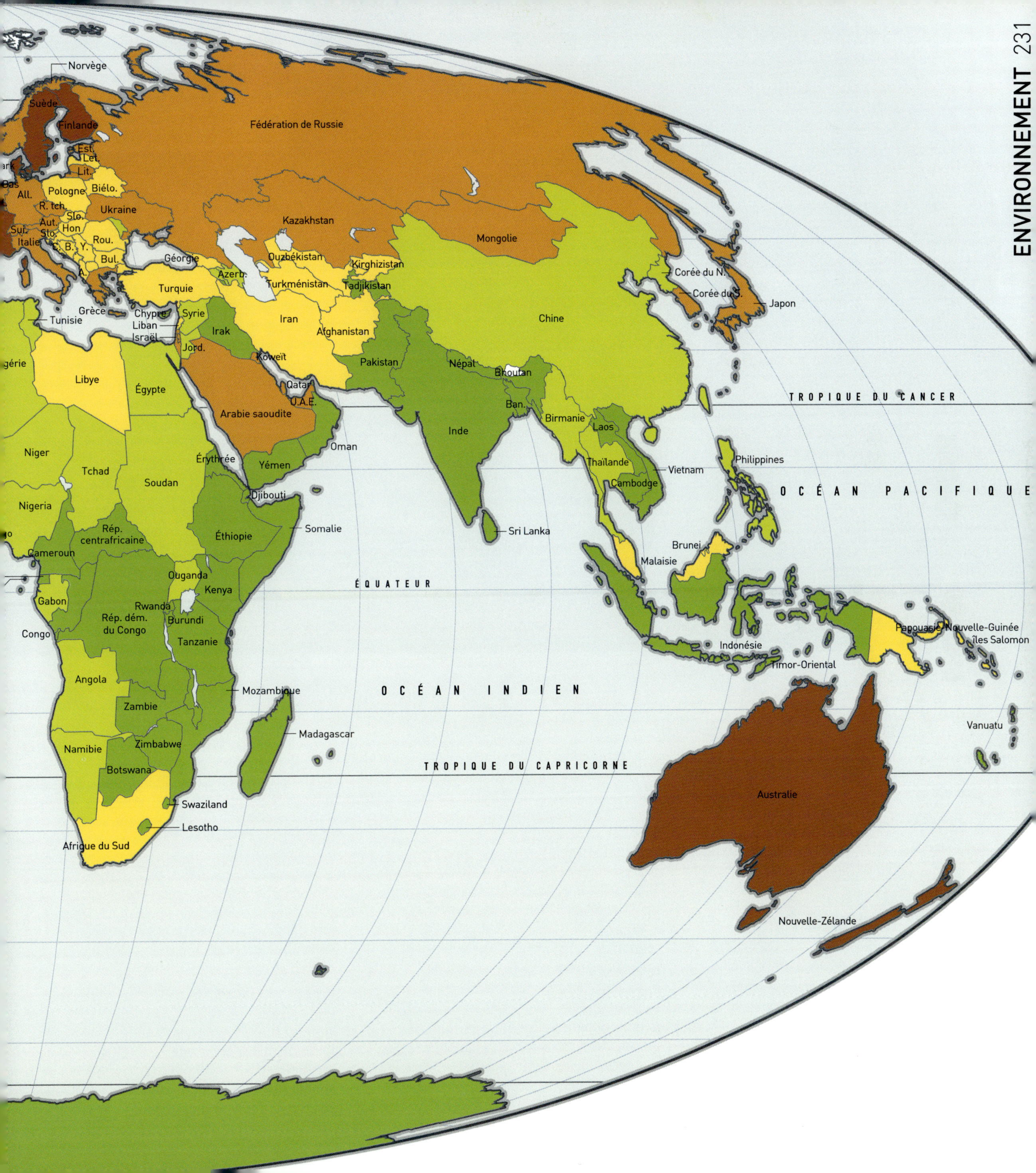
Norvège
Suède
Finlande
Est.
Let.
Lit.
Pologne
Biélo.
All.
R. tch.
Slo.
Aut.
Hon.
Sui.
Slo.
Italie
C.
B.
Y.
Rou.
Bul.
A.
Ukraine
Fédération de Russie
Kazakhstan
Mongolie
Géorgie
Azerb.
Ouzbékistan
Kirghizistan
Turkménistan
Tadjikistan
Turquie
Grèce
Chypre
Liban
Israël
Tunisie
Syrie
Irak
Iran
Afghanistan
Jord.
Koweït
Qatar
U.A.E.
Arabie saoudite
Oman
Yémen
Libye
Égypte
Pakistan
Népal
Bhoutan
Ban.
Inde
Sri Lanka
Chine
Corée du N.
Corée du S.
Japon
Birmanie
Laos
Thaïlande
Vietnam
Cambodge
Philippines
Malaisie
Brunei
Indonésie
Timor-Oriental
Papouasie-Nouvelle-Guinée
îles Salomon
Vanuatu
Australie
Nouvelle-Zélande
TROPIQUE DU CANCER
OCÉAN PACIFIQUE
ÉQUATEUR
OCÉAN INDIEN
TROPIQUE DU CAPRICORNE
Niger
Tchad
Soudan
Érythrée
Djibouti
Somalie
Éthiopie
Nigeria
Rép. centrafricaine
Cameroun
Ouganda
Kenya
Gabon
Rwanda
Burundi
Rép. dém. du Congo
Congo
Tanzanie
Angola
Zambie
Mozambique
Madagascar
Zimbabwe
Namibie
Botswana
Swaziland
Lesotho
Afrique du Sud

La forêt amazonienne perd l'équivalent d'un terrain de football toutes les quatre secondes, soit 159 km² de forêt par jour.

Comment sauver **la biodiversité ?**

Depuis un siècle, la diversité biologique est en chute libre dans les pays industrialisés. Jusque dans les milieux naturels les plus isolés comme la forêt tropicale, animaux et plantes subissent le contrecoup de l'agriculture intensive, de l'industrie du bois, de l'urbanisation...

La déforestation, tombeau de la biodiversité ?

Une espèce vivante disparaît tous les trois ans, contre une tous les cinquante ans lors des cinq vagues d'extinctions massives dans le passé (des espèces marines il y a 438 puis 370 millions d'années, plus de 96 % des espèces vivantes il y a 248 millions d'années, des reptiles et amphibiens il y a 215 millions d'années, des dinosaures, mollusques et reptiles marins il y a 65 millions d'années). Celles-ci auraient pour cause des changements climatiques naturels (la glaciation, par exemple). Mais les menaces actuelles sont toutes liées à l'homme : réchauffement, pollution, déforestation, urbanisation, agriculture, braconnage, trafic d'animaux sauvages, pêche intensive, introduction d'espèces exotiques... Du tigre de Bali, victime de la chasse, au phoque moine de la Méditerranée, victime de la fréquentation des plages, la liste des espèces disparues s'allonge.

Selon l'Organisation des Nations unies pour l'alimentation et l'agriculture, la déforestation constitue la menace la plus dangereuse pour les cinquante années à venir : elle entraînera la disparition d'une centaine d'espèces animales et végétales par jour. Le réchauffement climatique pourrait quant à lui provoquer la sixième vague d'extinction massive. D'après une étude du magazine *Nature*, 1 million d'espèces pourraient ainsi être « rayées de la carte » d'ici à 2050, soit la moitié des espèces connues à ce jour !

Les zones protégées sauveront-elles les espèces ?

Dans le monde, 16 119 espèces animales et végétales sont menacées d'extinction. Quelque 30 350 zones terrestres et marines protégées ont été créées pour conserver animaux et plantes *in situ* : pêche, chasse et cueillette interdites ! Des inventaires de la faune et de la flore sont organisés : en 2006, 160 chercheurs ont exploré l'île de Santo (Vanuatu), des fonds marins jusqu'à la canopée, pour améliorer l'efficacité des techniques de recherche. Mais la protection de la biodiversité se heurte au manque de coordination, au braconnage parfois impuni, à l'absence de « couloirs » entre les zones protégées qui permettraient aux animaux de circuler et de se reproduire plus librement... D'après les spécialistes, de 10 à 100 fois plus de moyens seraient nécessaires pour sauver la biodiversité ! En dépit de la Convention internationale sur la diversité biologique, chaque pays reste libre d'en organiser la protection comme il l'entend. Ainsi, la France n'y consacre que 0,06 % de son budget, tandis que le gouvernement norvégien caresse un projet insolite : édifier un sanctuaire de la diversité génétique qui abritera 2 millions de lots de semences de toutes les variétés cultivées connues !

De nouvelles espèces à la rescousse ?

Près de 1,8 million d'espèces végétales et animales sont connues, mais on estime leur nombre total entre 10 et 100 millions ! Pas étonnant que les chercheurs recensent chaque année de 15 000 à 20 000 espèces jusque-là inconnues : champignons, lémuriens, singes, insectes, crustacés... Ces trouvailles des taxinomistes pourraient alimenter dès 2008 une banque de données mondiale sur Internet, ZooBank. Ce projet permettrait d'harmoniser et d'accélérer la description de ces « nouvelles espèces », et donc d'améliorer la protection ! Bien que constituant une importante réserve génétique, ces découvertes ne permettront cependant jamais de compenser les pertes par ailleurs...

ET DEMAIN?

LES CLONES ET LES BANQUES GÉNÉTIQUES EN DERNIER RECOURS ?

Pour régénérer une espèce en voie de disparition, les parcs naturels peuvent avoir recours aux banques génétiques, où sont congelés des échantillons de poils, de sperme et de sang d'animaux menacés. Quant à la fécondation *in vitro*, elle est utilisée sur les pandas en captivité car ceux-ci se reproduisent peu hors de leur territoire naturel. Et s'il ne restait plus qu'un seul panda, pourrait-on le cloner afin de sauver l'espèce ? Difficile, car il faudrait alors trouver une femelle aux caractéristiques très proches du panda pour implanter les noyaux de celui-ci dans les ovules de la femelle. De plus, si l'environnement naturel du panda disparaît, son clonage est vain...

Les programmes de conservation ont permis de doubler la population du pygargue à queue blanche en Europe.

INSOLITE

LA GOLDEN, DERNIÈRE SURVIVANTE DES POMMES ?

Sur les quelque 11 000 variétés de pommes existantes, seules une dizaine (dont la célèbre golden) sont cultivées, élues pour leur résistance aux maladies, au transport et au stockage ! Il en va de même pour de nombreux légumes. Pour lutter contre cet appauvrissement de la diversité génétique, certains producteurs bio se spécialisent dans les cultures anciennes (crosne, panais...). Mais la législation européenne impose aux cultures commerciales d'utiliser des graines homologuées, inscrites sur le catalogue officiel, ce qui entretient le manque de diversité.

Quelles menaces pour **les espèces animales ?**

Chaque année, les animaux disparaissent par millions. Ce n'est pas une nouveauté, la Terre a déjà connu cinq vagues d'extinctions massives. Mais, après les glaciations préhistoriques, les hommes sont aujourd'hui sur le banc des accusés.

0123456789 chiffres-clés

16 119 espèces ont été répertoriées en 2006 comme menacées d'extinction dans la liste rouge publiée par l'Union internationale pour la conservation de la nature. Aujourd'hui, 1 amphibien sur 3, 1 mammifère sur 4, 1 oiseau sur 8 sont en péril.

LA LOUTRE D'EUROPE
POPULATION : 50 000 en France en 1900, environ 1 000 aujourd'hui.
CAUSES PRINCIPALES : pollution des eaux, chasse, écrasement sur les routes...

L'HIPPOCAMPE
POPULATION : en fort déclin en Indonésie, aux Philippines, en Thaïlande, au Vietnam, en Inde, au Mexique, au Brésil...
CAUSE PRINCIPALE : la pêche (plus de 20 millions d'hippocampes sont pêchés chaque année pour le commerce des animaux d'aquarium et... les médecines traditionnelles).

LE CHAMEAU DE BACTRIANE
POPULATION : environ 1 000.
CAUSE PRINCIPALE : réduction de l'habitat en raison des constructions industrielles (exploitations minières, pipe-lines...).

LE BISON D'AMÉRIQUE
POPULATION : 50 millions au XIXe siècle, environ 400 000 aujourd'hui.
CAUSES PRINCIPALES : chasse, réduction de l'habitat.

L'OURS POLAIRE
POPULATION : plus de 100 000 en 1900, environ 25 000 aujourd'hui.
CAUSE PRINCIPALE : le réchauffement climatique responsable de la fonte de la banquise, territoire de chasse des ours.

Une pêche disproportionnée ?

Les pêcheurs exploitent des eaux de plus en plus profondes et dépassent aujourd'hui la capacité de reproduction de nombreux poissons. Les réserves ne sont pas illimitées et, pourtant, la pêche ne cesse de s'intensifier. 20 millions de t étaient prélevées en 1950 pour 95 millions en 2006 (hors élevage).

Un commerce immoral ?

Les animaux sont-ils de simples marchandises ? Bien sûr que non. Et pourtant, ils sont souvent vendus dans des animaleries parfois douteuses comme animaux de compagnie ou sont victimes du négoce de leurs plus beaux attributs. Le marché de la fourrure est ainsi très lucratif (chaque châle en antilope du Tibet était vendu 35 000 euros avant que la chasse soit interdite en 1979) tout comme celui de l'ivoire des éléphants ou des écailles de tortue. À côté du commerce légal très réglementé se sont créés, en raison des interdictions de vendre certaines espèces, de nombreux marchés parallèles. L'association WWF estime à 15 milliards d'euros l'argent récolté chaque année par les trafiquants d'animaux sauvages dans le monde.

Des introductions dangereuses ?

En introduisant des espèces étrangères intentionnellement ou involontairement, les hommes peuvent menacer très gravement la biodiversité (lire l'article *Comment sauver la biodiversité ?*). Introduite en 1911 en France, l'écrevisse américaine, plus résistante aux maladies et aux pollutions, a ainsi supplanté en quelques années la majorité des écrevisses locales.

Une déforestation dramatique ?

Plus de 9 millions d'hectares de forêts sont détruits chaque année entraînant la fuite des animaux à la recherche d'un nouvel habitat. L'Amérique du Sud est la plus touchée avec une perte nette de forêts entre 2000 et 2005 d'environ 4,3 millions d'hectares par an. Or, cette région abrite près de la moitié des espèces animales.

Développement durable : dernière mode ou dernière chance ?

Le développement durable est partout. Les entreprises ou les collectivités communiquent sur leurs efforts et le thème est même apparu dans les très officiels programmes scolaires français depuis la rentrée 2004. Mais le passage du concept à l'action n'est-il pas utopique ?

Comment conjuguer développement de l'homme et sauvegarde de la planète ?

Au XXe siècle, le niveau de vie d'une partie de l'humanité a augmenté de manière spectaculaire et très inégale. Aujourd'hui, 20 % de la population mondiale consomme 80 % des ressources naturelles. Une surconsommation égoïste et suicidaire.
Si tout le monde vivait comme les habitants des pays industrialisés, il faudrait multiplier par 3 les ressources de la planète pour survivre. Que faire ? Théorisé dans le rapport Brundtland en 1987, le concept de développement durable est apparu comme le sauveur de l'humanité. De quoi s'agit-il concrètement ? De l'affirmation que le développement du monde doit être sans effets négatifs sur l'environnement, viable économiquement et équitable pour la société. Il ne s'agit pas de retourner vivre dans les cavernes ou d'imposer un communisme planétaire : en utilisant des énergies propres, en soutenant le commerce équitable, en limitant ses gaspillages et surtout en réduisant sa consommation, non seulement l'homme n'entravera pas le progrès, mais il sauvera sa planète.
Et surtout celle de ses enfants.

Qui fait quoi ?

LES AUTORITÉS POLITIQUES

Dans chaque pays, l'État et les autorités politiques locales mènent différents types d'action pour promouvoir le développement durable. En France, les incitations fiscales ou les subventions portent notamment sur les investissements dans le domaine des énergies alternatives (capteurs solaires, éoliennes…). Dans les communes flamandes de Belgique, depuis 2004, les habitants disposent d'une « carte d'épargne durable » qui se charge de points quand ils trient leurs déchets ou achètent des ampoules économiques. Cette carte leur permet d'accéder à des services (culture, transports) ou à des produits durables.

LES ENTREPRISES

Si, à la fin des années 1990, le développement durable était un concept étranger à l'entreprise, à l'exception de quelques sociétés militantes comme Patagonia ou Ben & Jerry's, il semble aujourd'hui y avoir gagné ses lettres de noblesse. Mais est-ce une véritable évolution des pratiques et stratégies managériales ou un nouveau plan de communication sur une thématique à la mode ? Difficile à dire, sauf pour les grandes sociétés françaises. Depuis 2001, une loi oblige les entreprises cotées en Bourse (soit environ 700) à prendre en compte, dans leur rapport annuel, « les conséquences sociales et environnementales de leur activité ». Les paroles ne suffisent plus, elles doivent se traduire en actes.

Un partenariat éco-citoyen entre le département du Jura et ses communes garantit la qualité du tri des déchets, pour baisser le coût du recyclage.

EDF dispose d'un parc de plus de 1 700 voitures électriques, se plaçant ainsi comme le premier utilisateur de véhicules de ce type en Europe.

L'installation de panneaux solaires dans les zones rurales des pays en voie de développement est l'une des solutions pour réduire les inégalités d'accès à l'énergie.

LES CITOYENS

Enfin, derniers partenaires et non des moindres, les citoyens écologistes. Simples consommateurs exigeants quant à la provenance de leurs achats (produits du commerce équitable, de l'agriculture biologique…) ou membres actifs de l'une des milliers d'ONG agissant dans le domaine du développement durable, ils jouent un rôle considérable dans le changement des mentalités et des pratiques. Ils sont les vrais espoirs d'un développement authentiquement durable.

Vélo électrique fonctionnant à l'énergie solaire, non polluante, qui n'émet pas de gaz à effet de serre et qui est inépuisable.

Avez-vous votre Agenda 21 ?

Établi lors du Sommet de la Terre de 1992 à Rio, l'Agenda 21 est un programme d'actions pour lutter contre la dégradation de la planète, la pauvreté et les inégalités. Une sorte de cahier de textes pour les bons élèves écologistes, c'est-à-dire les nations qui se sont engagées à l'appliquer au niveau national et à le faire décliner au niveau régional ou local. En France, plusieurs centaines de villes, départements ou régions ont élaboré leur propre Agenda 21. Ils y détaillent par exemple les actions qu'ils vont mener pour limiter les pollutions locales ou pour aider les personnes âgées. C'est un début. Mais il reste encore un effort important à entreprendre pour atteindre le niveau des pays du nord de l'Europe (Suède, Pays-Bas, Finlande, Norvège, Danemark, Grande-Bretagne et Allemagne), où plus de 60 % des collectivités locales ont déjà élaboré leur Agenda 21.

REPÈRES

LES GRANDES DATES DU DÉVELOPPEMENT DURABLE

1972 Conférence des Nations unies sur l'environnement à Stockholm
Création du Programme des Nations unies pour l'environnement (PNUE), chargé de coordonner la surveillance de l'environnement et l'étude des divers écosystèmes.

1992 Sommet de la Terre à Rio de Janeiro
Une centaine de chefs d'État adoptent un programme de lutte mondiale contre les changements climatiques, pour la protection de la biodiversité et l'élimination des produits toxiques dangereux. La devise du sommet est « La planète Terre entre nos mains ».

1997 Protocole de Kyoto
Il représente un progrès considérable dans la lutte contre le réchauffement de la Terre car il contient des objectifs précis de limitation et de réduction des gaz à effet de serre.

2002 Sommet mondial de Johannesburg
Axé sur le thème du développement durable, il vise à favoriser le renforcement d'un partenariat entre le Nord (les pays industriels) et le Sud (les pays en voie de développement).

FOCUS

LES MEILLEURS ÉLÈVES EN MATIÈRE DE POLITIQUE ENVIRONNEMENTALE

Au printemps 2006, un classement de l'université de Yale, aux États-Unis, a révélé le niveau d'implication de 133 pays en matière de politique environnementale. Fondé sur 16 critères (énergie renouvelable, émission de CO_2, accès à l'eau potable…), il a décerné ses plus beaux lauriers à la Nouvelle-Zélande (1re), à la Suède (2e) et à la Finlande (3e). La France arrive à une honorable 12e place, mais souffre des excès de son agriculture intensive.

Vers un monde **sans forêts ?**

Pollution, incendies, sécheresse… Les forêts du globe souffrent et toutes ne se renouvellent pas. La déforestation touche essentiellement la forêt tropicale, où les répercussions sur l'environnement sont graves, de la disparition d'espèces jusqu'à l'instabilité du climat. Si la « **gestion durable*** » ne se développe pas rapidement, les forêts se relèveront-elles ?

Des plaies béantes dans la planète ?

Des millions d'hectares de forêt disparaissent chaque année sous les coups de machette et de tronçonneuse. Premières victimes : les animaux. Dans la forêt tropicale primaire, chaque arbre en abrite environ 600 espèces ! Souvent endémiques (ne vivant qu'en un endroit précis de la planète, comme les lémuriens de Madagascar), celles-ci menacent de disparaître. La flore elle-même dépend de la survie des animaux : l'absence de vent ne permettant pas la pollinisation, ce sont les singes qui s'en chargent en recrachant les graines des fruits qu'ils mangent, assurant ainsi le renouvellement des plantes. Quant aux populations indigènes, elles sont chassées hors de leur territoire : des quelque 5 millions d'Indiens qui vivaient en Amazonie au XVIe siècle, il n'en reste que 250 000. Leur culture est menacée, les plantes médicinales et sacrées utilisées par les chamanes disparaissent. À long terme, c'est la stabilité du climat et du sol qui est en jeu : la sécheresse s'accentue, les précipitations violentes se multiplient et le sol s'érode, ce qui contribue aux inondations. Le reboisement et la sensibilisation des populations locales, aiguillées vers d'autres ressources comme l'écotourisme, suffiront-ils à redresser la barre ?

Rien qu'au Brésil, 17 % de la forêt amazonienne originelle a disparu (près de 700 000 km²) et la moitié est menacée.

REPÈRE

DÉFORESTATION, QUELS SONT LES COUPABLES ?

- **L'agriculture est à l'origine des trois quarts des pertes de terres forestières : cultures de subsistance des autochtones, mais aussi cultures d'exportation (palmiers à huile, cocotiers ou hévéas en Afrique et en Amérique, bambou en Chine, cardamome en Inde…), voire élevages de crevettes dans les mangroves.**
- **L'urbanisation grignote la forêt et les infrastructures fragmentent les habitats.**
- **L'exploitation minière (or, diamant, fer, cuivre…) dévaste l'environnement forestier.**
- **L'industrie du bois : certaines essences sont surexploitées (comme l'hévéa) et des coupes illégales sont pratiquées dans les zones protégées.**

LES FORÊTS ET LEUR BIODIVERSITÉ

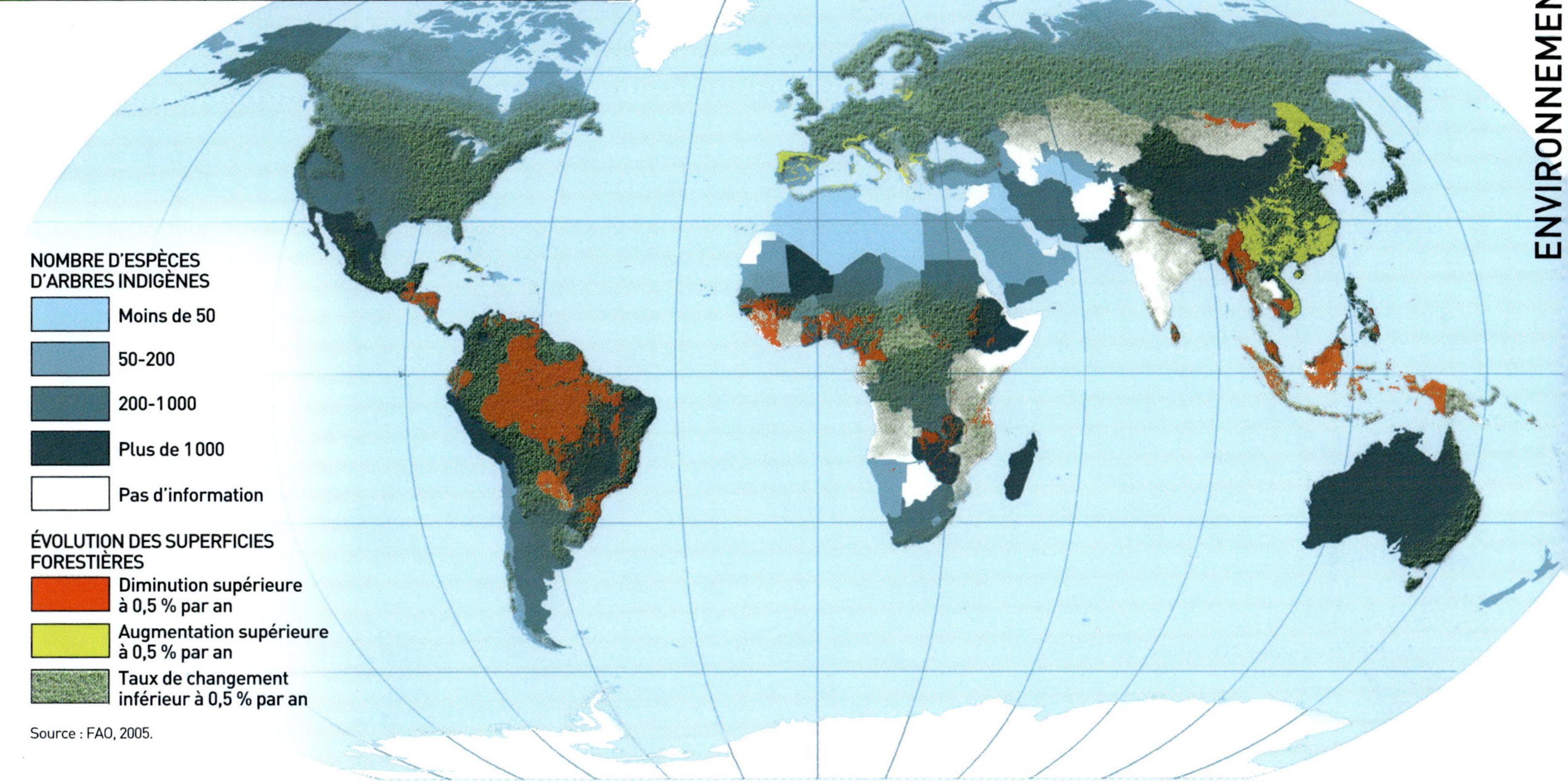

Déforestation : la plus grave menace ?

La déforestation, c'est-à-dire l'exploitation de la forêt à des fins économiques, détruit chaque année de 9 à 15 millions d'ha de forêt, essentiellement tropicale. Celle-ci ne couvre plus que 6 % de la surface des terres, mais abrite de 50 à 80 % des espèces animales et végétales terrestres. La pression augmente dans les pays qui s'ouvrent à la consommation de masse, comme l'Inde ou la Chine.

Incendies : une arme à double tranchant ?

Des cultures sur brûlis pratiquées par de nombreux peuples jusqu'aux feux de sécheresse ou de pyromanes, les incendies ravagent chaque année quelque 10 millions d'ha (0,3 % des forêts mondiales), soit autant que la déforestation. Là où les incendies sont fréquents, les écosystèmes ne peuvent se reconstituer.

Pollution : l'ennemi invisible ?

Malgré la diminution des émissions polluantes dans le secteur du transport (oxydes d'azote), les pluies acides rongent encore les conifères d'Europe du Nord. La Chine est sévèrement touchée en raison de son expansion économique : usines et centrales électriques tournent à plein régime, dégageant du dioxyde de soufre.

glossaire

GESTION DURABLE :
Qui préserve l'environnement et ses ressources, dans une optique de « développement durable ».

LE SAVIEZ-VOUS ?

Que garantissent les labels FSC et PEFC ?

Dans les labels bois, c'est la jungle ! Le label mondial Forest Stewardship Council (FSC), créé après le Sommet de la Terre de 1992, garantit que le bois utilisé est issu d'une forêt bien gérée (dix principes parmi lesquels le respect des peuples, de la biodiversité animale et végétale). Pour contourner ces règles, de nombreux industriels ont créé leur propre label, semant la confusion. Pour trouver une légitimité, ils tentent de rejoindre le Programme de reconnaissance des certifications forestières (PEFC), créé à l'origine pour protéger les forêts européennes. Il reste encore bien des efforts à faire, car à peine 5 % des forêts tropicales seraient actuellement gérés de manière durable. En l'absence de label, il faut préférer du bois issu de forêts tempérées (chêne, pin, châtaignier...).

Les énergies renouvelables peuvent-elles sauver la planète ?

Le thermomètre s'affole, l'air devient irrespirable, les sources d'énergies fossiles s'épuisent. Il est urgent de remplacer le pétrole, le gaz et le charbon par des énergies renouvelables. Le recours à ces dernières se développe, mais reste limité. Explications.

Les énergies de remplacement : la solution miracle ?

Remplacer les énergies fossiles est aujourd'hui vital pour l'humanité : elles polluent outrageusement l'atmosphère et sont vouées à s'épuiser à court ou à moyen terme. Cinq grands types d'énergies de remplacement renouvelables sont développés à cet effet : les sources solaire, éolienne, hydraulique, géothermique ainsi que la biomasse (énergie provenant des végétaux et des matières organiques). Malheureusement, leurs coûts de production sont encore importants et ralentissent leur développement. Selon l'Agence internationale de l'énergie (AIE), seuls 14 % de l'énergie consommée dans le monde en 2005 auraient été produits à partir d'énergies renouvelables, pour 80 % à partir de combustibles fossiles – pétrole, charbon ou gaz –, et 6 % à partir de nucléaire. De plus, ces énergies de remplacement sont tributaires de l'environnement (vent, soleil, forêt, eau chaude...) et ne sont pas aussi propres que certains l'affirment : la production d'un panneau solaire ou d'une éolienne implique fatalement des émissions de gaz à effet de serre, tout comme la combustion du bois. Et ce n'est qu'un exemple.

Peut-on se chauffer au renouvelable ?

Oui, c'est possible. Les experts l'ont déjà démontré et l'augmentation constante du prix du pétrole et du gaz conforte leurs travaux. Le chauffage est sans conteste l'usage le mieux adapté aux énergies renouvelables. D'ores et déjà, le bois, l'énergie thermique du Soleil et l'utilisation de l'électricité hydraulique et éolienne pourraient fournir la quasi-totalité de l'énergie de chauffage en France. Mais, pour ce faire, il faudrait utiliser toute l'électricité hydraulique et éolienne produite, au détriment des transports et de l'industrie. Il serait forcément nécessaire d'équiper toutes les maisons de capteurs encore très onéreux. De plus, l'utilisation exclusive du bois à des fins énergétiques suppose une large

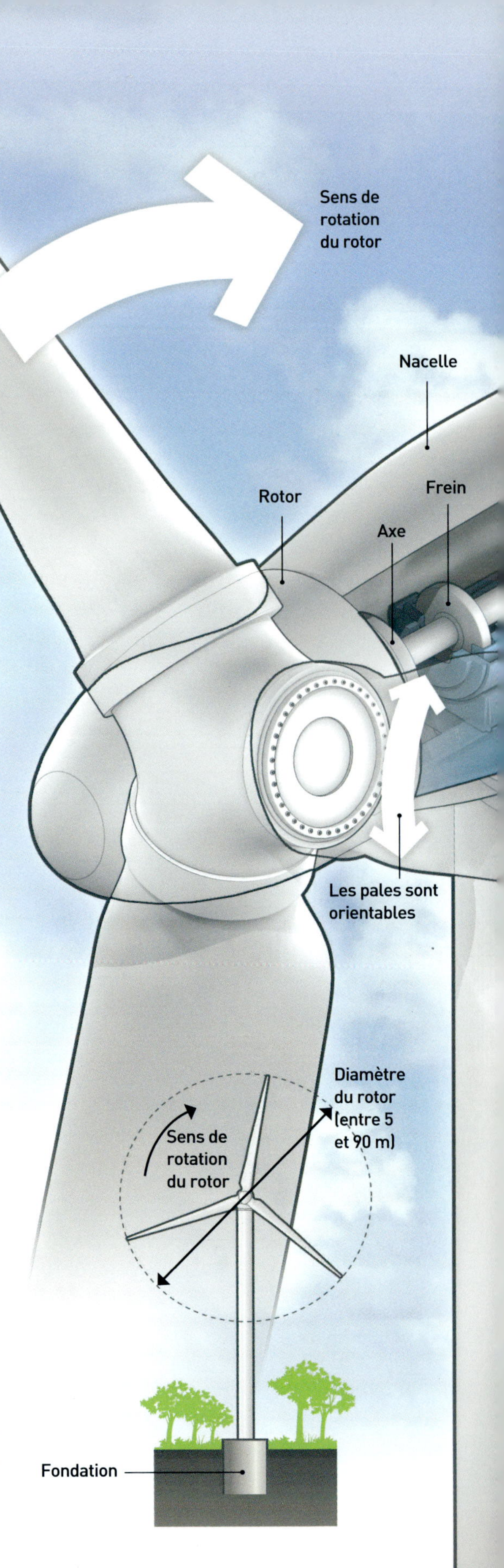

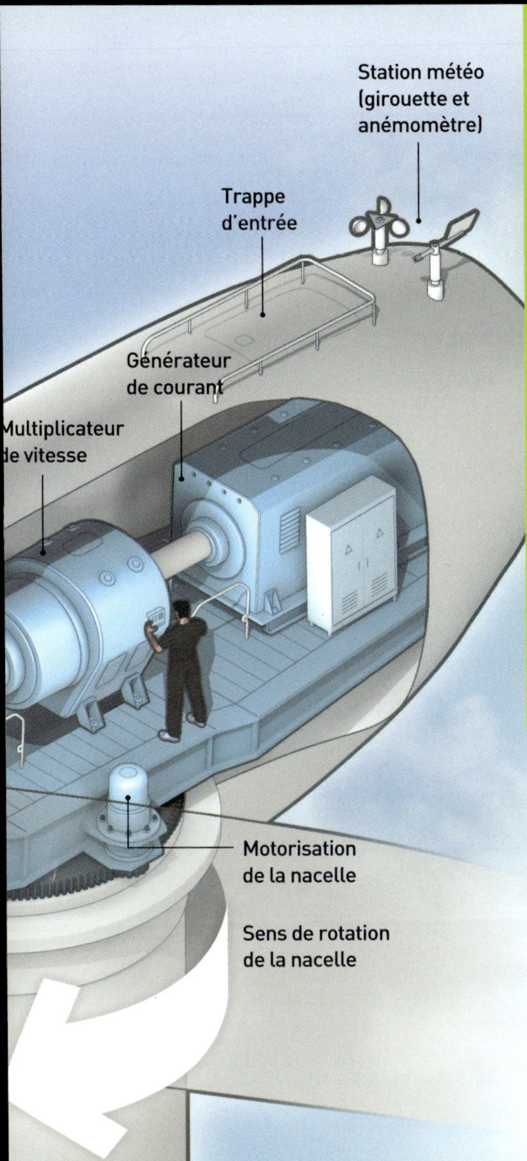

FOCUS

LES EUROPÉENS ONT LE VENT EN POUPE

L'Europe est bien le paradis des éoliennes. En 2006, elle abritait près des trois quarts du parc mondial des éoliennes, situées en grande partie en Allemagne, au Danemark et en Espagne. Plus fiables, plus puissantes, les éoliennes sont aujourd'hui des sources d'énergie de complément crédibles en relevant deux défis principaux. Le premier concerne la rentabilité, longtemps jugée trop faible. Les éoliennes sont désormais techniquement capables de convertir près de 57 % de la force du vent en électricité. Un résultat qui peut sembler moyen, mais qui est exceptionnel : le maximum possible est de 60 % ! Le second concerne les nuisances sonores. Les améliorations aérodynamiques ont permis de réduire le bruit des pales fendant l'air, répondant aux critiques de riverains que cela dérangeait. Mais il reste un dernier écueil de taille pour les partisans des éoliennes : l'intégration dans le paysage. Ce problème qui semble insoluble sur terre pourrait être résolu par la création de parcs offshore au large des côtes. Le premier parc éolien français doit voir le jour en 2008, à 7 km du littoral de la Seine-Maritime. Le projet prévoit la création de 21 éoliennes ancrées par 23 m de fond. Le coût total ? 300 millions d'euros.

déforestation, dommageable en termes écologiques car les forêts stockent le CO_2. Son transport vers les villes ne peut se faire qu'au prix d'une forte consommation d'énergie, émettrice de gaz à effet de serre. Enfin, comment remplacer le bois utilisé dans le domaine de la construction et de la fabrication du papier sans émettre trop de CO_2 ? Rien n'est simple en matière d'environnement !

Peut-on réinventer l'eau chaude ?

La radioactivité naturelle des roches produit des quantités considérables d'énergie dans les profondeurs terrestres. C'est un fait. Chaque fois que l'on descend de 100 m, la température augmente de 2 à 3 °C en moyenne. Cette chaleur se dirige vers la surface et réchauffe les nappes phréatiques souterraines. Si elle trouve une faille, l'eau remonte par des puits et jaillit sous forme de sources chaudes. Dans le cas contraire, il faut aller la pomper afin de pouvoir la valoriser sous forme d'électricité et de chaleur. Cela représente donc un coût important mais le jeu en vaut, semble-t-il, la chandelle. En Europe occidentale, les scientifiques estiment le potentiel de surface productive en géothermie profonde (- 5 000 m) à 125 000 km². Or l'exploitation de 10 % seulement de cette surface fournirait l'équivalent en énergie des centrales nucléaires européennes !

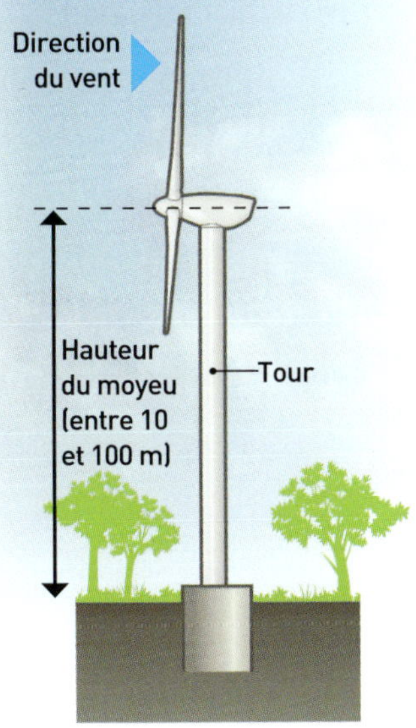

Et si la pile à combustible mettait tout le monde d'accord ?

Puisque les énergies renouvelables connues ne pourront pas couvrir nos besoins énergétiques avant plusieurs siècles, les chercheurs explorent d'autres pistes. La pile à combustible semble avoir le potentiel le plus prometteur. Le principe est simple : on injecte de l'oxygène et de l'hydrogène dans le cœur d'une pile. Cette rencontre provoque une réaction chimique qui dégage de l'électricité et de la chaleur. La puissance obtenue est considérable pour un encombrement limité. C'est la raison pour laquelle les engins spatiaux américains en ont été équipés dès 1960. Demain, la pile à combustible pourrait devenir la reine des énergies. Jules Verne, comme souvent, avait tout prévu. En 1874, dans *L'Île mystérieuse*, il écrivait : « Je pense qu'un jour, l'hydrogène et l'oxygène seront les ressources qui fourniront chaleur et lumière. » Mais il reste un problème de taille : son coût de production est tel qu'il empêche aujourd'hui sa diffusion au grand public.

Le réchauffement climatique

À de rares exceptions près, les scientifiques sont aujourd'hui formels : l'augmentation anormale de la température de la Terre est une réalité très inquiétante. Quelles sont les conséquences à court et à long terme de cette surchauffe planétaire ?

Le réchauffement de la Terre est-il une lubie écolo ?

Hélas, non. Cette évolution est indiscutable depuis les travaux du Groupe d'experts intergouvernemental sur l'évolution du climat (Giec ou IPCC en anglais) dès 1988. Leur constat est clair : la température moyenne à la surface de la Terre a augmenté de 0,6 °C depuis 1861, date des premières mesures scientifiques. Certes, ce réchauffement n'est pas le premier dans l'histoire de l'humanité. La Terre a déjà connu de nombreuses périodes alternées de réchauffement et de glaciation. Mais depuis que l'homme est capable de les mesurer, les variations actuelles sont d'une amplitude jamais connue pour une période aussi courte.

Folie climatique : qui sont les vrais coupables ?

La plus grande part du réchauffement climatique est due aux émissions de gaz à effet de serre (GES), tels que le CO_2 ou le méthane, générées par les activités industrielles des hommes. Pour limiter ces rejets, les représentants de 160 nations ont demandé aux principaux pays industrialisés de réduire ces émissions de GES entre 2008 et 2012 de 5,2 % en moyenne par rapport au niveau de 1990. C'est le but du protocole de Kyoto, signé le 11 décembre 1997. Mais certains pays, comme les États-Unis ou l'Australie, ont refusé de le ratifier, estimant que leur économie serait pénalisée puisque le protocole n'impose rien aux pays en développement pour ne pas nuire à leur croissance. Or la Chine et l'Inde, deux géants industriels, sont considérées comme des pays en développement ! De plus, elles font partie des plus grands consommateurs de charbon, la plus polluante des énergies fossiles !

Des terres vont-elles être englouties ?

C'est déjà en cours ! Avec le réchauffement climatique, l'eau des océans se dilate et devient plus dense (la fonte des glaces continentales ne joue qu'un rôle mineur). Conséquence, le niveau s'élève inexorablement de 10 à 25 cm en un siècle, selon les régions. Certaines îles, comme les Maldives, Tuvalu et les îles Marshall,

ET SI ON EMPRISONNAIT LE CO_2 ?

Pour limiter l'augmentation de la température, la parade pourrait consister à stocker le CO_2, principal gaz à effet de serre, dans les lieux où il est très concentré (centrales électriques, cimenteries et raffineries). Des filtres permettraient de l'isoler des fumées et de le diriger vers des centres d'enfouissement via des pipe-lines ou des navires gaziers. Reste à se préoccuper de l'avenir de ce CO_2 emprisonné et de sa gestion future. Histoire d'éviter d'en faire un fardeau supplémentaire pour les générations à venir.

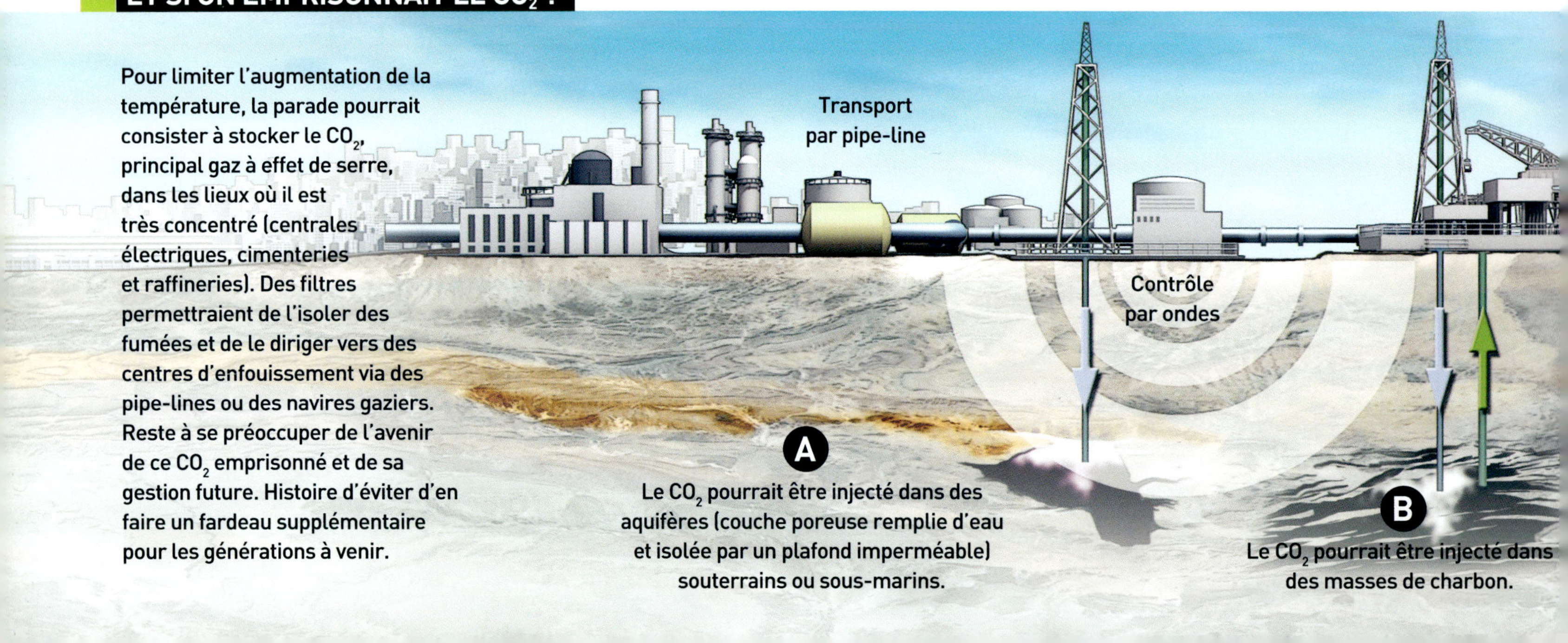

A : Le CO_2 pourrait être injecté dans des aquifères (couche poreuse remplie d'eau et isolée par un plafond imperméable) souterrains ou sous-marins.

B : Le CO_2 pourrait être injecté dans des masses de charbon.

est-il une fatalité ?

où le point le plus haut culmine à quelques mètres seulement, devraient à moyen terme disparaître sous l'eau. Mais c'est un problème plus universel qu'il n'y paraît : selon les lieux, le littoral des cinq continents pourrait être englouti sur une centaine de mètres en moyenne dès le siècle prochain si aucun effort n'est mené contre le réchauffement !

Vieil homme devant l'emplacement de sa maison, engloutie à cause du dégel du permafrost, en Alaska. Environ 150 millions de réfugiés du climat pourraient être déplacés d'ici à 2050.

Une canicule chaque été ?

La canicule d'août 2003 serait-elle la première d'une longue série ? Il est trop tôt pour l'affirmer. En ce qui concerne l'évolution de la température à l'horizon 2100, les chercheurs du Giec ont proposé sept scénarios différents. Ils varient selon des paramètres comme l'essor démographique, la croissance économique et le volume des gaz à effet de serre rejetés. L'accroissement de la température globale serait compris entre 1,4 et 5,8 °C.

INSOLITE

LA RUÉE VERS L'ARCTIQUE EST LANCÉE

En raison du réchauffement climatique, la banquise rétrécit et s'amincit. Cette évolution rendrait possibles de nouvelles routes maritimes et accessibles les ressources naturelles du pôle Nord (pétrole, gaz, poissons). La Russie, la Norvège, le Danemark, le Canada et les États-Unis sont sur la ligne de départ. Selon la Convention des Nations unies, un État souhaitant revendiquer un territoire maritime doit prouver que les fonds océaniques appartiennent à son plateau continental. Cela suppose donc des explorations géologiques coûteuses dans de rudes conditions, puis l'élaboration de cartes. Pour un trésor… encore hypothétique et des risques écologiques potentiels dans ce sanctuaire jusqu'alors préservé.

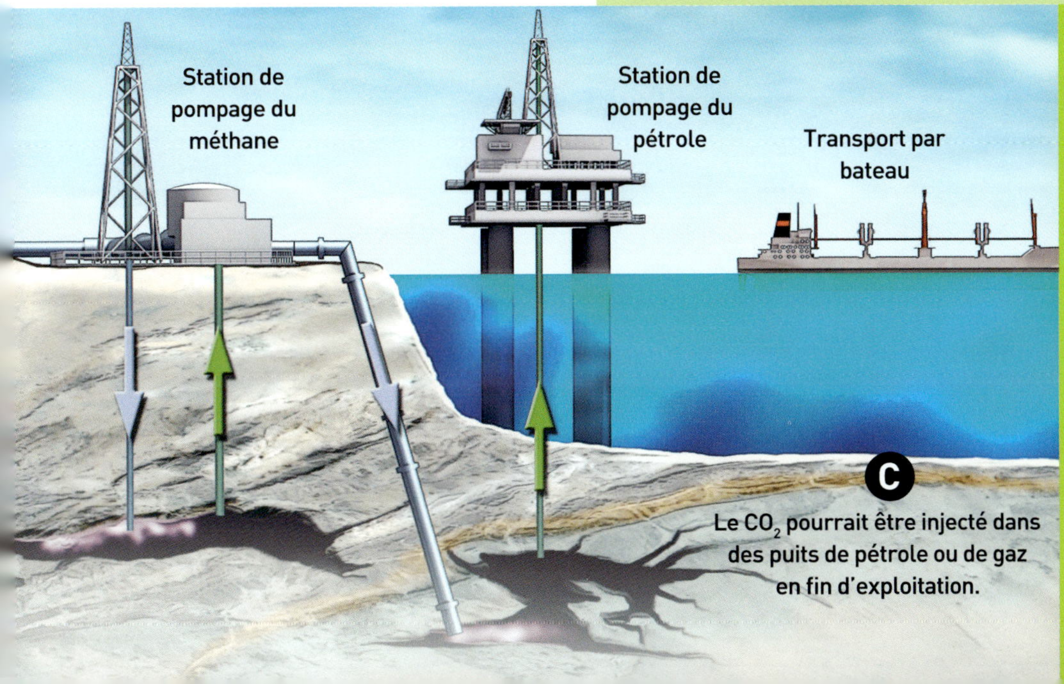

Le CO_2 pourrait être injecté dans des puits de pétrole ou de gaz en fin d'exploitation.

VRAI OU FAUX ?

LE RÉCHAUFFEMENT DE LA PLANÈTE EST RESPONSABLE DU TROU DANS LA COUCHE D'OZONE.

FAUX. La couche d'ozone qui protège la biosphère en filtrant les rayons du Soleil a été dégradée à partir des années 1980 par certaines substances chimiques émises dans l'atmosphère, comme les chlorofluorocarbures (CFC). Ces gaz, présents dans les aérosols et les réfrigérateurs, sont déjà interdits ou en passe de l'être selon les pays. Hélas, leur durée de vie est très longue : si la tendance actuelle suit son cours, la couche d'ozone ne sera pas reconstituée avant 2050.

Pénurie d'eau, à qui la faute ?

Un tiers de la population est déjà confronté au manque d'eau et à sa faible qualité. L'Unesco a prévu que, dès 2020, la pénurie d'eau sera un problème mondial. Qui sont les véritables responsables ?

Assez d'eau pour tout le monde ?

Avec 10 000 à 12 000 km³ disponibles chaque année sur la Terre, les réserves d'eau douce sont largement suffisantes pour satisfaire les besoins des presque 6,5 milliards de terriens. Malheureusement, cette ressource est très mal répartie à la surface du globe. Neuf pays seulement se partagent 60 % des réserves mondiales : le Brésil, la Russie, les États-Unis, le Canada, la Chine, l'Indonésie, l'Inde, la Colombie et le Pérou. De même, le continent asiatique, qui concentre près de 60 % de la population mondiale, ne dispose que de 30 % des ressources mondiales d'eau douce, alors que l'Amazonie, qui n'abrite que 0,3 % de la population, en possède 15 % ! En outre, au-delà de ces inégalités naturelles, les disponibilités en eau sont minorées par le gaspillage et la pollution des réserves. Si bien que, aujourd'hui, une personne sur six dans le monde n'a pas accès à l'eau potable. Et l'avenir n'est pas rose. Avec l'accroissement de la population mondiale et l'urbanisation, les prélèvements en eau ont été multipliés par 7 entre 1900 et 2000. De plus, le développement économique augmente les besoins : dans les pays industrialisés, la consommation d'eau est six fois plus importante que dans les pays en développement. Avec la croissance démographique et l'amélioration du niveau de vie dans les pays émergents, ces derniers pourraient augmenter leur consommation d'eau de 60 % d'ici à 2025.

Qui nous pompe notre « or bleu » ?

Fortement liés au développement économique, les niveaux de consommation d'eau sont très disparates. En moyenne, un Américain consomme 700 litres par jour, un Européen, 200, un Haïtien, 20. Selon le Water Resources Institute, 250 millions d'hommes et de femmes ne disposent pas aujourd'hui du minimum vital en eau, soit 1 000 m³ par habitant et par an.

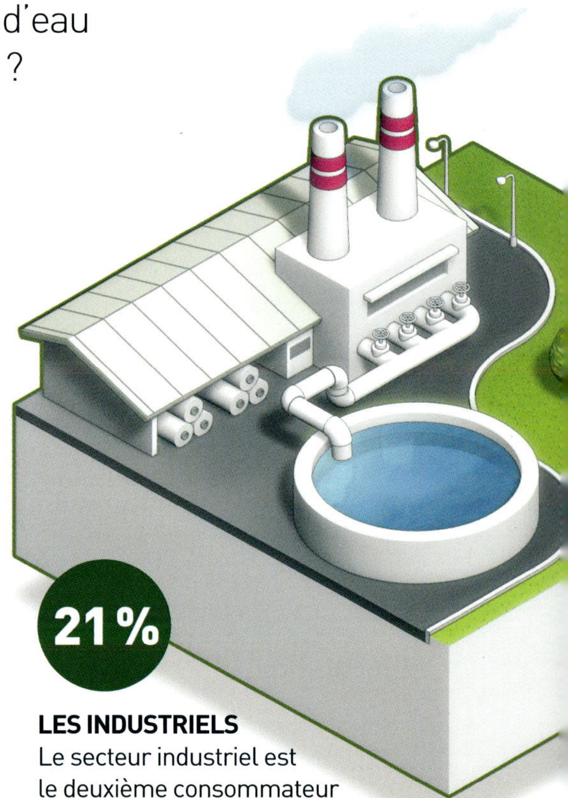

LES INDUSTRIELS

Le secteur industriel est le deuxième consommateur d'eau, avec 21 % du total mondial. Les industries les plus gourmandes en eau sont celles du papier, de la chimie et de l'agroalimentaire (il faut 20 litres d'eau pour fabriquer 1 litre de bière et 50 litres d'eau pour fabriquer 1 kg de sucre).

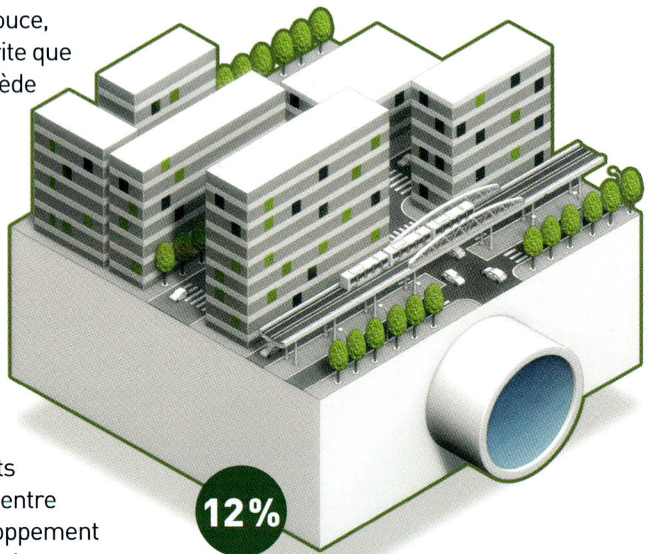

LES CITOYENS

La consommation domestique représente 12 % du total mondial. Elle comprend les utilisations individuelles (sanitaires, entretien...) et collectives (villes, magasins...).

glossaire

FORUM MONDIAL DE L'EAU :
Organisé tous les trois ans depuis 1997, le Forum mondial de l'eau fait le point sur les problèmes de l'eau dans le monde. Les représentants de plus de 300 ONG et de 50 pays y formulent des propositions concrètes pour préserver les ressources en eau de la planète.

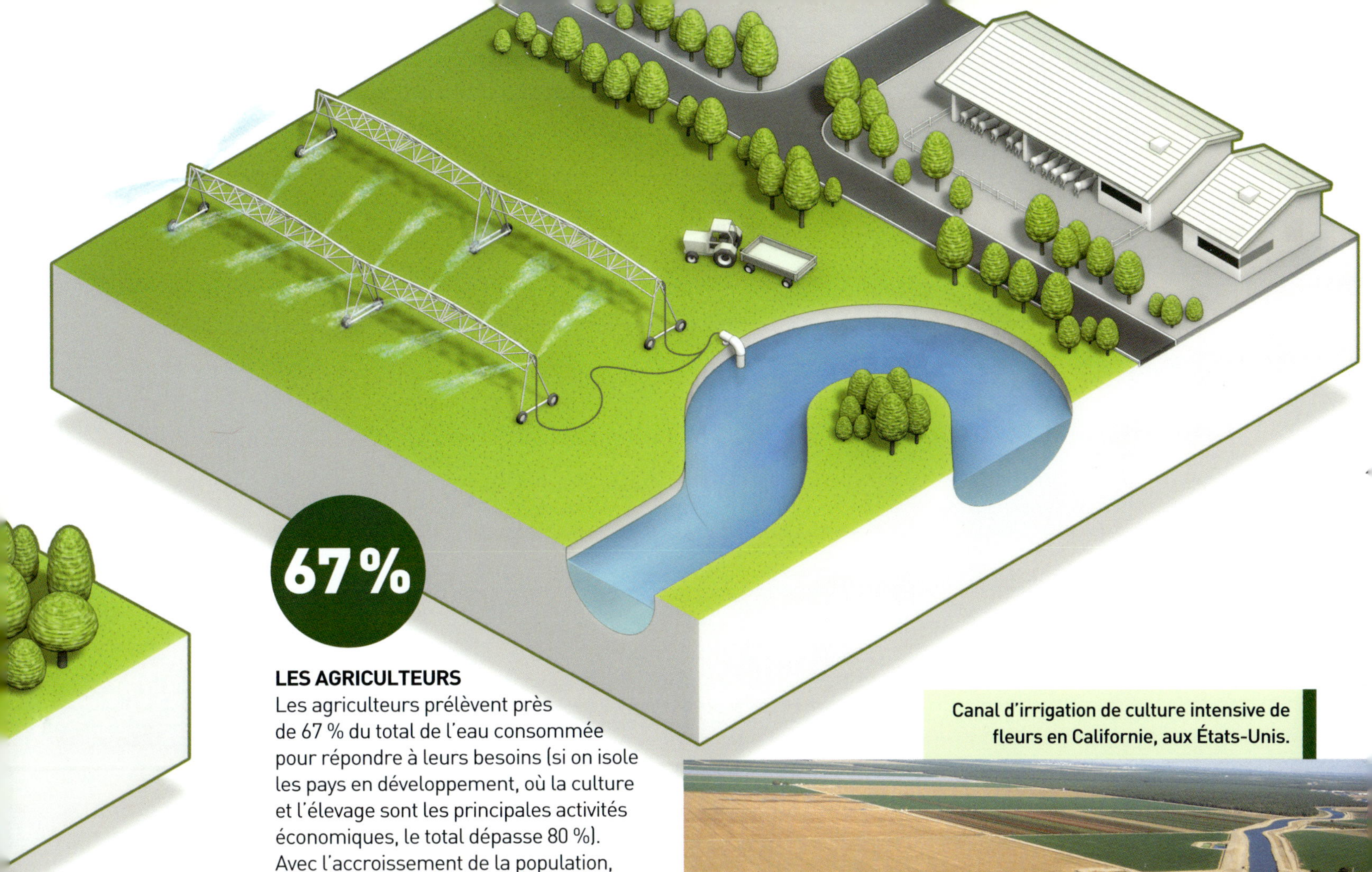

67 %

LES AGRICULTEURS

Les agriculteurs prélèvent près de 67 % du total de l'eau consommée pour répondre à leurs besoins (si on isole les pays en développement, où la culture et l'élevage sont les principales activités économiques, le total dépasse 80 %). Avec l'accroissement de la population, les agriculteurs doivent résoudre une équation presque impossible : fournir davantage de produits alimentaires tout en prélevant moins d'eau !

Canal d'irrigation de culture intensive de fleurs en Californie, aux États-Unis.

FOCUS

L'EAU VIRTUELLE, QUÈSACO ?

Apparu vers 1990, ce terme désigne l'eau utilisée lors de la production d'un bien, la culture d'une plante ou l'élevage d'un animal. L'eau virtuelle s'exprime habituellement en litres d'eau par kilo. Ainsi, élever un bœuf nécessite près de 15 000 litres/kg, essentiellement consacrés à l'irrigation de ses plantes nourricières (plus de 95 %). Aujourd'hui, environ 15 % de l'eau utilisée dans le monde sont exportés sous forme d'eau virtuelle. En important des produits riches en eau virtuelle comme le riz, certains pays arides peuvent limiter les prélèvements sur leurs propres ressources et se concentrer sur d'autres cultures moins gourmandes en eau. Par exemple, il faut deux fois moins d'eau pour produire 1 t de céréales (1 000 m³) que pour produire du riz.

VRAI OU FAUX ?

ON PEUT PRÉLEVER SANS AUTORISATION DES MILLIERS DE M³ D'EAU.

FAUX. En France, l'eau est considérée comme un patrimoine de la nation et les prélèvements importants par pompage en surface (cours d'eau) ou en eaux souterraines (puits) sont soumis à une autorisation administrative. Seul le pompage pour un usage domestique (arrosage de jardin, alimentation, lavage...) et limité en volume est libre, sauf lorsque le préfet interdit tout prélèvement, quel qu'il soit, en période de canicule !

La mer à boire, une idée qui fait son chemin ?

Gaspillage, surconsommation, pollution : les maux de l'eau sont bien connus, mais les hommes ont encore du mal à les limiter. Les océans vont-ils nous sauver ?

Peut-on éliminer les abus ?

Aujourd'hui, une personne sur six n'a pas accès à l'eau potable et 5 millions meurent en buvant de l'eau polluée chaque année, selon l'Organisation de coopération et de développement économiques (OCDE). Pourtant, l'accès à l'eau pour tous n'est pas une utopie si le monde relève trois défis. Le premier, bien avancé dans les pays développés, est la lutte contre les pollutions agricoles, industrielles et domestiques. Le deuxième est le recyclage des eaux usées des industries, d'autant plus que leur volume ne cesse d'augmenter avec le progrès économique (de plus en plus d'usines en rejettent, les villes sont de plus en plus peuplées…). Après avoir été « lavée », cette eau peut être utilisée une nouvelle fois dans les secteurs agricoles et industriels ou être injectée dans les nappes souterraines pour les reconstituer en période de sécheresse. Le troisième effort doit être mené dans la lutte contre le gaspillage. À l'échelle individuelle dans les usages domestiques, dans l'irrigation abusive des récoltes, mais aussi dans les circuits développés pour distribuer l'eau aux consommateurs. Lors de son acheminement, l'eau perdue en raison de fuites sur le réseau représente parfois plus de 50 % du total dans les pays en développement !

Quel est le véritable prix de l'eau ?

La question du prix de l'eau est complexe. Selon les lieux et leurs caractéristiques, le prix est très variable. Ainsi, elle est cinq fois plus chère en Allemagne et trois fois plus en France qu'au Canada, riche en grands lacs. Mais il existe aussi des variations locales : en France, chaque commune fixe son tarif. Ces différences de prix s'expliquent par la diversité des conditions naturelles et de la répartition de la population et par le coût des équipements mis en œuvre. Quand ils existent. Car, malheureusement, dans la plupart des pays pauvres, les réseaux sont rares ou obsolètes. Et les pouvoirs publics, qui gèrent 95 % des réseaux dans le monde, ne parviennent pas à trouver la solution. Que faire ? Certains experts recommandent de faire appel aux sociétés privées. Mais pour que ces dernières puissent rentabiliser leurs investissements, elles devront fixer un prix de l'eau supérieur aux coûts réels de production, distribution et assainissement de l'eau. Or cette proposition est vivement combattue par de nombreuses ONG qui considèrent que le prix réel de l'eau mettra cette ressource

FOCUS

LE GASPILLAGE DE L'EAU POTABLE DANS NOS TOILETTES

Aujourd'hui, l'eau de nos toilettes est issue du même circuit que celle de la cuisine. Ainsi, chaque fois que l'on actionne la chasse, une vingtaine de litres d'eau potable est déversée dans les égouts. Or rien n'interdit de posséder deux circuits d'eau indépendants chez soi. Plusieurs pays, comme la Belgique et l'Allemagne, développent des systèmes de récupération des eaux pluviales afin de les réutiliser pour un usage domestique (chasses d'eau, arrosage du jardin, lavage des voitures). Mais ce double réseau est très onéreux et techniquement compliqué. Le jeu en vaut-il la chandelle ? Cela dépend des régions et des usages.

Près de 70 % de la surface de la Terre est recouverte d'eau, dont 97 % est de l'eau salée.

vitale hors de portée des populations les plus pauvres. Sur le principe moral, elles n'ont pas tort. Mais la réalité est plus cruelle. Aujourd'hui, selon l'Unesco, les habitants des mégalopoles des pays non équipés achètent déjà leur eau à des vendeurs des rues, à un prix jusqu'à 100 fois plus élevé que le prix normal !

Et si c'était la mer à boire ?

Près de 97 % de l'eau présente sur le globe est salée et non potable. Ce simple constat explique l'intérêt de développer rapidement des techniques de dessalement pour régler à jamais le problème de l'eau dans le monde. D'autant plus que près d'un quart de la population vit à moins de 25 km des océans, ce qui limite les frais de distribution. Des usines de traitement sont déjà en activité dans le monde entier. D'ores et déjà, 30 milliards de litres d'eau potable sont produits chaque jour à partir d'eau de mer, en très grande partie dans les pays du Moyen-Orient. Malheureusement, ce processus qui nécessite beaucoup d'énergie entraîne un coût de production jusqu'à dix fois plus élevé que celui d'un traitement classique et l'émission préjudiciable de gaz à effet de serre.

VRAI OU FAUX ?

L'EAU DE PLUIE N'EST PAS TOUJOURS POTABLE.

VRAI. En raison de la pollution, l'eau de pluie est souvent trop acide et trop chargée en polluants pour être considérée comme potable selon les réglementations en vigueur.

LES TERRES LES PLUS IRRIGUÉES SONT SITUÉES EN AFRIQUE.

FAUX. Seulement 7 % des terres arables de l'Afrique sont irriguées alors que l'irrigation concerne 38 % des terres cultivées asiatiques.

IL FAUT UNE VINGTAINE DE LITRES D'EAU POUR FABRIQUER 1 LITRE DE BIÈRE.

VRAI. L'eau est nécessaire à la fabrication de la bière (elle est composée de plus de 95 % d'eau) mais aussi à l'irrigation du houblon et au nettoyage des cuves.

COMMENT DESSALER L'EAU DE MER ?

Aujourd'hui, les deux procédés les plus couramment utilisés sont le dessalement thermique et le dessalement par membrane.

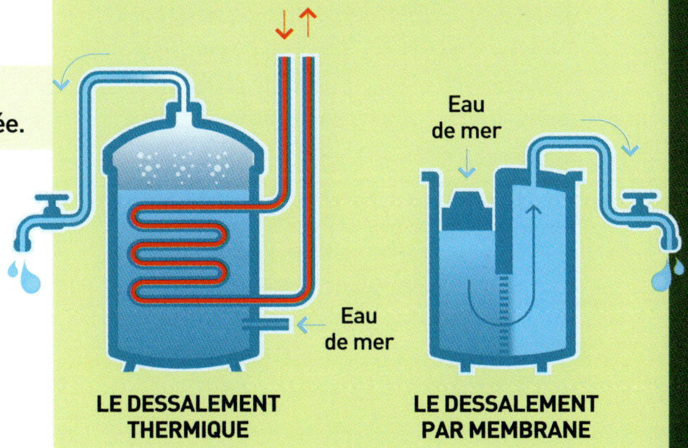

Le premier exploite l'évaporation de l'eau de mer en la chauffant dans une chaudière. La vapeur d'eau obtenue est condensée pour obtenir de l'eau douce consommable. Le second, dit d'« osmose inverse », repose sur le filtrage de l'eau de mer propulsée à très haute pression à travers une membrane percée de trous minuscules, laissant passer l'eau mais retenant les bactéries et le sel.

Les mers sont-elles condamnées ?

Entre marées noires et réchauffement climatique, les écosystèmes marins s'asphyxient. Alerte sérieuse ou bouteille à la mer ? Alors que mers et océans couvrent près de 71 % du globe et abritent plus de 97 % des espèces vivantes, moins de 2 % sont protégés, contre 11 % des zones terrestres…

La mer, un vide-ordures géant ?

Rejets agricoles, industriels ou ménagers : 75 % des pollutions marines proviennent des eaux continentales. Les plus visibles sont les marées vertes, conséquence d'une accumulation de débris organiques qui appauvrit les eaux en oxygène. Ces débris, qui proviennent des nitrates (lisier de porc) et de l'azote (engrais, eaux usées…), asphyxient la moitié des lacs européens et quelque 150 zones côtières dans le monde, où toute vie aquatique a disparu.
Mais que faire face aux géants de l'industrie et à l'agriculture intensive ? Des initiatives locales portent leurs fruits, comme en Suisse où l'interdiction des phosphates dans les lessives depuis 1996 (mais pas les détergents pour lave-vaisselle !) a assaini le lac Léman. Cependant, au niveau mondial, rien n'a vraiment changé malgré un programme lancé en 1995 sous l'égide des Nations unies sur les sources de pollution (bassins-versants, exploitations agricoles ou forestières, villes…). Pire : une décennie plus tard, la pollution marine s'accentue en Asie du Nord-Est et dans le golfe du Mexique…

DES OCÉANS SUREXPLOITÉS ?

Transport maritime, pêche, industrialisation, urbanisation : les océans sont surexploités alors même qu'ils constituent la première ressource alimentaire pour plus de 3,5 milliards d'hommes !

Sources : Programme des Nations unies pour l'environnement, Commission d'enquête sur la sécurité du transport maritime des produits dangereux ou polluants, CNRS, ministère de l'Écologie, Fondation Nicolas-Hulot.

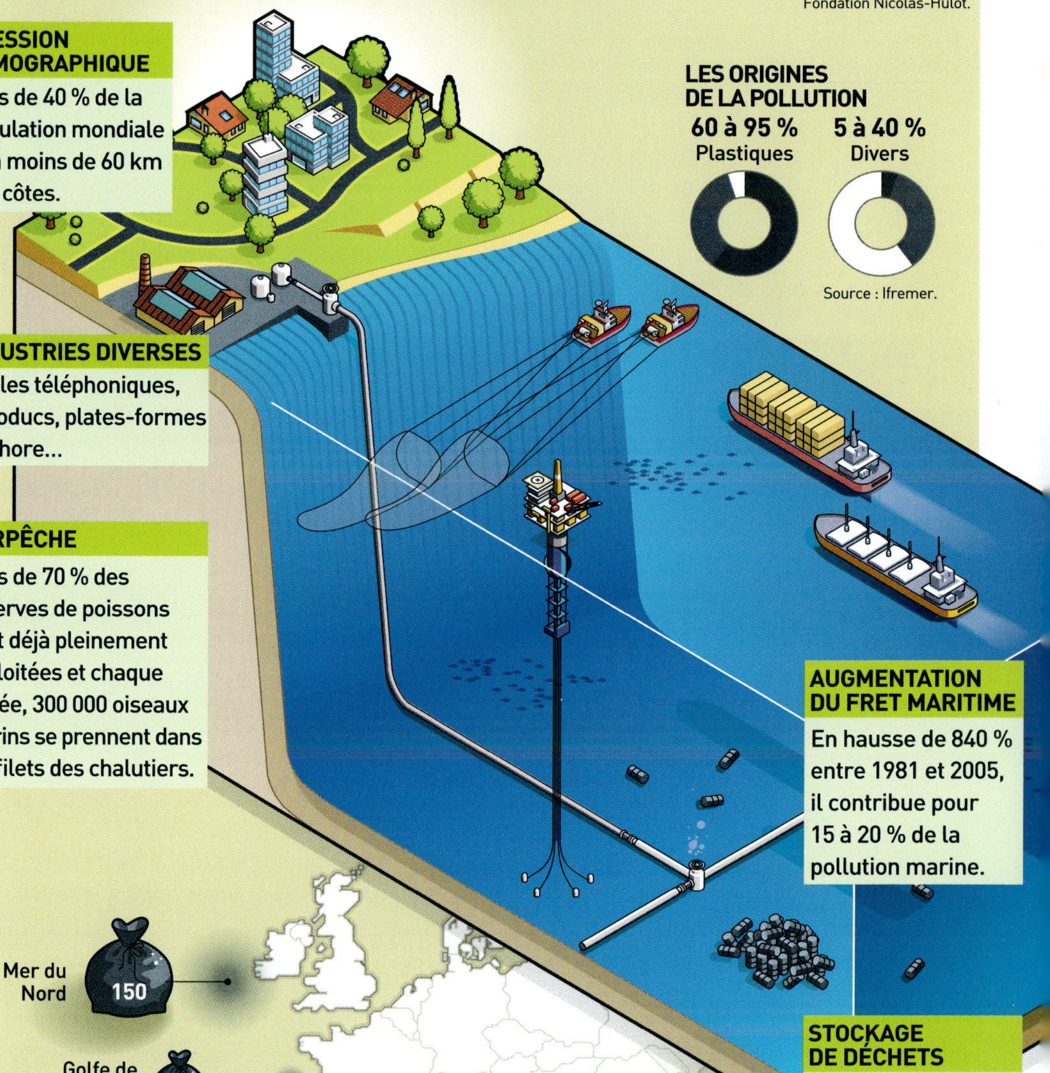

PRESSION DÉMOGRAPHIQUE
Près de 40 % de la population mondiale vit à moins de 60 km des côtes.

INDUSTRIES DIVERSES
Câbles téléphoniques, gazoducs, plates-formes offshore…

SURPÊCHE
Près de 70 % des réserves de poissons sont déjà pleinement exploitées et chaque année, 300 000 oiseaux marins se prennent dans les filets des chalutiers.

LES ORIGINES DE LA POLLUTION

60 à 95 % Plastiques
5 à 40 % Divers

Source : Ifremer.

AUGMENTATION DU FRET MARITIME
En hausse de 840 % entre 1981 et 2005, il contribue pour 15 à 20 % de la pollution marine.

STOCKAGE DE DÉCHETS
Bien que réglementé et limité, il causerait encore 10 % de la pollution marine.

LES DÉCHARGES SOUS-MARINES EN EUROPE
en millions de t de déchets

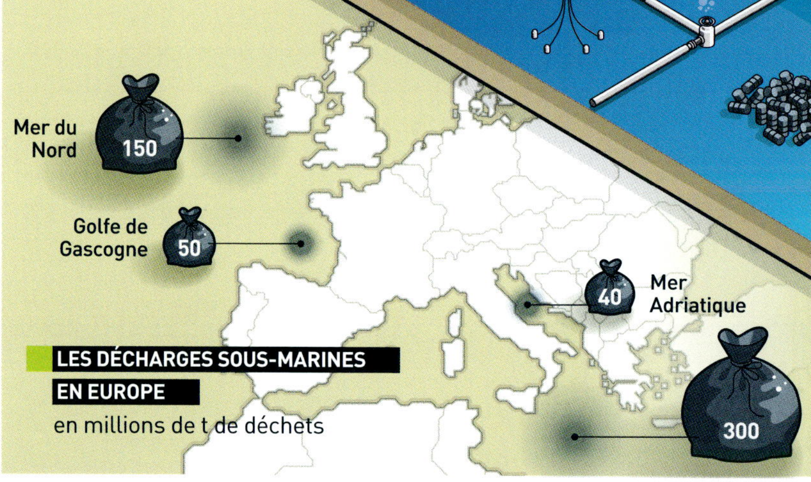

FOCUS

QUI A TUÉ LA MER D'ARAL ?

C'est le détournement de deux fleuves, dans les années 1960, qui a engendré la baisse des eaux (- 22 m) de la mer d'Aral, un lac salé d'Asie centrale. Aujourd'hui, au Kazakhstan et en Ouzbékistan, les populations côtières souffrent de troubles liés à la forte salinité de l'eau et à la pollution (maladies rénales, tuberculose, chute de la fécondité...). Peu de fonds ont été débloqués pour empêcher ce désastre. Et l'indépendance des territoires soviétiques (1991) ne facilite pas les choses. Au Kazakhstan, les habitants ont dû construire eux-mêmes un barrage de sable, faute de mieux...

Le monde marin va-t-il boire la tasse ?

Elle a beau être invisible, la pollution chimique des mers n'en intoxique pas moins les animaux marins. Jusque dans les milieux quasiment vierges : transportées par le vent et le courant, les substances rejetées à la mer dérivent jusqu'en Arctique. Ainsi, les fonctions vitales de l'ours polaire sont menacées par des produits désormais interdits (pesticides organochlorés) et des composés chimiques tels ceux contenus dans les retardateurs de flammes utilisés pour fabriquer des canapés... Et les hommes ne sont pas épargnés : les Inuits, qui se nourrissent essentiellement de poisson et de mammifères marins, avalent eux aussi des Polluants organiques persistants (POP) à l'origine de troubles de la fécondité. Autre péril invisible, le réchauffement climatique. Au cours du XXe siècle, la température des océans a augmenté de 0,5 °C en moyenne. La Grande-Bretagne et la France ont observé que les saumons de l'Atlantique Nord se reproduisaient de plus en plus jeunes, passaient moins de temps en mer et vivaient moins longtemps. Les eaux tropicales ont quant à elles gagné 1,2 °C en un siècle. Conséquence, les Seychelles auraient perdu un tiers de leurs coraux et de nombreuses espèces de poissons. Enfin, côté Arctique, la fonte de la banquise libère les POP retenus dans les glaces. Jusqu'à quel degré la vie marine saura-t-elle s'adapter ?

Les pollueurs sont-ils les payeurs ?

Les tankers sillonnant les océans (37 % des navires de fret) vident souvent leurs cales en pleine mer. Avec 280 pétroliers qui seraient en infraction chaque jour, la Méditerranée subit chaque année l'équivalent de la pollution de 50 *Erika*. Si les contrôles se sont renforcés (notamment par repérage satellitaire), la surveillance des dégazages et déballastages sauvages n'est pas coordonnée. Les rejets dans les eaux internationales sont peu sanctionnés et de nombreux capitaines préfèrent l'amende au coût d'une vidange légale...

Faut-il encore avoir **peur des OGM ?**

La manipulation génétique permet de développer des « super-plantes », plus résistantes, plus nutritives... Cependant, ses risques à long terme sur l'homme et l'environnement sont aussi incertains que contestés. Certains pays ont déjà vu leurs cultures locales contaminées par les OGM. Se dirige-t-on vers un point de non-retour ?

Quels risques les OGM font-ils courir ?

Les scientifiques l'avouent : la recherche sur les organismes génétiquement modifiés (OGM) en est au stade préhistorique. Les conséquences éventuelles des OGM sur la santé (toxicité, allergies, résistance aux antibiotiques...) ne seront connues qu'à long terme. On sait déjà que des rats nourris avec un maïs transgénique autorisé par l'Union européenne ont des reins plus petits et un taux de globules blancs anormal. Côté environnement, le risque de « pollution transgénique » est très présent en raison de la dissémination du pollen et du mélange des semences.

N'ont-ils que des défauts ?

La transgenèse permet de développer des propriétés intéressantes : une information génétique étrangère est sélectionnée, puis introduite dans les cellules d'une plante, d'un animal ou d'un micro-organisme. Les premières plantes génétiquement modifiées (PGM), américaines, devaient ainsi résister aux maladies et aux parasites. Des plantes résistantes à la sécheresse, un maïs plus riche en protéines et en huile, voilà qui pourrait aider à lutter contre la faim et la malnutrition. Malheureusement, les sociétés privées qui font le commerce des OGM ne s'intéressent pas à ces variétés mais à celles qui favorisent le rendement des exploitations !

En août 1999, en Grande-Bretagne, militants anti-OGM à l'assaut d'un champ de colza.

REPÈRE

Les premières plantes génétiquement modifiées ont été mises sur le marché aux États-Unis en 1996 pour améliorer le rendement agricole. Aujourd'hui, les PGM dans le monde sont le soja, le maïs, le tabac, le coton, le colza, la tomate, le blé et le riz. Elles sont destinées à l'alimentation animale (soja) et humaine (maïs), ou à l'industrie textile (coton).

Des enjeux cachés ?

Le marché mondial des OGM est estimé à plus de 5,5 milliards de dollars (15 % du marché de la protection des cultures et 18 % du marché des semences). Aux États-Unis, plus des trois quarts des surfaces agricoles sont cultivées en OGM. Or ce pays exporte chaque année vers l'Europe pour 3 milliards de dollars de blé, de maïs et de soja : il lui devient donc difficile de fournir des céréales non OGM. La pression augmente... Mais l'enjeu économique dépasse ces chiffres : les OGM sont en effet le fer de lance du marché très porteur des biotechnologies. En distribuant leurs semences brevetées dans le monde, les États-Unis et les multinationales maîtriseraient le secteur alimentaire. C'est pourquoi ils veulent les imposer à l'Europe.

Demain, mangera-t-on des animaux génétiquement modifiés ?

Crevettes antiallergéniques, saumons résistants au froid : des animaux génétiquement modifiés existent, mais ils sont confinés dans les laboratoires, un moratoire mondial empêchant leur commercialisation. Une trêve qui risque d'être de courte durée : des élevages ont d'ores et déjà demandé l'autorisation de vendre des poissons transgéniques qui parviennent deux fois plus vite à la taille adulte ! Avec en arrière-plan le risque de contamination des autres espèces, une incidence sanitaire inconnue…

QUI SONT LES GRANDS PRODUCTEURS D'OGM ?

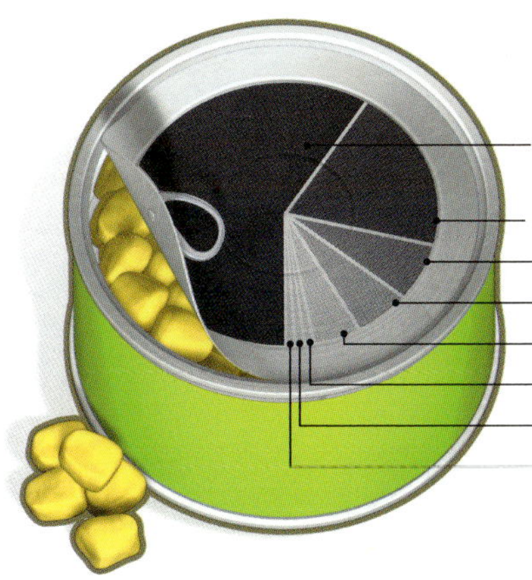

Source : ISAA (International service for the acquisition of agri-biotech applications), 2005.

La culture mondiale de plantes génétiquement modifiées s'étendrait sur 90 millions d'ha (1,8 % de la surface agricole mondiale) répartis sur 21 pays. Le soja occupe 60 % de ces surfaces cultivées en OGM ; le maïs, 24 % ; le coton, 11 % ; le colza, 5 %.

Les OGM hors la loi ?

L'absence de preuve de danger a conduit les États-Unis à autoriser l'utilisation des OGM dès 1996. L'Union européenne (UE) en avait autorisé plusieurs, mais l'opinion publique y étant très défavorable, le principe de précaution prévaut depuis 2004 : les OGM ne peuvent être utilisés que si leur innocuité a été prouvée ; un maïs doux OGM en conserve a ainsi été autorisé. En 2003, l'UE a adopté une législation sur l'étiquetage (obligatoire à partir de 0,9 % d'OGM dans la composition) et la traçabilité des OGM dans l'alimentation. Quant à la question de la dissémination, elle laisse chaque pays membre décider.
En attendant d'y voir plus clair, plus de 170 « zones sans OGM » ont été décrétées par des collectivités locales et territoriales en France, en Italie, en Autriche, en Pologne, en Grèce…

Catastrophes naturelles, à qui le tour ?

Chaque année, la liste des victimes de catastrophes naturelles s'allonge à l'infini. Avons-nous encore le droit aujourd'hui d'invoquer la fatalité ? La réduction des risques de catastrophes est-elle une utopie ? Pas si sûr.

De quoi faut-il avoir peur ?

Les catastrophes naturelles n'ont rien d'exceptionnel : 75 % de la population mondiale vit dans des régions qui ont été touchées par une catastrophe naturelle au moins une fois depuis 1980 ! Aucun État n'est véritablement à l'abri. Mais les experts de l'ONU ont constaté que plus de la moitié des victimes des catastrophes dans le monde vivent dans un pays en voie de développement alors que ces derniers ont été beaucoup moins touchés par les récentes catastrophes naturelles que les pays industrialisés. Ainsi, près de 88 % des morts enregistrés depuis trente ans et 96 % des personnes touchées se trouvaient en Asie ou en Afrique. Les raisons de cette inégalité sont nombreuses : les habitants des régions les plus pauvres sont concentrés dans des villes mal aménagées et logés dans des bâtiments fragiles. Et leurs autorités n'ont pas les moyens de mettre en place un système de prévention ou d'information avant la crise ni d'intervenir après. Cette inégalité existe aussi dans les pays riches. En août 2005, lorsque le sud des États-Unis a été dévasté par l'ouragan Katrina, la majorité des 1 300 victimes étaient issues des milieux les plus défavorisés. La population aisée, mieux informée et disposant de véhicules, avait fui les villes inondées dès la rupture des premières digues.

De plus en plus de catastrophes ?

Les avis des scientifiques sont très partagés. Les données sur plusieurs siècles ne sont pas assez bien connues pour que l'on puisse affirmer que les catastrophes sont plus fréquentes aujourd'hui, en raison notamment du réchauffement climatique. En revanche, elles sont assurément plus destructrices : les hommes sont de plus en plus nombreux et de plus en plus regroupés dans les villes, la déforestation favorise les glissements de terrain et les avalanches... Mais ces catastrophes sont surtout beaucoup plus médiatisées. Faute de radio ou de télévision, le terrible tsunami de 2004 n'aurait eu aucune chance d'être connu au fin fond de la France au XIXe siècle.

Le tsunami, une mine d'informations ?

26 décembre 2004. Un mur d'eau s'abat sur les côtes de l'océan Indien et fait près de 270 000 victimes. Cet épisode dramatique a permis de beaucoup mieux

FOCUS

LES ÉCOLIERS FRANÇAIS SONT-ILS FORMÉS AUX RISQUES MAJEURS ?

Lors d'une catastrophe naturelle, les enfants sont parmi les populations les plus vulnérables, surtout s'ils sont en classe au moment du désastre. En France, l'information des élèves sur les risques majeurs dans le cadre de leur scolarité est une obligation. Chaque établissement scolaire doit élaborer un plan particulier de mise en sûreté (quels sont les moyens disponibles, où se confiner...) qui doit être régulièrement testé par des exercices de simulation.

Vue aérienne de la Nouvelle-Orléans, engloutie sous l'eau après le passage de l'ouragan Katrina en 2005, l'un des plus puissants ayant frappé les États-Unis. Avec des vents soufflant à plus 280 km/h, il a également touché d'autres villes de Louisiane et des États limitrophes.

FOCUS

LES SEPT CATASTROPHES LES PLUS MEURTRIÈRES DE L'HISTOIRE PAR TYPE

TREMBLEMENT DE TERRE
Chine, 1976 : 290 000 victimes.

TSUNAMI
Océan Indien, 2004 : 230 000 victimes.

CYCLONE
Bangladesh, 1970 : 400 000 victimes.

TEMPÊTE
Nord de l'Europe, 1953 : 2 000 victimes.

ÉRUPTION VOLCANIQUE
Indonésie, 1815 : 92 000 victimes.

SÉCHERESSE
Éthiopie, 1968-1973 : 200 000 victimes.

INONDATION
Chine, 1959 : 100 000 victimes.

connaître le phénomène du tsunami grâce aux milliers d'informations recueillies, via les vidéos d'amateurs et les images satellites. Ces observations ont été l'occasion de tester « grandeur nature » les simulations de propagation d'un tsunami à l'échelle d'une planète. Elles ont aussi permis d'identifier de nouvelles zones à risques, notamment en Alaska et au nord de l'Algérie. Elles ont enfin démontré l'impérieuse nécessité de mettre en place dans l'océan Indien un système d'alerte aux tsunamis, réservé jusqu'alors à l'océan Pacifique. Financé par l'Unesco, la France, l'Inde, la Thaïlande, l'Allemagne, l'Australie et la Malaisie, un réseau d'alerte y est opérationnel depuis 2007.

Comment limiter le nombre des victimes ?

Au cours des deux dernières décennies, les catastrophes naturelles ont provoqué la mort de plus de 1,5 million de personnes dans le monde. Pour limiter les conséquences dramatiques des catastrophes, les données concernant les risques majeurs sont collectées pour élaborer des cartes de zones à risques et informer les populations. Ces zones sont ensuite particulièrement surveillées et dotées de moyens d'alerte. Enfin, les autorités doivent gérer la crise lorsqu'elle survient, car on n'improvise pas une situation d'urgence, l'organisation d'un hôpital ou d'un centre de secours. Mais cette prévention coûte cher et les pays en développement n'ont pas toujours les moyens de la mettre en place sans l'aide des pays riches.

Indemnisation, les assureurs jouent-ils le jeu ?

Dans les pays occidentaux, l'indemnisation n'est jamais complète pour les dégâts matériels. En 2004, un tiers des dommages estimés de l'ouragan Katrina ont été pris en charge par les assureurs (45 milliards de dollars environ, sur 135 estimés). Dans les autres pays, les indemnités sont quasi nulles. Les grandes inondations dont la Chine a souffert en 1996 et 1998 ont entraîné chacune plus de 50 milliards de dollars de dommages économiques, selon l'Organisation de coopération et de développement économiques (OCDE). Les assurances n'ont remboursé que de 1 à 3 % des dommages. Mais ce n'est pas de la faute des assureurs. Les personnes effectivement assurées ne constituent qu'une infime minorité !

Déchets : catastrophe environn

Montagnes d'ordures, marées toxiques, sols dévastés, notre société de consommation produit chaque jour des millions de tonnes de déchets nuisibles. Mais ces résidus sont parfois riches de nouvelles ressources et certains savent en profiter. Qui tire les marrons du feu de ce marché en plein essor ?

Que faire de ces montagnes d'ordures ?

Le monde est aujourd'hui envahi par trois principaux types de déchets : les ordures ménagères (emballages, épluchures...), les déchets industriels (métaux, solvants, hydrocarbures...) et les résidus agricoles (fumiers, pailles..). Selon les pays, la répartition est différente : les déchets industriels forment 95 % des déchets produits en Finlande et 17 % en France où les résidus agricoles sont majoritaires (60 %). Cependant, quel que soit le déchet produit, le problème s'amplifie. Et comme il est illusoire d'imaginer un développement économique sans production de déchets, il faut donc s'organiser. La première étape est la collecte et le tri. Certaines matières comme le verre ou l'acier peuvent être recyclées à l'infini en réalisant de substantielles économies (un verre recyclé coûte un tiers moins cher qu'un verre neuf). Lorsque les déchets ne sont pas recyclables (80 % des ordures ménagères en France), ils sont envoyés dans des centres de stockage ou d'incinération. Aujourd'hui, les premiers sont les plus répandus dans le monde, mais la répartition entre stockage et incinération varie selon les caractéristiques de chaque pays. Ainsi, les centres de stockage sont rares au Japon, faute d'espace, et nombreux au Royaume-Uni, où le sol argileux (donc imperméable) a facilité leur création.

Qui sont les rois des déchets en France ?

La France compte 4 100 entreprises de gestion des déchets, mais deux grands groupes dominent assez largement le secteur : Veolia (Onyx) et Suez (Sita). Ces deux majors des services collectifs sont présentes sur tous les segments de la filière, de la collecte au stockage ultime, en passant par toutes les étapes intermédiaires de traitement. Ensemble, elles contrôlent près de 75 % des principales entreprises intervenant dans la gestion des déchets, un marché florissant. Selon les chiffres du ministère de l'Économie, des Finances et de l'Industrie, l'activité des professionnels de la gestion des déchets ménagers a progressé de 103,5 % entre 1995 et 2003. Historiquement présents dans la distribution puis dans le traitement des eaux, ils se sont imposés ensuite dans le secteur du traitement des déchets en France et à l'international en étant actifs dans une quarantaine de pays.

mentale ou jackpot industriel ?

D'un bout à l'autre de la planète, toujours la même question : que faire de nos déchets ? Récupération, élimination, recyclage sont les nouvelles composantes d'un business en plein essor.

Des déchets pleins d'énergie ?

Et si les déchets étaient une source d'énergie, donc de revenus, considérable ? Aujourd'hui, deux techniques sont mises en œuvre : la méthanisation et l'incinération. La méthanisation est un procédé de fermentation des déchets organiques en absence d'oxygène qui conduit à la formation du biogaz. Riche en méthane, ce gaz est alors utilisable comme source d'énergie. La Nouvelle-Zélande est très avancée dans son utilisation, pour alimenter les autobus des villes ; ce qui se fait aussi en France à Chambéry, Lille et Tours. Pour l'injection de biogaz dans le réseau de gaz, les Pays-Bas sont en tête. Cependant, la part du biogaz dans la consommation énergétique mondiale reste encore faible car sa production est trop chère et son utilisation parfois dangereuse. L'autre technique, plus classique, pour utiliser l'énergie des déchets repose sur la récupération de la vapeur produite par leur combustion dans les usines d'incinération : en moyenne, de 5 à 7 t de déchets permettent d'obtenir l'équivalent de 1 t de fioul. Mais il faut que la vapeur soit utilisée localement pour le chauffage ou pour produire de l'électricité, car elle ne peut être stockée.

FOCUS

QUAND ABIDJAN SUFFOQUE SOUS LES DÉCHETS TOXIQUES...

Septembre 2006. Les émanations de produits chimiques déchargés d'un navire étranger et déversés fin août dans des décharges publiques d'Abidjan entraînent la mort d'une dizaine de personnes et l'intoxication de plusieurs milliers. Avant même que la justice ne se prononce, l'appât du gain semble à l'évidence à l'origine de cette catastrophe. Se débarrasser de ses déchets en Afrique revient en effet beaucoup moins cher. En Europe, décharger 1 m³ coûte entre 300 et 450 euros. Sur le continent africain, ce montant peut être divisé par 10 ou 15.

Parviendrons-nous à réduire nos déchets ?

La montagne de déchets s'élève chaque jour un peu plus, notamment dans les villes où la population augmente vite et consomme le plus. Selon une étude de 2006 réalisée par l'institut des matières premières Cyclope, le monde a produit en 2004 autant de déchets que de céréales (2 milliards de t) et d'acier (1 milliard de t). Les déchets représentent entre 2,5 et 4 milliards de t, dont 1,2 milliard de t de déchets municipaux, de 1,1 à 1,8 milliard de t de déchets industriels non dangereux, et 150 millions de t de déchets dangereux. Les États-Unis et l'Europe ont collecté chacun plus de 200 millions de t, suivis par la Chine (170 millions de t). Mais comment freiner cette accumulation de déchets alors que les pays les plus peuplés s'industrialisent à la vitesse grand V ?

La voiture à pile sera-t-elle la voiture de demain ?

Épuisement des ressources en pétrole, lutte contre la pollution, sécurité : un triple enjeu conditionne la recherche sur l'automobile de demain. La voiture équipée d'une pile à combustible répond à ces critères. Ses performances seront-elles à la hauteur des enjeux ?

La pile à combustible, comment ça marche ?

Le principe : un stock d'hydrogène est embarqué à bord de la voiture. Au contact de l'oxygène de l'air se produit une réaction chimique qui génère de l'énergie électrique. Celle-ci va alimenter le moteur.

LES PLUS : ce système, ne rejetant que de la vapeur d'eau, ne produit aucune émission polluante. Et son rendement énergétique est bien meilleur que celui d'un moteur à combustion interne.

LES MOINS : l'hydrogène étant l'élément chimique le plus léger (14 fois plus léger que l'air), il nécessite un réservoir d'un volume important pour le stocker.

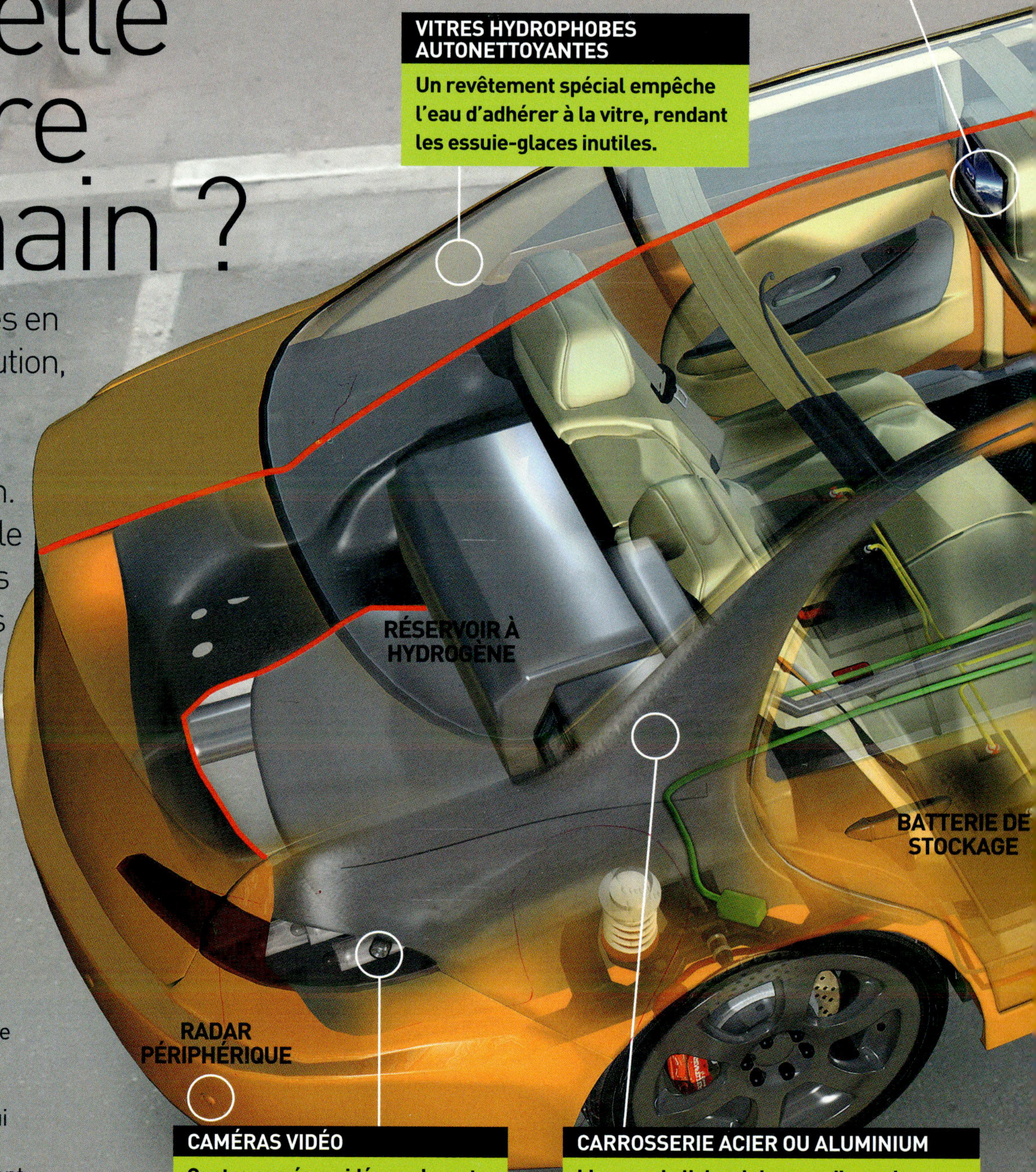

ÉCRANS DVD

Logés dans les appuis-tête, ils permettent aux passagers arrière de voir des films, de jouer à des jeux, d'écouter de la musique...

VITRES HYDROPHOBES AUTONETTOYANTES

Un revêtement spécial empêche l'eau d'adhérer à la vitre, rendant les essuie-glaces inutiles.

CAMÉRAS VIDÉO

Quatre caméras vidéo analysent l'environnement en 3D pour que la voiture se gare toute seule, sans l'intervention du conducteur.

CARROSSERIE ACIER OU ALUMINIUM

L'usage de l'aluminium ou d'un acier cinq fois plus mince et résistant permet de réduire le poids du véhicule, et donc sa consommation.

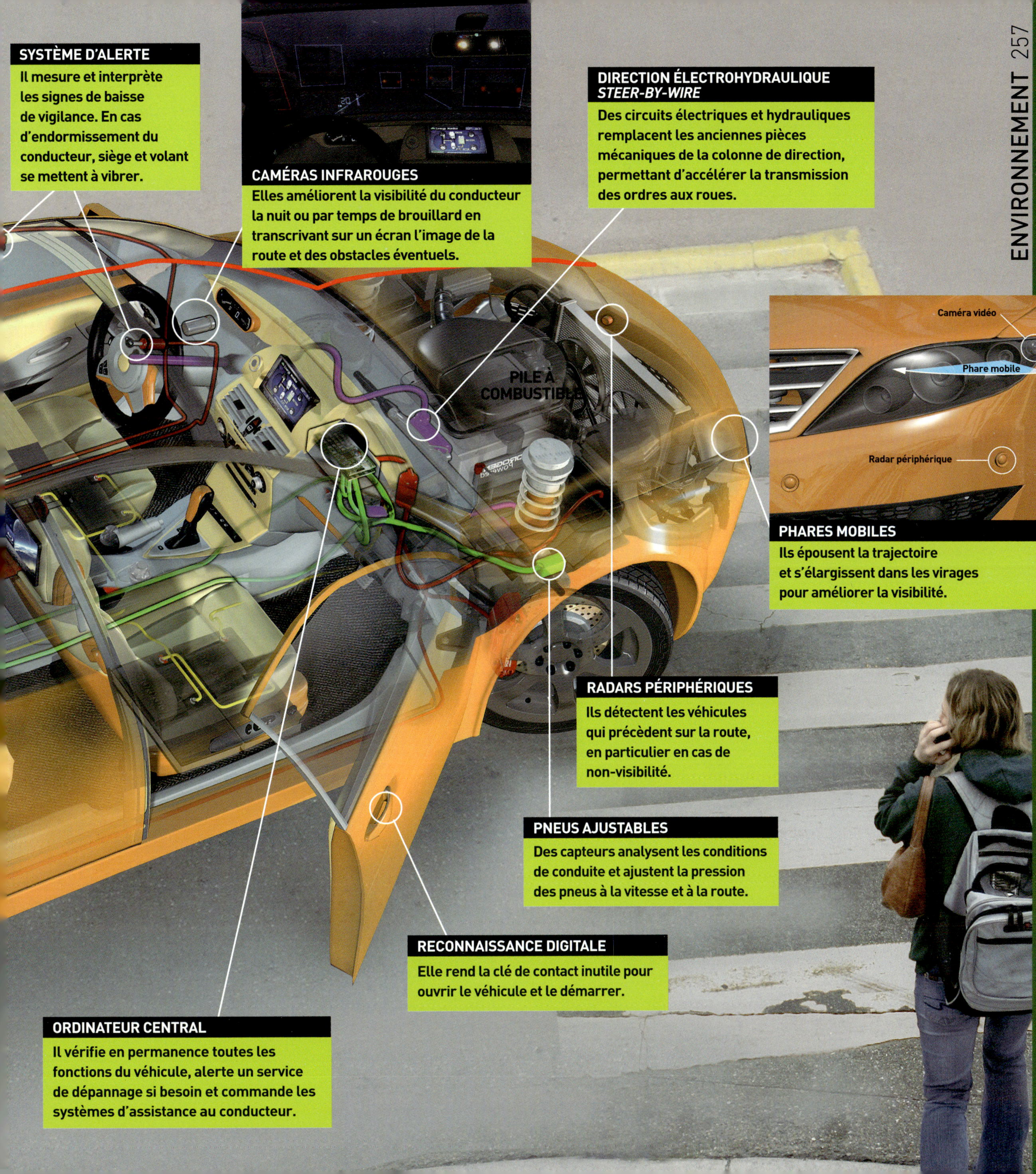

SYSTÈME D'ALERTE

Il mesure et interprète les signes de baisse de vigilance. En cas d'endormissement du conducteur, siège et volant se mettent à vibrer.

CAMÉRAS INFRAROUGES

Elles améliorent la visibilité du conducteur la nuit ou par temps de brouillard en transcrivant sur un écran l'image de la route et des obstacles éventuels.

DIRECTION ÉLECTROHYDRAULIQUE *STEER-BY-WIRE*

Des circuits électriques et hydrauliques remplacent les anciennes pièces mécaniques de la colonne de direction, permettant d'accélérer la transmission des ordres aux roues.

PHARES MOBILES

Ils épousent la trajectoire et s'élargissent dans les virages pour améliorer la visibilité.

RADARS PÉRIPHÉRIQUES

Ils détectent les véhicules qui précèdent sur la route, en particulier en cas de non-visibilité.

PNEUS AJUSTABLES

Des capteurs analysent les conditions de conduite et ajustent la pression des pneus à la vitesse et à la route.

RECONNAISSANCE DIGITALE

Elle rend la clé de contact inutile pour ouvrir le véhicule et le démarrer.

ORDINATEUR CENTRAL

Il vérifie en permanence toutes les fonctions du véhicule, alerte un service de dépannage si besoin et commande les systèmes d'assistance au conducteur.

Des transports propres, une utopie ?

Les transports sont à l'origine de 27 % des émissions mondiales de CO_2 (principal gaz à effet de serre), les deux tiers provenant de la circulation routière. Des carburants jusqu'aux moteurs, de nouvelles technologies plus « propres » commencent à poindre, mais la volonté politique suivra-t-elle pour les imposer ?

Le moteur hybride, solution à moyen terme ?

Les voitures hybrides s'arrachent actuellement aux États-Unis et au Japon. Elles associent un moteur thermique à essence, diesel ou biocarburant à un moteur électrique qui peut prendre le relais pour effectuer un trajet de 3 km en autonomie. Aux feux rouges et dans les embouteillages, le moteur se coupe automatiquement. Cette fonction hybride permet d'économiser de 30 à 50 % de carburant et d'émettre « seulement » entre 81 et 104 g de CO_2 par km, soit moins que les plus petits modèles citadins. Elle recycle même l'énergie cinétique au moment du freinage pour la convertir en électricité qui alimentera le moteur. Si les voitures hybrides polluent quand même et restent chères à l'achat, elles connaissent un grand succès (500 000 vendues entre 2003 et 2005), sauf en Europe, où le parc automobile comporte de nombreux diesels dont la motorisation a été améliorée (5,2 % de ces ventes).

LES ÉMISSIONS DE CO_2 LORS D'UN TRAJET PARIS-MARSEILLE...

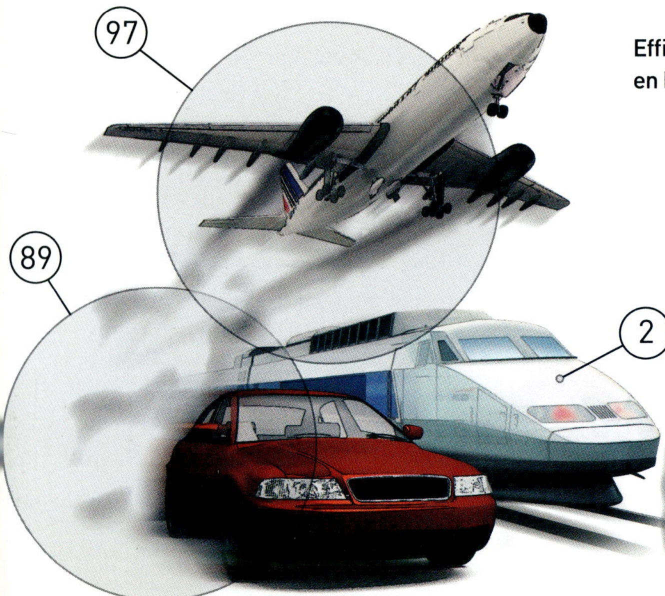

Source : Fondation Nicolas-Hulot.

... ET DANS LES TRANSPORTS URBAINS

Efficacité environnementale en kg de CO_2 par voyageur par km.

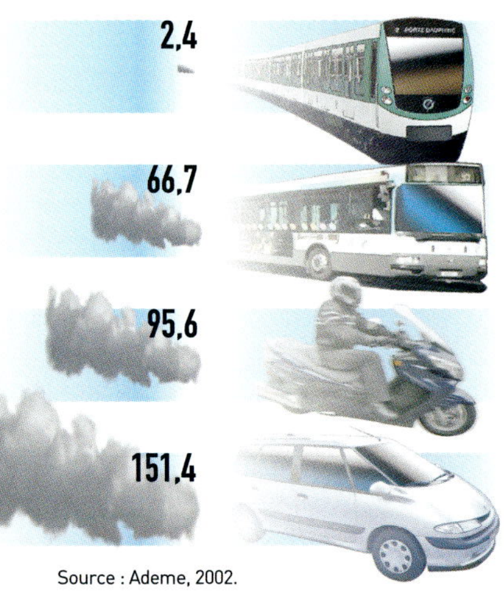

Source : Ademe, 2002.

Et en attendant, quel moteur ?

En attendant la voiture du futur entièrement non polluante prévue vers 2020 (voir article *La voiture à pile sera-t-elle la voiture de demain ?*), le moteur thermique a encore environ vingt belles années devant lui. Pour réduire la pollution, les chercheurs tentent d'améliorer la combustion grâce à de nouvelles technologies d'injection directe pour l'essence et le gazole. Si ces expérimentations aboutissent, le moteur thermique nouvelle génération verrait ses émissions polluantes réduites, notamment celles de CO_2 qui baisseraient de 10 à 20 %. Ce qui équivaudrait à certaines énergies de remplacement...

Pourquoi les biocarburants ne s'imposent-ils pas en Europe ?

Une directive européenne appelle les biocarburants à représenter 5,75 % des ventes de carburants en Europe en 2010. Un petit pas sur la voie des transports propres, puisque les Brésiliens incorporent déjà jusqu'à 22 % d'éthanol dans l'essence sans modifier leurs moteurs (les États-Unis et la Suède préconisent de 5 à 10 %). Le Brésil fut en effet le premier pays à se lancer dans la production de bioéthanol (à base de canne à sucre), au début des années 1970, pour

Bien que les transports en commun et le vélo soient très développés à Tokyo, le réseau routier souvent saturé génère une très forte pollution atmosphérique dans cette ville de 13 millions d'habitants.

POLLUTION AUTOMOBILE, QUI EST MENACÉ ?

Les enfants de moins de 15 ans, les personnes âgées et les personnes fragilisées par l'asthme ou certaines maladies sont particulièrement sensibles à la pollution de l'air. Mais le danger vient surtout de l'exposition répétée à la pollution, notamment aux particules fines émises par les diesels, qui s'introduisent dans le sang puis dans le système nerveux. Les habitants des villes sont donc particulièrement exposés.

faire face au choc pétrolier et réduire la pollution urbaine. Aujourd'hui, on y conduit de nombreux *fuel flexible vehicles* (FFV), qui fonctionnent tantôt aux carburants d'origine fossile, tantôt aux carburants verts fabriqués à partir de graisse animale ou d'huile végétale (palme, soja...). Ces voitures consomment jusqu'à deux fois moins de carburant que les modèles traditionnels, ce qui réduit d'autant les émissions de dioxyde de carbone. La Suède s'en est inspirée avec succès, ce qui prouve que les modèles de FFV sont faciles à proposer sur tous les marchés. Reste à convaincre les constructeurs, les propriétaires de diesels et le lobby des énergies fossiles qui prétexte que l'Europe n'aurait pas assez de surfaces cultivables pour produire des biocarburants...

FOCUS

QU'EST-CE QU'UN BIOCARBURANT ?

BIOÉTHANOL : fabriqué à partir de plantes (betterave, topinambour, pomme de terre, sorgho, canne à sucre, céréales), il ne rejette que le CO_2 que les végétaux ont absorbé durant leur croissance. Pour l'utiliser pur, il faut modifier le moteur de sa voiture, mais il est possible de le mélanger à l'essence. Déjà utilisé dans de nombreux pays, sa commercialisation vient tout juste d'être autorisée en France.
DIESTER : fabriqué à partir d'huiles végétales de colza ou de tournesol, ou de déchets végétaux (biomasse) comme des copeaux de bois. Mélangé à hauteur de 5 à 50 % avec du gazole ou du fioul, il peut être utilisé sur tous les moteurs diesels. Il permet de réduire les gaz à effet de serre et les particules nocives. Les huiles végétales pures sont interdites en France (dérogations pour les agriculteurs), mais pas en Allemagne.
BIODIESEL : de nouvelles filières sont expérimentées, comme les lipides microbiens, des huiles d'organismes unicellulaires (levures, par exemple).

LE SAVIEZ-VOUS ?

Vraiment propre, le moteur électrique ?

Dans le monde, l'électricité est fabriquée à 66 % à partir de combustibles fossiles, comme le charbon ou le pétrole. Ainsi, les émissions de CO_2 sur l'ensemble du cycle d'une voiture électrique seraient supérieures ou égales à celles d'une voiture à essence. La problématique est différente dans les pays où l'électricité est d'origine nucléaire, comme la France.

Quelle sera **notre future maison ?**

Face aux problèmes grandissants de pollution et de dépendance énergétique, constructeurs et architectes innovent en matière d'habitat. Et certains particuliers expérimentent déjà des maisons écologiques.

MATÉRIAUX

1 Briques monomurs alvéolées

Moins polluantes (et plus isolantes) que les parpaings de ciment, ces briques de terre emmagasinent la chaleur et la restituent aux heures fraîches. Elles absorbent également le bruit.

2 Isolants thermiques ultraperformants

Légers et poreux, les aérogels (de silice, par exemple) appliqués à l'intérieur des cloisons absorbent la chaleur ou le froid, et aussi le bruit et les vibrations.

3 Vitrages nouvelle génération

Anti-UV, antitaches, antirayures, infracturables.

DOMOTIQUE

Détecteur d'humidité

Il déclenche l'arrosage seulement quand les végétaux en ont besoin.

Régulateur

Il permet de moduler le chauffage en fonction de la météo et du mode de vie des habitants.

Aérateur

Un capteur évalue le pourcentage de CO_2 et ouvre automatiquement les fenêtres pour aérer en cas de besoin.

ÉNERGIES

4 Panneaux photovoltaïques

Des capteurs emmagasinent l'énergie lumineuse pour créer de l'électricité. Ils peuvent être couplés à une éolienne, qui utilise la force du vent.

5 Panneaux solaires thermiques

Constitués de tubes remplis d'air ou d'eau chauffés grâce au rayonnement solaire, ils peuvent alimenter un chauffe-eau solaire et fournir environ 50 à 70 % de l'eau chaude du foyer.

6 Pile à combustible

En appoint de l'énergie éolienne et photovoltaïque, elle fabrique de l'électricité à partir d'un mélange d'oxygène et d'hydrogène.

7 Plancher solaire direct

Il est chauffé à basse température grâce à des tuyaux alimentés en air ou en eau chaude par les capteurs solaires thermiques.

8 Véranda sur la façade sud

L'hiver, elle emmagasine la chaleur du soleil : le « solaire passif ».

Ampoules fluocompactes

Par rapport à une ampoule à incandescence, l'économie d'électricité est de 80 %.

PUITS CANADIEN (OU « PROVENÇAL »)

Une canalisation, enterrée et reliée à la maison, utilise la chaleur ou la fraîcheur du sol : grâce à un ventilateur, l'air est propulsé dans le conduit, créant ainsi un système de climatisation naturelle.

LE SAVIEZ-VOUS ?

Le béton au placard ?

Le béton de ciment est très polluant. Lors de sa fabrication, il génère environ 10 % des émissions mondiales de dioxyde de carbone ! Des fabricants tentent de le rendre moins polluant et plus performant : les nouveaux bétons, à base de fibres synthétiques ou métalliques, résistent aussi bien aux pluies acides qu'aux écarts de températures.

Quelles villes pour demain ?

Autrefois, vivre en ville était une exception. Aujourd'hui, 62 millions d'êtres humains quittent chaque année la campagne pour les villes où ils s'installent dans des conditions souvent dramatiques : un humain sur sept vit déjà dans un bidonville. Et demain ?

Vers une planète de bidonvilles ?

En 2007, pour la première fois dans l'histoire de l'humanité, plus de la moitié de la population mondiale vit dans les villes. Ce mouvement vers les zones urbaines, continu au XXe siècle, s'explique par la répartition inéquitable des ressources et l'espoir d'un avenir meilleur. Mais si l'urbanisation a longtemps coïncidé avec une amélioration de la qualité de la vie, la réalité est tout autre aujourd'hui. Selon les dernières estimations de l'ONU, les bidonvilles devraient se gonfler chaque année de 27 millions de personnes, pour compter au total 1,4 milliard d'habitants en 2020, soit autant que la population chinoise. Le mouvement de l'urbanisation est irréversible : le défi est de l'accompagner plutôt que de chercher à le freiner.

L'urbanisation est-elle forcément nuisible à l'environnement ?

Les citadins consomment bien plus de nourriture, d'énergie et de biens durables que les populations rurales. En Chine, la consommation de charbon par habitant dans les villes et les cités est plus de trois fois supérieure à celle en zone rurale.

Les conséquences sont dramatiques pour l'environnement en raison de la surproduction de déchets, des pollutions de l'air, des eaux et de la terre qui menacent la santé des hommes et les équilibres planétaires. Pour limiter la nocivité des zones citadines, les urbanistes développent des projets liant urbanisation et écologie, les « écovilles ». À quoi les reconnaît-on ? Elles comportent au minimum un réseau de transports publics propres, mettent en œuvre des initiatives de recyclage et prônent l'utilisation de sources d'énergies renouvelables. Bastion historique des Verts allemands, Fribourg a ainsi mis en place, dès les années 1970, des capteurs solaires et un réseau de pistes cyclables qui atteint aujourd'hui 500 km !

La chinoise Dongtan sera-t-elle la première ville parfaite ?

En Chine, l'exode rural n'en finit pas. Dans les quinze prochaines années, le pays doit construire 400 nouvelles villes pour abriter 300 millions de néocitadins venus de leurs campagnes chercher un travail, une paie, un avenir. Symbole écologique de cette nouvelle urbanisation : Dongtan. Construite sur les marais riches en biodiversité de l'île de Chongming, non loin de Shanghai, cette cité exemplaire sera capable d'accueillir à terme 500 000 personnes sans nuire à l'environnement. Sur le papier, les architectes ont tout prévu : les toits seront recouverts de plantes vertes pour isoler les bâtiments et recycler l'eau. Les quartiers seront reliés par des bus propres fonctionnant à la pile à combustible. Un système d'Intranet sera mis en place pour faciliter le covoiturage. L'énergie sera produite par l'incinération des déchets et par des éoliennes géantes propulsées par l'air marin. En complément, chaque immeuble possédera ses propres éoliennes ainsi que des panneaux à cellules photovoltaïques. Mais de la maquette à la réalité, de 2005 à 2050, date à laquelle la ville sera achevée, le chemin est encore long.

Qu'est-ce qui fait pousser les villes sur l'eau ?

Construire des quartiers sur l'eau est souvent la seule option pour agrandir les villes lorsque l'espace terrestre est totalement occupé. À Monaco, le quartier abritant le stade Louis-II a été entièrement édifié sur la Méditerranée. Le cas de plusieurs îles du Pacifique est différent. En raison du réchauffement climatique, les autorités locales redoutent l'immersion de leurs terres. Pour remédier à ce problème auquel s'ajoute celui de la surpopulation, le gouvernement des Maldives a créé une île artificielle. À 2 m au-dessus de la mer, sur du sable et du corail concassé, elle est prévue pour accueillir 100 000 habitants. Pour les habitants d'autres îles moins riches, la survie passe par un futur exil en Australie ou en Nouvelle-Zélande.

En 1950, une seule ville (New York) comptait plus de 10 millions d'habitants. En 2015, elles seront plus de 20.

L'ÉVOLUTION DES MÉGALOPOLES DE 1950 À 2015

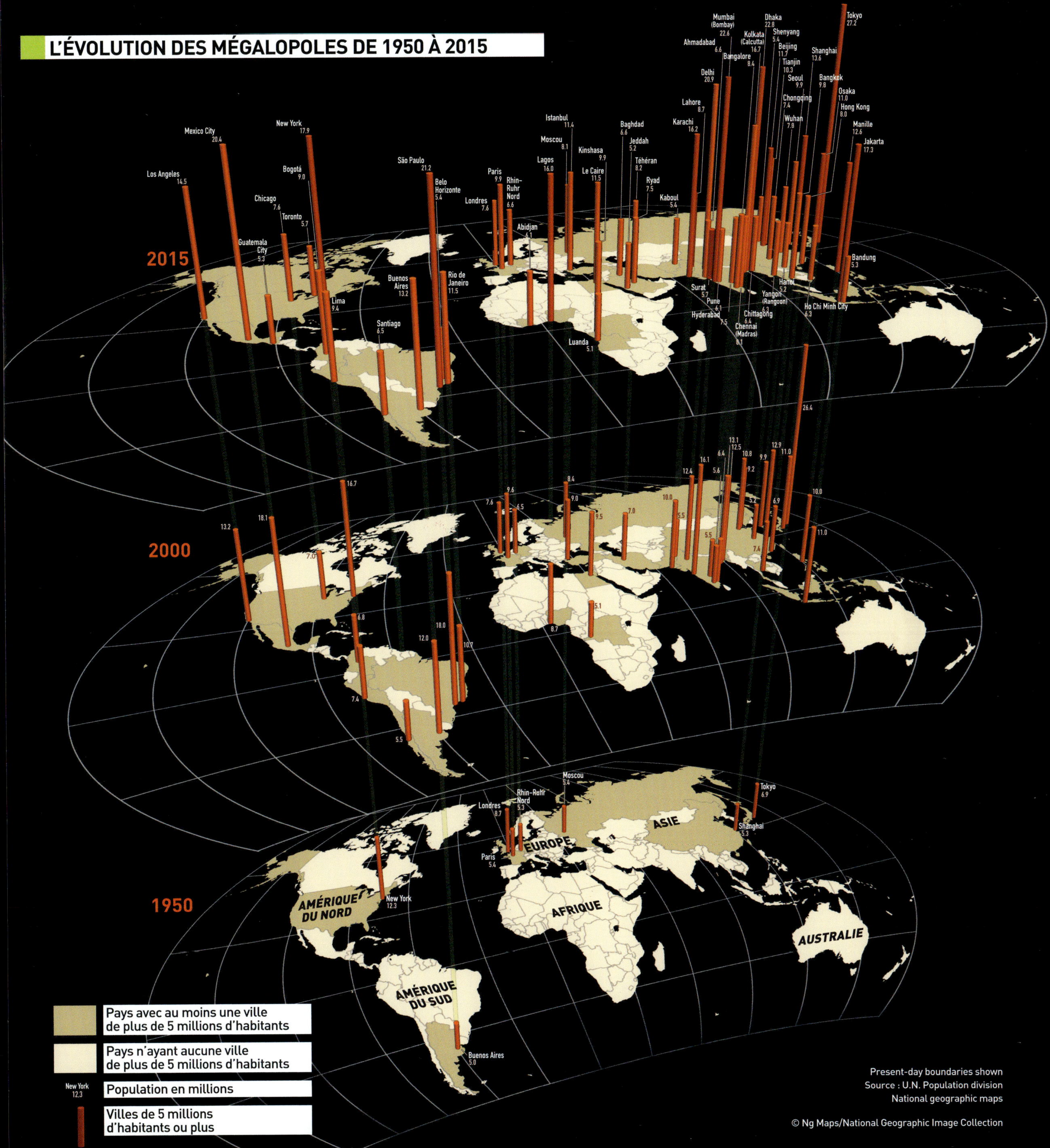

Pays avec au moins une ville de plus de 5 millions d'habitants

Pays n'ayant aucune ville de plus de 5 millions d'habitants

New York 12.3 Population en millions

Villes de 5 millions d'habitants ou plus

Present-day boundaries shown
Source : U.N. Population division
National geographic maps

CULTURE ET LOISIRS

Tony Parker
11 millions
d'euros de revenus
en 2006.

Sport et argent, un couple indissociable ?

Le sport professionnel génère aujourd'hui des masses d'argent colossales avec l'augmentation des salaires des joueurs, le montant des transferts, les droits télévisuels et les produits dérivés. Une activité lucrative aux dérives de plus en plus nombreuses.

Les sportifs sont-ils de simples marchandises ?

Longtemps considérés comme les esclaves des temps modernes, engagés à vie par leur club et sans possibilité de transfert, les grands sportifs sont aujourd'hui les vrais bénéficiaires du *sport business*. Ils accumulent désormais salaires et autres revenus de sponsoring ou de droits à l'image tout en ayant conquis une liberté presque totale. Dans le football, par exemple, le système du mercato permet aux joueurs de changer de club deux fois par an (au début et en milieu de saison). Les clubs ne conservent les stars qu'à coups d'augmentations renouvelées. Les agents poussent aux transferts pour toucher le maximum de commissions. Quant au joueur, il obtient à chaque mouvement un contrat plus avantageux. Avec le mercato, le supporter peut avoir de mauvaises surprises : il achète un abonnement au stade attiré par la présence d'une star, qui peut se retrouver cinq mois plus tard dans un autre club !

0123456789 chiffres-clés

LES REVENUS DES SPORTIFS FRANÇAIS EN 2006 PAR DISCIPLINES

SPORT	SPORTIF	EUROS
Football	Thierry Henry	14 000 000
Basket-ball	Tony Parker	11 000 000
Tennis	Amélie Mauresmo	4 000 000
Automobile	Sébastien Loeb	3 400 000
Golf	Thomas Levet	2 000 000
Boxe	Brahim Asloum	800 000
Moto	David Vuillemin	800 000
Hippisme	Christophe Soumillon	750 000
Cyclisme	Sylvain Chavanel	625 000
Rugby	Frédéric Michalak	570 000
Athlétisme	Christine Arron	450 000

Source : L'Équipe.

INSOLITE

QUAND LA TÉLÉ CHANGE LES RÈGLES DU SPORT

Une discipline ne peut attirer durablement des sponsors généreux que si elle est exposée dans la petite lucarne, et en *prime time* de préférence. Mais, pour être télévisée, elle doit être télégénique. Comment faire ? Le tennis a instauré dès le début des retransmissions sportives le tie-break pour en finir avec les parties interminables. Le tennis de table a modifié la couleur de sa balle, puis son diamètre. Le sabre, en escrime, a imposé le port de masques transparents pour rendre les assauts plus glamour. Certains sports font de la résistance comme le football qui refuse de multiplier les mi-temps, et donc les tunnels de publicité, pendant les matchs. Mais toutes les disciplines ne sont pas dans sa position de force !

Où va l'argent des droits télévisuels ?

Les relations marchandes entre le sport et la télévision connaissent une croissance extraordinaire depuis quarante ans. En France, le volume horaire de sport est passé de 232 heures en 1968 à plus de 55 000 en 2003 ! Très populaire, le football se taille la part du lion et gagne le gros lot. Canal+ débourse 600 millions d'euros par an pour acquérir l'exclusivité des images de la Ligue 1 entre 2004 et 2007. Chaque club reçoit alors plus de 10 millions de prime fixe, plus une prime selon son classement et le nombre de retransmissions (soit 42 millions d'euros pour Lyon en 2005-2006 !). D'autres sports sont moins bien lotis : le monde du volley-ball se partage 300 000 euros annuels ! Une inégalité qui va s'accentuer avec l'apparition récente des opérateurs et prestataires de services de téléphonie mobile dans le football. Ils offrent de nouvelles ressources en achetant le droit de diffuser des images... déjà vendues une première fois aux chaînes !

L'argent du sport est-il toujours très propre ?

Blanchiment d'argent, dopage et corruption, le sport connaît de nombreuses dérives. Le financement des transferts est parfois douteux, des matchs seraient achetés à l'avance et les instances les plus hautes du sport ne sont pas à l'abri de ces malversations. L'impact économique est tel pour les villes organisatrices de Jeux olympiques (équipements sportifs, hôtellerie, métro...) que la corruption est tentante. Pour obtenir les Jeux d'hiver 2002, Salt Lake City a dépensé 15 millions de dollars dans l'achat de la bienveillance des membres du CIO ! Six membres du Comité ont été exclus et quatre ont démissionné. Cela n'a pas empêché Salt Lake d'organiser ses Jeux avec un bénéfice avoisinant les 100 millions d'euros !

Le Real Madrid fait-il du sport ou du business ?

En 2005, une étude du cabinet Deloitte mettait en avant un chiffre d'affaires du Real Madrid en hausse de 17 % en un an ! Succès sportifs ? Vous n'y êtes pas, le club accumule les contre-performances. Mais il brille sur le terrain du business. Sur les 276 millions d'euros gagnés, 124 procèdent de l'exploitation des droits à l'image du Real et de la vente de produits dérivés (maillots, gamme de soins...). L'une des meilleures opérations a été le transfert du Britannique David Beckham, bientôt remplaçant sur le terrain mais icône publicitaire en Asie. Le joueur a été acheté à Manchester United qui occupait la tête du classement ces huit dernières années ! Simple coïncidence ?

Les JO : participer ou gagner ?

De records en médailles d'or, les Jeux olympiques font vibrer notre fibre patriotique. Si dépassement de soi et sentiment national sont exaltés sur la piste, les coulisses des JO sont parfois moins angéliques...

Organiser les JO, est-ce décrocher le gros lot ?

Le 6 juillet 2005, le Comité international olympique (CIO) brisait les rêves de la candidature parisienne en choisissant Londres pour les JO de 2012. Troisième échec pour la Ville lumière (après 1992 et 2008), une fierté nationale en berne et la gueule de bois pour les financiers. Car les JO, c'est le jackpot. Si les dépenses engagées sont considérables – 3 milliards d'euros pour le comité d'organisation et quelque 12 milliards pour les infrastructures –, les retombées n'en sont pas moins exceptionnelles. Los Angeles en a fait la démonstration en 1984. Droits de retransmission et sponsoring ont dopé les recettes de cette grand-messe mondiale du sport, pour la première fois bénéficiaire. Depuis, les Jeux sont coursés pour leur rentabilité. Certes, les pays s'endettent, mais les investissements sont profitables à long terme. Il faudra ainsi entre dix et vingt ans à la Grèce pour amortir ses Jeux, mais le tourisme devrait gonfler le PIB grec de 10,3 milliards d'euros d'ici à 2010. Si les entrepreneurs grecs savent surfer sur la vague olympique, le bénéfice économique des JO pourrait atteindre 25 milliards d'euros en 2008 !

Le CIO est-il impartial ?

En 1998, moyennant 1,3 million de dollars, la ville de Salt Lake City « achète » la bienveillance de certains membres de l'autorité suprême du mouvement olympique ! Pour éviter un nouveau scandale, il est décidé que les membres du CIO ne seront plus autorisés à visiter les villes candidates.

Une nouvelle organisation qui n'empêche pas le lobbying : pour la candidature des JO

QUI EST-CE ?

PIERRE DE COUBERTIN

Il est connu pour sa célèbre formule : « L'important, c'est de participer. » Mais on doit bien davantage à ce Français né en 1863 : c'est lui qui restaura les Jeux olympiques, disparus depuis plus de mille cinq cents ans ! À 31 ans, il fonda le Comité international olympique. Deux ans plus tard, en 1896, les premiers Jeux olympiques de l'ère moderne se déroulèrent à Athènes.

2012, les Britanniques en auraient joué avec brio, jusqu'à la dernière minute ! Perdant, le camp français a allégué que les services secrets anglais auraient fiché les membres du CIO pour mieux faire pression sur eux. Une pratique hors jeu ou une stratégie parfaitement rodée en lobbying ? Contrairement aux Français, les Britanniques ont pris le temps de rencontrer chacun des membres les plus indécis du jury pour les convaincre des atouts de leur candidature… quitte à mettre en avant les défauts de celle des autres : une déclinaison du principe de la publicité comparative, en somme !

Les sportifs concourent-ils pour la gloire ?

La gloire, des médailles et des souvenirs, c'est la seule récompense que le CIO octroie aux champions ! Mais les États se chargent de leur rétribution financière. La France, par exemple, rétribuait 40 000 euros chaque médaille d'or remportée aux JO de Turin. À Maurice, l'État a récompensé ses sportifs les plus méritants : médaillés ou non, les finalistes du saut en longueur ont empoché 18 000 dollars chacun. Une aubaine pour nombre de sportifs qui restent des amateurs, devant mener de front entraînement et vie professionnelle. À ces primes s'ajoutent celles des sponsors, certains n'hésitant pas à imposer des défis à leurs athlètes. Ainsi, la marque de maillots de bain Speedo avait promis 1 million de dollars à Michael Phelps s'il décrochait au moins sept médailles d'or en natation en 2004. Raté : si l'Américain est monté huit fois sur le podium, il n'a décroché l'or que six fois !

Faut-il être français pour représenter la France aux Jeux olympiques ?

L'article 46 de la Charte olympique est formel : « Tout concurrent aux Jeux olympiques doit être ressortissant du pays du Comité olympique national qui l'inscrit. » Toutefois, le CIO, garant de l'universalisme des JO, se réserve le droit d'approuver une naturalisation. Argument : le but des Jeux n'est pas de rassembler l'élite sportive mondiale, mais bien de représenter chaque pays à travers ses meilleurs sportifs.

REPÈRES

776 av. J.-C. : premiers Jeux à Olympie, en Grèce.
396 apr. J.-C. : abolition des Jeux par l'empereur Théodore Ier.
1896 : restauration des Jeux par Pierre de Coubertin.
1924 : premiers Jeux olympiques d'hiver à Chamonix.

FOCUS

LOIN DES CAMÉRAS, LES JEUX PARALYMPIQUES

Un total de 486 athlètes, 39 pays représentés : les Jeux paralympiques d'hiver, à Turin en mars 2006, ont été lancés avec une fanfare digne de leur ampleur. Si ces Jeux réservés aux sportifs handicapés attirent de plus en plus d'athlètes et de spectateurs, depuis leur première édition en 1960, ils restent toutefois le parent pauvre de l'olympisme. En 2006, un résumé quotidien de sept minutes leur était réservé sur les chaînes françaises, contre huit heures quotidiennes pour les Jeux dits « normaux ». Quant aux cent cinquante heures de retransmission en direct, elles étaient à découvrir via Internet ! Enfin, une médaille d'or française, par exemple, était rétribuée 12 000 euros, soit moins d'un tiers que celle d'un sportif valide. Pourtant, nul n'oserait dire que ces athlètes ne font pas honneur à la devise olympique : « Plus vite, plus haut, plus fort ! »

Alain Marguerettaz à l'arrivée du 10 km homme assis des Jeux paralympiques de Turin, en 2006.

Dopage : la victoire coûte que coûte ?

Le fléau du dopage n'est pas une nouveauté, et il ne cesse toutefois de progresser avec la pression économique et politique qui pèse sur le sport de haut niveau. Mais les champions sont-ils les seuls à avoir vendu leur âme au diable ?

Une pratique vieille comme le monde ?

Au moins aussi ancienne que les premiers combats physiques ! Les gladiateurs romains prenaient des stimulants pour combattre la fatigue, et les athlètes grecs, pour vaincre à Olympie. Dans le sport, cette pratique n'a jamais cessé. Au XIXe siècle, les nageurs et les cyclistes avaient recours à des mélanges d'héroïne, de caféine ou d'éther pour augmenter leurs performances. Et depuis, les exemples se sont multipliés. De manière tragiquement visible comme le cycliste Tom Simpson, mort au sommet du mont Ventoux en 1967 après avoir pris des amphétamines, ou de manière non détectable, avec les records surhumains de certains athlètes est-allemands des années 1980.
Mais que signifie le terme « dopage » ? Les instances sportives et les législateurs considèrent comme illégaux les produits contraires à l'esprit sportif, susceptibles d'améliorer les performances et nuisibles à la santé. Ces critères ont permis l'élaboration d'une liste de substances interdites par le Code mondial antidopage, qui fait désormais autorité. Ce dernier, entré en vigueur le 1er janvier 2004, définit également des standards internationaux de contrôle et des standards d'analyse en laboratoires accrédités.

Le sport de haut niveau est-il le seul terrain du dopage ?

Non. Il sévit dans tout le monde du sport et le fléau s'abat chez les amateurs, même chez les plus jeunes (de 3 à 5 % des enfants et adolescents sportifs seraient dopés). Il touche en grande majorité les garçons, qui privilégient l'affrontement et la compétition, contrairement aux filles qui cherchent avant tout à être bien dans leur corps. Ces amateurs se procurent des substances illicites auprès de professionnels de la santé, d'entraîneurs mais aussi sur Internet où se développe ce marché dangereux. Le sport n'est pas le seul terrain du dopage. Beaucoup d'artistes ont recours aux drogues pour être plus performants sur scène ou plus créatifs. Mais ces dopages sont paradoxalement mieux tolérés par la société. Parlait-on de fléau quand Jimi Hendrix composait ses chansons sous l'emprise de l'héroïne ou quand André Malraux écrivait ses romans dans les effluves d'opium ?

glossaire

AGENCE MONDIALE ANTIDOPAGE : **Elle a été créée le 10 novembre 1999 à Lausanne, pour promouvoir et coordonner sur le plan international la lutte contre le dopage.**

Le scandale qui a éclaboussé le Tour de France en 1998 a entraîné un renforcement des contrôles.

Les dopés risquent-ils leur vie ?

Sans aucun doute. La prise de stimulants, d'érythropoïétine (EPO) ou d'anabolisants provoque le décès prématuré de nombreux athlètes. Ainsi, une vingtaine de cyclistes de bon niveau sont morts de façon suspecte depuis 1980. Mais toutes les disciplines sont touchées. En 1998, la sprinteuse américaine Florence Griffith Joyner est morte pendant son sommeil, à 38 ans, d'une attaque cérébrale. Sa transformation morphologique extraordinaire et ses records inaccessibles avaient éveillé les soupçons, mais elle a toujours échappé aux contrôles. Les sports collectifs sont aussi concernés. Raffaele Guarinello, un juge italien, a répertorié 70 morts suspectes sur les 400 décès de footballeurs ayant évolué en première, deuxième et troisième divisions entre 1960 et 1990. Son étude signale un nombre anormal de scléroses latérales amyotrophiques, une maladie rare du système nerveux, et de cancers du foie, du pancréas ou du côlon, maladies favorisées par la prise d'anabolisants et d'hormones de croissance.

Le dopage d'État est-il éradiqué ?

Au temps de la guerre froide, la République démocratique allemande avait érigé le dopage comme principe afin de démontrer la supériorité de ses athlètes sur ceux de l'Ouest. Sous le contrôle de la Stasi, la police secrète, ce dopage politique a touché principalement les athlètes féminines dès leur plus jeune âge. Au-delà des révélations des athlètes, il sera prouvé après la chute du mur de Berlin et l'ouverture des archives de la Stasi. Le dopage d'État a-t-il disparu ? Sans doute pas. Les extraordinaires résultats des athlètes et nageurs chinois au début des années 1990 ont prouvé que ce système pouvait renaître de ses cendres à tout moment.

Le foot a-t-il des enjeux qui le dépassent ?

Au fil du XXe siècle, le football a peu à peu envahi la planète. Parti du grand rectangle vert, il pénètre aujourd'hui dans les sphères politique et, surtout, économique.

Un phénomène planétaire ?

Né à la fin du XIXe siècle, le football moderne s'est très vite imposé comme le sport le plus populaire du monde, avec près de 250 millions de pratiquants. Comment expliquer ce succès ? Par ses caractéristiques qui en font un sport très facile à pratiquer. Il peut se jouer sur toutes les surfaces (sable, béton, pré), à deux comme à 20, avec un ballon ou une boule de chiffon, avec des buts ou des boîtes de conserve. Pas besoin de raquette ou de panier. Il s'explique aussi par une politique très habile de la Fifa, la fédération internationale chargée de gérer et de développer le football. Le choix stratégique du pays destiné à accueillir la Coupe du monde en est une preuve. Les désignations sont faites soit pour conquérir de nouveaux territoires, comme en 1994 aux États-Unis ou en 2002 en Corée et au Japon, soit pour dynamiser économiquement une région par le football, comme le choix de l'Afrique du Sud en 2010. Désignation commentée par l'ancien secrétaire général de l'ONU, Kofi Annan, comme « un grand jour, non seulement pour tous les Africains, mais pour tous ceux qui parlent la langue universelle du football ».

En Érythrée (Afrique), le foot fait partie des matières enseignées à l'école primaire.

Le football est-il un vecteur d'intégration ?

Le football est invoqué dans bien des domaines pour expliquer ou résoudre les grands problèmes de société. Tour à tour, Kopa, Platini et Zidane, les trois plus grands joueurs français, respectivement issus des immigrations polonaise, italienne et maghrébine, ont été élevés au rang de symboles de l'intégration réussie. De même, la France championne du monde en 1998 était censée avoir réuni Blacks, Blancs et Beurs autour de l'équipe nationale. Près de dix ans plus tard, cet extraordinaire pouvoir fédérateur n'a toujours pas été prouvé. Les très rares personnes qui s'élèvent socialement par le sport ne font en rien changer la société. Au contraire, ces héros populaires figent les situations en s'érigeant en « unique modèle de réussite ». Comme les Noirs américains ont longtemps été confinés dans le sport ou la musique, où seuls quelques êtres d'exception pouvaient s'en sortir, les voies offertes aux jeunes Beurs semblent limitées au football ou au rap.

Le foot est-il numéro un des audiences ?

En France, il est sans concurrents. TF1 a obtenu en 2006 la meilleure audience connue de l'histoire de la télévision avec 22,2 millions de téléspectateurs lors de la demi-finale de la Coupe du monde Portugal-France. Des audiences extraordinaires font exploser le prix des publicités, facturées jusqu'à 250 000 euros

les trente secondes. Le football règne aussi sur la radio. Comme en Italie ou en Espagne, les *talk-shows* consacrés au ballon rond ont fleuri sur les ondes. RTL, Europe 1 ou RMC Info lui consacrent plusieurs heures par jour. Avec, pour les deux premiers, près de 500 000 auditeurs en moyenne pour les émissions-phares. Mais tous les pays ne sont pas accros au foot. En Australie, les audiences sont bien meilleures pour le rugby à XIII et, aux États-Unis, pour le basket-ball ou le football américain.

La vidéo va-t-elle remplacer les arbitres ?

À la fin des années 1990, l'arbitrage vidéo a été instauré pour le rugby lors des grands matchs et pour des phases de jeu bien précises (lors des essais, par exemple). Toutefois, les instances du football le refusent toujours bien que les arbitres subissent une pression de plus en plus forte. Avec les enjeux économiques actuels du football, un but imaginaire peut causer une élimination et ruiner un club ou un sponsor. Une évolution semble néanmoins se dessiner. Mais pourra-t-on empêcher les mauvaises décisions des arbitres vidéo, qui devront interpréter des images parfois peu explicites ?

Le football fait-il de bonnes actions ?

Depuis Tottenham en 1983, près de 40 clubs en Europe ont été introduits en Bourse, la majorité en Grande-Bretagne. Le but de l'opération ? Accroître leurs ressources pour rénover leurs stades ou acheter de nouveaux joueurs. Un quart de siècle plus tard, seuls trois d'entre eux cotent au-dessus de leur cours d'introduction ! Manchester United a réellement tiré son épingle du jeu en multipliant par 11 la valeur de son action entre 1991 et 2002, ce qui ne l'a pas empêché de se faire racheter en 2005.

Pour rapprocher les communautés musulmane, chrétienne et juive, un pasteur anglican de Berlin a organisé en 2006 un match de foot entre une équipe d'imams et de prêtres, arbitré par des rabbins.

FOCUS

LE FOOT VIRTUEL

***Fifa World Cup 2006, Football Manager, Pro Evolution Soccer*, les jeux vidéo consacrés au football figurent parmi les meilleures ventes à chaque nouvelle édition. Le dernier *Pro Evolution Soccer* s'est ainsi vendu à 200 000 unités lors de sa sortie, en octobre 2005. Cet intérêt s'explique par la popularité universelle du football et par la qualité des jeux. Pour approcher au plus près la réalité, des champions mais aussi des entraîneurs, des commentateurs et même des arbitres ont été sollicités comme « acteurs ». Du simple parrainage à l'enregistrement de commentaires, ils acceptent de jouer ce jeu particulièrement... rentable.**

La télé joue-t-elle avec la réalité ?

Depuis le succès fulgurant de la téléréalité, les programmes ne cessent d'explorer nos vies. De la télé coaching au docu-fiction, on nous promet du vrai. Pourtant, fiction et scénario ne sont jamais bien loins.

Pourquoi la téléréalité fait-elle recette ?

Septembre 1999 : *Big Brother* (qui deviendra en France *Loft Story*) fait son apparition sur la télévision néerlandaise. La téléréalité est née et va bouleverser les écrans. Car le concept – filmer le quotidien de participants éliminés les uns après les autres, sur décision du groupe ou du public – se décline immédiatement. Dans tous les genres : musique (*Star Academy*), séduction (*L'Île de la tentation*), dépassement de soi (*Koh Lanta*)… et dans plus de 20 pays. C'est que la téléréalité réalise le fameux fantasme de la célébrité pour tous. En 2005, 30 000 personnes se sont portées volontaires pour participer à *Koh Lanta* en vingt-quatre heures. Le téléspectateur, lui, se reconnaît dans ce nouveau héros qu'est monsieur Tout-le-monde. Avec en prime, l'interactivité. Par un simple coup de téléphone, il influe sur le cours de l'émission… et sur le destin des candidats.

Olivia Ruiz, ancienne élève de la *Star Academy*, l'une des rares élèves à faire carrière dans la chanson.

Fiction ou réalité : des frontières de plus en plus floues ?

Dans la série américaine *24 heures chrono*, l'action se déroule en temps réel. Le réalisme devient la marque de fabrique de séries telle *Ma terminale*, diffusée en 2004, et tournée comme un documentaire sur un groupe de lycéens. La réalité, paradoxalement, s'insinue jusque dans les codes de la fiction. Et même dans les scénarios : *exit* la libre adaptation, désormais il s'agit pour les téléfilms de raconter par le menu des faits divers authentiques (les affaires Villemin, Marie Besnard…), et tels qu'ils se sont déroulés. Le mélange des genres jouant dans les deux sens puisque de plus en plus de documentaires s'ouvrent à la scénarisation, en intégrant des reconstitutions jouées par des comédiens. Fictions du réel, docu-fictions : ces programmes hybrides séduisent un large public. Au prix peut-être d'une certaine ambiguïté. Car, pour le téléspectateur, comment faire la part entre l'interprétation du réalisateur et la réalité historique ? En Belgique, la télévision elle-même a démontré qu'elle savait manipuler le réel et l'imaginaire : quand la chaîne RTBF a diffusé fin 2006 une fausse édition spéciale annonçant la séparation de la Flandre, tout le pays y a cru !

Quelle réalité la télé montre-t-elle ?

Émissions scénarisées, recours au montage, candidats soigneusement coachés… la télé surveille de près la réalité qu'elle offre aux regards. Et c'est là qu'elle fait débat. On lui reproche rien de moins que d'orienter nos comportements et nos choix de société. En exhibant vingt-quatre heures sur vingt-quatre la vie de ses participants, *Loft Story* a été accusée de légitimer le voyeurisme et la télésurveillance (*La Vie rêvée du Loft* de Noël Mamère et Patrick Farbiaz). La psychanalyste Élisabeth Roudinesco fustige la télé coaching qui impose ses normes en expliquant aux téléspectateurs la manière dont ils doivent mener leur vie ou éduquer leurs enfants (*Le Figaro* du 19 mars 2005). Même les journaux télévisés sont mis en accusation : on a plus d'une fois imputé la présence du Front national au second tour de l'élection présidentielle de 2002 à la place accordée au thème de l'insécurité. Entre janvier et mai de cette même année, les journaux radio et télé l'avaient traité huit fois plus que le chômage.

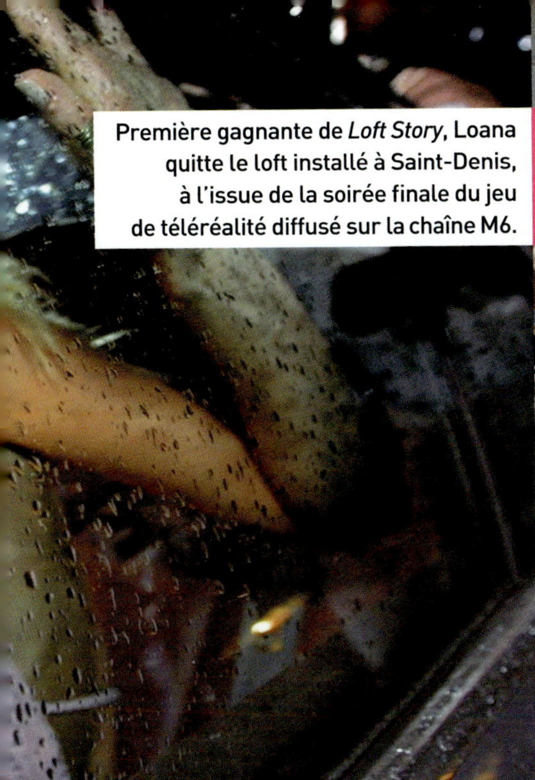

Première gagnante de *Loft Story*, Loana quitte le loft installé à Saint-Denis, à l'issue de la soirée finale du jeu de téléréalité diffusé sur la chaîne M6.

Manifestation à Visan (Vaucluse), théâtre de *La Ferme célébrité 2* – programme de téléréalité diffusé par la chaîne TF1 – pour dénoncer une « mise en scène ridicule » du monde paysan.

Le 6 décembre 2006, la chaîne belge francophone RTBF suscite l'émoi de toute la population en annonçant dans un journal télévisé exceptionnel la séparation de la Flandre et de la Wallonie... Journal qui s'est révélé n'être qu'un documentaire-fiction très réaliste.

La télé peut-elle changer la vie ?

Transformer des petits démons en adorables bambins (*Super Nanny*), rajeunir par la magie de la chirurgie esthétique (l'émission américaine *Relooking extreme*) : depuis les *reality-shows* des années 1980, la demande de prise en charge cathodique est forte. La télé réalise-t-elle tous les rêves ? Passer à l'écran n'est, en tout cas, pas sans conséquences. Certes, les Jenifer ou Loana auront connu la célébrité qu'elles recherchaient. Et le talent de chanteuse d'Olivia Ruiz, ex-star académicienne, est désormais reconnu : elle a été sacrée « Artiste interprète féminine de l'année » aux Victoires de la musique, en 2007. Mais la médaille a son revers. Ainsi, quand Laurent Maïus participe en 2002 à *L'Île de la tentation*, il apparaît à l'écran comme infidèle. Du coup, sa fiancée, à qui il pensait prouver son amour, le quitte immédiatement. Les effets collatéraux du passage à la télé peuvent être bien plus graves. En 2004, un participant de *Y'a que la vérité qui compte* agressera son ex-petite amie qui avait refusé de se réconcilier avec lui sur le plateau de l'émission.

ET AILLEURS ?

LA TRASH TV, UN CONCEPT QUI MARCHE ?

Dans *Spuiten en Slikken* (*Se piquer et avaler*), une émission lancée en 2005 aux Pays-Bas, des animateurs testent toutes sortes de drogues ou d'expériences sexuelles.

Au même moment, au Royaume-Uni, des couples dévoilent leurs ébats devant des *Sex Inspectors* censés leur donner de bons conseils en la matière.

Téléchargement, un marché de dupes ?

Le téléchargement de musique, de logiciels ou de vidéos suscite depuis une dizaine d'années des réactions violentes de la part des majors et des entreprises. Mais celles-ci ne vont-elles pas devenir à terme les grandes gagnantes du système ?

Toute copie est-elle un piratage ?

La technologie numérique permet aujourd'hui de télécharger si facilement des œuvres que de nombreux internautes en abusent de la manière la plus illégale. Selon la loi française, il est en effet interdit de copier ou de mettre à disposition un fichier sur Internet sans l'autorisation des auteurs ou de leurs ayants droit. Mais toute copie n'est pas piratage. Il est légal d'échanger des fichiers vidéo ou musicaux si tous les détenteurs des droits d'une chanson ou d'un film l'autorisent explicitement. Dans le domaine des logiciels, il existe aussi des logiciels libres, distribués dans le domaine public sans copyright. Toute personne peut les télécharger et même les améliorer si elle le souhaite pour les adapter à ses besoins. Par opposition au copyright qui protège une œuvre, ce principe est appelé le copyleft. Seule restriction, une œuvre dérivée d'un logiciel sous copyleft doit à son tour être utilisable librement.

Téléchargement illégal, la répression est-elle la solution ?

En France, la loi Droit d'auteur et droits voisins dans la société de l'information (DADVSI), votée en 2006 après une longue bataille parlementaire, assimile le téléchargement d'œuvres protégées à de la contrefaçon. Pour ce délit, l'internaute est passible de trois ans de prison et de 300 000 euros d'amende. La France n'est pas seule à lutter contre la piraterie sur Internet. En 2006, l'International Federation of Phonographic Industry (IFPI) a indiqué que 20 000 actions judiciaires contre des internautes étaient en cours dans 17 pays. Mais comment ne pas comparer ces 20 000 procédures aux dizaines de milliards de téléchargements illégaux effectués chaque année ! Les gendarmes seront-ils un jour assez nombreux pour arrêter tous les « voleurs » ?

Les pirates du Net vont-ils ruiner les majors ?

Les chiffres sont inquiétants. En 2005, selon l'IFPI, le chiffre d'affaires mondial de la musique a reculé de 3 %. Et les ventes de CD, de DVD et de cassettes ont affiché un retrait de près de 7 % en valeur. Mais les pirates sont-ils les seuls coupables ? On peut en douter. Certains observateurs reprochent aux majors leur inertie initiale face au téléchargement comme nouveau mode de consommation et leur lenteur à mettre en place des plates-formes légales. Mais tout devrait s'arranger. En 2003, le nombre de sites de téléchargement légal dans le monde s'élevait à 50 seulement pour 335 en 2005, faisant passer en quelques mois la vente de musique en ligne de moins de 0,5 % à plus de 6 % des revenus mondiaux de l'industrie du disque. Sans conteste, c'est la société américaine Apple qui remporte la palme du marché du téléchargement légal. En trois ans, depuis le lancement de sa plate-forme iTunes en 2003, la société a vendu près de 1 milliard de titres. Un succès qu'Apple complète avec le lancement de son iPod vidéo, lecteur vendu à 1 million d'exemplaires au cours des trois premières semaines de sa commercialisation.

Et si la pub mettait tout le monde d'accord ?

Les plus réalistes des géants des médias s'orientent aujourd'hui vers la mise à disposition gratuite de leur catalogue de musique afin de pouvoir offrir aux internautes une alternative au piratage. Par quel miracle économique ? Comme pour les journaux gratuits, le contenu sera financé par la publicité. Mais l'obligation d'écouter des minutes de publicité avant d'accéder à *La Traviata* est-elle un système viable ?

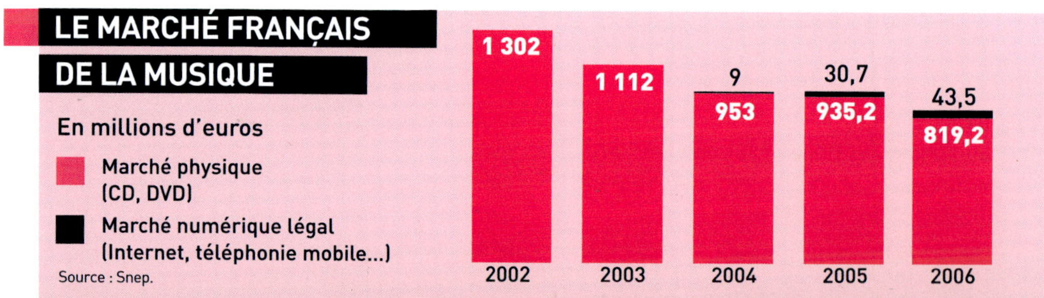

Source : Snep.

En 1996, David Bowie défraya la chronique en étant le premier artiste à publier son nouveau single, *Telling Lies*, en téléchargement exclusif et gratuit.

et demain?

LE COUP DE TONNERRE SPIRALFROG

Plusieurs majors (Universal, EMI...) ont déjà signé des accords avec cette start-up qui devrait à terme offrir aux internautes de télécharger gratuitement l'intégralité d'un vaste catalogue, avec des fichiers équipés de « mesures techniques de protection » (DRM). Les pirates étant des consommateurs comme les autres, SpiralFrog cherche à attirer un public demandeur de produits technologiques ou de vêtements de marque. Et compte sur les annonceurs ciblant le même public pour financer l'ensemble. Une révolution qui risque de mettre en danger le téléchargement et son principal représentant iTunes, la plate-forme d'Apple.

FOCUS

TÉLÉCHARGEMENT GAGNANT : SIMPLE COMME MYSPACE

Juillet 2006, myspace.com devient le site le plus fréquenté par les internautes américains, devant les géants Yahoo! et Google. Sa recette ? Un mode d'emploi très simple, accessible en quelques minutes. Chaque internaute de la planète peut y créer gratuitement sa page personnelle ou un blog. Séduits par une photo ou par des affinités communes, les visiteurs peuvent se contacter et échanger des propos. Voire plus si affinités. Et télécharger des vidéos ou de la musique, par exemple, présentes sur ces pages personnelles. Le réseau est aussi devenu une extraordinaire vitrine pour chanteurs débutants. Inconnue en 2005, Lily Allen a reçu plus de 5 millions de visiteurs sur sa page après avoir mis ses chansons en ligne. La nouvelle reine de la pop anglaise a, depuis, signé un contrat fort lucratif chez EMI.

Internet, un média sous contrôle ?

Pédophilie, incitation à la violence, à la haine, au racisme, déballage sexuel, Internet a aussi sa face noire. Mais comment surveiller la Toile sans nuire au respect de la vie privée ?

Quels dangers pèsent sur les internautes ?

Internet est un extraordinaire accès au savoir, un outil révolutionnaire de communication, mais il est aussi un espace à hauts risques dans lequel chacun pénètre d'un simple clic ! Les dangers sont multiples. Les contenus violents ou haineux, les théories racistes et les images pornographiques pullulent. Et chacun peut y avoir accès via un moteur de recherche, en cliquant sur un lien ou en utilisant un logiciel de partage de fichiers. Sans parler des prédateurs sexuels qui rôdent sur les sites de « chats » et de messageries instantanées. En France, le Code pénal punit de trois ans d'emprisonnement celui qui diffuse un message à caractère violent ou pornographique susceptible d'être vu ou perçu par un mineur. Mais la loi est très difficile à appliquer. Car les sites ne sont pas localisés en France, ouvrent et ferment en quelques heures. De plus, les forces de police sont encore très territorialisées, donc limitées dans leurs actions. Dès lors, la vigilance des parents est une nécessité absolue.

À Lille, la cellule cybercriminalité est spécialisée dans l'investigation sur le piratage informatique, le téléchargement illégal et la pornographie.

Google représente-t-il une menace pour votre vie privée ?

Le moteur de recherche Google répond chaque jour à plus de 200 millions de requêtes. Chaque fois, il collecte une somme considérable de données concernant les internautes et leur intimité (ce qu'ils recherchent, ce qui les inquiète, ce qu'ils apprécient). La mémoire de ces habitudes de navigation que Google conserve dans ses archives suscite l'inquiétude de certaines associations de consommateurs. Ces données pourraient être exploitées à terme pour porter atteinte à la vie privée des internautes. Pur fantasme ? Pas sûr. En 2006, le gouvernement américain a demandé à Google un accès aux données archivées pour lutter contre la pornographie enfantine. Une cause plus qu'honorable mais qui ouvre la porte à d'autres demandes moins avouables (connaître les opinions politiques des citoyens à travers leurs consultations de sites, par exemple). L'entreprise a refusé. Mais jusqu'à quand ? Et au-delà de la pression du gouvernement, Google saura-t-il aussi résister à terme aux pirates informatiques capables de pénétrer tous les réseaux ?

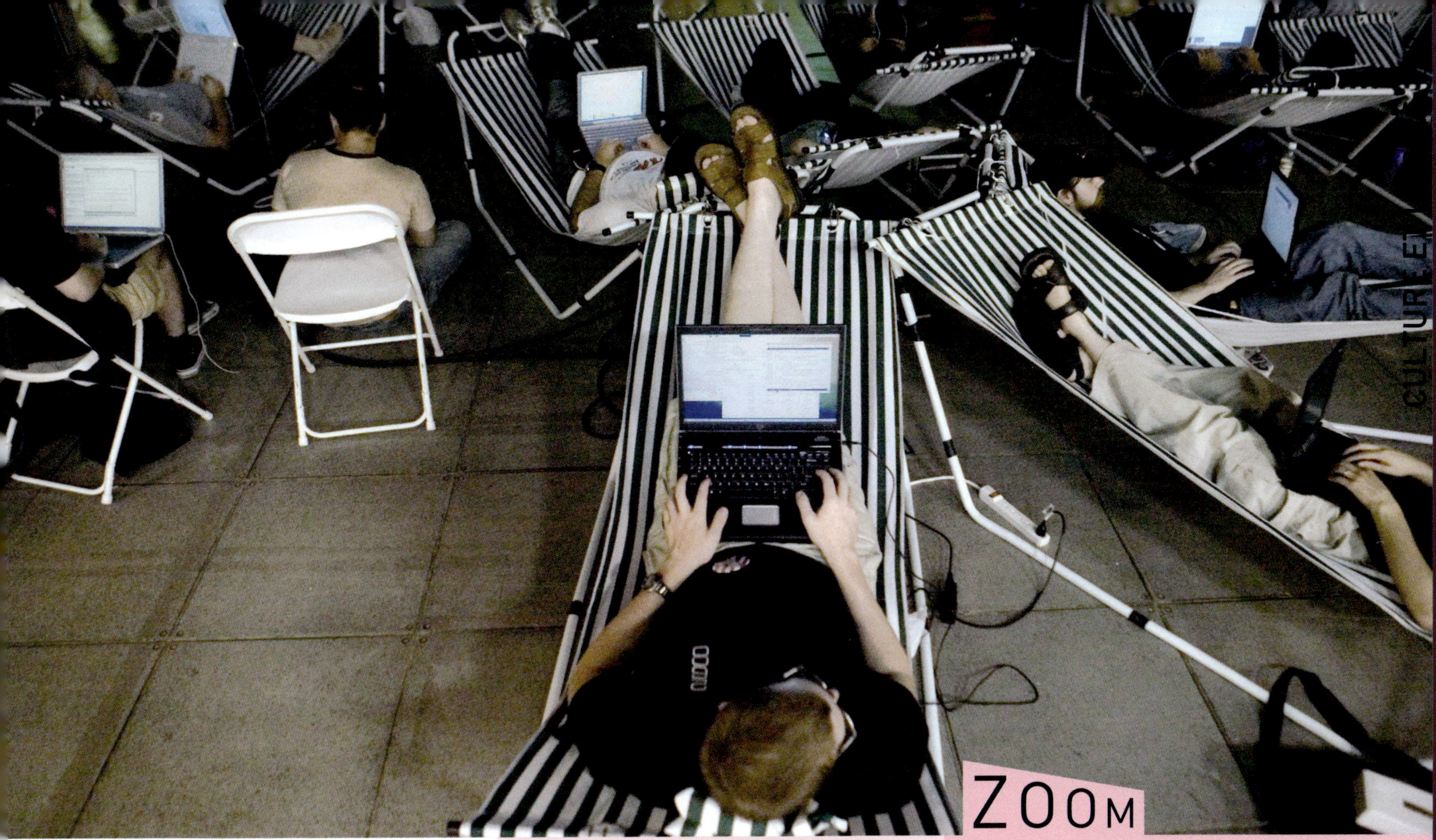

Hackers lors de la 6e conférence HOPE (Hackers On Planet Earth). Un hacker dispose d'un savoir-faire exceptionnel dans la maîtrise de la sécurité informatique et donc des moyens de la déjouer, de façon légale ou illégale.

Le contrôle est-il le même partout dans le monde ?

Internet place toutes les nations face aux mêmes problèmes : la cybercriminalité, le piratage et les contenus illicites. Partout, les lois autorisant la surveillance des sites et des internautes se sont multipliées. Elles s'inscrivent dans un cadre juridique très précis dans la plupart des pays démocratiques, mais peuvent aussi dans certains cas mettre en péril la liberté d'expression et d'information. Les autorités de Cuba ou de Corée du Nord ont ainsi tenté d'interdire l'accès Internet à la majorité de leur population. D'autres, comme l'Arabie saoudite, ont mis en place un arsenal technologique pour surveiller les sites illicites et aussi les pages relatives aux Droits de l'homme ou aux religions interdites. En Chine, des dizaines d'internautes sont en prison pour avoir surfé sur des sites interdits ou pour avoir diffusé des informations contraires à la propagande gouvernementale.

FOCUS

COMMENT CRÉER UN BLOG SANS ALLER AU BLOC ?

Les blogs se multiplient. La possibilité de s'exprimer librement et facilement sur Internet fait de plus en plus d'émules. Journal intime, analyse politique, billet d'humeur, ces textes, comme toute œuvre diffusée, sont encadrés par une législation. Au nom de la liberté d'expression, le bloggeur peut en théorie porter jugements et critiques sur son entourage ou son employeur. Seule contrainte légale, éviter toute diffamation. Car si la police n'est pas toujours vigilante, les entreprises le sont souvent. Aux États-Unis, plusieurs salariés ont été licenciés à cause de leur blog.

ZOOM

PEUT-ON SE FIER À WIKIPÉDIA ?

Sur le site encyclopédique Wikipédia, les internautes rédigent l'ensemble des articles et sont encouragés à modifier les contributions des autres pour les préciser ou les compléter. Ce principe démocratique a généré une encyclopédie complète (plus de 400 000 articles en français et 5 millions en 250 langues) plébiscitée pour sa qualité. Quelques critiques se sont cependant élevées : l'anonymat de la plupart des contributeurs favoriserait les approximations ou les canulars. Ainsi, pendant près de dix mois, un article a décrit l'île de Porchesia, parfaitement imaginaire, avant que soit découvert le pot aux roses. Plus grave, d'autres articles relèvent parfois de la diffamation. L'un d'entre eux, maintenu pendant cent trente-deux jours, mêlait un haut fonctionnaire américain, parfaitement innocent, à l'assassinat de John Kennedy et de son frère Bobby ! Wikipédia est-il conscient de ses limites ? Bien sûr, il leur consacre même un long article d'où sont tirés ces exemples !

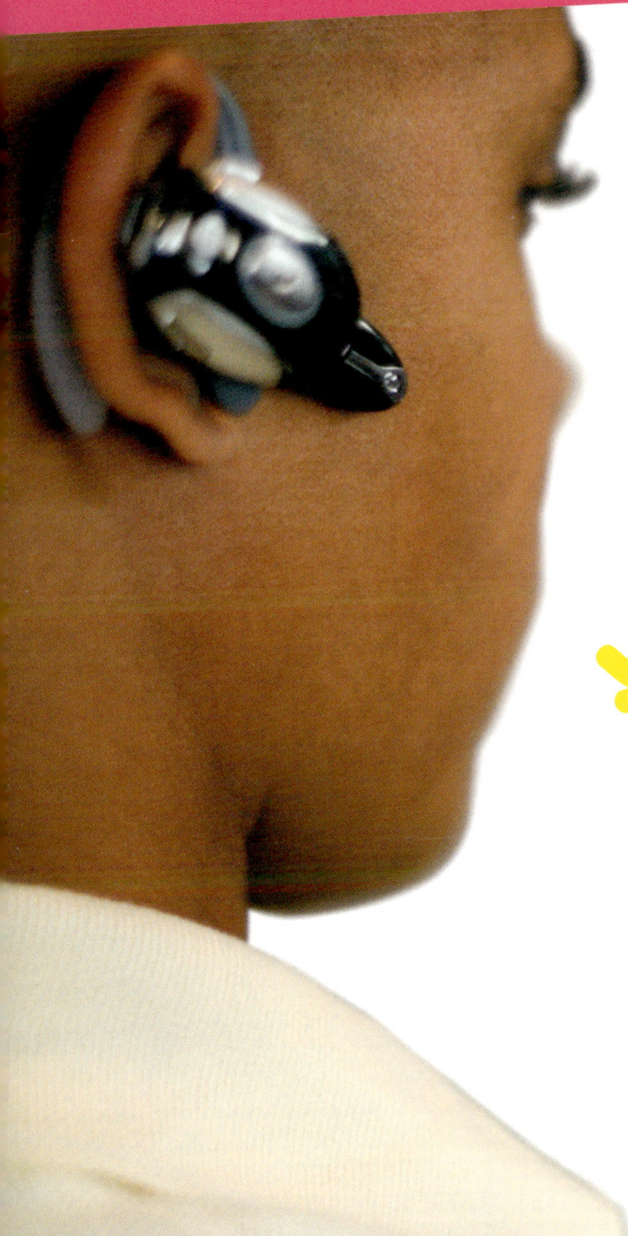

Les portables nous montent-ils à la tête ?

En quelques années, les téléphones portables sont devenus incontournables. Partout dans le monde, jeunes, seniors, actifs ou retraités ne peuvent plus s'en passer. Cette addiction est-elle dangereuse ? Les avis sont partagés. Mais, avec la mutation technologique des téléphones, l'avenir semble leur appartenir.

Le portable a-t-il déjà conquis le monde ?

Depuis quinze ans, l'utilisation du téléphone portable est en croissance permanente dans presque tous les pays du monde. Selon l'Union internationale des télécommunications (UIT), on comptait 16 millions d'abonnés au téléphone portable dans le monde en 1991, pour plus de 2,1 milliards en 2005 (soit presque le double du nombre de lignes fixes, estimées à 1,2 milliard). Omniprésent aux États-Unis, en Europe et dans plusieurs pays asiatiques, le téléphone portable conquiert aussi les pays en voie de développement. Selon l'UIT, le nombre d'abonnés en Afrique a été multiplié par 20 en cinq ans, passant de 3,5 millions en 2000 à 76 millions en 2005. La particularité de ces pays est l'utilisation ou l'achat de téléphones portables d'occasion, le coût des neufs étant prohibitif. Un marché fructueux qui ne devrait pas se tarir puisque les Américains échangent leur ancien téléphone mobile pour un nouveau tous les dix-huit mois en moyenne (alors que les appareils sont techniquement conçus pour une durée de vie de trois ans).

Le portable est-il nocif ?

Les experts sont partagés. Mais les incertitudes scientifiques sont si nombreuses que la très officielle Agence française de sécurité sanitaire de l'environnement et du travail (Afsset) conseille de veiller à une utilisation minimale de l'appareil par les enfants. Elle recommande aussi de s'équiper d'oreillettes et de kits mains libres qui éloignent le terminal du crâne. Mais au-delà, les médecins sont également préoccupés par les nuisances psychologiques de la téléphomania. Certains utilisateurs sont victimes de stress et d'anxiété – syndromes très handicapants ! – lorsqu'ils sont séparés de leur téléphone portable pour une période prolongée. Vendu comme le symbole de la liberté, le téléphone portable serait-il finalement un outil d'asservissement ?

0123456789 chiffres-clés

NOMBRE D'ABONNÉS À UN TÉLÉPHONE MOBILE DANS LE MONDE (EN MILLIARDS)

Source : Strategy Analytics, 2005.

Donne-moi ton numéro…

À partir des informations transmises par les antennes relais, il est aujourd'hui possible de localiser une personne lorsqu'elle utilise son téléphone. Cette fonction de géolocalisation est un outil extraordinaire pour les forces de police qui peuvent ainsi surveiller les déplacements de preneurs d'otage ou retrouver des terroristes. Elle

LE SMARTPHONE SAIT-IL TOUT FAIRE ?

QU'EST-CE QUE C'EST ?
Comparable à un mini-ordinateur, un Smartphone est un téléphone mobile animé par un système d'exploitation qui lui permet d'offrir des fonctions avancées. Agenda, traitement de texte, messagerie, télévision, ce véritable couteau suisse numérique sait tout faire. Si bien que l'offre ne parvient pas à satisfaire la demande et que le marché explose.

SURFER
L'écran plus large facilite l'accès à la messagerie et à la navigation sur la Toile. Le Smartphone interroge régulièrement le serveur et signale l'arrivée de chaque nouveau message.

PRÉVOIR
Il possède un agenda intégré pour noter tous ses rendez-vous. Ces derniers s'inscrivent en même temps sur l'agenda de son ordinateur personnel et inversement. Une fonction alarme prévient les plus distraits en cas d'oubli.

ÉCRIRE
Noter ses rendez-vous, taper des rapports (ou des romans) via un traitement de texte intégré : toute saisie se fait directement avec les doigts sur l'écran tactile.

PROTÉGER
Il peut se mettre en route uniquement si le système de reconnaissance du visage identifie l'utilisateur.

MULTIMÉDIA
Comme les simples téléphones portables mais avec un meilleur confort, il permet de réaliser ou de visualiser de petites vidéos et d'écouter ses listes de MP3.

ENREGISTRER
Une idée lumineuse ? Le compte-rendu d'un entretien ? Le Dictaphone se charge de remplacer votre mémoire.

ACHETER
Il pourrait remplacer les cartes de crédit. Il suffira de présenter son appareil devant un terminal adapté pour être débité de la somme correspondant à son achat.

FOCUS

... je te dirai où tu es

permet aussi de localiser une personne en détresse n'ayant pas pu donner sa position. Ce moyen a aujourd'hui une déclinaison surprenante. Après les Britanniques, les Belges et les Allemands, c'est au tour des Français de vouloir localiser leur enfant. Ce service pour parents stressés permet de suivre pas à pas ses chers petits...

Jeux vidéo violents : une bombe à retardement ?

Phénomène désormais mondial, la pratique des jeux vidéo est l'activité principale des jeunes des pays développés et fascine un nombre croissant d'adultes. Mais si, dans l'industrie du virtuel, la violence fait vendre, ses conséquences inquiètent...

À qui profite le crime ?

C'est une certitude : la violence fait vendre. Cinquante pour cent des meilleures ventes de jeux vidéo présentent une violence extrême ! Pour l'industrie des jeux, cette donnée primordiale génère de considérables bénéfices. Aussi, et tandis que les dangers des médias violents sur le public sont démontrés depuis 1975, l'industrie du divertissement s'est employée à ce que cette vérité n'éclate pas au grand jour, intérêts économiques obligent... La démarche est similaire à celle de l'industrie du tabac, qui a longtemps tenté d'occulter la nocivité de la cigarette. Ainsi, l'industrie du virtuel finance des études aboutissant à des conclusions différentes : sont pointés le fait que ce sont les individus violents qui se tournent vers les jeux violents (et non l'inverse), le manque de recul historique face à un phénomène trop contemporain... En somme, des moyens sont mis en œuvre pour allumer un contre-feu. De leur côté, et en toute indépendance, bon nombre de psychiatres et de psychanalystes sont, eux, plutôt favorables au virtuel comme source de défoulement. Le débat est donc loin d'être clos...

De la violence virtuelle à la violence dans nos rues ?

Et si la pratique des jeux vidéo modifiait les rapports humains ? C'est en tout cas la conclusion de récentes études menées aux États-Unis. Le fait est que les enfants et les adolescents sont principalement fascinés par les jeux vidéo violents. Et une exposition prolongée et répétée à cette violence virtuelle entraîne des séquelles dans la vie réelle. D'abord, les chercheurs relèvent que le joueur est plus agressif que le non-pratiquant : quand un obstacle se présente, il résoud le problème par la force (réactions primaires), et non par la raison. Ensuite, la faculté du joueur à être ému ou à compatir est amoindrie. Le joueur est moins sensible à des scènes

C'EST VRAI ?

LES JEUX VIDÉO À L'ARMÉE

L'armée américaine utilise des jeux vidéo pour recruter ses futurs soldats, puis se sert du virtuel pour habituer et désensibiliser ces derniers aux scènes de combats. Par ailleurs, les états-majors des États-Unis et de la Grande-Bretagne ont constaté que les nouvelles générations de recrues avaient de meilleurs réflexes que leurs aînés : il est avéré que c'est une conséquence directe de la pratique répétée des jeux vidéo...

En Asie, beaucoup d'enfants jouent aux jeux vidéo après l'école et la proportion de joueurs adeptes des jeux en salle est beaucoup plus élevée qu'ailleurs.

LE SAVIEZ-VOUS ?

Un joueur dépendant s'isole graduellement, néglige ses amis, son conjoint ou sa famille. Environ 90 % des enfants américains s'adonnent aux jeux vidéo, 60 % des joueurs sont des garçons. Et cette activité n'est plus l'apanage des jeunes : c'est le loisir numéro un des 25-35 ans aux États-Unis, devant la télévision et le cinéma. En France, 25 % des adultes jouent régulièrement, un chiffre en constante progression.

cruelles dans son environnement ou dans les médias : les zones émotionnelles de son cerveau sont altérées ou affaiblies. Le joueur est également plus enclin à se mettre en danger (prise inconsidérée d'alcool ou de drogues, relations sexuelles sans préservatif…). Enfin, l'accro aux jeux vidéo serait moins altruiste que le non-pratiquant, et son isolement récurrent – seul devant son écran – peut le conduire à rompre toute forme de lien social.

La santé en péril ?

Si l'on peut discuter des influences de la violence dans les jeux vidéo sur l'esprit et les comportements, ses conséquences sur le corps sont, elles, bel et bien visibles. Le fait est acquis : la pratique des jeux vidéo favorise chez des sujets photosensibles le déclenchement de crises d'épilepsie. Autrement dit, le cerveau confronté à une grande quantité de flashs lumineux, de stimulations, n'est pas en mesure de contrôler sa réponse. On note aussi des augmentations de la tension artérielle et de la réactivité cardiaque. Par ailleurs, un lien est évident entre le surpoids, voire l'obésité, et le fait de s'adonner aux jeux vidéo. Les observateurs stigmatisent ici la situation de jeu : une activité sédentaire et souvent à l'écart du regard des parents. Plus grave, la dépendance aux jeux serait aussi puissante que celle aux drogues dures : dans les deux cas, les chercheurs parlent d'une semblable sécrétion de dopamine qui procure plaisir et détente… Alors, comme pour une dépendance « classique », la solution consiste à éloigner le joueur dépendant de sa substance et/ou à lui apprendre à en contrôler son usage. La thérapie est un succès quand le patient se tourne vers des activités de substitution, des activités inscrites dans la vie réelle.

La télévision est-elle dangereuse ?

Les téléspectateurs sont de plus en plus nombreux devant la télévision et de plus en plus jeunes. Cette hypnose, téléguidée par les chaînes, se révèle être une dépendance inquiétante.

La télé est-elle une drogue ?

Selon certains scientifiques, elle s'apparente aux drogues dures sur deux points principaux : elle crée une véritable dépendance et modifie la perception du monde chez les téléspectateurs captifs de ce monde virtuel qui les fascine. La diffusion de cette drogue semble aujourd'hui sans limites. En France, en dix ans, l'audience par individu âgé de 4 ans et plus a progressé de trente minutes par jour et atteint près de trois heures et demie en moyenne. La télévision est devenue la troisième « activité » des enfants, derrière... l'école et le sommeil ! Pour certains, l'addiction semble totale : 2 % de Français ou d'Allemands regardent chaque jour la télévision pendant plus de six heures, ce taux atteignant 10 % chez les Britanniques !

Sommes-nous manipulés ?

En dehors de la publicité qui en est l'expression même, la manipulation des téléspectateurs est chose courante, y compris dans les programmes dits « sérieux », comme les journaux télévisés. La hiérarchie des sujets, le choix des images, le ton et l'orientation du commentaire, rien n'est laissé au hasard. Aujourd'hui, de plus en plus d'agences de communication spécialisées en politique ou en économie fournissent même les images aux journaux télévisés pour présenter leurs poulains et leurs thèses sous leurs meilleurs profils. L'information devient alors communication. De plus, avec la théâtralisation accrue des actualités télévisées, il arrive aussi que la recherche du scoop fasse s'égarer les journalistes eux-mêmes. Le cas le plus célèbre est celui du faux charnier de Timisoara, en décembre 1989, dont les sordides images, offertes aux journalistes pour instaurer un climat de peur, ont fait le tour du monde. Or, à l'ère du numérique, truquer les images devient presque un jeu d'enfant. Les journalistes auront de plus en plus de mal à démêler le faux du vrai. Et les téléspectateurs encore plus !

Les enfants sont-ils menacés par la publicité ?

Les enfants sont une cible prioritaire pour les publicitaires. De nombreuses études ont montré qu'ils ne voient pas de différence entre une émission de télévision et une publicité. Proies faciles, ils influencent les décisions d'achat de leurs parents et sont, à terme, les consommateurs de demain. Pour les protéger, certains États ont pris des mesures radicales. En Europe, la réglementation la plus sévère est celle de la Suède, qui proscrit la publicité télévisée ciblant les enfants de moins de 12 ans. En Grèce, la publicité télévisée pour les jouets est interdite entre 7 et 22 heures. Aux Pays-Bas, les émissions destinées aux enfants ne peuvent pas être coupées par des publicités.

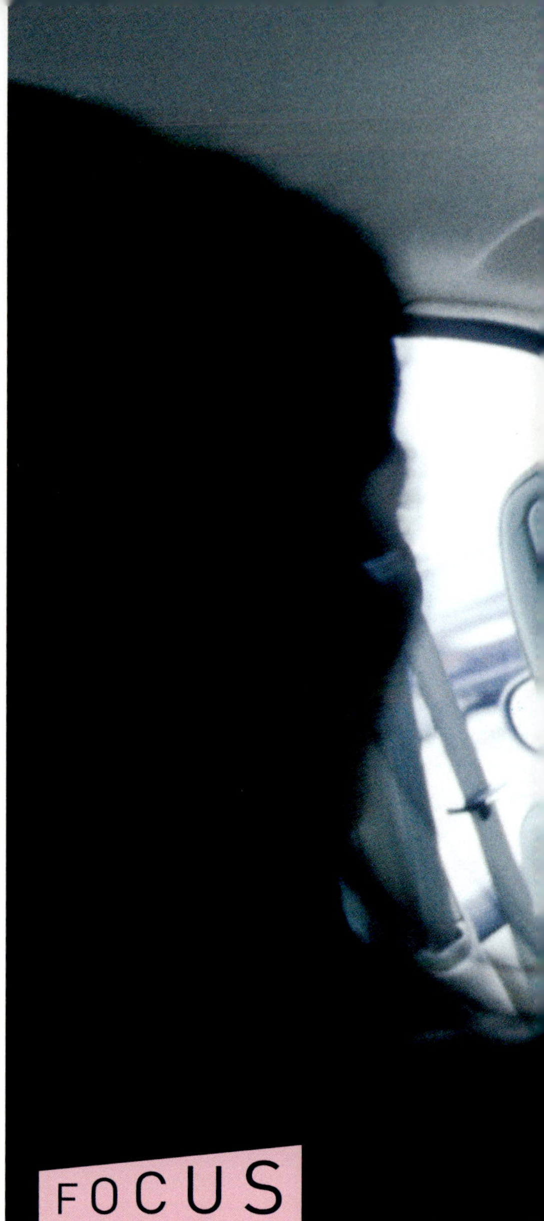

FOCUS

COMMENT CALCULE-T-ON L'AUDIMAT ?

Par quel miracle peut-on connaître l'audience d'une émission dès le lendemain de sa diffusion ? Le principe adopté repose sur un simple sondage effectué auprès d'un échantillon de quelques milliers de volontaires, représentatifs de la population. Ces sondages sont réalisés par téléphone, Internet ou par audimètre. Cet appareil révolutionnaire installé chez les volontaires et relié à un ordinateur central enregistre en effet, seconde par seconde, le fonctionnement du téléviseur (est-il allumé, sur quelle chaîne, qui le regarde...). Après analyses, les résultats parviennent très vite sur les bureaux des patrons des chaînes !

Même si peu de constructeurs proposent pour l'instant cette option en série, les écrans télévision fleurissent à l'arrière des voitures, intégrés dans les appuis-tête ou fixés sur le plafond de l'habitacle. La garantie d'un voyage en famille plus calme ?

VRAI OU FAUX ?

LES AMÉRICAINS REGARDENT PLUS LA TÉLÉVISION QUE LES FRANÇAIS.

VRAI. En 2005-2006, la télévision a été regardée 3 heures 26 minutes en moyenne chaque jour par les Français et 4 heures 35 minutes par les Américains.

LE SAVIEZ-VOUS ?

À quoi sert le CSA ?

Créé en 1989, le Conseil supérieur de l'audiovisuel (CSA) est chargé de réguler le paysage audiovisuel français et de contrôler les programmes. Il exerce sa vigilance dans des domaines aussi divers que le respect des obligations en matière de pluralisme et d'honnêteté des informations ou la protection de l'enfance et de l'adolescence.

INSOLITE

LA PUBLICITÉ SUBLIMINALE EST-ELLE UN FANTASME ?

Ce procédé parfaitement illégal consiste à dissimuler dans un film ou une émission télévisée une ou plusieurs images d'un produit ou d'une personne pour susciter un achat, influencer un vote. En raison de leur très petit nombre, elles sont indécelables à vitesse normale (il y a 24 images par seconde), mais le cerveau les enregistre malgré tout. En France, en 1987, une photo de François Mitterrand avait été insérée dans le générique des journaux télévisés d'Antenne 2 (aujourd'hui France 2). L'année suivante, le président de la République était réélu pour un nouveau mandat…

Bollywood est-il plus fort qu'Hollywood ?

Décors des Mille et Une Nuits, armées de figurants et d'éléphants parés de mille feux, musiques et chants ensorcelants, le cinéma de Bollywood est-il sur le point de conquérir le monde ?

File d'attente devant un cinéma à Mumbai (Bombay), en Inde. 4,7 milliards d'entrées par an, soit 13 millions de spectateurs par jour et un record de 1 000 films tournés en 2003.

Bollywood, quèsaco ?

Inventé dans les années 1980 pour stigmatiser la rivalité entre le cinéma de Bombay et celui d'Hollywood, le terme « Bollywood » qualifie les films populaires tournés en hindi et produits à Bombay qui associent comédie, chants et danses. Les films réalisés à Bollywood mettent traditionnellement en scène des amours contrariées, des déchirements familiaux, des fresques historiques ou des épopées mythologiques. Pour séduire de nouveaux publics, les scénaristes n'hésitent pas à s'intéresser à l'émigration indienne ou aux sujets de société. Mais si les films de Bollywood sont les plus célèbres à l'étranger, ils ne forment qu'une petite partie de l'extraordinaire richesse du cinéma indien (moins de 30 % de la production indienne est réalisée chaque année dans les studios de Bombay). La production cinématographique y a commencé en 1912, soit quelques années seulement après la création des grands studios européens et américains. Relayant les conteurs qui animaient les soirées des villages indiens jusqu'au début du xxe siècle, le cinéma a rapidement été adopté et plébiscité à travers tout le pays.

À qui l'oscar du plus grand nombre de films produits ?

Le combat n'est pas équitable. Le cinéma indien produit en moyenne 800 films par an (plus de 1 000 en 2003 !), contre 500 aux États-Unis et moins de 200 en France. Depuis le début du xxe siècle, les cinéastes indiens ont tourné plus de 67 000 films, soit le quart de la production mondiale. Les spectateurs suivent ce cycle effréné. Environ 8 millions de billets sont vendus chaque jour en Inde dans les salles de cinéma classiques ou… itinérantes. En effet, pour le plus grand plaisir des cinéphiles indiens, de véritables salles en plein air se montent en quelques minutes dans les plus petits villages.

insolite

QUELQUES CLÉS POUR COMPRENDRE LES FILMS INDIENS

Quand un acteur ou une actrice :

- **touche les pieds de quelqu'un : il (elle) lui manifeste du respect ;**
- **se touche les oreilles : il (elle) s'excuse ou reconnaît une erreur ;**
- **porte de la poudre rouge dans les cheveux : elle est mariée.**

Le cinéma indien est-il exportable ?

Oui. Les films indiens commencent à pénétrer les marchés européen et américain : les cinéphiles occidentaux se montrent curieux d'autres univers cinématographiques tandis que les communautés indiennes à l'étranger ne cessent de se développer. Parallèlement, de nombreux tournages se déroulent en Californie, à Londres ou dans les Alpes, lieux très prisés par les équipes indiennes pour remplacer les montagnes du Cachemire, plongées dans la guerre. La Suisse est également appréciée pour ses paysages romantiques et ses champs verdoyants et fleuris, adaptés aux scénarios bollywoodiens. Mais la commercialisation des films indiens en Europe souffre de leur longueur. En effet, un film de Bollywood traditionnel dure en moyenne trois heures en raison du nombre de chansons (six environ par long-métrage).

Affiche du film *Devdas*, l'un des plus gros succès du cinéma indien, réalisée par le dernier studio de peinture d'affiches de cinéma de Mumbai (Bombay).

FOCUS

DES CHANSONS QUI RAPPORTENT

Les chansons sont très importantes dans le scénario des films de Bollywood, mais aussi pour leur financement. Mises en vente avant la sortie du long-métrage, elles permettent de le rentabiliser avant sa sortie ou, en cas d'échec, dissuadent le producteur de le présenter au public. Certains acteurs font des tournées dans tout le pays uniquement pour interpréter les chansons d'un film. D'autres sont dans l'impossibilité de le faire car ils sont doublés pour les parties chantées ! La plus célèbre de ces doublures, la chanteuse Lata Mangeshkar, a participé aux plus grands films hindis et a interprété, selon le Livre Guinness des records... plus de 50 000 chansons !

C'EST VRAI ?

LES FRÈRES LUMIÈRE À BOMBAY

L'Inde a été l'un des premiers pays du monde à découvrir et à vouer une passion au septième art. À peine six mois après la première projection publique au Grand Café de Paris en 1895, les frères Lumière se déplacent à Bombay pour y montrer leurs premières réalisations, comme *L'Arrivée d'un train en gare de La Ciotat*. Succès considérable. Il ne faudra que quelques années aux Indiens pour produire leurs premiers films, mettant avec talent cette nouvelle technique au service de leurs traditions culturelles.

insolite

DES COMÉDIENS ADULÉS

Le peuple indien vénère ses stars cinématographiques. La simple présence d'acteurs comme Amitabh Bachchan, Shah Rukh Khan ou Aishwarya Rai entraîne des mouvements de foule considérables. Conscientes de leur valeur commerciale, ces immenses stars exigent des cachets de plus en plus élevés et n'hésitent pas à accepter trois à quatre tournages par jour, en se déplaçant d'un studio à l'autre !

Le livre a-t-il encore un avenir ?

Depuis une dizaine d'années, le monde de l'édition est porté par le succès extraordinaire de best-sellers comme *Harry Potter* ou la création de nouveaux secteurs comme celui des mangas. Mais le livre est confronté à l'émergence de nouveaux médias de plus en plus attractifs.

Papier contre écran, qui va gagner la guerre ?

Après avoir résisté à la radio, à la télévision et au cinéma, le livre imprimé est aujourd'hui confronté à l'apparition du livre numérique sur Internet. En mars 2000, l'auteur américain Stephen King a même créé l'événement en commercialisant d'abord sur la Toile sa nouvelle *Riding The Bullet*. Près de 400 000 exemplaires ont été téléchargés en vingt-quatre heures. Toutefois, en dehors de cette opération médiatique portée par la réputation de l'auteur, les autres tentatives se sont soldées par un échec. Lire sur écran n'est pas encore la panacée. Un livre imprimé est d'une plus grande commodité d'usage : on peut le transporter, le feuilleter plus rapidement ; et la lecture de l'intégrale de Proust sur écran fatiguera même l'amateur le plus motivé ! De plus, le livre est un objet unique, séduisant par la texture du papier ou la qualité des images, offrant du plaisir au toucher et à l'odorat. Cette préférence pour le support du livre sera-t-elle maintenue par les jeunes générations qui ont été élevées dans le culte de l'écran ? Les supports de lecture mobile type e-book, aussi souples et légers (voire plus dans certains cas) que des livres en papier, pourraient renvoyer ces derniers sur les étagères poussiéreuses des bibliothèques.

L'e-book est un appareil qui permet de télécharger et de lire des livres en version numérique. Un livre numérique coûte jusqu'à cinq euros de moins qu'un livre normal.

Harry Potter, « l'arbre qui cache la forêt » ?

La folie Potter a déferlé sur le monde depuis près de dix ans. Déjà traduites en 64 langues et vendues à 320 millions d'exemplaires, les aventures d'Harry Potter ont bouleversé les chiffres de vente du marché du livre. Traduit en chinois, en persan ou en arabe, ce best-seller absolu a conquis tous les continents. Avec plus de 19 millions d'exemplaires vendus en France, il a aussi dopé les chiffres de l'édition qui ont augmenté grâce à lui après une période de stagnation. Mais le jeune sorcier n'a pas transformé le marché d'un coup de baguette magique et la fin de ses aventures pourrait être douloureuse. Notamment pour Gallimard Jeunesse : *Harry Potter* représenterait un tiers de son chiffre d'affaires certaines années !

En 1971, la France comptait 716 bibliothèques municipales pour 1 200 000 inscrits. En 2005, ce nombre était de 2 913 pour plus de 6 650 000 inscrits.

INSOLITE

LES PETITS CORÉENS SONT FOUS DE LA LITTÉRATURE JEUNESSE FRANÇAISE

Avec 756 nouveaux titres traduits en 2005 contre 572 en 2004 et 482 en 2003, l'édition française a la cote en Corée. En tête des ventes, les ouvrages pour la jeunesse. Ils jouissent auprès du public coréen d'une excellente réputation, aussi bien en matière de pédagogie que d'élégance. Le fond et la forme pour les petits Coréens.

VRAI OU FAUX ?

FNAC.COM EST LA PLUS GROSSE LIBRAIRIE EN LIGNE DU MONDE.

FAUX. En 2005, le chiffre d'affaires d'Amazon.com, était de 10 milliards de dollars, contre 189 millions d'euros pour Fnac.com !

Les Français sont-ils devenus mangagas ?

Le manga (bande dessinée japonaise) est un phénomène de masse au Japon, avec des ventes annuelles proches du milliard d'exemplaires. Mélange de modernité et de tradition, cette culture se diffuse par les BD et les dessins animés et aussi via des magazines spécialisés dont les tirages dépassent 5 millions d'exemplaires par semaine. Populaires aux États-Unis, les mangas ont déjà déferlé en Europe où ils sont en tête des ventes de BD en Allemagne, en Espagne, en Italie et en Pologne. Mais ils ont surtout conquis la France, deuxième marché mondial, où près de 10 millions d'exemplaires sont vendus chaque année. À côté des traductions nippones, une production nationale y a même vu le jour avec succès, y compris chez les éditeurs classiques comme les éditions Glénat. Plus révélateur encore, un personnage emblématique de la BD européenne comme Spirou va peut-être bientôt faire carrière au pays du Soleil-Levant dans une version manga !

La bibliothèque virtuelle, une machine à mondialiser ?

Mettre à la portée de tous, par la grâce d'un simple clic, toutes les œuvres écrites est un rêve en passe de devenir réalité. Dans ce domaine comme dans beaucoup d'autres, la rivalité entre les Européens et les Américains est intense. En annonçant fin 2004 son intention de mettre en ligne des millions d'ouvrages en accès libre, Google a mis le feu aux poudres. Confier le monopole de la numérisation du patrimoine culturel à une entreprise américaine inquiète en effet les conservateurs de la vieille Europe. Face au géant américain, des projets nationaux se mettent en place. En France, environ 90 000 livres de la Bibliothèque nationale de France (BnF) ont été numérisés et sont disponibles sur la bibliothèque virtuelle Gallica. C'est un début, mais la lenteur du projet peut inquiéter. De son côté, Google projette de numériser 15 millions de livres anglo-saxons avant 2011 ! Mais cette numérisation a un coût. Pour le financement, Google a choisi de recourir à la publicité. Mais qui peut prévoir l'avenir ? Dans dix ans, ce seront peut-être les utilisateurs qui paieront le téléchargement, assurant ainsi une rentabilité exceptionnelle à l'entreprise américaine.

Le jury du prix Goncourt de 1975 (sens des aiguille d'une montre) : Françoise Mallet-Joris, inconnu, André Bazin, Robert Sabatier, Jean Cayrol, Bernard Clavel, inconnu, inconnu, Emmanuel Robles, Michel Tournier.

À quoi servent **le Goncourt et autres prix littéraires ?**

Chaque année, les prix littéraires font l'objet d'innombrables pronostics, intrigues et spéculations. Les éditeurs et leurs auteurs en rêvent. Les lecteurs en sont friands. Mais sont-ils une garantie absolue en matière de qualité et de succès de librairie ?

Combien rapporte un prix ?

L'enjeu est de taille. Un livre couronné par l'un des six grands jurys littéraires (Goncourt, Renaudot, Femina, Médicis, Académie française et Interallié) peut se vendre à plusieurs centaines de milliers d'exemplaires en quelques mois. Le plus coté à cette Bourse des valeurs est incontestablement le prix Goncourt. Bien que le lauréat ne reçoive qu'un chèque symbolique de 10 euros, il est presque assuré d'un immense succès et de droits d'auteur considérables. Entre 2000 et 2005, les ventes moyennes du Goncourt ont atteint, selon le magazine *Livres Hebdo*, 237 000 exemplaires et, dans l'histoire du prix, quatre romans ont dépassé le million d'exemplaires ! Si le prestige n'est pas le seul critère retenu, l'auteur peut aussi viser d'autres prix, moins glorieux mais accompagnés de dotations importantes. En 2006, la Fondation Simone et Cino del Duca a remis son Prix mondial à Jean Clair pour l'ensemble de son œuvre. La récompense ? 300 000 euros ! Mais la littérature doit-elle nécessairement se juger à l'aune des ventes et des récompenses ?

insolite

LA BOMBE ÉMILE AJAR

En 1956, Romain Gary reçoit le prix Goncourt pour *Les Racines du ciel*, sa biographie romancée. Le prix ne pouvant être attribué qu'une seule fois à un même écrivain, c'est sous le pseudonyme d'Émile Ajar qu'il remporte une nouvelle fois le prix avec *La Vie devant soi* en 1975. C'est son jeune cousin qui reçoit la récompense avant que la mystification soit dévoilée.

Jonathan Littell, écrivain américain et Prix Goncourt 2006 pour son roman *Les Bienveillantes*, publié aux éditions Gallimard.

Le prix Goncourt est-il un passeport pour la célébrité ?

Pas toujours. L'Académie Goncourt a parfois sorti de l'ombre pour quelques semaines d'illustres inconnus qui le sont restés, comme Léon Frapié (1904), Ernest Pérochon (1920) ou Guy Mazeline, célèbre pour l'avoir emporté en 1932 avec *Les Loups* face à l'extraordinaire *Voyage au bout de la nuit* de Louis-Ferdinand Céline. Mais les jurés du Goncourt ne se trompent pas toujours. Les lauréats prestigieux sont nombreux comme Marcel Proust pour *À l'ombre des jeunes filles en fleurs* en 1919, André Malraux pour *La Condition humaine* en 1933, Simone de Beauvoir pour *Les Mandarins* en 1954, Patrick Modiano pour *Rue des boutiques obscures* en 1978 ou Marguerite Duras pour *L'Amant* en 1984. Curieusement, les jurys Goncourt et Nobel n'ont pas la même vision de la littérature. Aucun des Prix Nobel français de littérature (François Mauriac, Albert Camus ou Claude Simon...) n'a eu la chance de plaire aux Goncourt !

FOCUS

LA COURSE AUX PRIX

La manne financière des prix littéraires attire nécessairement l'attention des éditeurs. Le trio Gallimard-Grasset-Le Seuil, surnommé « Galligrasseuil » dans le microcosme parisien, s'illustre particulièrement dans cette course aux prix littéraires. En un siècle, le trio s'est partagé plus de 55 % des prix Goncourt. Mais ces choix sont-ils toujours libres de toute pression ? Galligrasseuil édite la grande majorité des... jurés !

Les prix, une spécificité française ?

Chaque pays compte d'innombrables prix littéraires. Au niveau international, le plus prestigieux est attribué par le jury Nobel chaque année. Il récompense une œuvre littéraire et non un ouvrage particulier. Avec 13 récompenses (dont une refusée par Jean-Paul Sartre en 1964), les Français sont les plus représentés. Le premier fut Sully Prudhomme (en 1901). Le dernier, en 2000, est l'auteur d'origine chinoise Gao Xingjian.

REPÈRES

COMBIEN DE PRIX CHAQUE ANNÉE ?

En marge des grands prix, plus de 1 500 prix littéraires sont décernés chaque année en France. Prix du premier roman, du livre d'investigation, RFI-Témoin du monde, Cognac de la critique littéraire, Jean Monnet de littérature européenne, de littérature policière ou du musée de l'Armée... la liste semble infinie. Selon de nombreux critiques, la confiance des lecteurs s'est reportée depuis quelques années sur des jurys populaires et non professionnels comme le prix Livre Inter, décerné par les auditeurs de France Inter, ou le Prix des lectrices de Elle, dont les lauréats connaissent désormais des succès conséquents en librairie.

La presse gratuite est-elle viable ?

Nouvelle venue sur le marché, la presse d'information gratuite rivalise avec les quotidiens payants en étant distribuée dans les lieux stratégiques des grandes villes. Par quel miracle ce principe de la gratuité est-il économiquement possible ?

Distribution du quotidien gratuit *Lyonplus*, l'un des trois journaux gratuits du Grand Lyon (avec *Metro* et *20 minutes*), tirant à plus de 70 000 exemplaires.

La gratuité, un phénomène mondial ?

Totalement financés par la publicité, les journaux gratuits existent depuis plus de trente ans dans le domaine des petites annonces et de la presse télévision gratuite, diffusés généralement sous forme de suppléments. Né en Suède en 1995 avec le quotidien *Metro*, le principe de la gratuité pour les journaux d'information a été introduit en France en 2002 avec la version française du quotidien suédois, puis avec le lancement un mois plus tard de *20 minutes*. Le succès de ces gratuits est aujourd'hui international. Ainsi, en 2006, *Metro* était présent dans 20 pays (États-Unis, Russie, Pologne, Corée du Sud...). Les 69 éditions locales utilisent des mises en pages similaires, mais le nom du journal varie parfois selon les villes (l'édition hongkongaise de *Metro* porte le nom de *Metropolis Daily*). Aujourd'hui, *Metro* est en concurrence directe avec *20 minutes* en France, en Suisse, en Espagne et au Canada, mais aussi régulièrement avec un troisième quotidien gratuit, filiale du quotidien régional local payant. Il est également confronté à la concurrence de journaux distribués en fin d'après-midi, comme *Direct soir*, diffusé dans 15 villes françaises depuis juin 2006.

Les gratuits sont-ils rentables ?

Jusqu'à présent, la rentabilité de la presse gratuite d'information est encore faible. *Metro*, en France, a commencé à dégager des bénéfices (300 000 euros fin 2005) près de quatre ans après son lancement, mais le retour sur investissement n'est pas prévu avant 2012. Au niveau mondial, le groupe *Metro International* a connu une année 2005 décevante avec une diminution importante de profit aux États-Unis et en Espagne, en raison de la multiplicité des journaux gratuits. Tous les espoirs sont cependant permis. Les annonceurs sont de plus en plus fidèles car la distribution des gratuits dans des lieux stratégiques (métro, universités, fast-foods...) permet de cibler parfaitement le lectorat (urbain, jeune et actif). Aujourd'hui, en France, *Metro* compte plus de 800 marques partenaires dont près de 500 particulièrement fidèles comme Dell, qui a acheté plus de 60 pages de publicité en 2006. Néanmoins, le nombre croissant des quotidiens gratuits pourrait segmenter le marché et, fatalement, faire baisser la rentabilité de chacun.

La presse d'information gratuite va-t-elle tuer les autres journaux ?

Les études d'audience sont formelles, les gratuits sont de plus en plus lus alors que les ventes des quotidiens nationaux payants stagnent ou reculent pour certains titres. En 2006, *20 minutes* était déjà sur la troisième marche du podium de la presse d'information avec presque 2 millions de lecteurs, soit 200 000 de plus que *Le Monde*. *Metro*, lui, occupe la cinquième place, avec environ 1,5 million de lecteurs. Mais est-ce la faute des gratuits si les lecteurs se détournent des quotidiens payants ? Cet argument utilisé par de nombreux directeurs de

journaux payants en difficulté ne semble pas fondé, tous les organes de presse n'étant pas touchés avec la même acuité. À Londres, *London Metro* a ravi des lecteurs aux tabloïds à scandale mais pas aux journaux d'information plus sérieux. Même constatation en Suisse où *20 minutes* a provoqué une chute de la diffusion du populaire *Blick* sans nuire aux autres quotidiens. La désaffection de certains payants n'est donc pas nécessairement en rapport avec la montée en puissance des gratuits, mais peut-être plutôt liée à leur manque de qualité. Un argument supplémentaire : la cible des gratuits, les jeunes actifs urbains de moins de 35 ans, n'achetait quasiment pas la presse d'information auparavant !

Internet est-il le véritable challenger des gratuits ?

On pourrait le penser puisqu'il est facile de s'informer sur la Toile sans débourser un euro. Mais Internet n'est pas un rival pour la presse gratuite, déjà présente sur le Net. La plupart des journaux gratuits sont téléchargeables depuis leur site Web, ce dernier offrant en outre un suivi en continu de l'actualité complété par une offre multimédia (diaporamas, sons, vidéos...). Un travail journalistique que ne peut effectuer le simple internaute. Cet investissement devrait être très rentable à court terme : les investissements publicitaires sur le Net en France ont déjà progressé de 48 % entre 2005 et 2006 !

INSOLITE

DES JOURNAUX GRATUITS DANGEREUX ?

Selon l'officielle Autorité des transports métropolitains de New York, les quotidiens gratuits distribués aux entrées du métro nuisent à la sécurité des passagers. Jetés après lecture, ils empêcheraient une évacuation normale des eaux, provoquant, comme en septembre 2004, l'inondation des voies et l'interruption du trafic.

Lecture des quotidiens gratuits *20 minutes* et *Metro* dans le métro parisien. En attendant de voir s'ils causeront les mêmes problèmes que dans le métro de New York...

DES JOURNALISTES DE SECOND RANG ?

Pas du tout. Les journalistes des gratuits possèdent comme les autres une carte de presse et ont été pour beaucoup formés dans les prestigieuses écoles de Lille ou de Paris. Car la gratuité ne suffit pas à fidéliser un lectorat. Il est impératif de proposer un contenu de grande qualité rédactionnelle.

0123456789 chiffres-clés

20 MINUTES

Nombre de journalistes de *20 minutes* à Paris en 2006 : 80, plus un réseau de pigistes et de photographes.

LE MONDE

Nombre de journalistes du *Monde* à Paris en 2006 : 320, dont 20 correspondants à l'étranger.

Le musée du quai Branly, consacré aux arts premiers. Budget officiel : 200 millions d'euros. Un montant deux fois plus élevé, selon certains détracteurs du musée.

Les musées français, un

Juin 2006 : le musée des arts premiers ouvre ses portes quai Branly. Coût de l'opération : plus de 200 millions d'euros ! Et des frais annuels estimés à plusieurs dizaines de millions. Acquisition, conservation, protection, tout est fait pour répondre à la passion des Français pour la culture. Mais à quel prix ?

Les musées doivent-ils être gratuits ?

Les musées sont-ils des entreprises commerciales ou des lieux d'apprentissage qu'il faut ouvrir au maximum par la gratuité ? Les avis sont partagés. Au Royaume-Uni, les principaux musées comme le British Museum ou le Science Museum sont financés par la loterie nationale afin d'« offrir » la gratuité à tous les visiteurs. À l'entrée de certains musées de New York comme le National Museum of the American Indian, les visiteurs sont invités à faire un don du montant qu'ils souhaitent. En France, la tradition de gratuité qui existait au XIXe siècle pour les musées publics a été abandonnée, sauf à titre exceptionnel (premier dimanche du mois au musée du Louvre, Journées du patrimoine, enfants, étudiants…). Pour les responsables du ministère de la Culture, le prix du billet permet d'assurer une grande partie de son fonctionnement et, dans le même temps, responsabilise et motive les gestionnaires (si le musée est attrayant, les recettes seront importantes). Ce débat n'est pas sans conséquences en matière de fréquentation. Lorsque le Louvre a mis en place en 1996 un accès gratuit au musée le premier dimanche de chaque mois, cette mesure a rencontré un véritable succès et attiré de nombreux visiteurs. Le premier effet observé est une très forte augmentation de la fréquentation : 70 % en deux ans, avec une moyenne de 29 140 visiteurs par dimanche gratuit contre 17 300 par dimanche payant.

Le droit de préemption, un privilège anormal ?

Le droit de préemption permet à l'État de se substituer au dernier enchérisseur lors d'une vente aux enchères, sans y participer. Ce principe louable – il s'agit d'enrichir les musées français – est vivement contesté par les collectionneurs. Cela pose plusieurs problèmes. Le vendeur peut estimer qu'il ne bénéficie pas du prix qu'il aurait pu obtenir si l'État avait réellement contribué aux enchères. En outre, l'État dispose de quinze jours pour effectuer des recherches complémentaires et confirmer ou infirmer la préemption. Dans le premier cas, le dernier enchérisseur est frustré de voir le bien convoité s'envoler. Dans le second cas, il devient soudain propriétaire d'un bien douteux sur le plan de la qualité, voire de l'authenticité !

Nettoyage de printemps au musée d'Orsay. Coût de la rénovation de la façade nord : 15 millions d'euros, dont 9 millions financés par l'État.

trésor coûteux ?

Comment retenir les chefs-d'œuvre de l'art en France ?

Depuis 1992, le ministre de la Culture peut refuser la sortie du territoire aux biens présentant le caractère de trésor national, c'est-à-dire un objet lié de si près à l'histoire ou à la vie du pays que son départ constituerait une perte importante. Cette interdiction est valable trois ans pendant lesquels l'État cherche à réunir le financement nécessaire à l'achat de l'œuvre ! Entre 1993 et 2000, seuls 94 refus de certificat d'exportation ont été prononcés, soit moins de 1 % du total des demandes ! Car le prix des œuvres impose des choix : en 2003, la valeur des œuvres retenues en France, dont deux de Fragonard et une de Monet, représentait près de 32 millions d'euros.

Comment combler le gouffre financier des musées ?

Il existe en France près de 4 000 musées (environ 1 200 publics) qui nécessitent chaque année des centaines de millions d'euros en matière d'équipement, de restauration et d'acquisition. Pour faire face à ces besoins, l'État fait de plus en plus appel aux entreprises privées. En 2003, le groupe Vinci offrait 12 millions d'euros pour restaurer la galerie des Glaces du château de Versailles, un record dans le domaine du mécénat culturel. L'État peut aussi louer certains de ses sites, comme la Conciergerie (Paris), ancienne prison royale, pour la modique somme de 30 490 euros ou encore la colonnade du Panthéon moyennant 8 000 euros pour huit heures.

Produits dérivés de la Réunion des musées nationaux : mugs de *La Joconde* (Léonard de Vinci) et de *Gabrielle et Jean* (Auguste Renoir).

0123456789 chiffres-clés

374 000 000 euros.

C'est le budget « actions musées nationaux » du ministère de la Culture en 2006.

FOCUS

LE JACKPOT DES BOUTIQUES DE MUSÉE

Les recettes des musées peuvent être considérables grâce à leurs boutiques. Entre septembre 1995 et janvier 1996, l'exposition « Cézanne » au Grand Palais a accueilli 575 000 visiteurs payants. À cette occasion ont été vendus près de 100 000 catalogues et journaux, 75 000 exemplaires du livre *Cézanne, puissant et solitaire* de Michel Hoog, 550 000 cartes postales, 34 000 affiches, 2 500 jeux de cartes et 4 000 assiettes et tasses. Aux États-Unis, ces recettes sont encore plus précieuses. Et tout est fait pour les développer. Une preuve ? Entre 1980 et 2000, les musées américains ont augmenté de 3 % les surfaces de leurs salles d'exposition et de 29 % celles de leurs boutiques !

La culture française est-elle vraiment exceptionnelle ?

Chaque année, la France accueille des millions de touristes, irrésistiblement attirés par la richesse de son histoire et par la vitalité de sa création artistique. Comment a-t-on réussi à protéger ce patrimoine tout en diffusant le meilleur de notre culture à l'étranger ?

L'exception culturelle française, qu'est-ce que c'est ?

La notion d'exception culturelle a été introduite par les Français dans les relations internationales pour affirmer que les biens et les services culturels sont d'une nature particulière et doivent échapper à la libéralisation des échanges commerciaux. Il ne s'agit pas d'un jugement de valeur sur le niveau de la culture française, mais de sa protection face à la puissance économique des Américains. La compétition n'est en effet guère équitable : les films hollywoodiens qui bénéficient de formidables moyens de production et de distribution sont amortis sur un vaste marché avant d'être exportés à bas prix dans le monde entier. Cette exception culturelle française se manifeste donc dans le soutien aux œuvres audiovisuelles, mais aussi dans l'intervention considérable des pouvoirs publics (État et collectivités territoriales) dans le domaine de la culture, qu'ils financent à hauteur de près de 12 milliards d'euros chaque année, alors qu'aux États-Unis c'est le mécénat qui est au cœur du système de financement culturel.

La culture française s'exporte-t-elle ?

Certains concepts culturels français le prouvent en se diffusant dans le monde entier, comme la Fête de la musique. Lancée en 1982 à l'initiative du ministère de la Culture, elle est organisée aujourd'hui dans plus de 120 pays. Si l'on fait un point en 2006, ses principes fondateurs, comme la gratuité ou la valorisation du monde amateur, ont été repris dans 250 villes étrangères sur les cinq continents. Le cinéma français est un autre succès d'exportation. Selon Unifrance, l'organisme de promotion du cinéma français à l'étranger, la part du film français à l'étranger en 2005 a progressé de 49 % par rapport à 2004, avec un total de plus de 73,6 millions de spectateurs. Cette même année, *La Marche de l'empereur* est devenu la production française la plus performante aux États-Unis, avec plus de 75 millions de dollars (58 millions d'euros) de recettes, ravissant le titre détenu jusqu'alors par *Le Cinquième Élément* (64 millions de dollars). Mais c'est

INSOLITE

LA FRANCE A-T-ELLE VOLÉ UNE PARTIE DE SON PATRIMOINE ?

Incontestablement. Au travers des guerres et de la colonisation, de nombreuses œuvres d'art ont été prélevées à l'étranger. Parmi d'autres, Napoléon a rapporté des milliers d'œuvres d'Égypte, d'Italie ou d'Espagne. La France n'était pas seule à récolter ces trésors de guerre. Les Britanniques ont transféré la moitié des sculptures de l'Acropole et 20 dalles de la frise du Parthénon visibles aujourd'hui au British Museum. Les demandes de restitution formulées par de nombreux pays révèlent l'ampleur des vols. Enfin, dès la prise de Bagdad (Irak) par les forces américaines au printemps 2003, près de 10 000 œuvres artistiques ou archéologiques, comme certains des premiers outils fabriqués par l'homme, ont été volées au musée de Bagdad.

FOCUS

LES SALLES D'ART ET D'ESSAI FONT DE LA RÉSISTANCE

Octobre 1955, cinq directeurs de salles parisiennes et des critiques fondent l'Association française des cinémas d'art et d'essai (AFCAE). Leur ambition ? Défendre les films comme des œuvres et non comme des produits. À la place des films à gros budget, ils souhaitent favoriser la découverte de nouveaux auteurs et des formats cinématographiques originaux (courts et moyens-métrages, documentaires...). Le réseau se développe pour représenter en 2005 plus de 985 salles (48 % des salles françaises), soit environ 2 000 écrans (37 % des écrans). Dans ce combat, la France est largement en tête devant l'Italie (400 salles), l'Allemagne (300) et la Suisse (90). Aujourd'hui, ces salles résistent aux grandes entreprises de diffusion qui tentent d'implanter les multiplexes favorables aux films à très gros budget *(blockbusters)*.

Avec son sourire énigmatique et son regard qui suit le visiteur, *La Joconde* entretient un mystère qui attire les touristes du monde entier.

en définitive dans l'organisation de sa culture que la France se montre la plus singulière. Avec l'Entraide des artistes pendant la Seconde Guerre mondiale puis la Maison des artistes en 1952, elle a été l'une des premières à créer un organisme pour gérer le régime de Sécurité sociale des artistes et surtout à instaurer un ministère des Affaires culturelles (1959). Enfin, aucun autre pays à forte production culturelle ne connaît de système de protection équivalent à celui de nos intermittents du spectacle.

Le patrimoine français, une attraction universelle ?

La richesse des innombrables musées français attire chaque année des millions de touristes. Les trois les plus visités chaque année sont le musée du Louvre (près de 7,5 millions d'entrées), le château de Versailles (3 millions) et le musée d'Orsay (2,5 millions), mais d'autres sites sont aussi très fréquentés comme la tour Eiffel (plus de 6 millions d'entrées), l'Arc de triomphe ou l'abbaye du Mont-Saint-Michel (plus de 1 million de visiteurs). Ce succès draine une population très largement internationale. Parmi les 75 millions de touristes qui, en 2005, ont visité la France, la moitié déclare que la culture constitue une importante motivation de leur voyage. Sans surprise, la proportion des visiteurs étrangers est donc considérable dans les grands musées, selon le ministère de l'Économie et des Finances : 80 % à Orsay, 70 % à Versailles, 60 % au Louvre et 40 % au Centre Georges-Pompidou !

Patrimoine culturel : quelles menaces

Exceptionnel témoignage des civilisations, le patrimoine culturel mondial n'en est pas moins vulnérabl
confrontés à des phénomènes très actuels : urbanisation, tourisme et même... réchauffement planétai

VENISE, ITALIE

Venise s'enfonce. Elle s'est affaissée de 23 cm en un siècle. Avec le réchauffement climatique et la hausse du niveau de la mer, ce chiffre pourrait atteindre 54 cm d'ici à 2100. Les inondations deviendraient alors quotidiennes. Prévues pour 2012, les 78 digues mobiles en cours d'installation suffiront-elles à lutter contre les flots ?

SANCTUAIRE DE SAMARRA, IRAK

Des trésors archéologiques disparus, le site de l'ancienne Babylone occupé par des troupes... Le conflit fait peser de nombreuses menaces sur le patrimoine : des sites symboliques sont pris pour cible. En 2006, un attentat a partiellement détruit le sanctuaire de Samarra, lieu saint chiite de mille deux cents ans, notamment son dôme en or (ci-dessus).

VALLÉE DE KATMANDOU, NÉPAL

Au XXe siècle, Katmandou et sa vallée connaissent une urbanisation effrénée, menée sans protection du patrimoine. Des bâtiments traditionnels sont détruits. Autour du **stupa*** de Bodnath (ci-dessus), des habitations de plusieurs étages sortent de terre. Pour tenter de stabiliser la situation, l'Unesco vient de définir sept zones de protection.

glossaire

STUPA :
Monument commémoratif bouddhiste en forme de dôme.

ADOBE :
Brique en terre et paille séchée au soleil.

pour les chefs-d'œuvre de l'humanité ?

ictimes, ici de catastrophes naturelles, là de destruction, des sites parfois millénaires sont aussi lais partout, que les biens soient classés ou non, la conservation reste une préoccupation constante.

CITADELLE DE BAM, IRAN

En décembre 2003, un séisme frappe la ville de Bam. La citadelle (ci-dessus avant le séisme), vieille de deux mille ans, et ses vestiges médiévaux s'effondrent, entre 35 000 et 42 000 personnes sont tuées. Aujourd'hui, la restauration du site est en projet : elle devra tenir compte de la découverte, sous les décombres, de vestiges archéologiques jusqu'alors inconnus.

CHAN CHAN, PÉROU

Vestiges du royaume précolombien Chimú, Chan Chan mène une bataille constante contre l'érosion. Le vent, les pluies, accentuées par le courant El Niño, l'air salin attaquent les structures en terre. Des travaux de stabilisation sont menés, mais la tâche est ardue : Chan Chan, qui s'étend sur environ 20 km^2, est le plus grand site en **adobe*** d'Amérique du Sud.

FOCUS

LA LISTE DU PATRIMOINE MONDIAL

Elle comporte 830 biens constituant le patrimoine culturel et naturel que l'Unesco considère comme ayant une valeur universelle exceptionnelle. Parmi ceux-ci, 31 biens ont été inscrits sur la liste du patrimoine mondial en péril. Lorsqu'un site est inscrit sur cette liste, le Comité du patrimoine mondial peut prendre des dispositions immédiates pour redresser la situation, ce qui a permis de nombreuses restaurations. Cette liste est également un outil très puissant pour attirer l'attention de la communauté internationale et l'inciter à agir.

PLATEAU DE GIZEH, ÉGYPTE

Chaque année, les pyramides de Gizeh ouvrent leurs portes à des millions d'admirateurs. S'il est désormais interdit de les escalader, la présence massive des touristes, et l'humidité véhiculée, continuent de détériorer leurs salles. C'est pourquoi le nombre de visiteurs a été limité. Cependant, d'autres menaces existent telles que des projets de routes à proximité du site, qui ont alerté l'Unesco. Ils ont, pour l'instant, été abandonnés.

Vers **une langue unique ?**

Après les entrepreneurs qui rêvent de conquérir le formidable marché chinois, c'est au tour des collégiens d'être de plus en plus nombreux à s'initier au mandarin ! Les anglophones ont-ils dit leur dernier mot ? Pas si sûr.

Vers une seule langue ?

Depuis 1500, le nombre de langues ne cesse de diminuer dans le monde. On en comptait près de 14 000 au XVIe siècle pour moins de 7 000 aujourd'hui. Les experts estiment même que de 50 à 90 % des langues actuelles auront disparu d'ici à 2100 en raison d'un nombre insuffisant de locuteurs (1 900 langues sont parlées par moins de 1 000 personnes !). Mais le danger de voir le monde conquis par une seule langue est faible : 1 300 langues sont parlées par plus de 100 000 personnes et certaines d'entre elles se divisent déjà en rameaux (anglais britannique, américain ou australien, par exemple).

Le français est-il *has been* ?

Langue diplomatique et scientifique dominante pendant près de quatre cents ans, le français a été distancé par l'anglais à partir du milieu du XVIIIe siècle et le traité de Versailles fut le premier à être rédigé en français et en anglais. Il existe cependant 175 millions de francophones dans le monde, répartis principalement en Afrique occidentale et en Amérique du Nord. De plus, le français reste la langue officielle dans 29 pays, représentant 53 régions.

Des langues de la même famille ?

Pour la majorité des experts, il existe 26 grandes familles linguistiques aux origines communes dans le monde, n'ayant aucune parenté entre elles. Le français fait partie de la famille indo-européenne (430 langues), comme l'anglais, l'espagnol mais aussi le persan ou le bengali !

Can everyone speak English ?

Si l'on dénombre les habitants du globe selon la langue officielle de leur État, l'anglais arrive largement en tête avec près de 1,7 milliard d'habitants de la planète administrés en anglais. Sur le plan des langues maternelles parlées, l'anglais n'occupe que la deuxième position, derrière le chinois, et est à égalité avec l'hindi et l'espagnol.

Le chinois va-t-il tout écraser ?

L'ouverture du marché chinois (plus de 1 milliard de consommateurs) propulse le mandarin sur le devant de la scène linguistique. Pour s'implanter en Chine, de plus en plus d'hommes d'affaires apprennent les rudiments nécessaires à une conversation en chinois, grâce à des modules hyperspécialisés de quarante heures conçus par des cabinets de formation. Et ils ne sont pas les seuls à s'initier. À la rentrée 2005, près de 12 000 élèves français de l'enseignement secondaire suivaient des cours de chinois, soit près de cinq fois plus qu'il y a dix ans. Mais l'apprentissage est difficile : on dénombre plus de 50 000 caractères chinois, dont 6 000 sont indispensables à la lecture des journaux...

NOMBRE DE LANGUES PARLÉES SUR CHAQUE CONTINENT

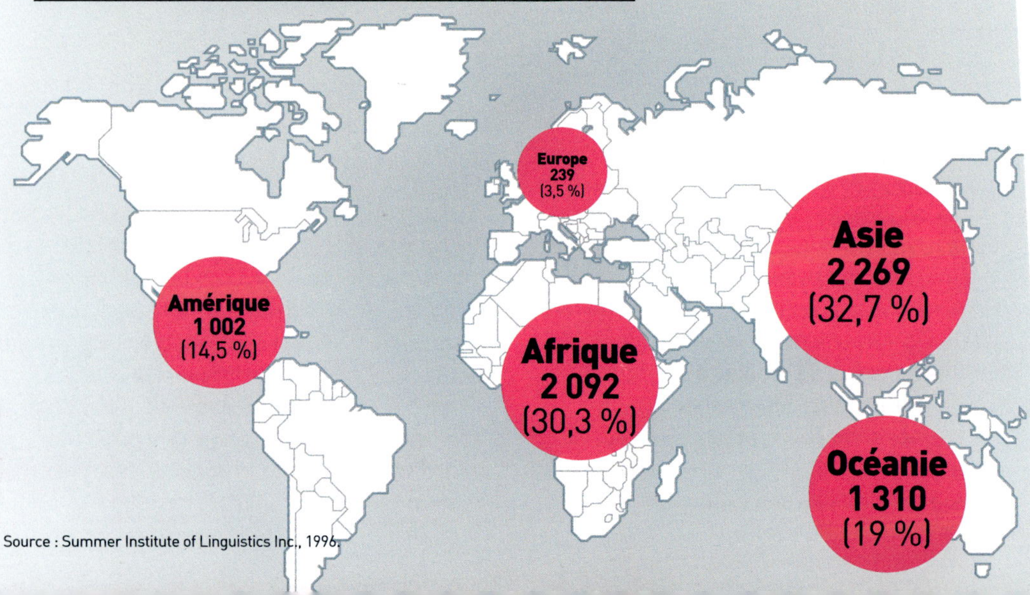

Source : Summer Institute of Linguistics Inc., 1996.

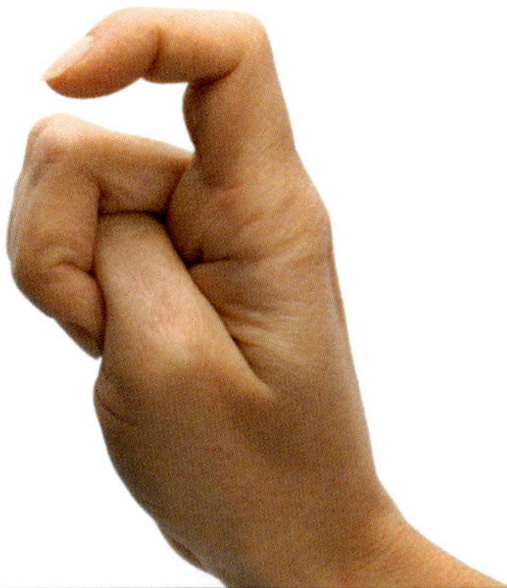
La lettre X

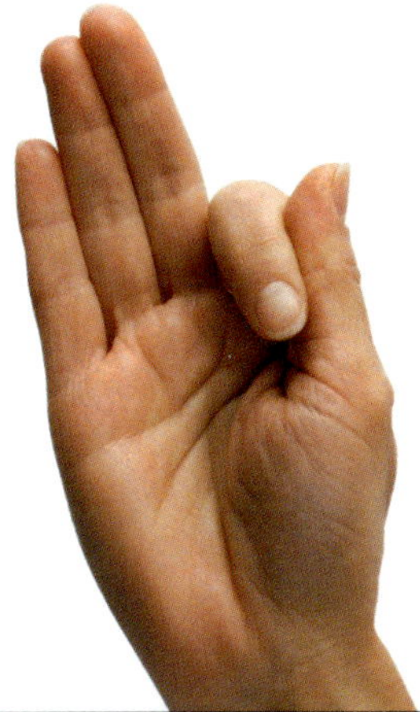
La lettre F

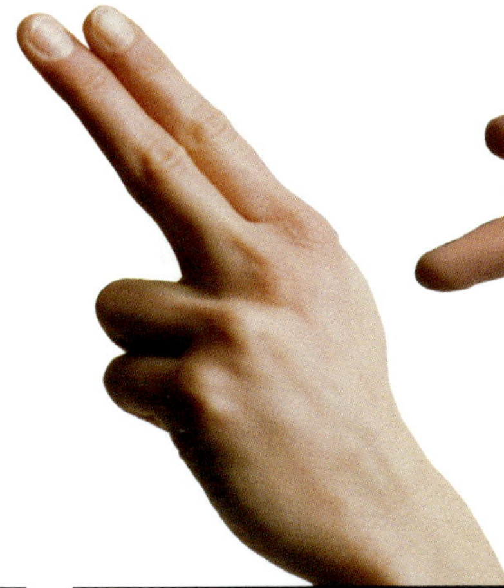
Le mot « amour »

Le mot « bon »

La lettre R

Le mot « victoire »

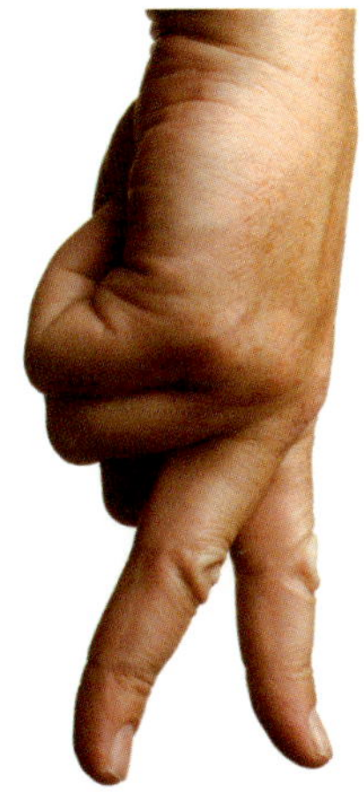
Le mot « marcher vers »

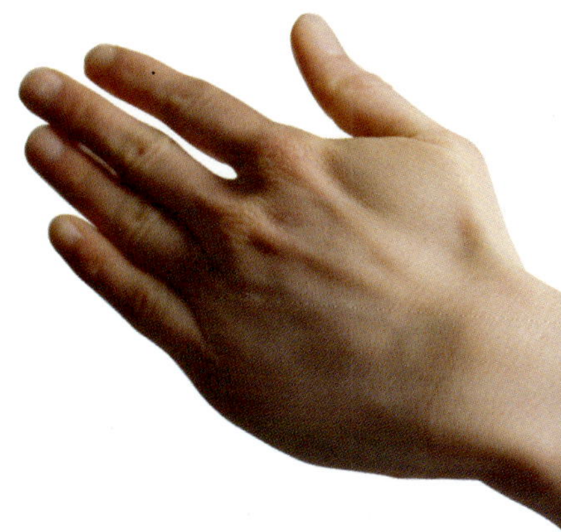
Le mot « bonjour »

FOCUS

LE SMS, C SI MAL1 ?

Discret, rapide, le SMS est le moyen de communication préféré des jeunes et leur permet de former une communauté dotée d'un dialecte propre. Mais ce langage phonétique a aussi ses limites. De plus en plus de lacunes en matière d'orthographe, de syntaxe et de grammaire ont été constatées chez les jeunes. Et malheureusement, ce langage se diffuse sur d'autres outils de communication comme les mails ou les services de messagerie instantanée (MSN). Il existe même des sites Internet tels que ortograf.net, entièrement rédigés dans cette langue… alternative.

VRAI/FAUX ?

IL N'EXISTE QU'UNE LANGUE DES SIGNES DANS LE MONDE.

FAUX. Les langues des signes utilisées à travers le monde sont toutes différentes. Il existe cependant un langage des signes international, mais il est peu répandu.

INSOLITE

L'ESPÉRANTO EST-IL VRAIMENT K.-O. ?

Non. Deux millions de personnes dans le monde maîtrisent encore cette langue universelle créée en 1887 par un médecin polonais pour faciliter le dialogue entre tous les humains. Sa structure est volontairement simplifiée pour permettre une mémorisation plus rapide et sa diffusion est en progrès grâce à l'essor de sites Internet consacrés à son apprentissage.

C'EST VRAI ?

LES EUROPÉENS SONT-ILS POLYGLOTTES ?

Pourcentage de personnes capables de participer à une conversation dans une autre langue que leur langue maternelle.

Luxembourg	97 %
Pays-Bas	87 %
Danemark	85 %
Belgique	61 %
Autriche	61 %
Allemagne	53 %
France	47 %
Italie	46 %
Portugal	33 %
Irlande	33 %
Espagne	32 %
Royaume-Uni	27 %

Source : Eurobaromètre, 2001.

POUR ALLER PLUS LOIN...

CÔTÉ FRANCE

Les conditions de vie dans les prisons...
À TÉLÉCHARGER SUR LE WEB
Le rapport d'Alvaro Gil-Roblès, commissaire des Droits de l'homme au Conseil de l'Europe (février 2005) :
www.echr.coe.int/library/digdoc/CommDH(2006)2_F.pdf

La crise dans les cités...
À VOIR
• *L'Esquive*, Abdellatif Kechiche, 2002.
• *Ma 6-T va craquer*, Jean-François Richet, 1997.
• *La Haine*, Mathieu Kassovitz, 1995.

SOCIÉTÉ

Le célibat...
À LIRE
La Femme seule et le Prince charmant, Jean-Claude Kaufmann, Pocket, 2001.

Les ados...
À LIRE
• *Le bonheur d'être adolescent*, Michel Fize et Marie Cipriani-Crauste, Erès, 2005.
• *Nos Enfants otages des grandes marques*, Alissa Quart, Pearson Education, 2004.

Le jeunisme...
À LIRE
La France en culottes courtes, Robert Ebguy, JC Lattès, 2002.

Dieu et la société...
À LIRE
• *La Religion en miettes ou la Question des sectes*, Danièle Hervieu-Léger, Calmann-Lévy, 2001.
• *Et l'homme créa les dieux*, Pascal Boyer, Robert Laffont, 2001.
• La Religion, un enjeu pour la société, *Sciences humaines*, hors-série n°41.

Les malades psychiatriques...
À LIRE
Un monde de fous, Patrick Coupechoux, Le Seuil, 2006.

SCIENCES

La vie sur Mars...
À CONSULTER SUR LE WEB
La planète rouge en cartes et photos de la Nasa : www.google.com/mars/

Les robots...
À LIRE
Les Robots, une histoire de la robotique, Chantal Leguay, IMHO, 2005.

Les satellites...
À CONSULTER SUR LE WEB
Notre planète à travers des photos satellites : www.earth.google.com

Les nanotechnologies...
À LIRE
La Proie, Michael Crichton, Robert Laffont, 2003.

SANTÉ

Le sommeil…
À TÉLÉCHARGER SUR LE WEB
Le rapport remis au ministère de la Santé par le docteur Jean-Pierre Giordanella (décembre 2006) : www.sante.gouv.fr/htm/actu/giordanella_sommeil/rapport.pdf

La naissance médicalisée…
À CONSULTER SUR LE WEB
Les maisons de naissance suisses et belges :
• www.le-petit-prince.ch/fr/petit-prince/visite01.htm
• www.maison-de-naissance.be/maison-de-naissance.htm

À LIRE
• *Comment la naissance vient aux femmes ?*, Madeleine Akrich et Bernike Pasveer, Les empêcheurs de penser en rond, 1996.
• *Pour une naissance à visage humain*, Claude Didierjean-Jouveau, Jouvence, 2000.
• *Naître tout simplement, témoignages et réflexion autour de la naissance*, Jacqueline Lavillonnière et Elizabeth Clementz, L'Harmattan, 2001.

Le progrès aux dépens de la santé…
À CONSULTER SUR LE WEB
• À propos du réchauffement climatique : www.manicore.com/
• À propos du nucléaire : www.criirad.org/

À LIRE
L'Homme en voie de disparition, Theo Colborn, Diane Dumanoski et John-Peterson Myers, préface d'Al Gore, Terre Vivante, 1997.

La psychanalyse…
À LIRE
• *Le Livre noir de la psychanalyse. Vivre, penser et aller mieux sans Freud*, ouvrage collectif sous la direction de Catherine Meyer, Édition Les arènes, 2005.
• *L'Anti-Livre noir de la psychanalyse*, sous la direction de Jacques-Alain Miller, Le Seuil, 2006.
• *Même pas grave. L'échec scolaire, ça se soigne*, Olivier Revol, JC Lattès, 2006.
• *Les Visiteurs du soi. À quoi servent les psys ?*, Jean Cottraux, Odile Jacob, 2004.

INDEX

D

E

INDEX

K

L

M

N

O

INDEX

T

U

V

W

Z

CRÉDITS

CRÉDITS PHOTOS

© Editingserver.com / p. 20 : (g) Francesco ACERBIS – p. 78-79 : Philippe SCHULLER – p. 86 : Witold ROZBICKI/ REPORTER – p. 87 : Andrew MCLEISH – p. 94 : P. BASTIEN – p. 104 : (d) Daniel HERARD – p. 109 : Jérome BREZILLON – p. 113 (h) (b) : Michel GASARIAN – p. 114 : Émile LOREAUX – p. 115 : Francesco ACERBIS – p. 133 : Jérome CHATIN/ L'Express – p. 135 (h) : Sébastien EROME – p. 140-141 (d) (m) (g) : Marie DORIGNY/ L'Express – p. 159 : Guillaume ATGER – p. 170 (g) : Jean-Manuel SIMOES – p. 174 : Sébastien EROME – p. 179 : (hg) Philippe SCHULLER, (hd) Thierry DUDOIT/ L'Express – p. 185 : Philippe SCHULLER – p. 193 : Eric DEXHEIMER – p. 196 : Raphaël HELLE – p. 198 : Jean-Marie HURON – p. 224 : Thomas JOUANNEAU – p. 254 (d) : Pascal BASTIEN – p. 255 (g) : Philippe SCHULLER – p. 286-287 (h) (b) : Jean-Paul GUILLOTEAU/L'Express – p. 288 : Jean-Paul BAJARD – p. 289 : Florence LEVILLAIN – p. 293 : (g) Philippe SCHULLER, (d) Philippe JASTRZEB – p. 297 : ZIR.

Corbis / p. 18-19 : (h) Kim KULISH, (b) Ted SOQUI - p. 20 : (d) Olivier POLET – p. 23 : Vladimir SINDEYEV/ITAR-TASS – p. 36-37 : Rob HOWARD – p. 40 : Brownie HARRIS – p. 41 : Ramin TALAIE – p. 68 : (g) BETTMANN – p. 83 : DPA – p. 88 : Didier BAUWERAERTS/Van Parys Media – p. 92 : Interpress/Sygma – p. 93 : Thierry ORBON/Sygma – p. 104 : (g) Bruno FERT – p. 118-119 : Pierre PERRIN/Sygma – p. 123 (d) : Kazuyoshi NOMACHI – p. 129 : Robert VAN DER HILST – p. 143 : Jacques LOEW/Kipa – p. 167 : Scott Houston/ Sygma – p. 180 : Dung Vo TRUNG – p. 186 : Digital Art – p. 192 : Karen KASMAUSKI – p. 197 : Peter APRAHAMIAN – p. 209 (d) : Joey NIGH – p. 216 : (h) Roger RESSMEYER/NASA – p. 216-217 (b) : NASA/JPL/CNP – p. 226 : Ted SPIEGEL – p. 227 : BETTMANN – p. 250-251 : Peter DENCH – p. 252-253 : Smiley N. POOL/ Dallas Morning News – p. 262 : Serge KOZAK/zefa – p. 266 : Benoît PEVERELLI – p. 268 (h) : Randy FARIS – p. 270-271 : Tim DE WAELE – p. 279 : David BRABYN – p. 280 : Edward BOCK – p. 284-285 : Hein VAN DEN HEUVEL/zefa – p. 290 : James ANDANSON/Sygma – p. 294 : Nathalie DARBELLAY – p. 295 (h) : Michel SETBOUN – p. 299 (c) : Kevin SCHAFER – p. 301 : (h3) (h4) (b4) Turbo/zefa.

Panos Pictures/Editingserver.com / p. 14 : Belinda LAWLEY - p. 20 : (m1) Jacob SILBERBERG, (m2) Dermot TATLOW - p. 21 : Roberto BRANCOLINI – p. 26 : Martin ADLER – p. 28 : (d) Derek HENDERSON – p. 29 : Jeroen OERLEMANS – p. 32 : Ami VITALE – p. 43 : (g) G.M.B. AKASH, (d) : Jeroen OERLEMANS – p. 44-45 : Qilai SHEN – p. 54-55 : Trygve BOLSTAD – p. 60 : Jacob SILBERBERG – p. 73 : David ROSE – p. 85 : Piotr MALECKI – p. 125 : Tim DIRVEN – p. 175 : Tim DIRVEN – p. 190 : Sven TORFINN – p. 254 (g) : Brendan CORR – p. 272-273 : Stefan BONESS.

AFP / p. 17 : RAVEENDRAN – p. 33 : Farjana K. GODHULY – p. 50-51 : STR – p. 57 : Romeo GACAD – p. 62 : Franck PERRY – p. 63 : Torsten BLACKWOOD – p. 71 : Daniel BEREHULAK – p. 75 : Mychele DANIAU – p. 81 : John MACDOUGAL – p. 82-83 : ESA/CNES/ ARIANESPACE – p. 89 : Abdelhak SENNA – p. 98 : Éric CABANIS – p. 105 : Paco SERINELLI – p. 110-111 : François LO PRESTI – p. 135 (b) – p. 136 : Viktor KOROTAYEV – p. 162 : Paul ELLIS – p. 171 : Bertrand GUAY – p. 177 : Dominique FAGET – p. 181 (g) (d) : Didier PALLAGES – p. 195 : François GUILLOT – p. 212 : Robyn BECK/STF – p. 213 : D. DUCROS/ESA – p. 218 : Dan MATERNA/ STF – p. 219 : (hd) Yoshikazu TSUNO, (bg) John MACDOUGALL – p. 220 : Akio SUGA – p. 225 : NASA – p. 274 : (g) Michel KRAKOWSKI/ BELGA PHOTO, (d) François GUILLOT – p. 275 : (h) Anne-Christine POUJOULAT, (b) Gérard CERLES – p. 277 : Bertrand GUAY – p. 278 : François LO PRESTI – p. 283 : Saeed KHAN – p. 291 : Anne-Christine POUJOULAT.

Sipa / p. 28 : (g) Allauddin KHAN/AP – p. 38-39 : KAWANA – p. 107 : GILE – p. 138-139 (d) (g) : Florence DURAND – p. 151 (g) : HADJ/HOUNSFIELD – p. 153 : Manish SWARUP/AP – p. 154 : (b) Matthew S. GUNBY/AP, (h) : Seth PERLMAN/AP – p. 185 : (hg) Florence DURAND, (hd) Matthew CAVANAUGH/EPA – p. 189 (d) : Florence DURAND – p. 211 (h) : Florence DURAND – p. 222-223 : JAERI/HANDOUT/ EPA – p. 255 (d) : ASLUND/GREENPEACE INTERNATIONAL.

Bios / p. 59 : (h) Lionel ASTRUC – p. 208 : J.-L. KLEIN & M.-L. HUBERT – p. 209 (g) : A. MAYWALD/Fotonatura – p. 210-211 (b) : Claudius THIRIET – p. 232 : Lionel ASTRUC – p. 233 : (g) Michel GUNTHER, (d) Pierre HUGUET/S. CORDIER – p. 236 : (g) Denis BRINGARD, (d) J.-L. & F. ZIEGLER - p. 237 : (h) Hartmuth SCHWARZBACH/ARGUS, (b) : Mike SCHRODER /ARGUS – p. 238 : Russel MITTERMEIER – p. 245 : Sylvie BERGEROT & Robert ÉRIC– p. 259 : Michel GUNTER.

Getty Images / p. 99 : Phil BOORMAN – p. 116-117 : Gary BRYAN – p. 130-131 : Getty Publicity – p. 137 : Miles WILLIS – p. 168-169 : Michael DUNNING – p. 199 : 3D4Medical.com – p. 203 : Ellen MARTORELLI – p. 219 (hg) : Diane HARRIS/SPC – p. 246-247 : Blue Line Pictures – p. 301 : (h1) (h2) (b1) Dorling Kindersley, (b2) (b3) Brendan BEIRNE.

PhotoPQR / p. 80 : Daniel FOURAY/Ouest France – p. 97 : Lionel VADAM/L'Alsace – p. 108 : P. DESCHAMPS/La Nouvelle République – p. 126 (b) : Valérie GENIN/ Le Dauphiné Libéré – p. 157 : Philippe

RIEDINGER/Le Républicain Lorrain – p. 166 : Michel VIALA/ La Dépêche du Midi – p. 187 : J. PHILIPPON/Le Progrès – p. 269 (b) : Thierry GUILLOT/ Le Dauphiné Libéré.

MAXPPP / p. 101 : Christophe BERTOLIN/IP3 PRESS – p. 126 (h) : Julien CASSAGNE/IP3 – p. 150 : Emmevi/ Leemage – p. 151 (d) : Christophe BERTOLIN/IP3 PRESS.

Sunset / p. 176 : Juniors BILDARCHIV – p. 298 : (g) P. SEHEULT/Rex Features, (c) Rex Features, (d) Pictures Finder – p. 299 : (g) D. C. POOLE/Rex Features, (d) Werner OTTO.

Christophe L / p. 68 (d) – p. 127 – p. 163.

Rue des Archives / p. 179 (b) : The Granger Collection NYC – p. 268 (b) : Collection RDA.

Hachette Photos / p. 156 : Jean-Philippe CHARBONNIER/RAPHO-TOP.

Argos / p. 243 : Hélène DAVID.

Cosmos / p. 249 : Gerd LUDWIG.

Reuters / p. 267 : Stefano RELLANDINI.

Photomusic / p. 170 (d) : Armelle HIANCE.

CNRS Photothèque / p. 100 : Hubert RAGUET– p. 183 : Valérie HAYDONT – p. 221 : Alain CAPPY.

Multatuli Museum / p. 59 (b).

Collection KHARBINE-TAPABOR / p. 102-103.

Pierre CORRATGÉ / p. 123 (g).

Commission européenne / p. 134.
Courtesy of the Points of Light Foundation / p. 142.

Ministère de la Santé et des Solidarités/ INPES / p. 164.

Ligue contre le cancer / p. 165.

Institut national du cancer / p. 188 : J.-G. BARTHÉLÉMY/ Agence La Chose - p. 189 (g) : J.-G. BARTHÉLÉMY/ Agence La Chose.

Réunion des Musées nationaux / p. 295 (b). Merci à la Réunion des Musées nationaux pour le prêt de ses images.

ILLUSTRATIONS

Olivier Candito : 281.
Antoine Dagan : 18, 34-35, 42, 52-53, 56, 106, 182, 202, 214-215, 240-241, 244-245, 247, 251.
Laurent Hindryckx : 204-205, 256-257, 206-261, 282.
Stéphane Jungers : 15, 17, 22-23, 25, 27, 31, 36, 39, 48-49, 66-67, 69, 72, 76-77, 79, 84, 124, 128, 146-147, 149, 155, 230-231, 248, 300.
Jean-Marie Lambert : 16, 40, 45, 122, 132, 145, 152, 280.
Christophe Martin : 58, 95, 117, 234-235, 239, 242-243, 258.
Michel Saemann : 172-173, 178, 191, 206-207.

ONT PARTICIPÉ À LA RÉALISATION DE CET OUVRAGE

Éditions Play Bac :
Laurent Bouton ; Damien Hervé ; Axelle Joncheray ; Brigitte Legendre ; Laure Maj ; Frédéric Michaud ; Alain Pichlak ; Isabelle Southgate ; Karine Van Wormhoudt ; Marie-France Wolfsperger.

Rédaction de Ça m'intéresse :
Pierre-Olivier Bonfillon, Olivier Carpentier, Dominique Fleurmont, Cannelle Gandillot, Sophie Sachnine.

Chefs de rubrique :
Amélie Blanquet, Joseph Jacquet, Anne-Laure Murier, Judith Sarfati-Nouvion, Nathalie Weil, Marie-Hélène Westphalen.

Rédacteurs :
Prune Antoine ; Robert Baron ; Sophie Besrest ; Antoine Besse ; Jean-Michel Billioud ; Christelle Capo-Chichi ; Véronique Cheneau ; Marianne Cramer ; Marine Cygler ; Mathilde Giard ; Philippe Godard ; Philippe Hart ; Christine Laouénan ; Delphine Lefebvre ; Virginie Lemaistre ; Bérangère Lepetit ; Odile Le Quintrec ; Claire Matys ; Simon Mazurelle ; Sophie de Mullenheim ; Nicolas Neyman ; Anne-Laure Porée ; David Rihour ; Sylvie Sargueil ; Victor Toussaint.

Direction artistique :
Dimitri Maj.

Réalisation :
Fujiyama.

Iconographe :
Élisabeth Sourdillat.

Correcteurs :
Hélène Gronier ; Capucine Jahan ; Christine Onnen ; Arianne Oudry ; Catherine Schram.

ISBN : 978-2-84203-998-1
Dépôt légal : octobre 2007
Imprimé en Espagne.